뼈 때리는 C

뼈 때리는 C

205 예제 220 그림으로 손에 넣는 프로그래밍의 아우라

초판 1쇄   2019년 1월 2일

지은이 시바타 보요
옮긴이 이인호 김기용
발행인 최홍석

발행처 (주)프리렉
출판신고 2000년 3월 7일   제 13-634호
주소 경기도 부천시 원미구 길주로 77번길 19 세진프라자 201호
전화 032-326-7282(代)   **팩스** 032-326-5866
URL www.freelec.co.kr

편집 고대광
디자인 이대범
본문 김경주

ISBN 978-89-6540-231-2

안녕하세요.

이 책은 수많은 예제 프로그램과 도표를 이용하여 C 언어의 기초를 공부하기 위한 교재입니다.

여러분이 영어 등 외국어를 공부할 때 어떻게 했는지 떠올려 보세요. 단어와 문법뿐만이 아니라 실제 회화와 문서 등의 사례도 함께 살펴보며 공부했을 것입니다.

프로그래밍 언어를 배울 때도 이와 비슷해서 예약어와 라이브러리 함수 등 문법과 규칙은 반드시 공부해야 합니다. 물론 단어와 문법을 안다고 바로 문장을 쓰거나 회화를 하지는 못하듯이, 단편적인 지식만 안다고 프로그램을 만들 수는 없습니다.

살아 있는 프로그램을 공부하기 위해, 이 책에서는 완성된 예제 프로그램 205편을 준비했습니다. 이에 더해 도표 220점을 사용하여 문법과 어려운 개념을 알기 쉽게 설명하였습니다.

예제 프로그램 수가 많다는 말은, 외국어 교재로 비유하자면 단어와 문법을 응용한 대화문과 예문이 많이 실려 있다는 것과 같습니다. 수많은 예제 프로그램과 도표를 살펴보면서 C 언어 프로그램에 익숙해지기 바랍니다.

이 책은 설명 부분을 강의 투로 썼습니다. 제 강의를 듣는 느낌으로 읽어 주었으면 합니다.

시바타 보요

이 책은 왼쪽과 같이 13장입니다. C 언어 공부에 꼭 정해진 순서가 있는 것은 아니지만, 비교적 쉬운 내용부터 배워서 조금씩 응용해 나가는 식으로 구성했습니다.

이 책의 각 장은 C 언어를 한 단계씩 착실히 나아갈 수 있도록 구성하였지만, 다시 공부하는 분들에게도 필요한 곳부터 찾아볼 수 있도록 하였습니다. 해결 능력 습득을 위해 205개의 풍부한 예제를 배치했고 많은 연습 문제로 깊이를 더했습니다. 또한, 예제의 실행 결과를 바로 한 눈에 볼 수 있도록 위치하여 독자를 배려했습니다. 각 장의 마지막은 정리로 마무리하는데, 복습할 수 있어 모르고 지나치는 일이 없도록 하였습니다.

이 책을 늘 눈에 보이는 곳이나 손이 닿는 곳에 두면서 애독해 주면 감사하겠습니다.

소스 프로그램에 관하여

▶ 소스 프로그램은 본문 및 칼럼에 실려 있는 것이 180편, 다른 풀이나 각 장 끝에 있는 '정리'에 실려 있는 것이 25편으로 총 205편입니다.

이 책에 실린 소스 프로그램은 프리렉 홈페이지나 아래 저자의 홈페이지에서 내려받을 수 있습니다. 미리 준비해 주시기 바랍니다.

⬇ https://freelec.co.kr/   프리렉 홈페이지
⬇ http://www.BohYoh.com/   시바타 보요 후원회 공식 홈페이지

C 언어 표준 라이브러리 함수에 관하여

이 책에 실린 예제 프로그램에서는 화면에 숫자값과 문자를 출력하는 printf 함수, 키보드로 숫자값과 문자를 읽어 들이는 scanf 함수 등 C 언어

의 여러 표준 라이브러리 함수를 사용하고 있습니다. 외에도 이 책에서 다루지 않는 많은 라이브러리 사양은 간단한 검색으로도 찾아볼 수 있습니다. 더 자세하게 알고 싶다면 함수 이름이나 관련 내용으로 검색을 통해 공부하시기 바랍니다.

연습 문제에 관하여

프로그래밍 언어에 국한된 일은 아니겠지만, 연습 문제를 내면 '풀지 않은 채 선생이 답을 알려주기를 기다리는 사람'이나 '인터넷에서 비슷한 문제와 답을 찾으려는 사람'이 상당히 많습니다(특히 최근에 이런 경향이 점점 강해지는 것 같습니다).

이 책에 나온 연습 문제는 독자 여러분이 프로그래밍 실력을 기를 수 있도록, 필자의 오랜 교육 경험과 프로그래밍 개발 경험을 토대로 작성한 것입니다.

연습 4-18

▶ 가령 연습 4-18(p.95)을 생각해 보겠습니다. 실제로 프로그램을 만들 때는 오른쪽과 같이 기호 문자를 한 줄에 5개씩 출력할 일은 거의 없을 것입니다. 다만, '배열에 들어 있는 사람 이름을 한 줄에 5개씩 출력하는 프로그램'을 만들 줄 알려면 이 정도 문제는 쉽게 풀 수 있어야 합니다.

정숫값을 읽어 들여서 그 크기만큼 '*'을 출력하는 프로그램을 작성하시오. 단, 5개 출력할 때마다 줄 바꿈을 합니다.

*을 몇 개 출력하겠습니까? : 12
```
*****
*****
**
```

▶ 물론 취미로 배우는 분들의 '답을 알고 싶다'는 마음도 이해는 갑니다. 하지만 컴퓨터를 전공하는 학생이나 전문 프로그래머가 되고 싶은 독자라면, 스스로 풀어서 실력을 길러 주었으면 합니다.

아무래도 연습용으로 만든 문제다 보니 너무 작위적이라고 느낄지도 모르지만, 각 문제에는 위와 같은 의도가 담겨 있습니다. 그러므로 연습 문제를 스스로 생각해서 풀어 보도록 노력해 주기 바랍니다.

4   프로그램의 흐름 반복   111

7 기본형

11   문자열과 포인터   399

CHAPTER

1

우선 익숙해지자

만약 무언가에 익숙해질수록 실력이 오른다면, 경력이 긴 사람일수록 실력이 뛰어날 것입니다. 하지만 실제로는 그렇지 않습니다. 가령 스포츠에서는 잘못된 자세로 반복해서 연습한 결과 오히려 실력이 떨어질 때도 있습니다. 이와 마찬가지로 프로그래밍도 마냥 익숙해진다고 실력이 늘지는 않습니다.

다만, 무언가를 처음 시작할 때는 일단 실제로 접해 봐야 합니다. 이번 장에서는 C 언어 프로그래밍이 무엇인지 조금만 체험해 보도록 하겠습니다.

우선 출력해 보자

컴퓨터로 계산을 해도 화면에 출력하지 않으면 결과를 알 수 없습니다. 이번 절에서는 화면에 결과를 출력하는 방법을 먼저 배워 보겠습니다.

1) 정수의 덧셈 결과를 출력

컴퓨터는 과거에 전자계산기라고도 불렸습니다. 그 이름처럼 가장 중요한 기능은 '계산 처리'입니다. C 언어를 이용해서 다음 계산을 해 보겠습니다.

> 정숫값 15와 37을 더한 값을 출력한다.

▼ 프로그램 안에 있는 여백은 스페이스 키나 탭 키로 넣습니다 (p.160에서 자세히 설명합니다). 또한 이 책에 실린 예제는 프리렉 홈페이지를 통해 내려받을 수 있습니다. 각 예제의 오른쪽 위에는 폴더 이름과 파일 이름이 적혀 있습니다.

문서 편집기 등을 이용하여 **예제 1-1**을 작성해 봅니다. 이때 알파벳 대문자와 소문자는 아래에 적혀 있는 그대로 써야 합니다.

➡ **예제 1-1**   chap01/list0101.c

```
/*
    정숫값 15와 37의 합을 출력한다
*/
                    ┈┈┈┈┈┈ studio라고 잘못 적지 않도록 조심!!
#include <stdio.h>

int main(void)
{
    printf("%d", 15 + 37);        /* 정숫값 15와 37의 합을 10진수로 출력 */

    return 0;
}
        ┈┈┈ 여백은 탭 키나 스페이스 키로 넣는다
```

실행 결과
52

---

2) 프로그램과 컴파일

▶ 여기서 소스(source)란 '재료, 바탕'이라는 뜻입니다. 그래서 소스 프로그램을 원시 프로그램이라고도 합니다.

우리가 '문자를 나열하여' 만드는 프로그램을 소스 프로그램 source program 이라고 하며, 이를 저장한 파일을 소스 파일 source file 이라고 합니다.

C 언어의 소스 파일에는 실행 과정에서 원시 프로그램을 컴파일할 수 있도

록 .c라는 확장자를 붙여야 합니다. 그래서 예제 프로그램도 chap01이라는 폴더 안에 list0101.c라는 이름의 파일로 저장합니다.

그런데 문자를 나열하여 작성한 소스 프로그램은 컴퓨터가 이해할 수 없습니다. 따라서 이를 컴퓨터가 이해할 수 있는 형식인 '비트의 나열', 다시 말해 0과 1의 나열로 변환해 줘야 합니다.

```
#include <stdio.h>          studio라고 잘못 적지 않도록 조심!
```

그림 1-1과 같이 소스 프로그램을 컴파일(번역)하고 링크하는 등의 작업을 통해 실행 프로그램을 작성합니다. 그러한 작업을 마친 후 프로그램을 실행하면 화면에 52가 출력됩니다.

▶ 컴파일하는 방법과 프로그램을 실행하는 방법은 개발 환경 및 실행 환경에 따라 다르므로, 여러분이 사용하는 개발 환경의 매뉴얼을 참고하기 바랍니다(부록). 또한 컴파일과 개발 환경에 관해서는 p.25의 참고 1-1에서 설명하겠습니다.

그림 1-1 소스 프로그램과 실행 프로그램

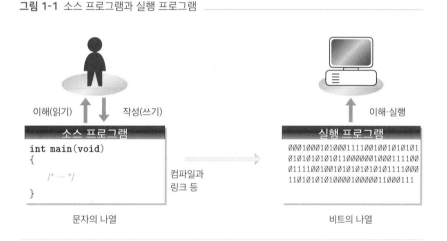

소스 프로그램에 오타가 있으면 컴파일할 때 오류가 발생하며, 컴파일을 수행하는 컴파일러가 이에 관한 진단 메시지diagnostic message를 출력합니다. 그럴 때는 소스 프로그램에서 잘못된 부분을 수정하고 다시 컴파일을 시도하면 됩니다.

프로그램에는 #이나 { 등의 기호가 많으므로 조금 겁이 날 수도 있지만, 걱

▶ 기호 문자를 읽는 법은 p.270에 정리되어 있습니다.

정할 필요 없습니다. 조금씩 알아 가면 됩니다.

3) 주석

소스 프로그램 안에 있는 /*부터 */까지는 주석^{comment}입니다. 주석은 프로그램 실행에 전혀 영향을 끼치지 않습니다. 프로그램을 읽는 사람에게 전하고 싶은 내용을 우리말이나 영어로 간단하게 적어 두면 프로그램에 대한 가독성이 훨씬 높아집니다.

핵심 소스 프로그램에는 읽는 사람에게 전할 내용을 주석으로 간단히 기술하면 된다.

주석은 여러 줄에 걸쳐 쓸 수 있습니다. 또한 주석이 끝났음을 나타내는 기호인 */를 실수로 /*라고 잘못 적으면, /*부터 프로그램 끝까지를 모두 주석으로 간주하게 됩니다.

4) 마법의 주문

▶ stdio는 standard I/O(표준 입출력)의 약어입니다. studio 라고 잘못 쓰지 않도록 조심해야 합니다.

그림 1-2 프로그램과 마법의 주문

```
#include <stdio.h>

int main(void)
{
    printf("%d", 15 + 37);

    return 0;
}
```

프로그램에서 주석을 제외하면 **그림 1-2**와 같이 됩니다. 당분간은 파란색으로 칠한 부분을 '마법의 주문'이라고 생각하기 바랍니다. 이 주문들의 의미는 이제부터 천천히 배워 나갈 예정이므로, 통째로 외워 두도록 합니다. 당분간 '주문' 부분은 책에 있는 그대로 옮겨 적고, 주문이 아닌 부분만 스스로 작성하도록 하겠습니다.

5) printf 함수 : 형식에 맞추어 출력하는 함수

화면에 무언가를 출력할 때는 printf라는 함수^{function}를 사용합니다. 또한 함수를 이용할 때는 함수 호출$^{function\ call}$을 해야 합니다. 함수 호출이란 '처리를 의뢰'하는 일입니다. 그리고 이것이 어떤 의뢰를 전달하는 것인지를 ( ) 안에 인자^{argument}라는 형태로 넘겨줘야 합니다. 이번 예제처럼 인자가 두 개 이상 있을 때는 콤마 ','로 구분합니다.

printf 함수를 호출해서 15와 37의 합을 출력하는 부분은 **그림 1-3**과 같이 이해할 수 있습니다.

▶ printf는 '프린트 에프'라고 읽으면 됩니다. 맨 끝에 있는 f는 format으로 '형식'이라는 뜻입니다.

그림 1-3 printf 함수 호출에 의한 화면 출력

여기서 첫 번째 인자인 "%d"는 다음과 같은 형식으로 출력하라는 뜻입니다.

▶ "%d"의 d는 10진법이라는 뜻인 영어 단어 decimal에서 유래했습니다. 10진법이 아닌 다른 형식으로 출력하는 방법은 7장에서 설명합니다. 또한, printf 함수에 관한 자세한 내용은 p.489에 정리되어 있습니다.

이다음에 있는 인자의 값을 '10진수'로 출력해 주세요.

이 지시에 따라 두 번째 인자인 15 + 37의 값이 10진수인 52라는 형태로 출력됩니다.

> **핵심** 함수 호출이란 처리를 해달라고 의뢰하는 일이며, 이때 필요한 보조적인 지시는 ( ) 안에 인자로 넘겨준다.

6) 문장

printf 함수를 호출한 부분에는 세미콜론 ;이 달려 있습니다. 또한 "return 0;"이라는 주문에도 세미콜론이 달려 있습니다. 이는 우리말로 치면 마침

표 .에 해당하는 것입니다. 우리말에서는 문장의 끝에 마침표를 써 줘야 하듯이, C 언어에서도 마지막에 세미콜론을 써 줘야 올바른 문장(statement, 일종의 명령문)이 됩니다.

핵심 문장 끝에는 원칙적으로 세미콜론 ;을 써야 한다.

프로그램을 실행하면 {와 } 사이에 있는 모든 문장이 위에서부터 차례대로 실행됩니다(6장에서 자세히 설명합니다).

7) 정수의 뺄셈 결과를 출력

▶ 예제 1-1을 복사해서 조금만 수정하면 됩니다.

덧셈 프로그램을 뺄셈 프로그램으로 쉽게 바꿀 수 있습니다. **예제 1-2**는 15에서 37을 뺀 값을 출력하는 프로그램입니다.

→ **예제 1-2**   chap01/list0102.c

```
/*
    정숫값 15에서 37을 뺀 값을 출력한다
*/

#include <stdio.h>

int main(void)
{
    printf("%d", 15 - 37);        /* 정숫값 15에서 37을 뺀 값을 10진수로 출력 */

    return 0;
}
```

실행 결과
-22

프로그램을 실행하면 −22가 출력됩니다. 이처럼 연산 결과가 음수이면 맨 앞에 마이너스 기호가 출력됩니다.

참고 1-1 **번역 단계와 컴파일**

C 언어 프로그램을 실행할 때는 이론상 8가지 번역 단계 translation phase를 거칩니다. 또한, 소스 프로그램을 실행하는 데 필요한 소프트웨어를 개발 환경 development environment이라고 합니다(예를 들어 Visual C++ 등이 있습니다).

C 언어에서는 소스 프로그램을 컴퓨터가 직접 이해하고 실행할 수 있는 형태로 '번역'하는 컴파일 방식(본문에서 설명한 방식)을 취합니다. 그 밖에도 프로그램을 한 줄씩 '해석'하면서 실행하는 인터프리터 방식(실행 속도가 느린 경향이 있습니다) 등도 있습니다.

8) 형식 문자열과 변환 지정

프로그램을 실행했을 때 달랑 연산 결과만 출력되면 그 의미를 알아보기 어렵습니다. 그래서 조금 더 친절하게 출력하도록 한 프로그램이 **예제 1-3**입니다. 이번 예제에서는 printf 함수에 넘겨주는 첫 번째 인자가 길고 복잡합니다.

➡ **예제 1-3**   chap01/list0103.c

```
/*
    정숫값 15와 37의 합을 친절하게 출력
*/

#include <stdio.h>

int main(void)
{
    printf("15와 37의 합은 %d입니다.\n", 15 + 37);      /* 출력 후에 줄 바꿈 */

    return 0;
}
```

실행 결과

15와 37의 합은 52입니다.

└─ 문자에 대해서는 반드시 다음 페이지 표1-1 참조!!

예제 중 파랗게 칠한 부분(**그림 1-4**에서 점선으로 둘러싼 부분), 다시 말해 printf 함수에 넘겨주는 첫 번째 인자를 형식 문자열 format string이라고 합니다. 형식 문자열 중 %d라는 부분은 "이다음에 있는 인자를 '10진수로' 출력하라."라고 지시하는 변환 지정^{conversion specification}입니다. 형식 문자열 중 변환 지정이 아닌 부분은 (기본적으로는) 그대로 출력됩니다. 또한, 이번 예제의 형식 문자열 맨 끝에 있는 \n은 줄 바꿈^{new line}을 나타내는 특별한 표기입니다. \와 n이라는 두 가지 문자를 조합하면 '줄 바꿈 문자'라는 하나의 문자가 됩니다.

▶ 화면에 \와 n이라는 두 문자가 출력되는 것이 아니라, (눈에 보이지 않는)줄 바꿈 문자가 출력됩니다.

그림 1-4 printf 함수 호출에 의한 화면 출력

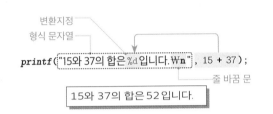

참고 **1-2**   **프로그램의 마지막 출력에서 줄 바꿈을 하는 이유**

오른쪽에 그림은 예제 1-1의 실행 결과입니다(▷는 운영 체제의 프롬프트로, >나 % 등의 기호로 표시됩니다).

대부분의 실행 환경에서는 예제 1-1을 실행하면 출력 결과인 52 바로 다음에 프롬프트가 표시되고 맙니다.

하지만 예제 1-3처럼 프로그램 마지막에 줄 바꿈 문자를 출력해 주면, 프롬프트가 그다음 줄에 표시됩니다(아래 그림).

```
▷List0101↵
52▷
```

```
▷List0103↵
15와 37의 합은 52입니다.
▷
```

9) 기호 문자 읽는 법

C 언어에서 쓰이는 기호 문자를 읽는 법을 속칭까지 포함하여 **표 1-1**에 정리했습니다.

표 1-1 기호 문자 읽는 법

기호	읽는 법	
+	플러스 부호, 플러스, 더하기	
–	마이너스 부호, 마이너스, 하이픈, 빼기	
*	별표, 별, 곱하기, 애스터리스크, 스타	
/	빗금, 슬래시, 나누기	
\	역슬래시, 백슬래시, 역사선	
₩	원 기호, 원	
%	퍼센트	
.	마침표, 소수점, 마침18표, 점, 닷	
,	콤마, 콤마, 쉼표	
:	콜론, 쌍점	
;	세미콜론, 쌍콤마	
'	작은따옴표, 싱글 쿼트(quote)	
"	큰따옴표, 더블 쿼트(quote)	
(	왼쪽 괄호, 왼쪽 소괄호,	
)	오른쪽 괄호, 오른쪽 소괄호	
{	왼쪽 중괄호,	브레이스(brace), 컬리 브레이스(curly brace)
}	오른쪽 중괄호	
[	왼쪽 대괄호	스퀘어 브래킷 (square bracket)
]	오른쪽 대괄호	
<	왼쪽 꺾쇠, 왼쪽 홑화살괄호	앵글 브래킷 (angled bracket)
>	오른쪽 꺾쇠, 오른쪽 홑화살괄호	
?	물음표	
!	느낌표	
&	앤드, 앰퍼샌드	
~	물결, 물결표	
—	오버라인	
^	캐럿, 삿갓	
#	샵	
_	언더바, 밑줄	
=	등호, 는, 이퀄	
|	세로줄, 수직선, 막대기, 파이프	

▶ 한국의 컴퓨터 문자 체계에서는 역슬래시 \ 대신 원 기호 ₩을 사용합니다. 만약 여러분의 환경이 ₩을 사용하는 환경이라면, 이 책에 나오는 모든 \을 ₩로 간주하기 바랍니다.

주의!!

연습 1-1

15에서 37을 뺀 값을 계산하여 "15에서 37을 뺀 값은 −22입니다."라고 출력하는 프로그램을 작성하시오.

10) 형식 없이 출력하기

▶ *** 부분에 여러분의 이름을 넣어서 프로그램을 작성해 보겠습니다.

printf 함수를 부를 때 인자를 하나만 넘겨주면, 형식 문자열이 그대로 출력됩니다. **예제 1-4**로 확인해 보겠습니다. 이것은 "안녕하세요. 제 이름은 ***입니다."라고 출력하는 프로그램입니다.

➡ 예제 **1-4**
chap01/list0104.c

```
/*
    인사와 자기소개 하기
*/

#include <stdio.h>

int main(void)
{
                                 ─── 자기 이름으로 바꿔 보자!!
    printf("안녕하세요. 제 이름은 홍길동입니다.\n");    /* 출력 후에 줄 바꿈 */

    return 0;
}
```

실행 결과
안녕하세요. 제 이름은 홍길동입니다.

이 프로그램을 수정해서 "안녕하세요."와 "제 이름은 홍길동입니다."를 각각 다른 줄에 출력하도록 해 보겠습니다. 그것이 **예제 1-5**의 프로그램입니다.

➡ 예제 **1-5**
chap01/list0105.c

```
/*
    인사와 자기소개 하기(인사와 자기소개를 각각 한 줄씩 출력 – 방법1)
*/

#include <stdio.h>

int main(void)
{
    printf("안녕하세요.\n제 이름은 홍길동입니다.\n"); /* 중간과 마지막에서 줄 바꿈 */

    return 0;
}
```

실행 결과
안녕하세요.
제 이름은 홍길동입니다.

형식 문자열 중간에 있는 \n으로 인해 줄 바꿈이 일어납니다. 참고로 **예제 1-6**처럼 printf 함수 호출을 두 번으로 나눠서 진행해도 결과는 똑같습니다.

▶ 이렇게 하니 프로그램이 더 읽기 쉽네요.

➡ **예제 1-6**   chap01/list0106.c

```
/*
    인사와 자기소개 하기(인사와 자기소개를 따로따로 출력 - 방법2)
*/

#include <stdio.h>

int main(void)
{
    printf("안녕하세요.\n");              /* 출력 후에 줄 바꿈 */
    printf("제 이름은 홍길동입니다.\n");     /* 출력 후에 줄 바꿈 */

    return 0;
}
```

> **실행 결과**
> 안녕하세요.
> 제 이름은 홍길동입니다.

11) 문자열 리터럴

▶ 리터럴이란 '문자 그대로', '문자로 나타내'라는 뜻입니다. 문자열 리터럴 안에서 한글을 쓰면 약간 문제가 생길 수도 있습니다. 다만 우리나라에서 사용하는 개발 환경에서는 대체로 한글을 쓸 수 있습니다. 이 책에서는 독자 여러분이 이해하기 쉽도록 문자열 리터럴 안에서도 한글을 많이 썼습니다.

"ABC"나 "안녕하세요."처럼 여러 문자를 큰따옴표 ""로 감쌈으로써 문자의 나열을 나타낼 수 있습니다. 이를 **문자열 리터럴**^{string literal}이라고 합니다.

12) 확장 표기

앞에서 줄 바꿈 문자는 \n으로 표기해야 한다고 설명했습니다. 이러한 특별한 표기를 **이스케이프 시퀀스**^{escape sequence}라고 합니다.

가령 \a는 경보^{alert}를 울리기 위한 확장 표기입니다. "안녕하세요."라고 출력한 다음 경보를 세 번 울리는 프로그램이 **예제 1-7**입니다.

➡ **예제 1-7**   chap01/list0107.c

```
/*
    인사하고 경보를 세 번 울린다
*/
```

> **실행 결과**
> 안녕하세요.♪♪♪

```
#include <stdio.h>

int main(void)
{
    printf("안녕하세요.\a\a\a\n");    /* 출력과 함께 경보를 세 번 울린다 */
                            └─ \a는 경보고 \n는 줄 바꿈
    return 0;
}
```

▶ 프로그램을 실행하는 환경에 따라서는 경보(소리가 아닌 시각적인 효과로 알려줄 때도 있지만, 보통은 '삑'하는 비프음이 납니다)가 울리지 않을 수도 있고, 세 번이 아니라 한 번만 울릴 수도 있습니다. 이 책에서는 경보를 ♪라고 표기합니다.

연습   1-2

| 천 |
| 지 |
| 인 |

왼쪽과 같이 출력하는 프로그램을 작성하시오. 단, 프로그램 실행 중에 printf 함수는 딱 한 번만 호출합니다.

연습   1-3

여보세요.

안녕하세요.
그럼 이만.

왼쪽과 같이 출력하는 프로그램을 작성하시오. 단, 프로그램 실행 중에 printf 함수는 딱 한 번만 호출합니다.

section
1-2

변수

계산의 중간 결과나 최종 결과를 저장할 때는 변수를 이용합니다. 이번 절에서는 변수를 다루는 방법을 알아보겠습니다.

1) 변수와 선언

여태까지는 15나 37 등 상수constant에 관한 단순한 계산 결과를 출력하는 프로그램을 주로 살펴봤습니다. 하지만 이보다 더 복잡한 계산을 할 때는 변하는 값을 저장하기 위해 변수variable를 써야 합니다.

수학을 싫어하는 사람은 '변수'라는 말을 들으면 방정식이 생각나서 거북할 수도 있지만, 걱정할 필요 없습니다. 다음과 같이 생각하면 됩니다.

> 변수란 숫자나 문자, 문자열 등과 같은 데이터를 넣어 두기 위한 '상자'다.

데이터를 넣을 수 있는 마법 상자인 변수에 값을 저장하면, 상자가 존재하는 한 그 값을 보존할 수 있습니다. 또한 저장한 값을 꺼내 쓸 수도 있고 다른 값으로 덮어쓸 수도 있습니다.

변수를 사용하려면 일정한 절차를 밟아야 하는데, 우선 다음과 같이 변수를 선언declaration해야 합니다(int는 보통 인트라고 읽습니다).

```
int n; /* 자료형이 int이고 이름이 n인 변수를 선언 */
```

그림 1–5처럼, 이러한 선언으로 n이라는 이름을 지닌 변수(상자)가 생깁니다. 이 변수에는 정숫값만을 넣을 수 있으며, 변수 n은 'int형'이라고 불립니다. 이 예시에 나온 변수의 이름은 n이지만, 다른 이름을 붙일 수도 있습니다. 가령 i, no, year 등 이름의 문자 수도(어느 정도까지는) 자유롭게 늘릴 수 있습니다.

▶ int는 정수를 뜻하는 integer 에서 유래했습니다. '자료형'에 관해서는 2장과 7장에서 더 자세히 설명하겠습니다.

▶ 명명 규칙에 관해서는 p.156 에서 설명하겠습니다.

핵심 변수를 쓸 때는 선언을 통해 자료형과 이름을 명확히 지정해야 한다.

실제로 변수를 사용하는 프로그램을 작성하도록 하겠습니다. 다음 문제를 생각해 보겠습니다.

변수 두 개에 적당한 값을 대입하고 그 값을 출력한다.

그림 1-5 변수

변수이름		생성	·정숫값 데이터를 저장한다.
int n ;	int		·언제든 값을 넣고 뺄 수 있다.
자료형	자료형	int라는 자료형으로 만들어진 변수	·이름이 있다.

이를 작성한 프로그램이 **예제 1-8**입니다.

➡ **예제 1-8**   chap01/list0108.c

```
/*
    변수 두 개에 정숫값을 저장하고 출력
*/

#include <stdio.h>

int main(void)
{
    int vx, vy;                     /* vx와 vy는 int형 변수 */

1→  vx = 57;                        /* vx에 57을 대입 */
2→  vy = vx + 10;                   /* vy에 vx+10을 대입 */

    printf("vx의 값은 %d입니다.\n", vx); /* vx의 값을 출력 */
    printf("vy의 값은 %d입니다.\n", vy); /* vy의 값을 출력 */

    return 0;
}
```

> 실행 결과
> vx의 값은 57입니다.
> vx의 값은 67입니다.

▶ 선언을 따로따로 해 주면 각 선언에 주석을 쓰기 쉽고 선언을 추가하거나 삭제할 때 편합니다. 대신 프로그램이 길어지므로, 상황에 맞게 가려 쓰는 게 좋습니다.

예제 프로그램에서는 콤마 기호 ,를 써서 int형 변수 vx와 vy를 한 번에 선언했습니다.

물론 아래 소스처럼 각각 선언해도 상관없습니다.

```
int vx;    /* 변수(첫 번째) */
int vy;    /* 변수(두 번째) */
```

예제를 보면 선언 다음 줄에는 아무것도 쓰지 않고 비워 놓았습니다. 이렇게 하면 프로그램이 더 읽기 쉬워집니다.

2) 대입

▶ 수학과는 달리 "vx와 57이 같다."라는 뜻이 아닙니다.

이번 예제에서 =라는 기호가 처음 등장했는데, 이는 "오른쪽 값을 왼쪽 변수에 대입하라."라는 지시입니다. 그래서 **1**에서는 변수 vx에 57을 대입했습니다(**그림 1-6**).

변수의 값은 언제든 꺼내 쓸 수 있습니다. 가령 **2**에서는 vx의 값을 꺼낸 다음 10을 더하여 vy에 대입했습니다.

그림 1-6 변수에 값을 대입하고 꺼내 쓰기

3) 초기화

이전 페이지의 예제 프로그램에서 변수에 값을 대입하는 부분을 삭제하면 어떻게 될지 한번 실험해 보겠습니다. **예제 1-9**를 실행해 보면 됩니다.

➡ **예제 1-9**   chap01/list0109.c

```
/*
    변수 두 개에 값을 대입하지 않은 채 출력
*/

#include <stdio.h>

int main(void)
{
    int vx, vy;                /* vx와 vy는 int형 변수 */

    printf("vx의 값은 %d입니다.\n", vx); /* vx의 값을 출력 */
    printf("vy의 값은 %d입니다.\n", vy); /* vy의 값을 출력 */

    return 0;
}
```

> 실행 결과 사례
> vx의 값은 3535입니다.
> vy의 값은 938입니다.

변수 vx와 vy에 이상한 값이 들어 있습니다. 변수가 생성될 때 임의의 값, 다시 말해 쓰레깃값이 들어가기 때문입니다(그림 1-7). 따라서 한 번도 값을 지정하지 않은 변수에서 값을 꺼내면 어떤 결과가 나올지 전혀 예상할 수 없습니다.

그림 1-7 변수가 생성되었을 때 지니는 값

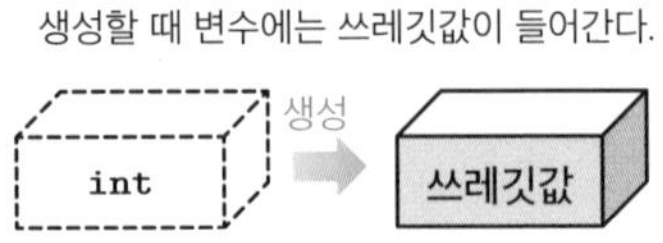

생성할 때 변수에는 쓰레깃값이 들어간다.

■ 선언과 동시에 초기화

변수에 넣을 값이 이미 정해져 있다면, 처음부터 이를 변수에 넣어 두는 편이 좋습니다. 그렇게 수정한 프로그램이 **예제 1-10**입니다.

파랗게 칠한 부분을 보면 변수 vx와 vy는 각각 57과 vx + 10(즉 67)으로 초기화initialize됩니다. 변수 선언문에서 = 기호보다 오른쪽에 있는 부분은 변수 생성 시에 넣을 값에 해당하며, 이를 초기화값initializer라고 합니다(**그림 1-8 ⓐ**). 정수를 담는 상자인 변수를 만들 때, 그 안에 넣을 값을 이미 알고 있다면 이를 처음부터 넣어 두는 편이 자연스럽습니다.

핵심 변수는 생성되었을 때 쓰레깃값을 지닌다. 따라서 변수를 선언할 때는 특별한 사정이 없다면 꼭 초기화해 주는 편이 좋다.

➡ **예제 1-10**   chap01/list0110.c

```
/*
    변수 두 개를 초기화한 다음 출력
*/

#include <stdio.h>

int main(void)
{
    int vx = 57;            /* vx는 int형 변수 (57로 초기화) */
    int vy = vx + 10;       /* vy는 int형 변수 (vx + 10으로 초기화) */
```

실행 결과
vx의 값은 57입니다.
vy의 값은 67입니다.

```
    printf("vx의 값은 %d입니다.\n", vx); /* vx의 값을 출력 */
    printf("vy의 값은 %d입니다.\n", vy); /* vy의 값을 출력 */

    return 0;
}
```

■ **초기화와 대입**

예제 1-10에서 한 초기화와 **예제 1-8**에서 한 대입은, 변수에 값을 넣는 타이밍이 다릅니다. 다음 **그림 1-8**과 같이 이해하면 됩니다.

▶ 이 책에서는 초기화를 지시하는 기호를 가는 =으로 표시하고, 대입을 지시하는 기호를 두꺼운 =으로 표시함으로써 구별하기 쉽게 했습니다.

· **초기화** : 변수를 생성할 때 값을 넣는다.
· **대입** : 이미 생성한 변수에 값을 넣는다.

그림 1-8 초기화와 대입

ⓐ 초기화

`int vx = 57;`

초기화자

생성 `int` ➡ `57`
                   vx

변수 생성 시에 값을 넣는다.

ⓑ 대입

`vx = 57;`

57

vx

이미 생성된 변수에 값을 넣는다.

연습 **1-4**

int형 변수를 선언할 때 실숫값의 초기화값(가령 3.14나 5.7 등)를 사용하면 어떻게 될까? 프로그램을 작성해서 확인하시오.

입력과 출력

이번 절에서는 키보드로 입력한 정숫값을 읽어 들여서, 그 값을 변수에 저장하는 방법 등을 알아보겠습니다.

1) 키보드로 입력받기

그저 정해진 값을 화면에 출력하는 것만으로는 재미가 없습니다. 그래서 다음과 같이 키보드로 데이터를 입력받아 마치 대화하는 것처럼 처리하겠습니다.

　　정숫값을 읽어 들인 다음 확인하기 위해 이를 그대로 출력한다.

이를 프로그램으로 만들면 **예제 1-11**과 같습니다.

➡ 예제 1-11　　　　　　　　　　　　　　　　　　　　　　　　chap01/list0111.c

```
/*
    읽어 들인 정숫값을 그대로 출력
*/

#include <stdio.h>

int main(void)
{
    int no;

    printf("정수를 입력해 주세요 : ");
    scanf("%d", &no);                    /* 정숫값을 읽어 들인다 */

    printf("당신이 입력한 값은 %d입니다.\n", no);

    return 0;
}
```

> **실행 결과 사례**
> 정수를 입력해 주세요 : 37 ⏎
> 당신이 입력한 값은 37입니다.

출력되는 값은 입력한 값에 따라 바뀐다.

다양한 데이터를 입력해 보자!!

printf와는 달리 &가 필요하다!

---

2) scanf 함수 : 값을 읽어 들이는 함수

그림 1-9와 같이, 키보드로 입력한 값을 읽어 들일 때 사용하는 함수가 scanf입니다(일반적으로 scanf는 스캔 에프라고 발음합니다). 여기서 변환 지정 "%d"는 printf 때와 마찬가지로 10진수라는 뜻입니다. 즉 다음과 같이 지시한 셈입니다.

> 키보드로 입력한 값을 10진수로 읽어 들여서 그 값을 no에 넣어 주세요.

또한 다음 사항을 반드시 조심해야 합니다.

핵심 printf 함수와는 달리, scanf 함수로 값을 읽어 들일 때는 인자로 넘길 변수 이름 앞에 &를 붙여야 한다.

▶ &의 의미는 10장에서 설명하겠습니다. 또한, int형 변수에는 일정 범위의 정숫값만을 넣을 수 있으므로, 극단적으로 큰 양수나 음수는 읽어 들일 수 없습니다(자세한 내용은 7장에서 설명하겠습니다).

그림 1-9 printf 함수에 의한 출력과 scanf 함수에 의한 입력

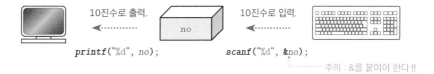

```
            10진수로 출력.                    10진수로 입력.
         ◀───────────        no        ◀───────────
         printf("%d", no);          scanf("%d", &no);
                                        주의 : &를 붙여야 한다!!
```

▶ 앞으로는 다음과 같이 ',', '와 ','
를 구분해서 쓰겠습니다.
• 'ABC'라고 썼을 때 : 화면에 ABC
라고 출력합니다.
• "ABC"라고 썼을 때 : 화면에 ABC
라고 출력한 다음 줄 바꿈을 합니다(줄 바꿈 문자를 출력합니다).

프로그램에서는 우선 "정수를 입력해 주세요 : "라고 출력하여 사람에게 정숫값을 입력해 달라고 요청합니다. scanf 함수로 입력한 값을 읽어 들이면 "당신이 입력한 값은 ✳✳입니다."라고 출력합니다(읽어 들여서 변수 no에 저장한 값이 ✳✳ 부분에 출력됩니다).

3) 곱셈하기

읽어 들인 정숫값을 그대로 출력하지 말고 5배로 불려서 출력하도록 프로그램을 고쳐 보겠습니다. **예제 1-12**가 바로 그 프로그램입니다.

⟶ 예제 1-12

```
/*
    읽어 들인 정수에 5를 곱한 값을 출력
*/

#include <stdio.h>

int main(void)
{
    int no;

    printf("정수를 입력해 주세요 : ");
    scanf("%d", &no);              /* 정숫값을 읽어 들인다 */

    printf("그 값에 5를 곱하면 %d입니다.\n", 5 * no);

    return 0;
}
```

실행 결과 사례
정수를 입력해 주세요 : 357↵
그 값에 5를 곱하면 1785입니다.

이 프로그램에서 처음 사용한 애스터리스크 *는 곱셈 기호입니다. 물론 프로그램에 있는 5 * no라는 부분을 no * 5로 고쳐도 결과는 똑같습니다.

연습 1-5

정수를 입력해 주세요 : 57↵
57에 12를 더하면 69입니다.

왼쪽과 같이 읽어 들인 정숫값에 12를 더한 결과를 출력하는 프로그램을 작성하시오.

연습 1-6

정수를 입력해 주세요 : 57↵
57에서 6을 빼면 51입니다.

왼쪽과 같이 읽어 들인 정숫값에서 6을 뺀 결과를 출력하는 프로그램을 작성하시오.

4) puts 함수 : 출력하는 함수

변수를 이용해서 좀 더 어려운 문제를 풀어 보겠습니다.

정숫값 두 개를 읽어 들여서 그 합을 출력한다.

이를 프로그램으로 쓴 것이 예제 1-13입니다.

38

Chapter 1 우선 익숙해지자

➡ 예제 1-13 chap01/list0113.c

```c
/*
    읽어 들인 두 정숫값의 합을 출력
*/

#include  <stdio.h>

int main(void)
{
    int n1, n2;

    puts("정수 두 개를 입력해 주세요.");
    printf("정수1 : ");       scanf("%d", &n1);
    printf("정수2 : ");       scanf("%d", &n2);

    printf("이를 합하면 %d입니다.\n", n1 + n2);          /* 합을 출력 */

    return 0;
}
```

실행 결과 사례

```
정수 두 개를 입력해 주세요.
정수1 : 27↵
정수2 : 35↵
이를 합하면 62입니다.
```

▶ 파랗게 칠한 부분처럼, 한 행에 여러 문장을 쓸 수도 있습니다(반대로 한 문장을 여러 행에 걸쳐 써도 괜찮습니다). 프로그램 표기에 관해서는 p.158에서 자세히 설명하겠습니다.

이 프로그램에서 처음 puts 함수를 써봤습니다(맨 끝에 있는 s는 string에서 유래한 것으로, 일반적으로 puts는 풋 에스라고 발음합니다). 이 puts 함수는 인자로 주어진 문자열을 출력한 다음 마지막으로 줄 바꿈 문자도 출력합니다. 즉 **그림 1-10**과 같이 puts("…")는 printf("…\n")와 거의 똑같이 동작합니다.

그림 1-10 printf 함수와 puts 함수

거의 같다.	*printf*("ABCDE\n");	· 형식을 설정하거나 수치를 출력할 수 있다. · 줄 바꿈 문자는 수동으로 출력해야 한다.
	puts("ABCDE");	· 형식을 설정하거나 수치를 출력하지는 못한다. · 줄 바꿈 문자를 자동으로 출력한다.

형식을 지정할 필요가 없고 마지막에 줄 바꿈 문자를 출력해야 할 때는 printf 함수 대신 puts 함수를 사용하면 좋습니다.

이 프로그램을 조금 고친 것이 **예제 1–14**입니다. 읽어 들인 두 정숫값의 합을 일단 변수 sum에 저장해 두고, 그 값을 출력합니다. 물론 실질적인 처리 결과는 이전 프로그램과 똑같습니다.

→ 예제 1-14

```
/*
    읽어 들인 두 정숫값의 합을 변수에 저장하여 출력
*/

#include <stdio.h>

int main(void)
{
    int n1, n2;
    int sum;                  /* 합 */

    puts("정수 두 개를 입력해 주세요.");
    printf("정수1 : ");        scanf("%d", &n1);
    printf("정수2 : ");        scanf("%d", &n2);

    sum = n1 + n2;                                  /* n1과 n2의 합을 sum에 대입 */

    printf("이를 합하면 %d입니다.\n", sum);         /* 합을 출력 */

    return 0;
}
```

실행 결과 사례
정수 두 개를 입력해 주세요.
정수1 : 27 ⏎
정수2 : 35 ⏎
이를 합하면 62입니다.

이 프로그램에서는 그저 더한 결과를 출력만 할 뿐이므로, 딱히 변수 sum을 쓸 필요는 없습니다. 하지만 더한 결과를 가지고 또 다른 계산을 하는 프로그램이라면 변수 sum이 유용하게 쓰일 수 있습니다.

연습 1-7

천
지
인

"천" "지" "인"을 출력하는 프로그램을 작성하시오. 출력할 때는 printf 함수가 아니라 puts 함수를 사용합니다.

정수 두 개를 입력해 주세요.

정수1 : 27⏎

정수2 : 35⏎

이를 곱하면 945입니다.

왼쪽과 같이 읽어 들인 두 정숫값의 곱을 출력하는 프로그램을 작성하시오.

정수 세 개를 입력해 주세요.

정수1 : 7⏎

정수2 : 15⏎

정수3 : 23⏎

이를 합하면 45입니다.

왼쪽과 같이 읽어 들인 세 정숫값의 합을 출력하는 프로그램을 작성하시오.

정리

● 소스 프로그램은 문자를 나열하여 작성한다. 그대로는 실행할 수 없으므로 컴파일(번역)과 링크를 거쳐 실행 프로그램으로 변환해야 한다.

● 소스 프로그램에서 /*와 */로 둘러싼 부분은 주석이다. 주석은 여러 줄에 걸쳐서 쓸 수도 있다. 프로그램 작성자 자신이나 다른 사람에게 알려주고 싶은 적절한 설명을 간결하게 적도록 하자.

● 아래 예시처럼 파랗게 칠한 부분은 '마법의 주문'이라고 생각하고 일단은 통째로 외워 두자.

```
#include <stdio.h>

int main(void)
{
    printf("%d", 15 + 37);

    return 0;
}
```

● stdio.h를 studio.h라고 잘못 적지 않도록 조심한다.

● 문장의 끝에는 원칙적으로 세미콜론 ;을 적어야 한다.

● 프로그램을 실행하면 {와 } 사이에 있는 문장이 순서대로 실행된다.

● 줄 바꿈 문자를 나타내는 확장 표기는 \n이며, 경보(비프음) 문자를 나타내는 확장 표기는 \a다. 환경에 따라서는 역슬래시 \ 대신 원 기호 ₩를 써야 한다.

● 문자열을 나타낼 때는 여러 문자를 큰따옴표 " "로 감싼 "ABC"와 "안녕하세요." 등의 문자열 리터럴을 사용한다.

● 변수에는 숫자나 문자, 문자열 등의 데이터를 자유롭게 넣었다 뺐다 할 수 있는데, 이는 '자료형'을 바탕으로 만들어낸 실체이다. 변수를 사용하려면 자료형과 이름을 선언해야 한다. int형은 정수를 나타내는 자료형이다.

● 새로 생성한 변수에는 쓰레깃값이 들어가 있다. 따라서 특별한 이유가 없는 한, 변수를 선언할 때는 꼭 초기화값을 써서 초기화를 해야 한다.

● 변수에 값을 넣는 '초기화'와 '대입'의 차이는 다음과 같다.

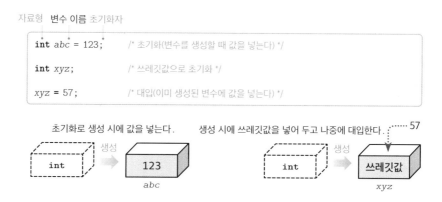

● 여러 변수를 한 번에 선언할 때는 다음과 같이 콤마(,)으로 구분한다.

    int a, b;

● 함수 호출은 곧 처리를 의뢰한다는 뜻이며, 이때 필요한 보조 지시 사항을 ( ) 사이에 인자로 넘겨준다. 인자끼리는 콤마 ,으로 구분한다.

● 화면에 출력할 때 쓰는 함수로는 printf 함수와 puts 함수가 있다.

● printf 함수에 넣는 첫 번째 인자는 형식 문자열이다. 형식 문자열에는 다음에 넣을 인자의 형식을 지정하기 위한 변환 지정을 넣을 수 있다. 형식 문자열은 변환 지정을 제외하면 기본적으로 그대로 출력된다. 변환 지정 %d는 그다음 인자를 10진수로 출력하라는 뜻이다.

● puts 함수는 주어진 문자열을 출력한 다음 줄 바꿈 문자를 출력한다.

● scanf 함수는 키보드에서 값을 읽어 들인 다음 변수로 저장한다. 읽어 들인 값을 저장하기 위한 변수를 인자로 넘길 때는, 변수 이름 앞에 &를 붙여야 한다. 변환 지정 %d는 10진수로 읽어 들이겠다는 뜻이다.

● +는 덧셈, −는 뺄셈, *는 곱셈을 뜻하는 기호다.

소스 프로그램을 저장하는 소스 파일은 확장자 .c를 사용한다.

chap01/summary.c

```
/*
    직사각형의 넓이를 구한다
*/

#include <stdio.h>

int main(void)
{
    int width;   /* 직사각형의 너비 */
    int height;  /* 직사각형의 높이 */          변수 선언

    puts("직사각형의 넓이를 구합니다.");          출력 후에 줄 바꿈이 일어난다.

    printf("너비 : ");                          출력 후에 줄 바꿈이 일어나지 않는다.
    scanf("%d", &width);
                                               정숫값을 10진수로 읽어 들인다.
    printf("높이 : ");
    scanf("%d", &height);
                                               &를 빠뜨리지 않도록 조심한다.
    /* 출력 */                                   정숫값을 10진수로 출력한다.
    printf("넓이는 %d입니다.\a\n", width * height);
                                               곱한다.
    return 0;
}                                              \a는 경보, \n은 줄 바꿈을 나타내는 확장 표기다.
```

실행 결과 사례

직사각형의 넓이를 구합니다.

너비 : 7⏎

높이 : 5⏎

넓이는 35입니다.♪

각 문장을 순서대로 실행한다.

CHAPTER

2

연산과 자료형

만약 누가 "키와 몸무게를 알려주세요."라고 물어 보면 어떻게 대답해야 할까요? 가령 "키는 175cm고 몸무게는 62kg입니다." 라는 식으로 대답할 수 있습니다. 그런데 이것은 아마도 거짓말(?)일 것입니다. 왜냐면 키가 정확히 175cm일 리가 없기 때문입니다. 신장계로 재서 175.3cm라는 결과가 나왔다 해도, 이 또한 올바른 값은 아닐 것입니다.

정확한 값은 아마 175.2869758…cm 같은 값일 것입니다(게다가 시간이 흐르면 계속 바뀔 것입니다). 하지만 보통은 "키는 175cm고 몸무게는 62kg입니다."라고만 대답해도 충분합니다. 왜냐면 굳이 정확한 값을 알 필요가 없기 때문입니다. 프로그램의 세계에서도 마찬가지입니다. 꼭 현실의 값을 정확하게 나타낼 필요는 없습니다. 이번 장에서는 C 언어에서 값을 다룰 때 알아야 할 최소한의 지식인 연산과 자료형에 관해 알아보겠습니다.

section
2-1

연산

덧셈을 나타내는 +와 곱셈을 나타내는 * 등의 기호를 연산자라고 합니다. 이번 절에서는 기본적인 연산자에 관해 알아보겠습니다.

1) 연산자와 피연산자

지난 장에서는 덧셈, 뺄셈, 곱셈을 해 봤습니다. 이번에는 나눗셈도 해 보겠습니다.

> 정숫값 두 개를 읽어 들여서 그 합, 차, 곱, 몫, 나머지를 출력한다.

프로그램은 **예제 2-1**과 같습니다.

▼ vx - vy는 vx에서 vy를 뺀 값을 구한다는 뜻이지, 차의 절댓값을 구하지는 않습니다. 따라서 vx보다 vy가 더 크다면 vx - vy는 음수가 됩니다. 차의 절댓값을 구하는 프로그램은 다음 장의 예제 3-15(list0315.c p.57)에서 설명하겠습니다.

→ **예제 2-1**   chap02/list0201.c

```
/*
    읽어 들인 두 정숫값의 합·차·곱·몫·나머지를 출력
*/

#include <stdio.h>

int main(void)
{
    int vx, vy;

    puts("정수 두 개를 입력해 주세요.");
    printf("정수 vx : ");   scanf("%d", &vx);
    printf("정수 vy : ");   scanf("%d", &vy);

    printf("vx + vy = %d\n",  vx + vy);
    printf("vx - vy = %d\n",  vx - vy);
    printf("vx * vy = %d\n",  vx * vy);
    printf("vx / vy = %d\n",  vx / vy);
    printf("vx %% vy = %d\n", vx % vy);
    return 0;
}
```

실행 결과 사례

```
정수 두 개를 입력해 주세요.
정수 vx : 57↵
정수 vy : 21↵
vx + vy = 78
vx - vy = 36
vx * vy = 1197
vx / vy = 2
vx % vy = 15
```

형식 문자열 안에 기호 문자 %를 두 개 쓰면 %가 한 개만 출력된다

연산을 해 주는 +와 * 등의 기호를 연산자^{operator}라고 하며, 그 연산의 대상인 변수와 정수 등을 피연산자^{operand}라고 합니다(**그림 2-1**). 가령 덧셈을 의미하는 vx + vy에서는 +가 연산자고 vx와 vy가 피연산자입니다. 왼쪽 피연산자를 제1 피연산자나 왼쪽 피연산자라고 부르며, 오른쪽 피연산자를 제2 피연산자나 오른쪽 피연산자라고 부릅니다.

그림 2-1 연산자와 피연산자

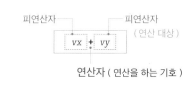

2) 승제 연산자와 가감 연산자

이 프로그램에서 사용한 연산자는 **표 2-1**의 승제 연산자$^{multiplicative\ operator}$와 **표 2-2**의 가감 연산자$^{additive\ operator}$로 나눌 수 있습니다.

표 2-1 승제 연산자

이항 * 연산자	a * b	a와 b의 곱
/ 연산자	a / b	a를 b로 나눈 몫(둘 다 정수라면 소수점 이하는 버림)
% 연산자	a % b	a를 b로 나눈 나머지(a와 b는 정수여야 한다)

표 2-2 가감 연산자

이항 + 연산자	a + b	a와 b의 합
이항 - 연산자	a - b	a에서 b를 뺀 값

각 연산자의 영어 이름은 승제 연산자가 binary * operator와 / operator와 % operator이고, 가감 연산자가 binary + operator와 binary − operator입니다.

■ 나눗셈의 몫과 나머지

승제 연산자로는 다음 두 가지가 있습니다. 먼저 /는 나눗셈의 몫을 구하는 연산자입니다.

정수 / 정수	몫의 정수 부분

위와 같이 연산하면 몫의 정수 부분, 다시 말해 소수점 이하를 버린 값이
나옵니다. 가령 5 / 3은 1이고, 3 / 5는 0입니다.

정수 % 정수	나머지

▶ 이들 두 연산자에 관해서는
다음 페이지의 참고 2-1에서도
자세히 설명하겠습니다.

한편으로 위와 같이 연산하면 나머지가 나옵니다. 가령 5 % 3은 2고, 3 %
5는 3입니다.

3) printf 함수에서 % 문자 출력하기

▶ 형식 지정 기능이 없는 puts
함수에서는 %라고 적으면 그냥
%라고 출력합니다. 물론 %%라
고 적으면 %%라고 출력합니다.

소스에서 나머지 연산 출력 처리를 하는 파랗게 칠한 부분을 잘 살펴보겠
습니다. 형식 문자열 안에 %%라고 적혀 있습니다. 형식 문자열 안에서 문
자 %는 변환 지정을 위해 사용합니다. 그래서 변환 지정을 하고 싶은 것이
아니라 정말로 %라고 출력하고 싶을 때는 %%라고 적어야 합니다.

4) 일의 자리 숫자 구하기

승제 연산자를 잘 쓰면 다음 문제를 풀 수 있습니다.

　읽어 들인 정숫값의 일의 자리 숫자를 출력한다.

이를 구현한 프로그램이 **예제 2-2**입니다.

➡ 예제 2-2   chap02/list0202.c

```
/*
    읽어 들인 정숫값의 일의 자리 숫자를 출력
*/

#include <stdio.h>
```

실행 결과 사례 1
정수를 입력해 주세요 : 1357⏎ 일의 자리 숫자는 7입니다.

실행 결과 사례 2
정수를 입력해 주세요 : 1780⏎ 일의 자리 숫자는 0입니다.

```
int main(void)
{
    int no;

    printf("정수를 입력해 주세요 : ");
    scanf("%d", &no);                                    /* 정숫값을 읽어 들인다 */

    printf("일의 자리 숫자는 %d입니다.\n", no % 10);
                                        ┌──────── no를 10으로 나눈 나머지
    return 0;
}
```

참고 2-1   나눗셈 연산 결과

나눗셈을 하는 / 연산자와 % 연산자의 연산 결과는 개발 환경에 따라 다릅니다.

· 피연산자가 둘 다 양수일 때

모든 개발 환경에서 몫과 나머지는 0이나 양수가 됩니다. 예를 들면 다음과 같습니다.

		x / y	x % y
양수 ÷ 양수	예 x = 22, y = 5	4	2

· 피연산자 중 하나 이상이 음수일 때

/ 연산자의 결과는 '대수적인 몫 이하의 가장 큰 정수'나 '대수적인 몫 이상의 가장 작은 정수'가 되며, 어느 쪽이 될지는 개발 환경에 따라 다릅니다. 예를 들면 다음과 같습니다.

		x / y	x % y	
음수 ÷ 음수	예 x = -22, y = -5	4	-2	} 개발 환경에 따라 정해진다
		5	3	
음수 ÷ 양수	예 x = -22, y = 5	-4	-2	} 개발 환경에 따라 정해진다
		-5	3	
양수 ÷ 음수	예 x = 22, y = -5	-4	2	} 개발 환경에 따라 정해진다
		-5	-3	

※ y가 0이 아닌 한, x와 y의 부호와 상관없이 (x / y) * y + x % y의 값은 x와 똑같다.

5) 여러 개의 변환 지정

예제 2-3은 두 정숫값을 읽어 들여서 그 몫과 나머지를 출력하는 프로그램입니다.

```c
/*
    정수 두 개를 읽어 들여서 나눈 다음 몫과 나머지를 출력
*/

#include <stdio.h>

int main(void)
{
    int a, b;

    puts("정수 두 개를 입력해 주세요.");
    printf("정수 a : ");    scanf("%d", &a);
    printf("정수 b : ");    scanf("%d", &b);

    printf("a를 b로 나누면 몫은 %d, 나머지는 %d입니다.\n", a / b, a % b);
                                                        변환 지정이 두 개나!!
    return 0;
}
```

┌─────────── 실행 결과 사례 ───────────┐
│ 정수 두 개를 입력해 주세요.   │
│ 정수 a : 57↵   │
│ 정수 b : 21↵   │
│ a를 b로 나누면 몫은 2, 나머지는 15입니다. │
└──────────────────────────────────────┘

▶ 인자와 일대일로 대응할 수만 있다면 변환 지정이 세 개 이상 있어도 문제없습니다.

프로그램에서 **파랗게 칠한 부분**을 보면 형식 문자열 안에 변환 지정 %d가 두 개 있습니다. **그림 2-2**를 보면 알 수 있듯이, 각 변환 지정은 앞에서 두 번째, 세 번째 인자와 대응합니다.

그림 2-2 printf 함수에서 두 가지 값을 형식화하여 출력

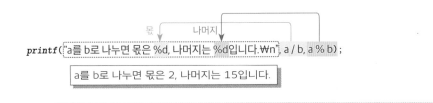

또한, scanf 함수로 값을 읽어 들일 때도 변환 지정을 두 개 이상 쓸 수 있습니다. 가령 다음과 같이 적으면 int형 변수 a와 b에 정숫값을 읽어 들일 수 있습니다.

```c
scanf("%d%d", &a, &b);        /* a와 b에 10진수를 차례로 읽어 들인다 */
```

정수 두 개를 입력해 주세요.
정수x : 54⏎
정수y : 84⏎
x는 y의 64%입니다.

왼쪽과 같이 정숫값 두 개를 읽어 들여서 전자 값이 후자 값의 몇 퍼센트인지 출력하는 프로그램을 작성하시오.

정수 두 개를 입력해 주세요.
정수a : 54⏎
정수b : 12⏎
이들의 합은 66이고 곱은
648입니다.

왼쪽과 같이 정숫값 두 개를 읽어 들여서 그 합과 곱을 출력하는 프로그램을 작성하시오.

6) 단항 산술 연산자

이번에는 다음 문제를 풀어 보겠습니다.

정숫값을 읽어 들인 다음 부호를 바꿔서 출력한다.

가령 75라고 입력하면 −75를 출력하고, −64라고 입력하면 64를 출력하라는 뜻입니다. 이를 구현한 프로그램이 **예제 2-4**입니다.

➡ 예제 2-4   chap02/list0204.c

```
/*
    읽어 들인 정숫값의 부호를 바꿔서 출력
*/

#include <stdio.h>

int main(void)
{
    int num;
```

실행 결과 사례 1
정수를 입력해 주세요 : 75⏎
부호를 바꾼 값은 −75입니다.

실행 결과 사례 2
정수를 입력해 주세요 : −64⏎
부호를 바꾼 값은 64입니다.

```
    printf("정수를 입력해 주세요 : ");
    scanf("%d", &num);                              /* 정숫값을 읽어 들인다 */

    printf("부호를 바꾼 값은 %d입니다.\n", -num);      /* 단항 - 연산자 */

    return 0;
}
```

여태까지 사용한 연산자는 피연산자가 두 개 필요한 것들이었습니다. 이러한 연산자를 이항 연산자^{binary operator}라고 합니다. 하지만 C 언어의 연산자 중에는 피연산자가 한 개만 필요한 단항 연산자^{unary operator}도 있고, 피연산자가 세 개나 필요한 삼항 연산자^{ternary operator}도 있습니다.

여기서 처음 나온 연산자가 단항 − 연산자^{unary − operator}입니다. 설명하지 않아도 짐작할 수 있겠지만, 이 − 연산자는 피연산자의 부호를 반대로 바꾼 값을 생성합니다. 또한, 이와 쌍을 이루는 연산자인 단항 + 연산자^{unary + operator}도 있습니다. 두 연산자의 개요를 **표 2-3**에 정리했습니다.

표 2-3 단항 + 연산자와 단항 - 연산자

단항 + 연산자	+a	a의 값
단항 - 연산자	-a	a의 부호를 반대로 바꾼 값

따라서 연산자 +와 −에는 단항 연산자 버전과 이항 연산자 버전이 있다고 볼 수 있습니다. 그중 단항 + 연산자는 사실상 아무런 연산도 하지 않습니다. 참고로 단항 + 연산자, 단항 − 연산자, ! 연산자(p.116), ~ 연산자(p.270)를 통틀어서 단항 산술 연산자^{unary arithmetic operator}라고 합니다.

7) 대입 연산자

여태까지 몇 가지 예제 프로그램에서 = 연산자를 사용해 왔는데, 이를 단순 대입 연산자^{simple assignment operator}라고 합니다.

표 2-4 단순 대입 연산자

단순 대입 연산자	a = b	b를 a에 대입

또한, 단순 대입 연산자는 그냥 대입 연산자라고 불릴 때가 많습니다. 이 책에서도 그렇게 부르도록 하겠습니다. 단, 4장에서 공부할 복합 대입 연산자와 구분할 때는 단순 대입 연산자라고 부르겠습니다.

8) 식과 대입식

변수나 상수, 그리고 이를 연산자로 결합한 것을 표현식expression이라고 합니다.

vx + 32	덧셈을 수행하는 식

가령 위의 예시에서는 vx, 32, vx + 32가 모두 식입니다.

vc = vx + 32	대입식

이 예시에서는 vc, vx, 32, vx + 32, vc = vx + 32가 모두 표현식이라고 할 수 있습니다. 물론 vc가 대입 연산자 =의 제1 피연산자이며, vx + 32가 제2 피연산자입니다.

일반적으로 ○○연산자를 사용한 표현식을 ○○식이라고 부릅니다. 따라서 대입 연산자를 사용한 식은 대입식assignment expression이라고 합니다.

9) 구문

앞에서도 이야기했지만, 문장의 끝에는 원칙적으로 세미콜론 ;을 적어야 합니다. 따라서 앞에서 나왔던 대입식은 다음과 같은 형태가 되어야 비로소 올바른 문장이 됩니다.

| vc = vx + 32; | 구문 |

이처럼 식의 끝에 세미콜론을 붙여서 만든 문장을 구문^{expression statement}이라
고 합니다. 구문에 관해서는 4장(p.94)에서 더 자세히 설명하겠습니다. 또
한, 다음 장부터는 구문 외에도 'if문'이나 'while문' 등의 다양한 문장도 다
룰 것입니다.

section
2-2

자료형

여태까지 사용해 온 int형은 오직 정수만을 다루는 자료형입니다. int형 외에도 수많은 자료형
이 있는데, 이번 절에서는 실수를 다루는 double형 등을 알아보겠습니다.

여태까지 사용해 온 int형은 오직 정수만을 다루는 자료형입니다. int형 외
에도 수많은 자료형이 있는데, 이번 절에서는 실수를 다루는 double형 등을
알아보겠습니다.

1) 평균값 구하기

다음 문제를 생각해 보겠습니다.

> 정숫값 두 개를 읽어 들여서 평균값을 구한다.

이를 구현한 프로그램이 **예제 2-5**입니다.

⇒ **예제 2-5**   chap02/list0205.c

```
/*
    정수 두 개를 읽어 들여서 평균값을 출력
*/

#include <stdio.h>
```

실행 결과 사례
정수 두 개를 입력해 주세요.
정수 a : 41☐
정수 b : 44☐
이들의 평균은 42입니다.

```
int main(void)
{
    int a, b;

    puts("정수 두 개를 입력해 주세요.");
    printf("정수 a : ");      scanf("%d", &a);
    printf("정수 b : ");      scanf("%d", &b);

    printf("이들의 평균은 %d입니다.\n", (a + b) / 2);

    return 0;
}
```

식 a + b를 감싸는 ( )는 먼저 수행할 연산을 명확히 지정하기 위한 기호입니다.

a + b / 2

▶ 모든 연산의 우선순위는 표 7-11(p.293)에 정리되어 있습니다.

만약 위와 같이 썼다면, a와 b / 2의 합을 구하는 프로그램이 되고 맙니다 (**그림 2-3**). 우리가 평소에 쓰는 계산법과 마찬가지로, C 언어에서도 덧셈과 뺄셈보다 곱셈과 나눗셈을 먼저 하기 때문입니다.

그림 2-3 ( )로 연산 순서 바꾸기

ⓐ a와 b의 평균을 구한다

$(a + b) / 2$

덧셈을 먼저 한다. ①
나눗셈을 나중에 한다. ②

ⓑ a와 b/2를 더한다.

$a + b / 2$

① 나눗셈을 먼저 한다.
덧셈을 나중에 한다. ②

2) 자료형

프로그램을 실행하면 평균값은 42.5가 아니라 42라고 출력됩니다. 즉 소수 부분이 버려졌습니다. 이는 int라는 자료형(data type)이 오직 정수만을 다룰 수 있기 때문입니다.

C 언어에서는 실수를 부동 소수점 수^{floating-point number}라는 형식으로 나타냅니다. 형식으로 나타냅니다. 이 용어를 처음 들으면 부동은 不動(不 아닐 부, 動 움직일 동)으로 생각되어 고정되었다는 의미로 받아들이기 쉬운데, 완전히 반대되는 뜻으로 浮動(浮 뜰 부, 動 움직일 동), 즉 물에 떠서 움직인다는 뜻입니다. 그러한 자료형은 여러 개 존재하는데, 이번 절에서는 그중에서 double형을 알아보겠습니다. 정수인 int형과 부동 소수점 수인 double형의 차이를 예제 2-6의 프로그램으로 확인해 보겠습니다.

➡ 예제 2-6   chap02/list0206.c

```
/*
    정수와 부동 소수점 수
*/

#include <stdio.h>

int main(void)
{
    int n;          /* 정수 */
    double x;       /* 부동 소수점 수 */

    n = 9.99;
    x = 9.99;

    printf("int형    변수 n의 값   : %d\n", n);     /* 9        */
    printf("    n / 2   : %d\n", n / 2); /* 9 / 2    */

    printf("double형 변수 x의 값   : %f\n", x);     /* 9.99     */
    printf("    x /2.0   : %f\n", x / 2.0);  /* 9.99 / 2.0  */
                                            double형을 출력할 때는 %d가 아니라 %f다.
    return 0;
}
```

실행 결과			
int형	변수	n의 값	: 9
		n / 2	: 4
double형	변수	x의 값	: 9.990000
		x /2.0	: 4.995000

▶ 변환 지정 %f의 f는 부동 소수점 floating-point의 머리글자입니다. 소수점 이하 부분이 여섯 자리 출력되지만, 이 자릿수는 바꿀 수 있습니다. p.65에서 설명하겠습니다.

변수 n을 int형, 변수 x를 double형으로 선언하여 둘 다 9.99를 대입했습니다. 그림 2-4와 같이 int형 변수에 실숫값을 대입하면 소수 부분이 잘립니다. 따라서 n에는 9가 저장됩니다. 물론 n / 2, 다시 말해 9 / 2는 '정수 /

정수' 형태의 연산이므로, 그 결과에서도 소수 부분이 버려집니다. 참고로 printf 함수에서 double형 값을 출력하기 위한 변환 지정은 %d가 아니라 %f 입니다.

그림 2-4 정수와 부동 소수점 수

3) 자료형과 객체

자료형과 변수를 조금 더 자세히 공부해 보겠습니다. **그림 2-5**에서는 int형 과 double형을 점선으로 된 상자로, 그 자료형으로 만들어진 변수 n과 x를 실선으로 된 상자로 나타냈습니다. 자료형을 뜻하는 점선 상자의 크기는 변수를 뜻하는 실선 상자의 크기와 같습니다.

그림 2-5 자료형과 객체

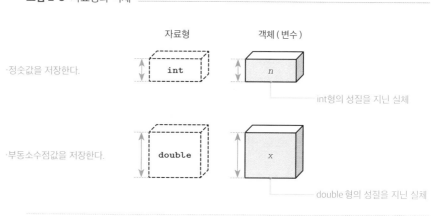

앞에서도 설명했듯이 int형은 정수만을 나타낼 수 있습니다. 실숫값을 대입 하더라도 소수 부분은 버리고 정수 부분만을 저장합니다. 한편으로 부동

소수점 수를 나타내는 double형은 소수 부분을 지닌 실숫값을 다룰 수 있습니다. C 언어에는 이 두 가지뿐만이 아니라 더 다양한 자료형이 준비되어 있습니다(7장에서 자세히 설명하겠습니다).

또한, 각 자료형이 다룰 수 있는 값의 크기에는 제한이 있습니다. 가령 int형으로 확실하게 표현할 수 있다고 보장된 값의 범위는 −32767부터 32767까지입니다. 개발 환경에 따라서는 더 넓은 범위의 값을 표현할 수도 있습니다. 7장에서 설명하겠습니다.

각 자료형에는 고유한 성질이 있으며, 그 성질을 그대로 이어받아서 만들어진 변수를 객체object라고 부릅니다. 즉 다음과 같이 이해하면 됩니다.

> **핵심** 자료형이란 다양한 성질이 담긴 설계도(붕어빵의 형틀) 같은 것이며, 자료형으로 만든 객체(변수)는 그 설계도를 바탕으로 만들어진 실체(형틀로 구워낸 진짜 붕어빵)다.

객체라는 용어보다는 변수라고 부르는 편이 더 일반적이고 매끄럽습니다. 이 책에서는 엄밀하게 표현해야만 할 때가 아니라면 객체 대신 변수라는 용어를 쓰도록 하겠습니다.

4) 정수 상수와 부동 소수점 상수

▶ 값의 크기나 특별한 지시에 따라 자료형이 바뀝니다. 7장에서 설명하겠습니다.

프로그램에 직접 적힌 값인 상수에도 자료형이 있습니다. 5나 37등의 상수는 정수 자료형이므로 정수 상수integer constant라고 불리며, 3.14처럼 소수 부분이 있는 상수는 부동 소수점 상수floating-point constant라고 불립니다. 기본적으로 정수 상수는 int형이며, 부동 소수점 상수는 double형입니다.

5) double형의 연산

예제 2-7은 실숫값 두 개를 읽어 들여서 그 합, 차, 곱, 몫을 출력하는 프로그램입니다.

```
/*
    실숫값 두 개를 읽어 들여서 합·차·곱·몫을 실수로 출력
*/

#include <stdio.h>

int main(void)
{
    double  vx, vy;        /* 부동 소수점 수 */

    puts("숫자 두 개를 입력해 주세요.");
    printf("실수 vx : ");    scanf("%lf", &vx);
    printf("실수 vy : ");    scanf("%lf", &vy);
                                          소문자 엘
    printf("vx + vy = %f\n", vx + vy);
    printf("vx - vy = %f\n", vx - vy);
    printf("vx * vy = %f\n", vx * vy);
    printf("vx / vy = %f\n", vx / vy);

    return 0;              ※double형에는 나눗셈의 나머지를 구하는 % 연산자를 쓸 수 없다.
}
```

```
실행 결과 사례
실수 두 개를 입력해 주세요.
실수 vx : 45.77⏎
실수 vy : 35.3⏎
vx + vy = 81.070000
vx - vy = 10.470000
vx * vy = 1615.681000
vx / vy = 1.296601
```

표 2-5에 정리한 것처럼, double형 변수에 값을 읽어 들일 때는 scanf 함수에서 %lf 변환 지정을 써야 합니다.

표 2-5 변환 지정 구분법

	int형 10진수	double형
printf 함수로 출력	printf("%d", no);	printf("%f", no);
scanf 함수로 입력	scanf("%d", &no);	scanf("%lf", &no);

연습 2-3

```
실수를 입력해 주세요 : 57.3⏎
당신은 57.300000을
입력했습니다.
```

왼쪽과 같이 실숫값을 읽어 들여서 그대로 다시 출력하는 프로그램을 작성하시오.

6) 자료형과 연산

'정수 / 정수' 연산의 결과에서는 몫의 소수 부분이 버려지지만, 부동 소수점 수끼리 연산했을 때는 소수 부분이 잘리지 않습니다. **표 2-1**(p.47)을 보면 알 수 있듯이, 나머지를 구하기 위한 % 연산자는 그 특성상 정수끼리 연산할 때만 쓸 수 있으며, 부동 소수점 수를 연산할 때는 사용할 수 없습니다.

그림 2-6을 살펴보도록 하겠습니다. a의 'int / int'와 ' b의 'double / double' 등 두 피연산자의 자료형이 같을 때는 연산 결과도 피연산자와 똑같은 자료형이 됩니다. 또한 c의 'double / int'와 'd의 'int / double'처럼 피연산자의 자료형이 하나는 int형이고 다른 하나는 double형일 때는, int형 피연산자 값이 double형으로 바뀌는 암묵적인 형 변환이 일어나서 결과적으로는 double형끼리 연산하게 됩니다. 따라서 연산 결과 얻을 수 있는 값도 double형입니다. 물론 이런 규칙은 +와 * 등 다른 연산에도 적용됩니다.

그림 2-6 피연산자의 자료형과 연산 결과의 자료형

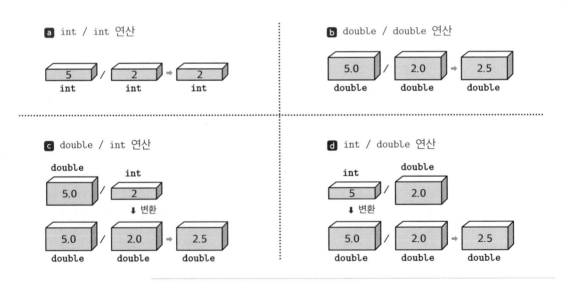

C 언어에는 다양한 자료형과 세세하고 복잡한 규칙이 있습니다. 자세한 규칙은 p.294에서 설명할 것이므로, 일단은 다음과 같이 이해하겠습니다.

▶ 여기서 '규모가 작다, 크다'라
는 표현을 썼는데, double형이
int형보다 꼭 수적으로 크다는
것은 아닙니다. 소수 부분을 저
장할 만큼의 '여유가 있다는' 뜻입
니다.

핵심 연산 대상인 피연산자의 자료형이 서로 다를 때는, 규모가 작은 자료형의 피연산자가 규모가 더 큰 쪽의 자료형으로 변환되어 연산이 이루어진다.

이제 그동안 배운 규칙을 실제 프로그램 **예제 2-8**을 실행해 보겠습니다.

➡ 예제 2-8   chap02/list0208.c

```
/*
    자료형과 연산에 관해 확인하기 위한 프로그램
*/

#include <stdio.h>

int main(void)
{
    int n1, n2, n3, n4;          /* 정수 */
    double  d1, d2, d3, d4;      /* 부동 소수점 수 */

    n1 = 5   / 2;                /* n1 ← 2   */
    n2 = 5.0 / 2.0;              /* n2 ← 2.5  (대입할 때 소수점 이하 버림) */
    n3 = 5.0 / 2;                    /* n3 ← 2.5  (대입할 때 소수점 이하 버림) */
    n4 = 5   / 2.0;              /* n4 ← 2.5  (대입할 때 소수점 이하 버림) */

    d1 = 5   / 2;                /* d1 ← 2    */
    d2 = 5.0 / 2.0;              /* d2 ← 2.5  */
    d3 = 5.0 / 2;                    /* d3 ← 2.5  */
    d4 = 5   / 2.0;              /* d4 ← 2.5  */

    printf("n1 = %d\n", n1);
    printf("n2 = %d\n", n2);
    printf("n3 = %d\n", n3);
    printf("n4 = %d\n\n", n4);
                                    빈 줄을 출력.
    printf("d1 = %f\n", d1);
    printf("d2 = %f\n", d2);
    printf("d3 = %f\n", d3);
    printf("d4 = %f\n", d4);

    return 0;
}
```

실행 결과
n1 = 2
n2 = 2
n3 = 2
n4 = 2
d1 = 2.000000
d2 = 2.500000
d3 = 2.500000
d4 = 2.500000

이 프로그램에서 이루어진 대입 연산은 다음과 같습니다.

int형 변수에 대입

int형 변수 n1에는 2가 대입되며, n2, n3, n4에는 2.5가 대입됩니다. 다만 대입할 때 소수 부분은 버려지므로, 결국 이 네 가지 변수에는 모두 2가 저장됩니다.

double형 변수에 대입

double형 변수 d1에는 2가 대입됩니다. 단, d1의 자료형이 double이므로 2는 실수 2.0이라고 간주합니다. d2, d3, d4에는 2.5가 대입되어 해당 값이 저장됩니다.

연습 2-4

정수 상수, 부동소수점 상수, int형 변수, double형 변수를 서로 곱하거나 나누는 등 다양한 연산을 수행하는 프로그램을 작성하여, 본문에 나온 규칙을 확인하시오.

7) 형 변환

예제 2-5(p.54)는 두 정숫값의 평균을 구한 다음 정수 부분만을 출력하는 프로그램이었습니다. 이번에는 소수 부분까지 출력해 보겠습니다. 이를 구현한 프로그램이 **예제 2-9**입니다.

➡ 예제 2-9   chap02/list0209.c

```
/*
    정수 두 개를 읽어 들여서 평균값을 실수로 출력
*/

#include <stdio.h>

int main(void)
{
```

실행 결과 사례
정수 두 개를 입력해 주세요.
정수 a : 41⏎
정수 b : 44⏎
이들의 평균은 42.500000입니다.

```
int a, b;

puts("정수 두 개를 입력해 주세요.");
printf("정수 a : ");    scanf("%d", &a);
printf("정수 b : ");    scanf("%d", &b);

printf("이들의 평균은 %f입니다.\n", (a + b) / 2.0);
return 0;
```
└─── 'int / double' 연산

파랗게 칠한 부분을 주목합니다. 평균을 구하는 식으로 ()로 둘러싸인 a +
b 연산이 먼저 이루어집니다. 이 연산은 'int + int' 형태이므로 결괏값도 int
형입니다. 따라서 파랗게 칠한 부분 전체의 연산은 다음 형태가 됩니다.

int / double	정수를 실수로 나눈다

이 연산 결과는 double형입니다. 실행 결과를 보면 41과 44의 평균값이
42.5로 나온다는 점을 알 수 있습니다.

*

그런데 일상생활에서 평균을 구할 때 우리는 '2로 나누자.'라고 생각하지,
'2.0으로 나누자.'라고는 생각하지 않습니다. 따라서 두 정수의 합을 일단
실수로 변환하여, 이를 2로 나눠서 평균값을 구해 보겠습니다. 이를 구현
한 프로그램이 **예제 2-10**입니다.

연산자 /의 왼쪽 피연산자인 식 (double)(a + b)는 다음 형태의 식입니다.

(자료형) 식	형 변환식

일반적으로 이런 형태의 식은 해당 식의 값을 해당 자료형으로 변환한 값
을 생성합니다. 가령 (int)5.7은 부동 소수점 상수 5.7에서 소수 부분을 잘라
버린 int형 값인 5를 생성합니다. 또한, (double)5는 정수 상수 5에서 double

형 값인 5.0을 생성합니다. 이러한 형 변환을 그림으로 나타내면 **그림 3-7**(p.87)과 같습니다.

➡ **예제 2-10** chap02/list0210.c

```c
/*
    정수 두 개를 읽어 들여서 평균값을 실수로 출력(형 변환을 이용)
*/

#include <stdio.h>
int main(void)
{
    int a, b;

    puts("정수 두 개를 입력해 주세요.");
    printf("정수 a : ");    scanf("%d", &a);
    printf("정수 b : ");    scanf("%d", &b);

    printf("이들의 평균은 %f입니다.\n", (double)(a + b) / 2);    /* 형 변환 */

    return 0;
}
```

┌─────────── 실행 결과 사례 ───────────┐
│ 정수 두 개를 입력해 주세요.   │
│ 정수 a : 41⏎   │
│ 정수 b : 44⏎   │
│ 이들의 평균은 42.500000입니다.   │
└──────────────────────────────────────┘

'double / int' 연산

▶ 영어 cast는 아주 다양한 의미를 지닌 단어입니다. 타동사 cast에는 '배역을 정하다', '던지다', '쓰러뜨리다', '계산하다', '구부리다', '비틀다' 등의 의미가 있습니다.

이렇게 명시적으로 자료형을 바꾸는 것을 명시적 형 변환explicit type casting이라고 합니다. 이때 쓰인 ()의 정확한 명칭은 **표 2-6**에 정리한 것처럼 형 변환 연산자cast operator라고 합니다.

표 2-6 형 변환 연산자

형 변환 연산자	(자료형 이름) a	a의 값을 자료형 이름으로 지정된 자료형으로 변환한 값을 생성

평균을 구하는 과정을 보면 우선 다음 처리가 이루어집니다.

(double)(a + b)	형 변환 식 : a + b의 결과를 double형으로 변환

이에 따라 a + b의 값을 double형으로 변환한 값이 생성됩니다. 가령 정수 85에서 부동 소수점 수 85.0이 만들어집니다.

식 (a + b)의 연산 결과가 double형으로 변환되었으므로, 평균을 구하는 연산은 다음 형태가 됩니다.

> double / int   정수를 실수로 나눈다

이때 오른쪽 피연산자가 int형에서 double형으로 변환되므로, 결과적으로 'double / double' 형태로 나눗셈이 일어납니다. 연산 결과도 double형 실수가 됩니다.

연습 2-5

> 정수 두 개를 입력해 주세요.
> 정수 a : 54␛
> 정수 b : 84␛
> a의 값은 b의 64.285714%
> 입니다.

왼쪽과 같이 정숫값 두 개를 읽어 들여서 전자의 값이 후자의 몇 퍼센트인지 실수로 출력하는 프로그램을 작성하시오.

8) 변환 지정

예제 2-11은 정숫값 세 개를 읽어 들여서 그 합계와 평균값을 출력하는 프로그램입니다. 이전 프로그램과 마찬가지로 평균을 계산할 때 명시적 형 변환을 하고 있습니다.

➡ **예제 2-11**   chap02/list0211.c

```
/*
    정숫값 세 개를 읽어 들여서 합계와 평균값을 출력
*/

#include <stdio.h>

int main(void)
{
    int a, b, c;
    int sum;              /* 합계 */
    double ave;           /* 평균값 */
```

> **실행 결과 사례**
> 정수 세 개를 입력해 주세요.
> 정수 a : 87␛
> 정수 b : 45␛
> 정수 c : 59␛
> 이들의 합계는　191입니다.
> 이들의 평균은　63.7입니다.

```
    puts("정수 세 개를 입력해 주세요.");
    printf("정수 a : ");      scanf("%d", &a);
    printf("정수 b : ");      scanf("%d", &b);
    printf("정수 c : ");      scanf("%d", &c);

    sum = a + b + c;
    ave = (double)sum / 3;            /* 형 변환 */

    printf("이들의 합계는 %5d입니다.\n",   sum);    /* 99999 형식으로 출력 */
    printf("이들의 평균은 %5.1f입니다.\n", ave);   /* 999.9 형식으로 출력 */
    return 0;
}
```

여기서 printf 함수에 넘긴 형식 문자열 안에 있는 변환 지정인 %5d와 %5.1f에 관해 설명하겠습니다. 이는 다음과 같이 지시한다는 뜻입니다.

%5d	… 정수를 10진수로 적어도 다섯 개 문자로 출력한다.
%5.1f	… 부동 소수점 수를 적어도 다섯 개 문자로 표현하되, 소수점 아래 한 자리까지만 출력한다.

그림 2-7은 변환 지정의 형식을 일반화하여 설명한 그림입니다. 그림과 같이 %와 .을 포함하여 여섯 가지 부분으로 구성되어 있습니다.

다음에 나오는 **예제 2-12**와 실행 결과를 비교해 보면서 각 부분의 의미를 이해하기 바랍니다.

그림 2-7 변환 지정의 구조

ⓐ 플래그
ⓑ 최소 너비
ⓒ 정밀도
ⓓ 변환 지정자

% 0 9 . 9 f

ⓐ 0 플래그

이 부분에 0이라고 쓰면, 출력한 값 앞에 있는 공백에 0을 채워서 출력합니다. 반대로 0이라고 쓰지 않고 생략하면, 공백 부분에는 그냥 공백을 채워서 출력합니다.

ⓑ 최소 너비

사용할 최소 문자 수를 지정하는 부분입니다. 아무리 적어도 여기에서 지정한 수만큼은 문자를 사용하여 출력합니다. 이 부분에 아무것도 적지 않고 생략하면, 필요한 자릿수만큼 문자를 사용해 출력합니다. 물론 실제로 출력할 값이 지정한 문자 수보다 길 때는 필요한 수만큼 문자를 사용해서 자릿수를 채워 출력합니다. 또한, ―가 적혀 있으면 왼쪽 정렬하고 적혀 있지 않으면 오른쪽 정렬합니다.

→ 예제 2-12

chap02/list0212.c

```
/*
    정수와 부동 소수점 수를 형식화하여 출력
*/

#include <stdio.h>

int main(void)
{
    printf("[%d]\n",     123);
    printf("[%.4d]\n",   123);
    printf("[%4d]\n",    123);
    printf("[%04d]\n",   123);
    printf("[%-4d]\n\n", 123);

    printf("[%d]\n",     12345);
    printf("[%.3d]\n",   12345);
    printf("[%3d]\n",    12345);
    printf("[%03d]\n",   12345);
    printf("[%-3d]\n\n", 12345);

    printf("[%f]\n",     123.13);
    printf("[%.1f]\n",   123.13);
    printf("[%6.1f]\n\n",123.13);

    printf("[%f]\n",     123.13);
    printf("[%.1f]\n",   123.13);
    printf("[%4.1f]\n\n",123.13);

    return 0;
}
```

실행 결과

```
[123]
[0123]
[ 123]
[0123]
[123 ]

[12345]
[12345]
[12345]
[12345]
[12345]

[123.130000]
[123.1]
[ 123.1]

[123.130000]
[123.1]
[123.1]
```

▶ 여기서 설명한 내용은 변환 지정의 전체 사양 중 극히 일부분입니다. printf 함수에 관한 자세한 내용은 p.489에서 설명하겠습니다.

c 정밀도

출력 대상이 정수냐 부동 소수점 수냐에 따라 기능이 다릅니다. 정수를 출력할 때는 출력할 최소 자릿수를 정하는 부분이고, 부동 소수점 수를 출력할 때는 소수 부분의 자릿수를 정하는 부분입니다. 만약 생략하면 정수의 정밀도는 1로 간주하고, 부동 소수점 수의 정밀도는 6으로 간주합니다.

d 변환 지정자

d ··· int형 정수를 10진수로 출력합니다.

f ··· double형 부동 소수점 수를 10진수로 출력합니다.

연습 2-6

> 키를 입력해 주세요 : 175␣
> 표준 몸무게는 67.5입니다.

왼과 같이 키를 정수로 읽어 들여서 표준 몸무게를 실수로 출력하는 프로그램을 작성하시오. 표준 몸무게는 (키 – 100) * 0.9로 계산하고, 소수점 아래 한 자리까지만 출력합니다.

정리

- 연산할 때 쓰는 기호인 +와 * 등을 연산자라고 한다. 연산자는 연산 대상인 피연산자의 개수에 따라 단항 연산자, 이항 연산자, 삼항 연산자로 나눌 수 있다.

- 연산자에 따라 우선순위가 다르다. 가령 곱셈과 나눗셈은 덧셈과 뺄셈보다 먼저 이루어진다. 특정 연산을 먼저 수행하고 싶다면 ( )로 감싸 주면 된다.

- 승제 연산자(곱셈과 나눗셈을 하는 연산자)로는 이항 * 연산자, / 연산자, % 연산자가 있다. 이항 * 연산자는 두 피연산자의 곱을 구한다. 나눗셈의 몫을 구하는 / 연산자와 나머지를 구하는 % 연산자는, 피연산자 중에 하나라도 음수가 있다면 개발 환경에 따라 연산 결과가 다르다. 또한, % 연산자의 피연산자는 반드시 정수여야 한다.

- 가감 연산자(덧셈과 뺄셈을 하는 연산자)로는 덧셈을 위한 이항 + 연산자와 뺄셈을 위한 이항 − 연산자가 있다.

- 단항 + 연산자는 피연산자의 값을 그대로 다시 생성하며, 단항 − 연산자는 피연산자의 부호를 반대로 바꾼 값을 생성한다.

- = 연산자는 (단순) 대입 연산자라고 하며, 오른쪽 피연산자의 값을 왼쪽 피연산자에 대입하는 기능을 한다.

- 변수와 상수를 표현식이라고 하며, 이들을 연산자로 결합한 것도 표현식이라고 한다.

- 식의 끝에 세미콜론을 붙여서 만든 문장을 구문이라고 한다.

- '○○연산자'를 이용한 표현식을 '○○식'이라고 한다. 가령 대입 연산자 =을 이용한 식 a = b는 대입식이다.

- 자료형은 다양한 성질을 내포한 일종의 설계도(붕어빵의 틀)이며, 그 자료형으로 만든 객체(변수)는 설계도를 바탕으로 만들어진 실체(틀을 써서 구워낸 진짜 붕어빵)다.

- int형은 정수 자료형으로, 정숫값만을 나타낼 수 있다. 소수 부분을 지닌 값을 대입해도, 소수 부분은 버려진다. 5와 37 등의 상수는 정수 상수라고 한다.

- double형은 부동 소수점 자료형으로, 부동 소수점 수(소수 부분을 지니는 실숫값)를 나타낸다. 3.14처럼 소수 부분을 지닌 상수를 부동 소수점 상수라고 한다.

- 정수끼리 산술 연산을 하면 결과는 항상 정수가 나오며, 부동 소수점 수끼리 산술 연산을 하면 결과는 항상 부동 소수점 수가 나온다.

- 서로 다른 자료형을 지닌 피연산자들이 섞여 있는 연산에서는, '암묵적인 형 변환'이 일어난다. 연산 대상인 피연산자들의 자료형이 서로 다를 때, 규모가 작은 자료형의 피연산자가 규모가 더 큰 쪽의 자료형으로 변환된 다음 연산이 이루어진다. 따라서 int형과 double형이 섞여 있는 연산에서는 int형 피연산자가 double형으로 변환된 다음 연산이 일어난다.

- 어떤 식의 값을 다른 자료형의 값으로 변환할 때는 형 변환 연산자 ( )를 이용하여 명시적 형 변환을 한다. 가령 (double)5는 int형 정수 상수인 5를 double형으로 변환하여 5.0이라는 값을 생성한다.

- double형 값을 printf 함수로 출력할 때는 변환 지정 %f를 사용하지만, scanf 함수로 읽어 들일 때는 %lf를 사용한다.

- printf 함수와 scanf 함수에 넣는 형식 문자열에는 변환 지정이 여러 개 포함될 수 있다. 각 변환 지정은 앞에서부터 순서대로 두 번째 인자, 세 번째 인자, 네 번째 인자, …라는 식으로 대응된다.

```
printf("a와 b의 합은 %d이고 곱은 %d입니다.\n", a + b, a * b);
    scanf("%d%d", &a, &b);
```

- 변환 지정은 0 플래그, 최소 너비, 정밀도, 변환 지정자 등으로 이루어진다.

- printf 함수로 % 문자를 출력할 때는 형식 문자열 안에 %%라고 적어 줘야 한다.

```
/*
    2장 정리
*/

#include <stdio.h>

int main(void)
{
    int a;
    int b;              ———— int는 정수형.
                      ———— double은 부동소수점형(실수).
    double r;  /* 반지름 */

    printf("정수 a와 b의 값 : ");
    scanf("%d%d", &a, &b);

    printf("a + b = %d\n", a + b);  /* 합      : 이항 + 연산자 */
    printf("a - b = %d\n", a - b);  /* 차      : 이항 - 연산자 */
    printf("a * b = %d\n", a * b);  /* 곱      : 이항 * 연산자 */
    printf("a / b = %d\n", a / b);  /* 몫      : / 연산자 */
    printf("a % b = %d\n", a % b);  /* 나머지   : % 연산자 */

                            ※ int / int의 결과는 int.
    printf("(a+b)/2  = %d\n", (a + b) / 2);
                            ※ double / int의 결과는 double.
    printf("평균값    = %f\n\n", (double)(a + b) / 2);
                    ——— 소문자 에프.    ——— 형 변환식
    printf("반지름 : ");
    scanf("%lf", &r);
                    ——— 소문자 엘과 에프.
    printf("반지름이 %.3f인 원의 넓이는 %.3f입니다.\n", r, 3.14 * r * r);
                            ——— 소수 부분을 세 자리로 출력한다.

    return 0;
}
```

chap02/summary.c

실행 결과 사례
정수 a와 b의 값 : 5 2⏎
a + b = 7
a - b = 3
a * b = 10
a / b = 2
a % b = 1
(a+b)/2 = 3
평균값 = 3.500000
반지름 : 4.25⏎
반지름이 4.250인 원의
넓이는 56.716입니다.

CHAPTER

3

프로그램의 흐름 분기

프로그램은 항상 똑같은 처리만 하지는 않습니
다. 가령 어떤 키가 눌렸을 때는 처리 A를 수행
하고 또 다른 키가 눌렸을 때는 처리 B를 수행하
는 식으로, 일정한 조건에 따라 선택적으로 처
리를 실행할 때가 많습니다. 이번 장에서는 조
건에 따라 프로그램의 흐름을 바꾸기 위한 기본
적인 기법을 알아보겠습니다.

if문

미리 정한 순서대로만 움직이는 프로그램은 거의 없습니다. 이번 장에서는 조건에 따라 프로그램의 흐름을 바꾸는 방법을 알아보겠습니다.

1) if문(1)

여러분은 평소에 어떤 생활을 하고 있나요? 아마 매일매일 완전히 똑같이 지내지는 않을 것입니다. 우리는 항상 무언가를 판단해서 해야 할 일을 정합니다. 가령 "오늘은 비가 올 것 같으니 우산을 챙겨 나가야겠다."라는 식으로 말입니다. 프로그램에서도 판단에 따라 해야 할 일을 정할 수 있습니다. 다음 문제를 생각해 보겠습니다.

읽어 들인 정숫값이 5로 나누어떨어지지 않는다면, 이를 출력해서 알려준다.

예제 3-1은 이를 구현한 프로그램입니다.

➡ **예제 3-1**   chap03/list0301.c

```
/*
    읽어 들인 정숫값이 5로 나누어떨어지는가
*/

#include <stdio.h>

int main(void)
{
    int no;

    printf("정수를 입력해 주세요 : ");
    scanf("%d", &no);

    if (no % 5)
        puts("그 수는 5로 나누어떨어지지 않습니다.");          no가 5로 나누어떨어지지 않을 때 실행된다.
    return 0;
}
```

실행 결과 사례 ❶
정수를 입력해 주세요 : 17⏎
그 수는 5로 나누어떨어지지 않습니다.

실행 결과 사례 ❷
정수를 입력해 주세요 : 35⏎

프로그램에서 파랗게 칠한 부분에 주목하겠습니다. 여기서 나온 if는 영어로 '만약에'라는 뜻입니다. 이 부분은 다음과 같은 형식으로 이루어져 있습니다.

> if (식) 문장

이러한 문장을 if문^{if statement}이라고 합니다.

이러한 문장을 if문이라고 합니다.

if문은 다음과 같이 동작합니다.

> **식을 평가**evaluation**해서, 그 값이 0이 아니라면 문장을 실행한다.**

▶ '평가'라는 용어에 관해서는 p.86에서 자세히 설명하겠습니다.
즉, if문은 프로그램의 흐름을 그림 3-1과 같이 제어한다는 뜻입니다.

그림 3-1 if 문을 썼을 때 프로그램의 흐름 (1)

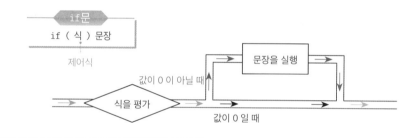

() 안에 들어가는 식, 다시 말해 조건에 해당하는 식을 제어식^{control expression}이라고 합니다. 이 프로그램에 나온 제어식인 no % 5는 no를 5로 나눈 나머지 값입니다. 그 값이 0이 아닐 때, 다시 말해 no의 값이 5로 나누어떨어지지 않을 때만 다음 문장이 실행됩니다.

    puts("그 수는 5로 나누어떨어지지 않습니다.");

물론 읽어 들인 정숫값이 5로 나누어떨어질 때는, 이 문장이 실행되지 않으므로 아무것도 출력되지 않을 것입니다.

2) 홀수 판정하기

▼ 변수 no에 읽어 들인 값이 짝수일 때는 아무것도 출력하지 않습니다.

읽어 들인 정숫값이 2로 나누어떨어지는지 알아보면, 홀수인지 아닌지 판정할 수 있습니다. 이를 구현한 프로그램이 **예제 3-2**입니다.

➡ **예제 3-2**   chap03/list0302.c

```
/*
    읽어 들인 정숫값은 홀수인가?
*/

#include <stdio.h>

int main(void)
{
    int no;

    printf("정수를 입력해 주세요 : ");
    scanf("%d", &no);

    if (no % 2)
        puts("그 수는 홀수입니다.");

    return 0;
}
```

실행 결과 사례 ❶
정수를 입력해 주세요 : 17 ⏎
그 수는 홀수입니다.

실행 결과 사례 ❷
정수를 입력해 주세요 : 36 ⏎

3) if문(2)

예제 3-1의 프로그램에서는 읽어 들인 값이 5로 나누어떨어질 때 아무것도 출력하지 않습니다. 이를 조금 더 개선하여, 5로 나누어떨어질 때도 정보를 출력해 보겠습니다. 그렇게 구현한 프로그램이 **예제 3-3**입니다.

➡ **예제 3-3**   chap03/list0303.c

```
/*
    읽어 들인 정숫값이 5로 나누어떨어지는가?
*/

#include <stdio.h>

int main(void)
{
```

```
    int no;

    printf("정수를 입력해 주세요 : ");
    scanf("%d", &no);

    if (no % 5)
        puts("그 수는 5로 나누어떨어지지 않습니다.");
    else
        puts("그 수는 5로 나누어떨어집니다.");

    return 0;
}
```

— no가 5로 나누어떨어지지 않을 때 실행된다.

— no가 5로 나누어떨어질 때 실행된다.

이 프로그램에 나온 if문의 형식은 다음과 같습니다.

---

if (식) 문장₁ else 문장₂

---

else는 영어로 '~가 아니라면'이라는 뜻입니다. 식을 평가한 값이 0이 아니라면 문장₁이 실행되고, 그렇지 않다면(식을 평가한 값이 0이라면) 문장₂가 실행됩니다. 즉, **그림 3-2**와 같이 선택적으로 문장을 실행한다는 뜻입니다. 실행 결과 사례를 보면 알 수 있듯이, 입력한 값이 5로 나누어떨어질 때도 이를 알려줄 수 있게 되었습니다.

그림 3-2 if 문을 썼을 때 프로그램의 흐름 (2)

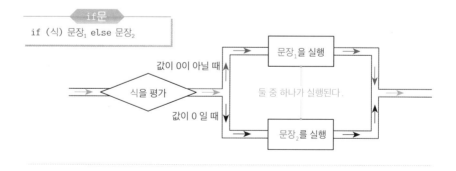

4) 짝수와 홀수 판정하기

여태까지 살펴본 내용을 이해했다면, 이제 읽어 들인 정숫값이 홀수인지 짝수인지 판정하여 출력하는 프로그램을 쉽게 작성할 수 있을 것입니다. 예제 3-4가 바로 그 프로그램입니다.

➡ **예제 3-4**   chap03/list0304.c

```
/*
    읽어 들인 정숫값은 홀수인가 짝수인가?
*/

#include <stdio.h>

int main(void)
{
    int no;

    printf("정수를 입력해 주세요 : ");
    scanf("%d", &no);

    if (no % 2)
        puts("그 수는 홀수입니다.");  •──── no가 2로 나누어떨어지지 않을 때 실행된다.
    else
        puts("그 수는 짝수입니다.");  •──── no가 2로 나누어떨어질 때 실행된다.

    return 0;
}
```

실행 결과 사례 ❶
정수를 입력해 주세요 : 17 ⏎
그 수는 홀수입니다.

실행 결과 사례 ❷
정수를 입력해 주세요 : 36
그 수는 짝수입니다.

여태까지 if문 두 종류를 살펴봤습니다. 각각 어떻게 쓰이는지 정리해 보겠습니다.

핵심 어떤 조건을 만족했을 때만 처리를 해야 한다면 'else가 없는 if문'을 사용한다. 반대로 어떤 조건을 만족했을 때와 만족하지 않았을 때 각각 다른 처리를 해야 한다면 'else가 있는 if문'을 사용한다.

정수 두 개를 입력해 주세요.
정수 A : 17↵
정수 B : 5↵
B는 A의 약수가 아닙니다.

왼쪽과 같이 정숫값 두 개를 읽어 들여서 후자가 전자의 약수라면 "B는 A의 약수입니다."라고 출력하고, 그렇지 않을 때는 "B는 A의 약수가 아닙니다."라고 출력하는 프로그램을 작성하시오.

5) 0인지 판정하기

예제 3-5는 읽어 들인 값이 0인지 아닌지 판정하는 프로그램입니다.

➡ 예제 3-5   chap03/list0305.c

```c
/*
    읽어 들인 정숫값은 0인가?
*/

#include <stdio.h>

int main(void)
{
    int num;

    printf("정수를 입력해 주세요 : ");
    scanf("%d", &num);

    if (num)
        puts("그 수는 0이 아닙니다.");    ──── num이 0이 아닐 때 실행된다.
    else
        puts("그 수는 0입니다.");    ──── num이 0일 때 실행된다.

    return 0;
}
```

실행 결과 사례 ❶
정수를 입력해 주세요 : 15↵
그 수는 0이 아닙니다.

실행 결과 사례 ❷
정수를 입력해 주세요 : 0↵
그 수는 0입니다.

if문은 제어식을 평가한 값이 0이냐 아니냐에 따라서 프로그램의 흐름을 제어합니다. 이 프로그램에서 쓰인 제어식은 그냥 num입니다. 따라서 변수 num의 값이 0이 아니라면 첫 번째 puts 함수가 실행되고, num의 값이 0이라면 두 번째 puts 함수가 실행됩니다.

6) if문의 구문 도표

▶ 구문 도표에 관해서는 다음 페이지의 참고 3-1에 나와 있습니다.

그림 3-3은 여태까지 배운 두 가지 if문의 형식을 하나로 통합하여 표현한 구문 도표(문법상의 형식을 나타낸 그림)입니다.

그림 3-3 if 문의 구문 도표

if문을 쓸 때는 반드시 이 구문(규칙)을 지켜야 합니다. 가령 다음과 같이 써서는 안 됩니다.

```
if va % vb puts("va는 vb로 나누어떨어지지 않는다.");  /* 오류 : 식을 ( )로 감싸지 않았음 */
if (cx / dx) else d = 3;                            /* 오류 : 첫 번째 문장이 빠졌음 */
```

이러한 문장은 컴파일할 때 오류를 일으키므로 실행될 수 없습니다.

참고 3-1 구문 도표에 관하여

이 책에서 사용하는 구문 도표를 보면, 각 요소가 화살표로 이어져 있습니다. 구문 도표에는 테두리가 둥근 요소와 네모난 요소가 있습니다.

- **둥근 테두리** : 'if'와 같은 예약어나 '(' 기호는 그대로 적어 줘야 하며, 멋대로 '만약'이나 '[' 등으로 바꿀 수 없습니다. 이러한 요소는 둥근 테두리로 감쌉니다.
- **네모난 테두리** : '식'과 '문장' 등은 'n > 7'이나 'a = 5;' 등 구체적인 식과 문장에 해당합니다. 이러한 요소는 네모난 테두리로 감쌉니다.

· **구문 도표 읽는 법**

구문 도표는 화살표 방향으로 읽어 나가면 됩니다. 왼쪽 끝에서 시작해서 오른쪽 끝에서 끝납니다. 분기점에서는 어느 쪽으로 가든 상관없습니다.

그림 3C-1 if 문의 구문 도표

① 이 분기점이므로, if문의 구문 도표를 처음부터 끝까지 따라가는 경로는 다음과 같이 두 가지가 있습니다.

```
if ( 식 ) 문장
if ( 식 ) 문장 else 문장
```

이것이 if문의 형식, 다시 말해 구문입니다. 가령 예제 3-1에 나온 if문은 다음 형식입니다.

```
if (no % 5) puts("그 수는 5로 나누어떨어지지 않습니다.");
if ( 식 )        문장
```

예제 3-3에 나온 if문도 다음 형식입니다.

```
if (no % 5) puts("그 수는 5로 나누어떨어지지 않습니다."); else puts("그 수는 5로 나누어떨어집니다.");
if ( 식 )        문장                        else                문장
```

이번에는 그림 3C-2의 예시를 살펴보겠습니다.

그림 3C-2
구문 도표 예시

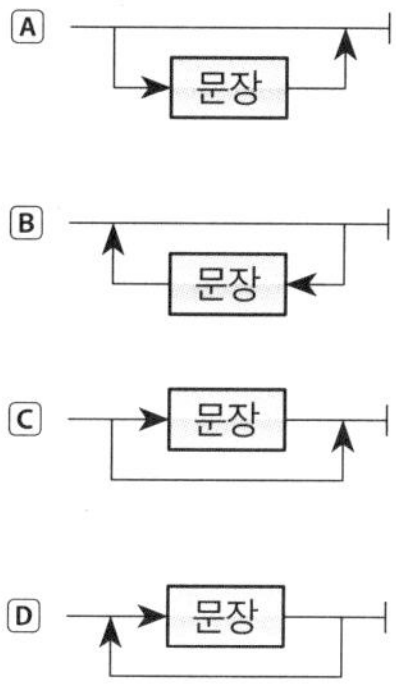

Ⓐ 처음에서 끝으로 바로 가서 끝나는 경로 하나와 분기점에서 아래로 내려가 '문장'을 거쳐 가는 경로 하나가 있습니다. 따라서 이 구문 도표는 '문장이 없거나 혹은 문장 한 개'라는 뜻입니다.

Ⓑ 처음에서 끝으로 바로 가서 끝나는 경로 하나가 있다는 점은 A와 똑같습니다. 또한, 분기점에서 아래로 내려가 '문장'을 거쳐서 다시 처음으로 돌아갈 수 있습니다. 처음으로 돌아온 후에는 바로 끝으로 갈 수도 있고, 또다시 분기점에서 내려가 '문장'을 거쳐 선두로 돌아갈 수도 있습니다. 따라서 이 구문 도표는 '문장 0개 이상'이라는 뜻입니다.

Ⓒ 이 구문 도표는 A와 똑같습니다. 즉 '문장이 없거나 혹은 문장 한 개'라는 뜻입니다.

Ⓓ 처음에서 끝으로 가는 도중에 '문장'이 있습니다. 또한, 분기점에서 내려가면 처음으로 돌아갈 수 있습니다. 처음으로 돌아온 후에는 다시 '문장'을 거친 후에 끝낼 수도 있고, 또다시 분기점에서 내려가 처음으로 돌아갈 수도 있습니다. 따라서 이 구문 도표는 '문장 한 개 이상'이라는 뜻입니다.

7) 등가 연산자

이번에는 다음 문제를 생각해 보겠습니다.

정숫값 두 개를 읽어 들여서, 값이 서로 같은지 판정한다.

이를 구현한 프로그램이 **예제 3-6**입니다.

→ **예제 3-6**   chap03/list0306.c

```c
/*
    읽어 들인 두 정숫값은 서로 같은가?
*/

#include <stdio.h>

int main(void)
{
    int n1, n2;

    puts("정수 두 개를 입력해 주세요.");
    printf("정수1 : ");    scanf("%d", &n1);
    printf("정수2 : ");    scanf("%d", &n2);

    if (n1 == n2)
        puts("이들의 값은 서로 같습니다.");←①
    else
        puts("이들의 값은 서로 다릅니다.");←②

    return 0;
}
```

실행 결과 사례 ①
정수 두 개를 입력해 주세요.
정수1 : -5⏎
정수2 : -5⏎
이들의 값은 서로 같습니다.

실행 결과 사례 ②
정수 두 개를 입력해 주세요.
정수1 : 40
정수2 : 45
이들의 값은 서로 다릅니다.

if문의 제어식에 주목하기 바랍니다. 여기서 쓰인 ==은 처음 등장한 연산자인데, 이는 좌우의 피연산자를 비교하여 값이 서로 같으면 1을 생성하고, 값이 서로 다르면 0을 생성합니다(생성되는 값은 정수인 int형입니다). 여기서는 n1과 n2의 값이 같다면 제어식 n1 == n2를 평가한 값은 1이 되며, 같지 않다면 0이 됩니다. 따라서 변수 n1과 n2의 값이 같다면 ①이 가리키는 문장이 실행되고, 그렇지 않다면 ②가 가리키는 문장이 실행됩니다.

== 연산자 외에도, 두 피연산자의 값이 서로 다른지 판정하는 !=라는 연산자도 있습니다. 이 두 연산자를 통틀어서 등가 연산자$^{\text{equality operator}}$라고 합니다(표 3-1).

표 3-1 등가 연산자

== 연산자	a == b	a와 b의 값이 같을 때는 1, 다를 때는 0을 생성(생성되는 값의 자료형은 int형)
!= 연산자	a != b	a와 b의 값이 다를 때는 1, 같을 때는 0을 생성(생성되는 값의 자료형은 int형)

또한 ==와 !=는 그 자체가 하나의 단어입니다. 따라서 =와 = 사이에 공백을 넣어서 = =라고 쓰거나, !와 = 사이에 공백을 넣어서 ! =라고 써서는 안 됩니다.

＊

== 연산자 대신 != 연산자를 이용하여 **예제 3-6**과 똑같은 프로그램을 만들 수 있습니다. **예제 3-7**이 그와 같이 작성한 프로그램입니다.

→ 예제 3-7   chap03/list0307.c

```c
/*
    읽어 들인 두 정숫값은 서로 같은가(2)
*/

#include <stdio.h>

int main(void)
{
    int n1, n2;

    puts("정수 두 개를 입력해 주세요.");
    printf("정수1 : ");    scanf("%d", &n1);
    printf("정수2 : ");    scanf("%d", &n2);

    if (n1 != n2)
        puts("이들의 값은 서로 다릅니다.");
    else
        puts("이들의 값은 서로 같습니다.");

    return 0;
}
```

예제 3-6과 순서가 반대.

실행 결과 사례 ❶

정수 두 개를 입력해 주세요.
정수1 : -5⏎
정수2 : -5⏎
이들의 값은 서로 같습니다.

실행 결과 사례 ❷

정수 두 개를 입력해 주세요.
정수1 : 40⏎
정수2 : 45⏎
이들의 값은 서로 다릅니다.

---

n1 == n2 대신 n1 != n2를 if문의 제어식으로 쓰도록 바꾼 결과, puts 함수를 부르는 두 문장의 순서가 바뀌었습니다. 프로그램 내용은 달라졌지만, 겉보기 동작은 완전히 같습니다.

8) 나머지 판정

▼ 연산자 %는 ==보다 우선순위가 높으므로, num % 10을 감싼 ( )는 생략해도 됩니다.

이번에는 읽어 들인 정숫값의 일의 자리 숫자가 5인지 아닌지 판정하여 출력하는 프로그램을 작성해 보겠습니다. **예제 3-8**이 그 프로그램입니다.

➡ 예제 3-8   chap03/list0308.c

```
/*
    읽어 들인 정숫값의 일의 자리 숫자가 5인가?
*/

#include <stdio.h>

int main(void)
{
    int num;

    printf("정수를 입력해 주세요 : ");
    scanf("%d", &num);

    if ((num % 10) == 5)
        puts("일의 자리 숫자는 5입니다.");
    else
        puts("일의 자리 숫자는 5가 아닙니다.");

    return 0;
}
```

실행 결과 사례 ❶
정수를 입력해 주세요 : 15 ↵
일의 자리 숫자는 5입니다.

실행 결과 사례 ❷
정수를 입력해 주세요 : 37 ↵
일의 자리 숫자는 5가 아닙니다.

9) 관계 연산자

여태까지는 프로그램의 흐름을 둘로 나눠 봤습니다. 이번에는 셋으로 나눠 보겠습니다. 다음 문제를 생각해 보겠습니다.

정숫값을 읽어 들여서 부호를 판정한다.

이를 구현한 프로그램이 **예제 3–9**입니다.

→ 예제 3-9   chap03/list0309.c

```
/*
    읽어 들인 정숫값의 부호를 판정한다
*/

#include <stdio.h>

int main(void)
{
    int no;

    printf("정수를 입력해 주세요 : ");
    scanf("%d", &no);

    if (no == 0)
        puts("그 수는 0입니다.");
    else if (no > 0)
        puts("그 수는 양수입니다.");
    else
        puts("그 수는 음수입니다.");
    return 0;
}
```

실행 결과 사례 ①
정수를 입력해 주세요 : 0↵
그 수는 0입니다.

실행 결과 사례 ②
정수를 입력해 주세요 : 35↵
그 수는 양수입니다.

실행 결과 사례 ③
정수를 입력해 주세요 : -4↵
그 수는 음수입니다.

이 프로그램에서 처음 등장한 〉 연산자는 좌우의 피연산자를 비교하여 제
1 피연산자의 값이 제2 피연산자의 값보다 크다면 1을 생성하고, 그렇지 않
다면 0을 생성합니다. 생성되는 값의 자료형은 정수인 int형입니다. 즉 no가
0보다 클 때는 no 〉 0이라는 식을 평가한 값이 1이 되고, 그렇지 않을 때는
0이 됩니다.

＊

이처럼 두 피연산자의 대소 관계를 비교하는 연산자를 관계 연산자relational
operator라고 합니다. 관계 연산자는 총 네 가지가 있으며, **표 3–2**에 정리되어
있습니다.

표 3-2 관계 연산자

< 연산자	a < b	a가 b보다 작으면 1, 그렇지 않으면 0을 생성(생성되는 값의 자료형은 int형)
> 연산자	a > b	a가 b보다 크면 1, 그렇지 않으면 0을 생성(생성되는 값의 자료형은 int형)
<= 연산자	a <= b	a가 b 이하면 1, 그렇지 않으면 0을 생성(생성되는 값의 자료형은 int형)
>= 연산자	a >= b	a가 b 이상이면 1, 그렇지 않으면 0을 생성(생성되는 값의 자료형은 int형)

〈= 연산자와 〉= 연산자는 기호의 순서를 바꾸거나 기호 사이에 공백을 넣어서는 안 됩니다. 즉 =〈, =〉, 〈 =, 〉 =와 같이 쓸 수 없습니다.

10) if문 중첩하기

앞에서 살펴본 것처럼, if문의 형식은 다음 두 가지뿐입니다.

> if (식) 문장
> if (식) 문장 else 문장

그런데 이번 예제 프로그램을 살펴보면 'else if …'라는 부분이 있습니다. 이는 else if라는 특별한 구문이 있는 것이 아닙니다. if문은 이름을 보면 알 수 있듯이, 문장의 일종입니다. 따라서 else 뒤에 오는 문장이 if문일 수도 있습니다.

프로그램에서 파랗게 칠한 부분의 구조를 분석하면 **그림 3-4**와 같습니다. if문 안에 if문이 들어 있는 중첩 구조임을 알 수 있습니다.

그림 3-4 if 문을 중첩한 구조 (1)

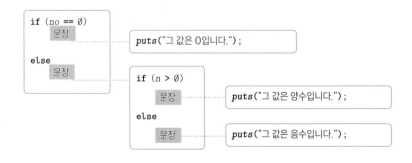

연습 3-2

예제 3-9의 마지막 else를 else if (no < 0)으로 고치면 어떻게 될지 생각해 보시오.

연습 3-3

> 정수를 입력해 주세요 : 8␛
> 절댓값은 8입니다.

왼쪽과 같이 정숫값을 읽어 들여서 그 절댓값을 출력하는 프로그램을 작성하시오.

연습 3-4

> 정수 두 개를 입력해 주세요
> 정수 A : 54␛
> 정수 B : 12␛
> A는 B보다 큽니다.

왼쪽과 같이 정숫값 두 개를 읽어 들여서 두 값이 같으면 "A와 B의 값은 같습니다."라고 출력하고, A가 더 크다면 "A는 B보다 큽니다."라고 출력하며, B가 더 크다면 "A는 B보다 작습니다."라고 출력하는 프로그램을 작성하시오.

예제 3-10은 if문을 중첩한 또 다른 예제 프로그램입니다.

→ **예제 3-10**   chap03/list0310.c

```
/*
    읽어 들인 정숫값이 양수면 짝수인지 홀수인지 판정하여 출력
*/

#include <stdio.h>

int main(void)
{
    int no;

    printf("정수를 입력해 주세요 : ");
    scanf("%d", &no);

    if (no > 0)
        if (no % 2 == 0)
            puts("그 수는 짝수입니다.");
        else
            puts("그 수는 홀수입니다.");
    else
        puts("양수가 아닌 값을 입력했습니다.\a\n");
```

──── \a는 경보고 \n은 줄 바꿈

실행 결과 사례 ❶
정수를 입력해 주세요 : 12␛
그 수는 짝수입니다.

실행 결과 사례 ❷
정수를 입력해 주세요 : 35␛
그 수는 홀수입니다.

실행 결과 사례 ❸
정수를 입력해 주세요 : -4␛
양수가 아닌 값을 입력했습니다. ♪

```
        return 0;
    }
```

읽어 들인 정숫값이 양수라면 짝수인지 홀수인지 출력하고, 그렇지 않을 때는 양수가 아니라는 내용을 경보와 함께 출력합니다. 이 프로그램에서 쓰인 if문의 구조는 **그림 3-5**와 같습니다.

그림 3-5 if 문을 중첩한 구조 (2)

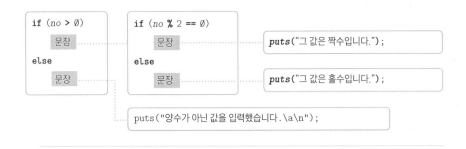

또한, 이번 프로그램의 if문은 p.93에서 살펴볼 복합문을 이용하여 다음과 같이 적는 편이 더 읽기 쉽습니다.

▶ if문을 중첩했다는 점은 이전 프로그램과 똑같지만, 구조가 조금 다릅니다.

```
if (no > 0) {
    if (no % 2 == 0)
        puts("그 수는 짝수입니다.");
    else
        puts("그 수는 홀수입니다.");
} else {
    puts("양수가 아닌 값을 입력했습니다.\a\n");
}
```

11) 평가

식에는 값이 있으며(단, 일부 예외도 있습니다), 그 값은 프로그램 실행 중에 계산됩니다. 식의 값을 계산하는 행위를 평가evaluation라고 합니다. 가령 n + 135라는 식을 평가할 때는 **그림 3-6**과 같이 됩니다. 이 책에서는 평가된 값을 전자 온도계 같은 그림으로 표시하도록 하겠습니다. 왼쪽의 작은 글자가 자료형이고, 오른쪽의 큰 글자가 값입니다.

그림 3-6 식을 평가하기

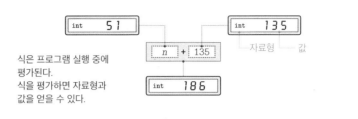

식은 프로그램 실행 중에 평가된다.
식을 평가하면 자료형과 값을 얻을 수 있다.

여기서 변수 n은 int형이고 값은 51이라고 하겠습니다. 물론 n, 135, n + 135는 모두 식입니다. 각 식을 평가한 값은 51, 135, 186이며 모두 int형입니다.

핵심 식에는 값이 있다. 식의 값은 프로그래밍 실행 중에 평가된다.

몇 가지 식과 이를 평가한 예시를 **그림 3–7**에 정리했습니다. n은 모두 int형이고 값은 51입니다.

그림 3-7 식을 평가한 예시

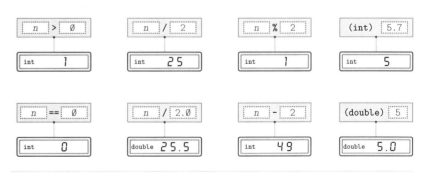

등가 연산자와 관계 연산자가 1이나 0을 생성한다는 사실을 확인하는
프로그램을 작성하시오.

12) 더 큰 값 찾기

예제 3-11은 읽어 들인 두 정숫값 중 큰 쪽을 출력하는 프로그램입니다.

➡ 예제 3-11   chap03/list0311.c

```
/*
    읽어 들인 두 정숫값 중 큰 쪽을 출력
*/

#include <stdio.h>

int main(void)
{
    int n1, n2;

    puts("정수 두 개를 입력해 주세요.");
    printf("정수1 : ");    scanf("%d", &n1);
    printf("정수2 : ");    scanf("%d", &n2);

    if (n1 > n2)
        printf("큰 쪽의 값은 %d입니다.\n", n1);
    else
        printf("큰 쪽의 값은 %d입니다.\n", n2);

    return 0;
}
```

실행 결과 사례 ❶
정수 두 개를 입력해 주세요.
정수1 : 83↵
정수2 : 45↵
큰 쪽의 값은 83입니다.

실행 결과 사례 ❷
정수 두 개를 입력해 주세요.
정수1 : 37↵
정수2 : 45↵
큰 쪽의 값은 45입니다.

프로그램을 살펴보면, 결과를 출력하기 위한 printf 함수 호출이 두 군데나
있습니다. 따라서 만약 '큰 쪽의 값'이라는 표현을 '최댓값'으로 고치고 싶다
면, 두 군데 다 수정해야 합니다.

그럼 printf 함수 호출을 두 번 하는 것이 아니라, 큰 쪽의 값을 변수에 저장
해 둔 다음 이를 printf 함수로 한 번만 출력해 보면 어떨까요? 이를 구현한

프로그램이 **예제 3-12**입니다.

⇒ 예제 3-12   chap03/list0312.c

```
/*
    읽어 들인 두 정숫값 중 큰 쪽을 출력(2)
*/

#include <stdio.h>

int main(void)
{
    int n1, n2, max;

    puts("정수 두 개를 입력해 주세요.");
    printf("정수1 : ");    scanf("%d", &n1);
    printf("정수2 : ");    scanf("%d", &n2);

    if (n1 > n2) max = n1; else max = n2;

    printf("큰 쪽의 값은 %d입니다.\n", max);

    return 0;
}
```

실행 결과 사례 **1**
정수 두 개를 입력해 주세요.
정수1 : 83◻
정수2 : 45◻
큰 쪽의 값은 83입니다.

실행 결과 사례 **2**
정수 두 개를 입력해 주세요.
정수1 : 37◻
정수2 : 45◻
큰 쪽의 값은 45입니다.

이 프로그램에서는 if문 두 개를 한 줄에 몰아서 썼습니다. if문이 짧다면 이렇게 써도 괜찮지만, 그렇다고 너무 많은 문장을 한 줄에 채워 넣으면 읽기 불편하므로 조심해야 합니다.

13) 세 가지 값 중에서 최댓값 찾기

다음으로는 정숫값 세 개를 읽어 들여서 그중 최댓값을 찾아 출력하는 프로그램을 작성해 보겠습니다. **예제 3-13**이 그 프로그램입니다.

⇒ 예제 3-13   chap03/list0313.c

```
/*
    읽어 들인 세 정숫값 중 최댓값을 구하여 출력
*/
#include <stdio.h>

int main(void)
```

실행 결과 사례
정수 세 개를 입력해 주세요.
정수1 : 45◻
정수2 : 83◻
정수3 : 62◻
최댓값은 83입니다.

```
{
    int n1, n2, n3, max;

    puts("정수 세 개를 입력해 주세요.");
    printf("정수1 : ");    scanf("%d", &n1);
    printf("정수2 : ");    scanf("%d", &n2);
    printf("정수3 : ");    scanf("%d", &n3);

    max = n1;                          ─❶
    if (n2 > max) max = n2;            ─❷
    if (n3 > max) max = n3;            ─❸

    printf("최댓값은 %d입니다.\n", max);

    return 0;
}
```

세 가지 수 중에서 최댓값을 구한 부분을 이해해 보겠습니다.

❶ max에 n1의 값을 그대로 대입합니다.

❷ max보다 n2가 더 크다면 max에 n2를 대입합니다.

　　※ n2가 max 이하라면 대입하지 않습니다.

❸ max보다 n3가 더 크다면 max에 n3을 대입합니다.

　　※ n3가 max 이하라면 대입하지 않습니다.

이 과정이 끝나고 나면 변수 max에는 n1, n2, n3 중 가장 큰 값이 들어가 있을 것입니다. 변수 max의 값이 변화하는 과정을 **그림 3-8**에 정리했습니다.

그림 3-8 세 가지 수 중에서 최댓값을 구할 때 변숫값이 변화하는 과정

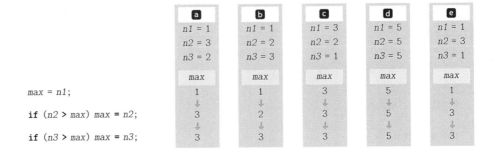

14) 조건 연산자

예제 3-14는 두 정숫값을 읽어 들여서 더 큰 쪽을 출력하는 프로그램(p.89 의 **예제 3-12**)을 또 다른 방법으로 구현한 것입니다.

→ **예제 3-14**   chap03/list0314.c

```
/*
    읽어 들인 두 정숫값 중 큰 쪽을 구하여 출력(3 : 조건 연산자)
*/

#include <stdio.h>

int main(void)
{
    int n1, n2, max;

    puts("정수 두 개를 입력해 주세요.");
    printf("정수1 : ");    scanf("%d", &n1);
    printf("정수2 : ");    scanf("%d", &n2);

    max = (n1 > n2) ? n1 : n2;    /* 큰 쪽의 값을 max에 대입 */

    printf("큰 쪽의 값은 %d입니다.\n", max);

    return 0;
}
```

> **실행 결과 사례**
>
> 정수 두 개를 입력해 주세요.
> 정수1 : 83☐
> 정수2 : 45☐
> 큰 쪽의 값은 83입니다.

▲ 실행 연산자: 조건연산자 ? : 하나뿐입니다. 나머지 연산자는 모두 단항 연산자거나 이항 연산자입니다.

이 프로그램에서는 **표 3-3**에 나와 있는 조건 연산자conditional operator를 사용했습니다. 이 연산자는 삼항 연산자, 다시 말해 피연산자가 세 개 필요한 연산자입니다.

표 3-3 조건 연산자

조건 연산자	a ? b : c	a가 0이 아닐 때는 b를 평가한 값을 생성, 0일 때는 c를 평가한 값을 생성

조건 연산자를 이용한 조건식conditional expression을 평가할 때 무슨 일이 일어나는지 **그림 3-9**에 정리했습니다. 프로그램에서 파랗게 칠한 부분에 있는

조건식을 평가하면, n1과 n2 중 더 큰 쪽의 값을 구할 수 있습니다. 그 값이 변수 max에 대입됩니다.

그림 3-9 조건식 평가하기

15) 차 구하기

예제 3-15는 두 정숫값을 읽어 들인 다음, 조건 연산자를 이용해 차를 구하는 프로그램입니다.

➡ **예제 3-15**   chap03/list0315.c

```
/*
    읽어 들인 두 정숫값의 차를 구하여 출력(조건 연산자)
*/
#include <stdio.h>

int main(void)
{
    int n1, n2;

    puts("정수 두 개를 입력해 주세요.");
    printf("정수1 : ");    scanf("%d", &n1);
    printf("정수2 : ");    scanf("%d", &n2);

    printf("이들의 차는 %d입니다.\n", (n1 > n2) ? n1 - n2 : n2 - n1);

    return 0;
}
```

실행 결과 사례

정수 두 개를 입력해 주세요.
정수1 : 15☐
정수2 : 32☐
큰 쪽의 값은 17입니다.

파랗게 칠한 부분의 식을 평가한 값은 다음과 같이 됩니다.

· n1 > n2이면 : 식 n1 - n2를 평가한 값
· n1 ≤ n2이면 : 식 n2 - n1을 평가한 값

즉, 큰 수에서 작은 수를 뺀 값이라는 뜻입니다.

연습 3-6

정숫값 세 개를 읽어 들여서 그 최솟값을 구하여 출력하는 프로그램을
작성하시오. if문을 이용합니다.

연습 3-7

정숫값 네 개를 읽어 들여서 그 최댓값을 구하여 출력하는 프로그램을
작성하시오. if문을 이용합니다.

연습 3-8

예제 3-15를 조건 연산자 대신 *if*문을 사용하도록 고치시오.

연습 3-9

연습 3-6에서 작성한 프로그램을 if문 대신 조건 연산자를 사용하도록
고치시오.

16) 복합문(블록)

이번에는 정숫값 두 개를 읽어 들여서 최댓값과 최솟값을 각각 출력해 보
겠습니다. 이를 구현한 프로그램이 **예제 3-16**입니다.

➡ **예제 3-16**   chap03/list0316.c

```
/*
    읽어 들인 두 정숫값 중 큰 쪽의 값과 작은 쪽의 값을 구하여 출력
*/

#include <stdio.h>
```

```
int main(void)
{
    int n1, n2, max, min;

    puts("정수 두 개를 입력해 주세요.");
    printf("정수1 : ");    scanf("%d", &n1);
    printf("정수2 : ");    scanf("%d", &n2);

    if (n1 > n2) {
        max = n1;                  복합문 : 구문상 하나의 문장으로 간주된다.
1       min = n2;
    } else {
        max = n2;                  복합문 : 구문상 하나의 문장으로 간주된다.
2       min = n1;
    }

    printf("큰 쪽의 값은 %d입니다.\n", max);
    printf("작은 쪽의 값은 %d입니다.\n", min);

    return 0;
}
```

이 프로그램의 if문은 n1이 n2보다 크면 **1**에 포함된 다음 문장들을 실행합니다.

{ max = n1; min = n2; }

반대로 n1이 n2보다 크지 않다면 **2**에 포함된 문장들을 실행합니다.

{ max = n2; min = n1; }

1과 **2**처럼 여러 문장을 { }로 감싼 것을 복합문compound statement, 혹은 블록block이라고 부릅니다. 복합문의 구문은 **그림 3-10**과 같으며, 문장뿐만 아니라 선언도 포함할 수 있습니다. 단, 복합문에서 선언은 반드시 문장보다 앞에 있어야만 합니다.

다르게 표현하자면 { 선언 0개 이상의 나열 문장 0개 이상의 나열 }입니다. 구문 도표를 어떻게 읽는지 잘 모르겠다면, 참고 3-1(p.78)을 다시 읽어보기 바랍니다.

그림 3-10 복합문(블록)의 구문 도표

가령 다음은 모두 복합문입니다.

```
{ }                                                    { }
{ printf("ABC\n"); }                                   { 문장 }
{ int x;  x = 5; }                                     { 선언 문장 }
{ int x;  x = 5;  printf("%d", x); }                   { 선언 문장 문장 }
{ int x;  int y;  x = 5;  y = 3;  printf("%d", x); }
                                                       { 선언 선언 문장 문장 문장 }
```

블록은 구문상 하나의 문장으로 간주합니다.

그럼 이제 if문의 구문을 떠올려 보겠습니다. 다음과 같은 형식이었습니다.

> · if (식) 문장
> · if (식) 문장 else 문장

즉, if문으로 제어할 수 있는 문장은 하나뿐입니다. else 다음에 올 수 있는
문장도 하나뿐입니다. 따라서 이번 예제 프로그램에 나온 if문은 위 구문을
잘 따르고 있습니다.

```
if (n1 > n2) { max = n1; min = n2; } else { max = n2; min = n1; }
if (  식  )       문장         else          문장
```

이 if문에서 { }를 둘 다 삭제하면 어떻게 될지 생각해 보겠습니다.

```
       if (  식  )    문장              ⇩이건 뭐지??
     if (n1 > n2) max = n1; min = n2; else max = n2; min = n1;
          if문           문장        문장         문장
```

빨갛게 칠한 부분은 if문으로 볼 수 있으며, 그 뒤에 있는 min = n2;는 그냥 문장입니다. 그런데 그다음에 있는 else는 어떤 if문에도 포함되어 있지 않으므로, 컴파일 에러가 일어납니다.

핵심 문장을 하나만 넣어야 할 위치에 여러 문장을 넣고 싶을 때는, 이를 모아서 하나의 복합문(블록)으로 만들면 된다.

당연히 문장 한 개만을 { }로 감싼 복합문도 하나의 문장으로 간주됩니다. 따라서 **예제 3-12**(p.89)의 if문은 다음과 같이 구현할 수도 있습니다.

```
if (n1 > n2) {
    max = n1;
} else {
    max = n2;
}
```

이렇게 if문으로 제어할 문장이 하나든 여럿이든 상관없이 항상 { }로 감싸두면, 문장을 더하거나 뺄 때 { }를 새로 적거나 지울 필요가 없어서 편합니다. 다만 책에서는 조금이라도 프로그램 적을 공간을 아끼기 위해 되도록 { }를 쓰지 않도록 하였습니다.

✻

사실 여태까지 살펴본 모든 프로그램은 **그림 3-11**과 같은 형식이었습니다.

그림 안에 있는 하얀 부분, 다시 말해 {부터 }까지가 복합문이었다는 사실을 눈치챘나요? 이제야 복합문이 무엇인지 배웠지만, 사실 여러분은 처음부터 복합문을 쓰고 있었답니다.

그림 3-11 프로그램 안에 있는 복합문

```
#include <stdio.h>

int main(void)
{
    /* ... */

    return 0;
}
```

17) 논리 연산자

이번에는 다음 문제를 생각해 보겠습니다.

읽어 들인 달이 무슨 계절인지 출력한다.

이때 읽어 들인 정숫값(달)에 따라 다음과 같이 출력하도록 하겠습니다.

· 3, 4, 5   ⋯ "○월은 봄입니다."

· 6, 7, 8   ⋯ "○월은 여름입니다."

· 9, 10, 11   ⋯ "○월은 가을입니다."

· 12, 1, 2   ⋯ "○월은 겨울입니다."

· 기타   ⋯ "그런 달은 없습니다!!"

▶ ○ 부분에는 달의 값을 넣으면 됩니다.

예제 3-9(p.83)와 마찬가지로 if ⋯ else if ⋯를 잘 쓰면 될 것 같습니다. 이를 작성한 프로그램이 **예제 3-17**입니다.

✳

▶ 0이 아닌 값을 '참'이라고 보고, 0을 '거짓'이라고 보는 셈입니다.

이번 예제에서 처음 나온 &&는 논리 AND 연산자^{logical AND operator}입니다. 그림 3-12 **a**와 같이, 이 연산자를 사용한 식 a && b를 평가하면 a와 b의 값에 따라 0이나 1이라는 int형 값이 나옵니다. a와 b가 둘 다 0이 아니면 1이 생성되고, a와 b 중 하나라도 0이라면 0이 생성됩니다. 우리말로 표현하자면 'a인 동시에 b일 때'라고 할 수 있습니다.

if문의 첫 번째 판정은 month >= 3 && month <= 5입니다. month의 값이 3 이상인 동시에 5 이하이면 식을 평가한 값이 1이 되므로 "printf("%d월은 봄입니다.\n", month);"라는 문장이 실행됩니다. 여름과 겨울도 마찬가지입니다.

그림 3-12 논리 AND 연산자와 논리 OR 연산자

a 논리		둘 다 0 이 아니면 1
a	b	a && b
0 아님	0 아님	1
0 아님	0	0
0	0 아님	0
0	0	0

b 논리합		하나라도 0 이 아니면 1
a	b	a || b
0 아님	0 아님	1
0 아님	0	1
0	0 아님	1
0	0	0

▶ 논리합 연산자 ||는 세로줄 기호 두 개를 이어 쓴 것입니다. 알파벳 소문자 l(엘)과 헷갈리지 않도록 조심합니다(Shift + ₩).

파랗게 칠한 부분에서 겨울인지 판단하기 위해 사용한 ||는 논리 OR 연산자(logical OR operator)라고 합니다. 그림 **b**와 같이 식 a || b를 평가하면 a와 b 중 하나라도 0이 아닌 것이 있을 때는 1이 생성되고, 둘 다 0일 때는 0이 생성됩니다. 우리말로 표현하자면 'a이거나 b일 때'라고 할 수 있습니다.

또한, 우리말로 "나나 동생이 간다."라고 말하면 보통 '나'나 '동생' 중 어느 한쪽만 간다는 뜻으로 이해하지만, || 연산자는 어느 한쪽이라도 간다면 성립합니다. 다시 말해 내가 가거나, 동생이 가거나, 혹은 나와 동생이 둘 다 가는 상황을 모두 포함한다는 뜻입니다.

→ 예제 3-17 chap03/list0317.c

```
/*
    읽어 들인 달이 어느 계절인지 출력
*/

#include <stdio.h>

int main(void)
{
    int month;          /* 달 */

    printf("몇 월인가요? : ");
    scanf("%d", &month);
                                     논리 AND 연산자 : 'A인 동시에 B'라고 판정
    if (month >= 3  && month <= 5)
        printf("%d월은 봄입니다. \n", month);
    else if (month >= 6  && month <= 8)
        printf("%d월은 여름입니다. \n", month);
```

실행 결과 사례 **1**
몇 월인가요? : 5 ⏎
5월은 봄입니다.

실행 결과 사례 **2**
몇 월인가요? : 8 ⏎
8월은 여름입니다.

```
    else if (month >= 9  &&  month <= 11)                          논리 OR 연산자 : 'A이거나 B'라고 판정
        printf("%d월은 가을입니다. \n", month);
    else if (month == 1  ||  month == 2  ||  month == 12)
        printf("%d월은 겨울입니다. \n", month);
    else
        printf("%d월이라는 달은 없습니다!!\a\n", month);

    return 0;
}
```

▶ 가령 month가 2라면, 식
month == 1 || month == 2를 평
가한 값은 1이 됩니다. 따라서 파
랗게 칠한 부분은 1과 month ==
12의 논리합을 구하는 연산인 1
|| month == 12가 됩니다. 왼쪽
피연산자의 값이 1이므로, 그 결
과도 역시 1이 됩니다.

일반적으로 덧셈식 a + b + c가 (a + b) + c라는 순서로 연산 되는 것처럼, a || b || c는 (a || b) || c라는 순서로 연산 됩니다. 따라서 a, b, c 중에서 0이 아닌 것이 하나라도 있다면, a || b || c를 평가한 값은 1이 됩니다.

논리 AND 연산자와 논리 OR 연산자를 통틀어서 논리 연산자라고 합니다 (**표 3-4**). 7장에서는 이와 비슷하게 생긴 연산자인 & 연산자와 | 연산자를 다룰 예정인데, 기능은 전혀 다르므로 혼동하지 않도록 조심하기 바랍니다.

표 3-4 논리 연산자

논리 AND 연산자	a && b	a와 b의 값이 둘 다 1(참)일 때만 1(참), 그렇지 않다면 0을 생성 (값은 int형이다).
논리 OR 연산자	a || b	a와 b 중에서 둘 중에 하나라도 1(참)이면 1(참), 그렇지 않다면 0을 생성(값은 int형이다).

▶ 이번 장의 '정리'에 이 프로그
램을 다른 방법으로 구현한 예시
가 실려 있습니다(p.110).

&& 연산자는 a를 평가한 값이 0이라면, 굳이 b를 평가하지 않습니다. 왜냐면 a가 0이라면 b의 값이 무엇이든 상관없이 연산 결과가 0이 되기 때문입니다. 이와 마찬가지로 || 연산자도 a의 값이 0이 아니라면 b를 평가하지 않습니다. 이를 단축 평가라고 하는데, 자세히 알아보도록 하겠습니다.

■ 단축 평가

if문에서는 먼저 계절이 '봄'인지 아닌지 판정합니다. 여기서 변수 month의 값이 2라고 가정했을 때 다음 식이 어떻게 평가될지 생각해 보겠습니다.

```
month >= 3 && month <= 5
```

왼쪽 피연산자 month >= 3을 평가한 값은 0입니다. 그러면 이제 오른쪽 피연산자인 month <= 5를 굳이 평가할 필요가 없습니다. 왜냐면 month <= 5의 결과가 어떻게 나오든 상관없이, 전체 식의 값은 반드시 0이 되기 때문입니다. 따라서 **&& 연산자의 왼쪽 피연산자를 평가한 값이 '0' 이라면, 오른쪽 피연산자는 평가하지 않습니다.**

그럼 || 연산자는 어떨까요? 이번에는 계절이 '겨울'인지 판정하는 식을 보며 생각해 보겠습니다.

```
month == 1 || month == 2 || month == 12
```

여기서 month의 값이 1이라고 가정하면 month == 1을 평가한 값은 1이 될 것이고, 그러면 나머지 2월과 12월일 가능성을 굳이 조사하지 않아도 전체 식의 값은 반드시 1이 된다는 사실을 알 수 있습니다. 따라서 **|| 연산자의 왼쪽 피연산자를 평가한 값이 0이 아니라면, 오른쪽 피연산자는 평가하지 않습니다.**

가령 month가 1이라고 가정하겠습니다. 식 month == 1 || month == 2는 왼쪽 피연산자의 값이 1(0이 아님)이므로, 오른쪽 피연산자를 조사하지 않아도 반드시 식의 값은 1이 됩니다. 그러면 겨울을 판정하는 전체 식은 1과 month == 12의 논리합을 구하는 식인 1 || month == 12라는 꼴이 됩니다. 그 식도 왼쪽 피연산자가 1(0이 아님)이므로, 오른쪽 피연산자를 조사하지 않아도 반드시 1이 됩니다.

＊

논리 연산식에서는 왼쪽 피연산자의 값만 가지고도 전체 결과를 명확히 알 수 있다면, 굳이 오른쪽 피연산자를 평가하지 않습니다. 이를 단축 평가short circuit evaluation라고 합니다.

논리 AND 연산자 &&와 논리 OR 연산자 ||를 평가할 때는 단축 평가(왼쪽 피연산자의 평가 결과에 따라서는 오른쪽 피연산자를 평가하지 않는 일)가 이루어진다.

연습 3-10

정수 세 개를 입력해 주세요.
정수 A : 12␣
정수 B : 35␣
정수 C : 12␣
두 값이 서로 같습니다.

왼쪽과 같이 정숫값 세 개를 읽어 들여서 값이 모두 같다면 "세 값이 서로 같습니다."라고 출력하고, 셋 중 두 개의 값이 같다면 "두 값이 서로 같습니다."라고 출력하며, 서로 같은 값이 없다면 "세 값이 서로 다릅니다."라고 출력하는 프로그램을 작성하시오.

연습 3-11

정수 두 개를 입력해 주세요.
정수 A : 12␣
정수 B : 7␣
값의 차이는 10 이하입니다.

왼쪽과 같이 정숫값 두 개를 읽어 들여서 값의 차이가 10 이하이면 "값의 차이는 10 이하입니다."라고 출력하고, 그렇지 않을 때는 "값의 차이는 11 이상입니다."라고 출력하는 프로그램을 작성하시오. 단, 논리 OR 연산자를 사용합니다.

참고 3-2   if문을 쓸 때 곧잘 하는 실수

여기서는 if문을 쓸 때 흔히 저지르는 실수를 소개하겠습니다.

· 제어식을 감싸는) 뒤에 세미콜론을 적는다

다음 if문을 살펴보겠습니다.

```
if ( n > Ø ) ;
    printf("그 값은 양수입니다.\n");
```

이 if문을 실행하면 n의 값이 무엇이든(양수든 음수든 0이든) 상관없이 항상 "그 값은 양수입니다."라고 출력됩니다. 이는 (n > 0) 다음에 있는 세미콜론 ; 때문입니다.

나중에 다시 설명하겠지만, 세미콜론으로만 이루어진 문장을 빈 문장이라고 합니다. 빈 문장을 실행해도 아무 일도 일어나지 않습니다. 따라서, 위의 if문은 다음과 같이 해석됩니다.

```
if (n > 0)
    ;  ●————————— n이 양수이면 빈 문장(아무것도 하지 않는 문장)이 실행된다.
printf("그 값은 양수입니다.\n");  ●————— if문과 상관없는 문장. 반드시 실행된다
```

· 값이 같은지 판정할 때 =을 이용한다

값이 같은지 판정할 때 쓰는 연산자는 ==인데, 실수로 =라고 적지 않도록 조심해야 합니다.

> · 잘못한 예시: if (a = 0) 문장
>
> · 올바른 예시: if (a == 0) 문장

잘못한 예시를 보면 변수 a에 0을 대입하고 맙니다. 또한 제어식 a = 0가 평가되기 전에 a의 값이 원래 무엇이었든지 상관없이, 문장은 실행되지 않습니다.

· 변수 세 개의 값을 비교할 때 ==을 이용한다

다음은 변수 a, b, c가 모두 값이 같은지 판정하는 예시입니다.

> · 잘못한 예시: if (a == b == c)
>
> · 올바른 예시: if (a == b && b == c)

등가 연산자 ==는 이항 연산자입니다. 따라서 a == b == c와 같이 쓸 수 없습니다.

· 두 가지 조건을 다루는데도 &&와 ||를 쓰지 않는다

이는 위의 예시도 포함하는 내용입니다. 가령 변수 a가 3 이상인 동시에 5 이하인지 판정하는 예시를 살펴보겠습니다.

> · 잘못한 예시: if (3 <= a <= 5)
>
> · 올바른 예시: if (a >= 3 && a <= 5)

· 논리 연산자 대신 비트 단위 논리 연산자를 이용한다

또다시 a가 3 이상인 동시에 5 이하인지 판정하는 예시를 들겠습니다.

> · 잘못한 예시: if (a >= 3 & a <= 5)
>
> · 올바른 예시: if (a >= 3 && a <= 5)

논리 연산자 &&와 || 대신 &와 |를 사용하지 않도록 조심하기 바랍니다(연산자 &와 |에 관해서는 7장에서 살펴보겠습니다).

switch문

if문은 어떤 조건을 판정한 결과에 따라 프로그램의 흐름을 둘로 나누는 문장이었습니다. 이 번 절에서 배울 switch문을 이용하면, 프로그램의 흐름을 한 번에 여러 개로 나눌 수 있습니다.

1) switch문과 break문

예제 3-18은 읽어 들인 정숫값을 3으로 나눈 나머지를 출력하는 프로그램입니다.

➡ **예제 3-18**   chap03/list0318.c

```
/*
    읽어 들인 정숫값을 3으로 나눈 나머지를 출력
*/

#include <stdio.h>

int main(void)
{
    int no;

    printf("정수를 입력해 주세요 : ");
    scanf("%d", &no);

    if (no % 3 == 0)
        puts("그 수는 3으로 나누어떨어집니다.");
    else if (no % 3 == 1)
        puts("그 수를 3으로 나눈 나머지는 1입니다.");
    else
        puts("그 수를 3으로 나눈 나머지는 2입니다.");

    return 0;
}
```

> 이미 한 번 했던 나눗셈을 또 하고 있다.

실행 결과 사례 ❶
정수를 입력해 주세요 : 6↵
그 수를 3으로 나누어떨어집니다.

실행 결과 사례 ❶
정수를 입력해 주세요 : 38↵
그 수를 3으로 나눈 나머지는 2입니다.

변수 no를 3으로 나눈 나머지를 구하는 식 no % 3이 두 번이나 나옵니다. 이렇게 똑같은 식을 여러 번 쓰다 보면 오타가 날 수도 있어서 위험합니다.

또한, 똑같은 나눗셈을 최대 두 번이나 하는 것은 명백히 비효율적입니다. 가령 no가 5였으면 첫 번째 no % 3으로 얻은 2가 0과 같지 않은지 확인한 다음에, 두 번째 no % 3으로 얻은 2가 1과 같지 않은지 확인하게 됩니다.

▶ 참고로 ( )로 둘러싸인 제어식을 평가한 값은 반드시 정수여야만 합니다.

어떤 하나의 값에 따라 프로그램의 흐름을 여러 개로 나누고 싶을 때는 switch문^{switch statement}을 써서 간결하게 표현할 수 있습니다. switch문의 구문은 **그림 3-13**과 같습니다.

＊

switch문을 이용해 다시 쓴 프로그램이 바로 **예제 3-19**입니다.

그림 3-13 switch 문의 구문 도표

switch문 ─ switch ─▶─ (─▶─ 식 ─▶─) ─▶─ 문장 ─┤

➡ **예제 3-19**   chap03/list0319.c

```
/*
    읽어 들인 정숫값을 3으로 나눈 나머지를 출력(switch문)
*/

#include <stdio.h>

int main(void)
{
    int no;

    printf("정수를 입력해 주세요 : ");
    scanf("%d", &no);

    switch (num % 3) {
     case 0 : puts("그 수는 3으로 나누어떨어집니다.");        break;
     case 1 : puts("그 수를 3으로 나눈 나머지는 1입니다.");     break;
     case 2 : puts("그 수를 3으로 나눈 나머지는 2입니다.");     break;
    }

    return 0;
}
```

┌─── 이 부분의 공백은 생략할 수 있다.
└─── 이 부분의 공백은 생략할 수 없다(생략하면 case2라는 식별자로 간주된다).

실행 결과 사례
정수를 입력해 주세요 : 37⏎
그 수를 3으로 나눈 나머지는 1입니다.

만약 식 no % 3을 평가한 값이 1이면, 프로그램의 흐름은 'case 1 : '이라고 쓰인 곳으로 향합니다(**그림 3-14**).

그림 3-14 예제 3-19 의 프로그램 흐름

```
switch (no % 3) {
  case 0 : puts("그 수는 3으로 나누어떨어집니다.") ;              break;
  case 1 : puts("그 수를 3으로 나눈 나머지는 1입니다.") ;          break;
  case 2 : puts("그 수를 3으로 나눈 나머지는 2입니다.") ;          break;
}
```

switch 문을 빠져나온다!

▶ 1과 : 사이에는 공백을 넣든 말든 상관없습니다. 단, case와 1 사이에는 꼭 공백을 넣어 줘야 합니다. 즉, 공백 없이 case1이라고 적을 수는 없습니다.

case 1 : 처럼 프로그램이 가야 할 곳을 지정하는 표식을 레이블(label)이라고 합니다. 레이블의 값은 반드시 '상수'여야만 하며, 절대 변수가 올 수는 없습니다. 또한, 여러 레이블이 같은 값을 가져서도 안 됩니다.

프로그램의 흐름이 특정 레이블이 있는 곳으로 들어오면, 그다음에 있는 문장들이 차례대로 실행됩니다. 따라서 case 1 : 다음에 있는 문장이 실행되어 "그 수를 3으로 나눈 나머지는 1입니다."라고 출력됩니다.

▶ break는 영어로 '부수다', '벗어나다'라는 뜻입니다.

그림 3-15는 break문^{break statement}의 구문 도표입니다. 프로그램의 흐름이 break문을 만나면, switch문이 끝납니다. break문이 실행되면, 프로그램의 흐름은 이를 감싸고 있는 switch문에서 벗어나게 됩니다.

그림 3-15 break 문의 구문 도표

break문 ── (break) ──▶ (;) ──┤

2) 복잡한 switch문

예제 3-20에서는 다소 복잡한 switch문이 쓰였습니다. 이 프로그램을 살펴보면서 switch문에서 레이블과 break문이 어떤 기능을 하는지 이해해 보겠습니다.

→ 예제 3-20   chap03/list0320.c

```c
/*
    switch문의 동작을 확인하는 프로그램
*/

#include <stdio.h>

int main(void)
{
    int sw;

    printf("정수 : ");
    scanf("%d", &sw);

    switch (sw) {
    case 1 : puts("A"); puts("B"); break;
    case 2 : puts("C");
    case 5 : puts("D"); break;
    case 6 :
    case 7 : puts("E"); break;
    default : puts("F"); break;
    }

    return 0;
}
```

주의 : break문이 없다

실행 결과 사례 1
정수 : 1⏎
A
B

실행 결과 사례 2
정수 : 2⏎
C
D

실행 결과 사례 3
정수 : 3⏎
F

실행 결과 사례 4
정수 : 5⏎
D

실행 결과 사례 5
정수 : 6⏎
E

그림 3-16 switch 문의 흐름

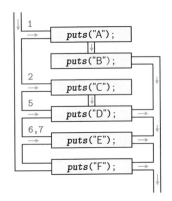

만약 제어식을 평가한 값이 어느 case와도 일치하지 않는다면, 프로그램의 흐름은 default : 로 향합니다. 따라서 이 프로그램의 흐름은 **그림 3-16**과 같습니다. 이 그림을 보면 break문이 없는 곳에서는 프로그램의 흐름이 다음 문장으로 '흘러내려 간다'는 사실을 알 수 있습니다.

만약 switch문 안에 있는 레이블의 순서를 바꾸면 실행 결과도 달라집니다. 따라서 switch문을 쓸 때는 레이블의 순서가 원하는 동

106

작에 걸맞은지 잘 따져 봐야 합니다.

아래 프로그램은 변수 sw의 값에 따라 색이름을 출력하는 switch문입니다. 이때 sw의 값이 4일 때 '검정'이라고 출력하도록 switch문을 고치려면 어떻게 해야 할지 생각해 보겠습니다. "case 4 : printf("검정");"이라고 쓰는 것만으로는 부족하고, case 3 : 뒤에 break문도 추가해 줘야 합니다.

```
switch (sw) {
  case 1 : printf("빨강");  break;
  case 2 : printf("파랑");  break;
  case 3 : printf("하양");
}
```

마지막 case문 끝에도 항상 break문을 쓰는 습관을 들이면, case를 더하거나 뺄 때 편합니다.

3) switch문과 if

왼쪽 아래에 있는 if문을 살펴보겠습니다. 이를 switch문으로 다시 쓴 것이 오른쪽 아래 프로그램입니다.

```
/* if문 */
if (p == 1)
    c = 3;
else if (p == 2)
    c = 5;
else if (p == 3)
    c = 7;
else if (q == 4)
    c = 9;
```

```
/* 왼쪽 if문을 switch문으로 다시 쓴 것 */
switch ( p ) {
  case 1 : c = 3; break;
  case 2 : c = 5; break;
  case 3 : c = 7; break;
  default : if (q == 4) c = 9;
}
```

우선 if문을 찬찬히 읽어보겠습니다. 위쪽 if 세 개는 p의 값을 조사하며, 마지막 if는 q의 값을 조사합니다. 따라서 변수 c에 9가 대입되려면, p가 1, 2, 3이 아닌 동시에 q가 4여야만 합니다.

이처럼 연속된 if문에서는 분기를 위한 비교 대상이 매번 같다고 보장할 수 없습니다. 그러다 보니 마지막 if문을 if (p == 4)라고 잘못 읽거나, 혹은 if (p == 4)라고 적으려고 한 건데 실수한 것으로 오해할 여지가 생깁니다.

한편으로 switch문은 각 case에서 반드시 같은 대상을 가지고 비교합니다. 따라서 프로그램을 읽기 쉽고 위와 같은 오해가 생기지 않는다는 장점이 있습니다.

핵심 특정한 값을 조건으로 분기할 때는 대체로 if문 대신 switch문을 쓰는 편이 좋다.

---

4) 조건문

이번 장에서 배운 if문과 switch문은 둘 다 프로그램의 흐름을 선택적으로 분기시키는 기능을 합니다. 그래서 이들을 통틀어 조건문^{selection statement}이라고 합니다.

연습 3-12

예제 3-4(p.76)의 프로그램을 if문 대신 switch문을 사용하도록 고치시오.

연습 3-13

예제 3-17(p.98)의 프로그램을 if문 대신 switch문을 사용하도록 고치시오.

정리

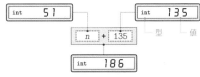

● 식은 프로그램 실행 시에 평가된다. 식을 평가하면 그 자료형과 값을 얻을 수 있다.

● 좌우에 있는 피연산자의 값이 같은지 판정하는 연산자로는 등가 연산자 ==와 !=가 있다. 전자는 같은지 아닌지, 후자는 다른지 아닌지를 판정한다. 판정이 성립하면 int형 1을 생성하며, 그렇지 않을 때는 0을 생성한다.

● 좌우에 있는 피연산자의 대소 관계를 판정하는 연산자로는 관계 연산자 〈, 〉, 〈=, 〉=가 있다. 판정이 성립하면 int형 1을 생성하고, 그렇지 않으면 0을 생성한다.

● 논리 AND 연산자 &&와 논리 OR 연산자 ||는, 각각 좌우에 있는 피연산자의 논리곱(둘 다 참일 때만 참)과 논리합(둘 중 하나라도 참이면 참) 연산을 하는 연산자다. 판정이 성립하면 int형 1을 생성하고, 그렇지 않을 때는 0을 생성한다.

● 논리 AND 연산자는 단축 평가를 하므로, 왼쪽 피연산자를 평가한 값이 0이면 오른쪽 피연산자는 평가하지 않는다(굳이 평가하지 않아도 식의 판정 결과가 거짓임이 명백하므로).

● 논리 OR 연산자는 단축 평가를 하므로, 왼쪽 피연산자를 평가한 값이 1이면 오른쪽 피연산자는 평가하지 않는다(굳이 평가하지 않아도 식의 판정 결과가 참임이 명백하므로).

● 어떤 조건이 성립했을 때(제어식을 평가한 값이 0이 아닐 때)만 처리를 하고 싶다면, 'else 없는 if문'을 이용한다. 반대로 어떤 조건이 성립하는가에 따라 서로 다른 처리를 하고 싶다면, 'else 있는 if문'을 이용한다.

● 문장 하나만이 올 수 있는 자리에 여러 문장을 쓰고 싶을 때는, 복합문(블록)을 이용한다.

● 조건 연산자 ? :을 이용하면 if문의 기능을 하나의 식으로 줄여 쓸 수 있다. 첫 번째 피연산자의 평가 결과에 따라 두 번째, 세 번째 피연산자 중 한쪽만이 평가된다.

```
    min = a < b ? a : b;       /* a와 b 중 작은 쪽의 값을 min에 대입 */
```

● 정수형의 식 하나를 평가한 값에 따라 프로그램의 흐름을 여러 갈래로 나누고 싶을 때는 switch문을 이용한다. 평가 결과에 해당하는 레이블(정수형 상수로 지정)로 프로그램이 분기한다. 해당하는 레이블이 없을 때는 default 레이블로 분기한다.

- switch문 안에서 break문이 실행되면 switch문 실행이 중단된다. 반대로 말하면 break문이 없는 한 계속 순서대로 문장을 실행해 나간다.

- if문과 switch문을 통틀어서 조건문이라고 한다.

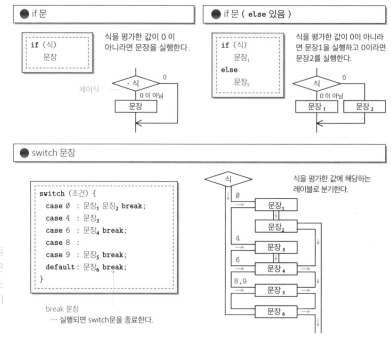

프로그램의 일부를 예시로 들었습니다. 완전한 프로그램은 인터넷에서 내려받을 수 있는 파일에 포함되어 있습니다. 이후 장에서도 마찬가지입니다.

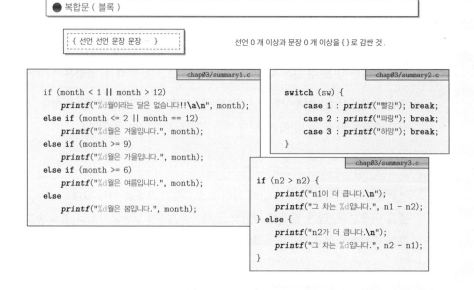

```
                                          chap03/summary1.c
if (month < 1 || month > 12)
    printf("%d월이라는 달은 없습니다!!\a\n", month);
else if (month <= 2 || month == 12)
    printf("%d월은 겨울입니다.", month);
else if (month >= 9)
    printf("%d월은 가을입니다.", month);
else if (month >= 6)
    printf("%d월은 여름입니다.", month);
else
    printf("%d월은 봄입니다.", month);
```

```
                                          chap03/summary2.c
switch (sw) {
    case 1 : printf("빨강"); break;
    case 2 : printf("파랑"); break;
    case 3 : printf("하양"); break;
}
```

```
                                          chap03/summary3.c
if (n2 > n2) {
    printf("n1이 더 큽니다.\n");
    printf("그 차는 %d입니다.", n1 - n2);
} else {
    printf("n2가 더 큽니다.\n");
    printf("그 차는 %d입니다.", n2 - n1);
}
```

CHAPTER

4

프로그램의 흐름 반복

인생은 반복되는 일상으로 이루어져 있습니다. 진정한 의미로 '처음' 경험하는 일이란 좀처럼 찾아보기 어렵습니다. 똑같은 일을 반복할 때도 있고, 완전히 같지는 않지만 비슷한 일을 반복할 때도 있습니다. 물론, 인생의 모든 순간이 새로운 발견으로만 가득하다면 참 좋을 텐데 말입니다. 이번 장에서는 프로그램의 흐름을 '반복'하는 방법을 배워 보겠습니다.

do-while문

C 언어에는 프로그램의 흐름을 반복하기 위한 수단이 세 가지나 있습니다. 우선 그중에서 do-while문이라는 문장부터 배워 보겠습니다.

1) do-while문

전장에서는 '읽어 들인 정숫값이 홀수인지 짝수인지 판정하여 출력하는 프로그램'을 작성했습니다(**예제 3-4** : p.76). 이를 다음과 같은 프로그램으로 고쳐 보겠습니다.

> 정숫값을 읽어 들여 홀수인지 짝수인지 판정하고 출력한다. 그 후에 해당 동작을 또 할지 사람에게 물어 본 다음, 요청이 있으면 다시 한다.

즉 한 번 프로그램을 실행했으면 사람이 원하는 만큼 입력과 출력을 반복하라는 뜻입니다. 이를 구현한 프로그램이 **예제 4-1**입니다.

➡ **예제 4-1**   chap04/list0401.c

```
/*
    읽어 들인 정숫값은 홀수인가 짝수인가 (원하는 만큼 반복하기)
*/

#include <stdio.h>

int main(void)
{
    int retry;          /* 계속 진행할지 말지 */

    do {
        int no;

        printf("정수를 입력해 주세요 : ");
        scanf("%d", &no);
        if (no % 2)
            puts("그 수는 홀수입니다.");      ●─── 예제 3-4와 같음
        else
            puts("그 수는 짝수입니다.");
        printf("한 번 더?【Yes…0／No…9】 : ");
```

실행 결과 사례
정수를 입력해 주세요 : 17↵
그 수는 홀수입니다.
한 번 더?【Yes…0／No…9】: 0↵
정수를 입력해 주세요 : 36↵
그 수는 짝수입니다.
한 번 더?【Yes…0／No…9】: 9↵

```
        scanf("%d", &retry);
    } while (retry == 0);

    return 0;
}
```

이 예제에서는 프로그램의 흐름을 반복하기 위하여 do−while문^{do−while state-ment}을 사용했습니다. do−while문의 구문은 **그림 4−1**과 같습니다.

그림 4-1 do-while 문의 구문 도표

do는 '실행해라'라는 뜻이며, while은 '~인 동안'이라는 뜻입니다. do−while 문은 ( )안에 있는 식(제어식)을 평가한 값이 0이 아닌 한, 문장을 계속 실행합니다. 즉 프로그램의 흐름을 **그림 4−2**와 같이 제어한다는 뜻입니다.

무언가를 '반복'하는 것을 루프^{loop}라고 합니다. 따라서 do−while문이 계속 반복하여 실행하는 문장을 루프 본체^{loop body}라고 부릅니다.

▶ 곧이어 배울 while문과 for 문이 반복 실행하는 문장도 '루프 본체'입니다.

이 프로그램에 나온 do−while문의 루프 본체는 { }로 둘러싸인 복합문(블록)입니다.

그림 4-2 do-while 문의 프로그램 흐름

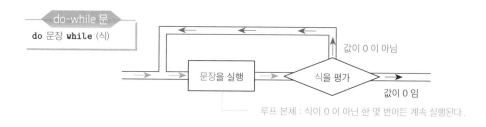

이번 프로그램에서는 변수 retry로 읽어 들인 값이 0이라면, 제어식 retry

▶ 즉 제어식의 값이 0이 아닐 때는 프로그램의 흐름이 복합문의 첫 부분으로 돌아가므로, 다시 복합문이 실행됩니다.

== 0을 평가한 값은 1이 됩니다. 이는 0이 아니므로, 복합문으로 이루어진 루프 본체가 다시 실행됩니다(**그림 4-3**). 변수 retry에 0 이외의 값이 들어가면, 제어식 retry == 0을 평가한 값이 0이 되므로 do-while문이 끝납니다.

2) 복합문 안에서 선언하기

변수 no는 do-while문이 흐름을 제어하는 복합문(블록) 안에서 선언되어 있습니다. 원칙적으로 복합문 안에서만 사용할 변수는 그 안에서 선언해야 합니다.

▶ 복합문의 구문은 { 선언 0개 이상 문장 0개 이상 }입니다(그림 3-10 : p.58).

그림 4-3 이번 프로그램에 나온 do-while 문

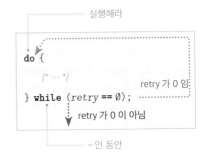

실행해라

```
do {
    /* … */
} while (retry == 0);
```
retry 가 0 임

retry 가 0 이 아님

~ 인 동안

핵심 복합문 안에서만 사용할 변수는, 그 복합문 안에서 선언하여 사용한다.

3) 일정한 조건을 만족하는 값만 읽어 들이기

do-while문을 이용하면 키보드로 읽어 들이는 값에 조건을 걸 수도 있습니다. 예제 4-2를 살펴보겠습니다.

➡ **예제 4-2**　　　　　　　　　　　　　　　　　　　　　　　　chap04/list0402.c

```
/*
    읽어 들인 정숫값에 따라 가위, 바위, 보를 출력(0, 1, 2만 허용한다)
*/

#include <stdio.h>

int main(void)
{
    int hand;    /* 가위, 바위, 보 중 하나 */

    do {
        printf("선택하세요 【0…가위/1…바위 / 2…보】 : ");
        scanf("%d", &hand);
    } while (hand < 0 || hand > 2);
```

실행 결과 사례
선택하세요 【0…가위/1…바위 / 2…보】 : 3 ⏎
선택하세요 【0…가위/1…바위 / 2…보】 : -2 ⏎
선택하세요 【0…가위/1…바위 / 2…보】 : 1 ⏎
당신은 바위를 골랐습니다.

chap04/list0402a.c

다른 풀이　　!(hand >= 0 && hand <= 2)

hand의 값은 반드시 0, 1, 2 중 하나다.

```
    printf("당신은 ");
    switch (hand) {
      case 0: printf("가위"); break;
      case 1: printf("바위"); break;
      case 2: printf("보");        break;
    }
    printf("를 골랐습니다.\n");

    return 0;
}
```

프로그램을 실행해 보겠습니다. 읽어 들인 값이 0, 1, 2라면, 다시 말해 '올바른 값'이라면 '가위', '바위', '보'가 출력됩니다. 하지만 3이나 −2 등 '잘못된 값'일 때는 다시 입력을 받습니다.

여기서 do-while문을 계속 반복할지 판정하는 제어식(파랗게 칠한 부분)에 주목하기 바랍니다.

```
hand < 0 || hand > 2      /* hand가 0 미만이거나, hand가 2보다 클 때 */
```

변수 hand의 값이 잘못된 값(0보다 작거나, 혹은 2보다 큰 값. 다시 말해 0, 1, 2가 아닌 3이나 −2 등의 값)이면 이 판정이 성립합니다(제어식을 평가하여 얻은 int값이 1이 됩니다). 그러면 루프 본체인 복합문이 다시 실행되므로, 다음 문장이 출력되어 사용자에게 입력을 요구합니다.

```
선택하세요 【0...가위／1...바위 / 2...보】 :
```

▶ do-while문 다음에 있는 switch문에서는 변수 hand의 값에 따라 가위, 바위, 보 중 하나를 출력합니다.

hand의 값이 0, 1, 2 중 하나라면 do-while문은 끝납니다. 따라서 do-while문이 종료되었을 때 hand의 값은 반드시 0, 1, 2 중 하나가 됩니다.

4) 논리 부정 연산자와 드모르간의 법칙

이번 예제에 나온 do-while문은, 반복 조건을 'hand의 값이 올바른 값(0 이

▶ 프리렉 홈페이지에서 내려받을 수 있는 예제 중에는 '다른 풀이'로 구현한 파일도 포함되어 있습니다. 그런 파일은 이름에 a가 붙어 있습니다(이번 예제로 치면 list0402a.c라는 식입니다).
▶ 다른 풀이에 있는 !(hand >= 0 && hand <= 2)는 (hand >= 0 && hand <= 2) == 0과 같은 뜻입니다.

상 2 이하)이 아닐 때'라고 쓰는 편이 더 자연스럽습니다. 이를 식으로 나타낸 것이 **예제 4-2**에서 '다른 풀이'라고 적혀 있는 부분입니다. do-while문의 제어식을 다른 풀이로 바꿔 써도 프로그램의 동작은 똑같습니다.

논리 부정 연산자^{logical negation operator}라고 불리는 ! 연산자는, **표 4-1**과 같이 피연산자가 0인지 아닌지 판단하는 단항 연산자입니다.

표 4-1 논리 부정 연산자

논리 부정 연산자	!a	a가 0(거짓)이면 1(참), 그렇지 않으면 0(거짓)을 생성(그 값은 int형)

■ 드모르간의 법칙

'각 조건을 부정하고 논리합과 논리곱을 뒤바꾼 식'의 부정은 원래 조건과 똑같은데, 이를 드모르간의 법칙^{De Morgan's theorem}이라고 합니다. 이 법칙을 일반적으로 기술하면 다음과 같습니다.

> · x && y와 !(!x || !y)는 같다.
> · x || y와 !(!x && !y)는 같다.

그림 4-4 ⓐ와 같이, 식 **1**은 계속 반복하기 위한 지속 조건입니다. 한편으로 논리 부정 연산자 !을 사용하여 다시 쓴 식 **2**는 반복을 중단하기 위한 종료 조건의 부정입니다.

그림 4-4 do-while 문의 지속 조건과 종료 조건

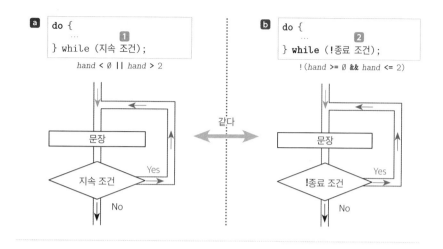

5) 여러 정숫값의 총합과 평균 구하기

다음 문제를 생각해 보겠습니다.

여러 정숫값을 읽어 들여서 그 총합과 평균을 출력한다.

이를 구현한 프로그램이 **예제 4-3**입니다.

⇒ **예제 4-3**   chap04/list0403.c

```
/*
    여러 정숫값을 읽어 들여서 총합과 평균을 출력
*/

#include <stdio.h>

int main(void)
{
    int sum = Ø;      /* 총합 */
    int cnt = Ø;      /* 정숫값 개수 */
    int retry;        /* 계속 진행할지 말지 */

    do {
        int t;
```

실행 결과 사례

정숫값을 입력해 주세요 : 21␛
더? < Yes…Ø/No…9> : Ø␛
정숫값을 입력해 주세요 : 7␛
더? < Yes…Ø/No…9> : Ø␛
정숫값을 입력해 주세요 : 23␛
더? < Yes…Ø/No…9> : Ø␛
정숫값을 입력해 주세요 : 12␛
더? < Yes…Ø/No…9> : 9␛
총합은 63, 평균은 15.75입니다.

```
        printf("정숫값을 입력해 주세요 : ");
        scanf("%d", &t);

        sum = sum + t;    /* sum에 t를 더한 값을 sum에 대입(sum에 t를 더하기) */
 ❷━ cnt = cnt + 1;    /* cnt에 1을 더한 값을 cnt에 대입(cnt에 1를 더하기) */

        printf("더? < Yes…0／No…9> : ");
        scanf("%d", &retry);
    } while (retry == 0);

    printf("총합은 %d, 평균은 %.2f입니다.\n", sum, (double)sum / cnt);
                        └─소수부분을 두 자리로 출력─┘         └─ 형 변환식(p.64 참조)

    return 0;
}
```

이 프로그램에 나온 do-while문의 구조는 **예제 4-1**(p.112)와 같습니다. 즉, 변수 retry로 읽어 들인 값이 0인 한 계속 반복합니다.

실행 결과 사례와 **그림 4-5**를 보면서 총합을 구하는 과정을 이해해 보겠습니다.

■1 준비(총합과 개수를 초기화)

총합을 구하기 위한 준비 단계입니다. 읽어 들인 정숫값이 몇 개인지 저장할 변수 cnt와 총합을 저장할 변수 sum의 값을 0으로 초기화합니다.

■2 총합과 개수 갱신

루프 본체에서는 우선 변수 t에 정숫값을 읽어 들인 다음, 아래와 같이 sum의 값을 바꿔 줍니다.

```
sum = sum + t;
```

이는 "sum에 t를 더한 값을 sum에 대입해라."라는 지시입니다. 따라서 sum에는 0 + 21의 결과인 21이 대입됩니다.

그림 4-5 총합을 구하는 프로그램의 흐름

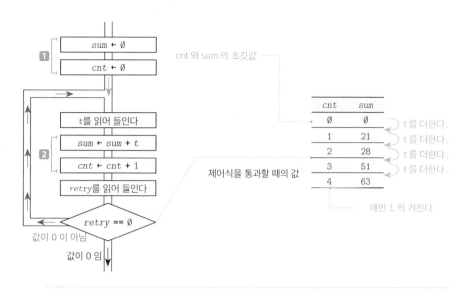

그다음에 나오는 문장도 똑같은 형식이므로 쉽게 이해할 수 있을 것입니다.

```
cnt = cnt + 1;
```

이 문장으로 인해 cnt의 값은 0에서 1로 바뀌었습니다.

이어서 변수 retry로 읽어 들인 값은 0이므로, 다시 루프 본체가 실행됩니다. 이번에는 t에 7을 읽어 들였으므로, sum의 값은 다음 식으로 인해 21 + 7의 결과인 28이 됩니다.

```
sum = sum + t;
```

또한, 다음 식을 통해 cnt의 값도 1 증가하여 2가 됩니다.

```
cnt = cnt + 1;
```

이러한 처리는 retry로 읽어 들인 값이 0인 한 계속 반복됩니다.

실행 결과 예시에서는 반복이 총 네 번 일어났습니다. 키보드로 읽어 들인 t의 값의 총합은 변수 sum에 저장되고, 반복한 횟수는 변수 cnt에 저장됩니다.

연습 4-1

읽어 들인 정숫값의 부호를 판정하는 프로그램인 **예제 3-9**(p.83)를, 원하는 만큼 입력과 출력을 반복하도록 수정하시오.

연습 4-2

> 정숫값 두 개를 입력해 주세요.
> 정수 a : 37☐
> 정수 b : 28☐
> 28 이상 37 이하인 모든 정수의
> 합은 325입니다.

왼쪽과 같이 정숫값 두 개를 읽어 들여서, 작은 쪽의 값 이상이고 큰 쪽의 값 이하인 모든 정수의 총합을 구하여 출력하는 프로그램을 작성하시오.

6) 복합 대입 연산자

예제 4-4는 이전 예제를 아주 조금만 수정한 프로그램입니다.

➡ 예제 **4-4**   chap04/list0404.c

```
/*
     여러 정숫값을 읽어 들여서 총합과 평균을 출력(2)
     ※ 복합 대입 연산자와 후치 증가 연산자를 이용
*/

#include <stdio.h>

int main(void)
{
    int sum = 0; /* 총합 */
    int cnt = 0; /* 정숫값 개수 */
    int retry;   /* 계속 진행할지 말지 */

    do {
        int t;

        printf("정숫값을 입력해 주세요 : ");
        scanf("%d", &t);
```

실행 결과 사례

정숫값을 입력해 주세요 : 21☐
더? < Yes…0／No…9> : 0☐
정숫값을 입력해 주세요 : 7☐
더? < Yes…0／No…9> : 0☐
정숫값을 입력해 주세요 : 23☐
더? < Yes…0／No…9> : 0☐
정숫값을 입력해 주세요 : 12☐
더? < Yes…0／No…9> : 9☐
총합은 63, 평균은 15.75입니다.

```
 1 →sum += t;    /* sum에 t를 더한다 */
 2 →cnt++;       /* cnt를 1 증가시킨다 */

    printf("더? < Yes…Ø／No…9> : ");
    scanf("%d", &retry);
} while (retry == Ø);

printf("총합은 %d, 평균은 %.2f입니다.\n", sum, (double)sum / cnt);
return Ø;
}
```

1 에서 이용한 +=는 복합 대입 연산자compound assignment operator라고 합니다. 그림 4-6을 보면 알 수 있듯이, 연산자 +=는 덧셈 +와 대입 =라는 두 가지 연산을 모두 해 줍니다.

그림 4-6 복합 대입 연산자를 통한 덧셈

거의 같다. {
　→ sum = sum + t   /* sum에 t를 더한 값을 sum에 대입 */
　→ sum += t   /* sum에t를 더한다 */
                       장점 : 적어야 할 글자 수가 적다 (변수명 sum 을 한 번만 적을 수 있다).
                               실행한 연산을 간결하게 나타낼 수 있다 .

복합 대입 연산자는 +=을 비롯하여 총 열 가지가 있습니다. **표 4-2**를 보면 알 수 있듯이, 연산자 *, /, %, +, -, <<, >>, &, ^, |에 관해서는 기본적으로 식 a @= b가 식 a = a @ b와 같은 뜻입니다(연산자 <<, >>, &, ^, |는 7장에서 설명하겠습니다).

표 4-2 복합 대입 연산자

복합 대입 연산자	a @= b	a = a @ b와 같음(단, a의 평가는 한 번만 이루어짐)
		@=에 해당하는 연산자 : *= /= %= += -= <<= >>= &= ^= |=

7) 전치 증가 연산자와 후치 증가 연산자

2 에서 이용한 ++는 후치 증가 연산자postfixed increment operator라고 합니다(**표**

4-3). 이 연산자를 이용한 식 a++는 피연산자의 값을 1만큼 증가시킵니다.

표 4-3 후치 증가 연산자와 후치 감소 연산자

후치 증가 연산자	a++	a의 값을 1 증가시킴(식 전체를 평가하면 증가 전의 값이 나옴)
후치 감소 연산자	a--	a의 값을 1 감소시킴(식 전체를 평가하면 감소 전의 값이 나옴)

표에 나온 것처럼, --는 피연산자의 값을 1 감소시키는 후치 감소 연산자 postfix decrement operator입니다.

▶ 다음 예제 프로그램에서는 후치 감소 연산자를 사용해 보겠습니다.

두 연산자의 동작을 **그림 4-7**을 보며 알아보겠습니다.

그림 4-7 후치 증가 연산자와 후치 감소 연산자

```
거의 같다.  ┌─▶ a = a + 1    /* a에 1을 더한 값을 a에 대입 */
           └─▶ a++          /* a에 1을 더한다 */


거의 같다.  ┌─▶ a = a - 1    /* a에 1을 뺀 값을 a에 대입 */
           └─▶ a--          /* a에서 1을 뺀다 */
```

복합 대입 연산자와 후치 증가/감소 연산자는 일반적인 수학에서 쓰이지 않는 기호다 보니 처음에는 어렵게 느낄 수도 있지만, 익숙해지면 오히려 매우 편리합니다.

> **핵심** 복합 대입 연산자와 후치 증가/감소 연산자를 이용하면 더 읽기 쉽고 간결하게 프로그램을 작성할 수 있다.

▶ ++와 --를 피연산자보다 앞에 두는 '전치' 증가 연산자 ++와 전치 감소 연산자 --에 관해서는 p.86에서 살펴보겠습니다.

후치 증가 연산자와 후치 감소 연산자라는 이름에 포함된 '후치'란 '뒤에 둔다'는 뜻입니다. 이는 ++와 --라는 기호를 피연산자보다 뒤에 쓰기 때문에 붙은 이름입니다.

while문

앞 절에서 배운 do-while문과 달리, 반복 지속 조건을 루프 본체 실행 후가 아니라 실행 전에 판정하는 것이 while문입니다.

1) while문

예제 4-5는 정숫값을 읽어 들여서 그 값을 0까지 카운트다운하며 출력하는 프로그램입니다. 카운트다운을 실현하기 위해 while문^{while statement}을 이용했습니다. while문의 구문은 **그림 4-8**과 같습니다.

그림 4-8 while 문의 구문 도표

while문 ─ while ─ (─ 식 ─) ─ 문장 ─

while문은 식(제어식)을 평가한 값이 0이 아닌 한, 문장을 계속 실행합니다. 즉, 프로그램의 흐름을 **그림 4-9**와 같이 제어합니다.

그림 4-9 while 문의 프로그램 흐름

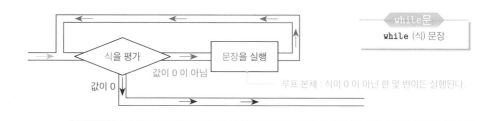

no에 5가 입력되었다고 가정하고 **그림 4-10**을 보며 프로그램의 흐름을 따라가 보겠습니다. 우선 처음에는 제어식 no >= 0이 평가되고 그 값은 1입니다. 이는 0이 아니므로, 루프 본체가 실행됩니다. 루프 본체에서는 우선 다음 문장이 실행됩니다.

```
printf("%d ", no);
```

이에 화면에는 '5 '가 출력됩니다(5 다음에 공백이 출력됩니다).

이어서 다음 문장이 실행됩니다.

```
no--;        /* no의 값을 1 감소 */
```

후치 감소 연산자로 인해 변수 no의 값은 5에서 4로 감소합니다.

이렇게 루프 본체를 모두 실행했으므로, 프로그램의 흐름은 다시 제어식으로 돌아갑니다.

→ **예제 4-5**　　　　　　　　　　　　　　　　　　　　　　　chap04/list0405.c

```
/*
    읽어 들인 정숫값부터 시작하여 0까지 카운트다운
*/

#include <stdio.h>

int main(void)
{
    int no;

    printf("양의 정수를 입력해 주세요 : ");
    scanf("%d", &no);

    while (no >= 0) {
        printf("%d ", no);
                  ┌─── 스페이스
        no--;          /* no에서 1을 뺀다 */
    }
    printf("\n");        /* 줄 바꿈 */

    return 0;
}
```

실행 결과 사례 ❶
양의 정수를 입력해 주세요 : 5↵
5 4 3 2 1 0

실행 결과 사례 ❷
양의 정수를 입력해 주세요 : 0↵
0

양수가 아니라 0을 입력해도 출력된다.

실행 결과 사례 ❸
양의 정수를 입력해 주세요 : -5↵

줄 바꿈 문자만 출력된다.

이제 다시 반복할지 말지 판정할 차례입니다. 제어식 no >= 0은 이번에도

성립하기(평가한 값이 1이 되기) 때문에, 루프 본체가 다시 실행됩니다. 이번에는 화면에 4라고 출력되고, no의 값은 3으로 줄어듭니다. 이를 계속 반복함으로써 카운트다운 출력이 이루어집니다.

＊

그림 4-10 no 의 값이 변화하는 과정

no가 0이 되면 0이라고 출력되고, 이어서 후치 감소 연산자로 인해 no의 값은 −1이 됩니다. 그러면 제어식 no >= 0가 성립하지 않으므로(평가한 값이 0이 되므로), while문으로 인한 반복이 끝납니다.

마지막으로 화면에 출력된 no의 값은 0이지만, while문이 끝났을 때 no의 값은 −1이었다는 점에 주의하기 바랍니다.

＊

만약 처음 제어식을 평가했는데 그 값이 0이라면, 루프 본체는 단 한 번도 실행되지 않습니다. 따라서 no로 읽어 들인 값이 음수라면, while문에서는 실질적으로 아무 일도 하지 않습니다. 참고로 while문 밖에 있는 문장 "printf("\n");"는 변수 no의 값과는 무관하게 반드시 실행되므로, 만약 변수 no의 값이 음수라면 줄 바꿈 문자만 출력될 것입니다.

연습　4-3

음수를 읽어 들였을 때 줄 바꿈 문자를 출력하지 않도록 **예제 4-5**를 고치시오.

2) 감소 연산자로 간결하게 표현하기

후치 감소 연산자 −−의 특성을 잘 이용하면 카운트다운 프로그램을 더 짧고 간결하게 쓸 수 있습니다. **예제 4-6**을 살펴보겠습니다.

```c
/*
    읽어 들인 정숫값부터 시작하여 0까지 카운트다운(2탄)
*/

#include <stdio.h>

int main(void)
{
    int no;

    printf("양의 정수를 입력해 주세요 : ");
    scanf("%d", &no);

    while (no >= 0)
        printf("%d ", no--);       /* no의 값을 출력한 다음 1을 뺀다 */
    printf("\n");                   /* 줄 비움 */

    return 0;
}
```

실행 결과 사례 1
양의 정수를 입력해 주세요 : 11☐
11 10 9 8 7 6 5 4 3 2 1 0

후치 증가 연산자와 후치 감소 연산자를 소개한 **표 4-3**(p.122)을 복습해 보겠습니다. a--의 기능은 다음과 같이 적혀 있었습니다.

a의 값을 1 감소시킴(식 전체를 평가하면 증가 전의 값이 나옴)

즉, 식 a--를 평가한 값은 1 감소하기 전의 값입니다. 가령 no가 11일 때 식 no--를 평가해서 얻는 값은 11이지, 10이 아닙니다(**그림 4-11**).

따라서 printf 함수를 호출해서 no--를 출력할 때는 다음 두 단계 처리가 이루어집니다.

① no의 값을 출력한다.
② no의 값을 1 감소시킨다.

즉 'no의 값을 출력한 직후에 1 감소된다'는 뜻입니다.

그림 4-11 후치 감소 연산자와 평가

평가하면 1 감소하기 전의 값이 나온다.

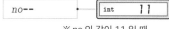

※ no의 값이 11 일 때

11 이라고 평가되고 난 다음에 1 감소된다.

예제 4-6의 프로그램을 다음과 같이 수정하시오.

· 0이 아니라 1까지만 카운트다운합니다.
· 입력된 값이 0 이하일 때는 줄 바꿈 문자를 출력하지 않습니다.

3) 카운트업

이번에는 이전 페이지의 프로그램과는 반대로 0부터 시작하여 읽어 들인 정숫값까지 카운트업을 해 보겠습니다. 이를 구현한 프로그램이 **예제 4-7**입니다.

➡ 예제 **4-7**   chap04/list0407.c

```
/*
    읽어 들인 양의 정숫값까지 카운트업
*/

#include <stdio.h>

int main(void)
{
    int i, no;

    printf("양의 정수를 입력해 주세요 : ");
    scanf("%d", &no);

    i = 0;
    while (i <= no)
        printf("%d ", i++);        /* i의 값을 출력한 다음 1을 더한다 */
    printf("\n");                   /* 줄 바꿈 */

    return 0;
}
```

실행 결과 사례
양의 정수를 입력해 주세요 : 12⏎
0 1 2 3 4 5 6 7 8 9 10 11 12

▶ 루프 본체가 처음 실행될 때는 우선 i의 값인 0을 출력하고, 그 직후에 i의 값이 1로 바뀝니다. 두 번째 실행될 때는 i의 값인 1을 출력하고, 그 직후에 i의 값이 2로 늘어납니다.

카운트다운 프로그램과는 달리, 새로 변수 i가 생겼습니다. 이 i의 값은 0, 1, 2, …와 같이 점점 늘어납니다.

i와 no의 값이 같을 때는, 값을 출력한 직후에 i의 값이 1 증가하여 no보다

커집니다. 따라서 while문으로 인한 반복이 끝납니다. 가령 no의 값이 12라면 출력은 12까지만 되지만, 변수 i의 마지막 값은 13입니다.

연습 4-5

예제 4-7을 다음과 같이 수정하시오.

· 0이 아니라 1부터 카운트업합니다.
· 입력된 값이 0 이하일 때는 줄 바꿈을 하지 않습니다.

연습 4-6

```
양의 정수를 입력해 주세요 : 29◻
2 4 6 8 10 12 14 16 18
```
왼쪽과 같이 읽어 들인 정수보다 크기가 작거나 같은 양의 짝수를 작은 순으로 출력하는 프로그램을 작성하시오.

연습 4-7

```
양의 정수를 입력해 주세요 : 19◻
2 4 8 16
```
왼쪽과 같이 읽어 들인 정수보다 크기가 작거나 같은 양의 2의 거듭제곱을 작은 순으로 출력하는 프로그램을 작성하시오.

4) 일정 횟수만 반복하기

정숫값을 읽어 들여서 그 개수만큼 *을 가로로 쭉 이어 출력하는 프로그램을 작성해 보겠습니다. 예제 4-8이 그 프로그램입니다.

⇒ 예제 4-8   chap04/list0408.c

```c
/*
    읽어 들인 정숫값만큼 *을 연속 출력
*/

#include <stdio.h>

int main(void)
{
    int no;

    printf("양의 정수 : ");
```

실행 결과 사례 **1**
```
양의 정수 : 15◻
***************
```

실행 결과 사례 **2**
```
양의 정수 : 0◻
```

실행 결과 사례 **3**
```
양의 정수 : -5◻
```

Chapter 4 **프로그램의 흐름 반복**

```
    scanf("%d", &no);

    while (no-- > Ø)
        putchar('*');
    putchar('\n');

    return Ø;
}
```

no로 읽어 들인 값이 15라고 해 보겠습니다. 우선 while문의 제어식인 no-- 〉 0이 평가됩니다. --는 후치 감소 연산자이므로, 1 감소시키기 전의 no 값이 0보다 작은지 판정됩니다. 따라서 이 제어식은 성립합니다(평가해서 얻은 값이 int형 1이 됩니다). 그 직후에 no의 값은 1 감소하여 14가 됩니다.

이처럼 프로그램의 흐름이 제어식을 통과할 때마다 no의 값은 1씩 줄어듭니다. 그리고 변수 no의 값이 0이 되면 마침내 제어식을 평가한 값이 0이 되므로 while문이 끝납니다. 이때 평가 후에 no의 값이 1 줄어들므로, while문이 끝난 시점에서 no의 값은 −1입니다.

5) 문자 상수와 putchar 함수

while문의 루프 본체에서는 "putchar('*');"가 실행되고, while문이 끝난 후에는 "putchar('\n');"가 실행됩니다. '*'와 '\n' 등 문자를 작은따옴표 '로 감싼 것을 문자 상수character constant라고 합니다. 참고로 문자 상수의 자료형은 int형입니다.

문자 상수 '*'와 문자열 리터럴 "*"의 차이는 다음과 같습니다.

·문자 상수 '*'	… 단일 문자인 *를 나타낸다.
·문자열 리터럴 "*"	… 문자 *만으로 이루어진 문자열(문자의 나열)을 나타낸다.

▶ 'ab'처럼 ' ' 안에 문자를 여러 개 넣을 수도 있지만, 이를 해석하는 방식은 개발 환경마다 다르므로 되도록 쓰지 않도록 하겠습니다(단, \Wn과 \Wa 등의 확장 표기는 한 개의 문자로 간주하므로 괜찮습니다).

> **핵심** 단일 문자는 '*'와 같이 문자 상수로 나타낼 수 있다.

단일 문자를 출력하기 위해 이 프로그램에서는 putchar 함수를 이용했습니다. ( ) 안에는 인자로서 출력하고 싶은 문자를 넣으면 됩니다. 예제에서는 '*'와 '\Wn'을 출력했는데, 후자를 출력하면 줄 바꿈이 일어납니다.

> **핵심** putchar 함수를 이용하면 단일 문자를 출력할 수 있다.

참고로 아래 코드(프로그램)는 모두 잘못된 예시입니다.

```
putchar("A");    /* 에러 : putchar에는 문자를 넘겨줘야 한다. 정답은 putchar('A'); */
printf('A');     /* 에러 : printf에는 문자열을 넘겨줘야 한다.
                                    정답은 printf("A"); */
```

6) do-while문과 while문

앞선 **예제 4-8**의 실행 결과 사례 **2**와 **3**처럼 0과 음수를 입력해 보겠습니다. 그러면 while문은 그냥 지나쳐 버리고 줄 바꿈 문자만 출력될 것입니다.

가령 n으로 읽어 들인 값이 −5라면, while문의 제어식 no-- > 0의 평가 결과는 0이 됩니다. 따라서 루프 본체는 단 한 번도 실행되지 않을 것입니다. 이것이 while문이 do-while문과는 다른 점입니다.

> **핵심** do-while문의 루프 본체는 최소 한 번 실행되지만, while문의 루프 본체는 한 번도 실행되지 않을 수 있다.

do-while문과 while문은 반복 지속 조건을 판정하는 타이밍이 전혀 다릅니다.

▶ 다음 절에서 배울 for문도 반복 지속 조건 판정을 루프 본체 실행보다 먼저 합니다.

- **ⓐ do-while문** ··· 판정을 나중에 한다 : 루프 본체를 실행한 다음에 판정한다.
- **ⓑ while문** ··· 판정을 먼저 한다 : 루프 본체를 실행하기 전에 판정한다.

읽어 들인 값이 1 미만일 때는 줄 바꿈 문자를 출력하지 않도록 **예제 4-8**을 고치시오.

7) 전치 증가 연산자와 전치 감소 연산자

예제 4-9는 먼저 정숫값 하나를 읽어 들인 다음, 그 크기만큼 정수를 더 읽어 들여서 총합과 평균값을 출력하는 프로그램입니다.

➡ 예제 4-9   chap04/list0409.c

```
/*
    정수를 지시한 개수만큼 읽어 들인 다음 총합과 평균값을 출력
*/

#include <stdio.h>
int main(void)
{
    int i = Ø;
    int sum = Ø;          /* 총합 */
    int num, tmp;

    printf("정수는 총 몇 개인가요? : ");
    scanf("%d", &num);

    while (i < num) {
        printf("No.%d : ", ++i);      /* i의 값을 1 증가시킨 다음에 출력 */
        scanf("%d", &tmp);
        sum += tmp;
    }

    printf("총합 : %d\n", sum);
    printf("평균값 : %.2f\n", (double)sum / num);

    return Ø;
}
```

실행 결과 사례 ❶
정수는 총 몇 개인가요? : 6↵
No.1 : 65↵
No.2 : 23↵
No.3 : 47↵
No.4 : 9↵
No.5 : 153↵
No.6 : 777↵
총합 : 1074
평균값 : 179.00

파랗게 칠한 부분에서 쓰인 ++는 전치 증가 연산자prefixed increment operator입니다. 이와 쌍을 이루는 전치 감소 연산자prefixed decrement operator도 있으며, **표**

4-4에 정리했습니다.

표 4-4 전치 증가 연산자와 전치 감소 연산자

전치 증가 연산자	++a	a의 값을 1 증가시킴(식 전체를 평가하면 증가 후의 값이 나옴)
전치 감소 연산자	--a	a의 값을 1 감소시킴(식 전체를 평가하면 감소 후의 값이 나옴)

그림 4-12 증가 연산식의 평가

ⓐ 전치 증가 연산식
1 증가시킨 후의 값이 나온다

ⓑ 후치 증가 연산식
1 증가시키기 전의 값이 나온다

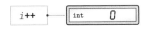

※ i의 값이 원래 0 이었을 때

전치 증가 연산자는 값을 1 증가시킨다는 점에서는 후치 증가 연산자와 비슷하지만, 증가시키는 타이밍이 서로 다릅니다. 이는 **그림 4-12**에 설명되어 있습니다.

앞선 **예제 4-9**에서 ++i를 출력할 때는(파랗게 칠한 부분) 다음 두 단계 처리가 이루어집니다.

① i의 값을 증가시킨다.
② i의 값을 출력한다.

즉 'i의 값을 출력하기 직전에 1 증가시킨다'는 뜻입니다. 따라서 처음 출력되는 i의 값은 1이 됩니다.

> **핵심** 후치 증가/감소 연산자를 적용한 식을 평가하면 1 증가/감소시키기 전의 값이 나오며, 전치 증가/감소 연산자를 적용한 식을 평가하면 1 증가/감소시킨 후의 값이 나온다.

8) do-while문의 표기

do-while문과 while문은 둘 다 while이라는 예약어를 쓰다 보니, 프로그램 안에서 쓰인 while이 do-while문인지 while문인지 헷갈릴 때가 있습니다. 예를 들어 **그림 4-13ⓐ**의 코드를 살펴보겠습니다.

첫 번째 while은 do-while문이며, 두 번째 while은 while문입니다. 처리 과정을 보면, 먼저 변수 x에 0이 대입됩니다. 그 후에 do-while문으로 x의 값

을 5까지 증가시킵니다. 이어서 while문으로 x의 값을 1씩 감소시키면서 출력합니다.

그림 4-13 do-while 문과 while 문

ⓐ do-while 문의 루프 본체는 단일 문장

```
x = 0;
do
    x++;
while (x < 5);
while (x >= 0)
    printf("%d ", --x);
```

do-while 문의 루프 본체를 { }로 감싸서 블록으로 만든다.

ⓑ do-while 문의 루프 본체는 복합문

```
x = 0;
do {
    x++;
} while (x < 5);
while (x >= 0)
    printf("%d ", --x);
```

한편으로 **그림 4-13ⓑ**에서는 do–while문의 반복 대상인 루프 본체를 { }로 감싸서 복합문으로 만들었습니다. 이렇게 하면 while 앞에 }가 있느냐 없느냐로 구분할 수 있습니다.

> } while … 앞에 }가 있다 ⇒ do–while문
>
> while … 앞에 }가 없다 ⇒ while문

따라서 다음 교훈을 얻을 수 있습니다.

핵심 do-while문의 루프 본체는 항상 { }로 감싸서 복합문(블록)으로 만들어 두면 프로그램을 읽기 쉬워진다.

연습 4-9

```
양의 정수 : 13↵
+-+-+-+-+-+-+-
```

읽어 들인 값의 크기만큼 +와 −를 번갈아 출력하는 프로그램을 작성하시오. 단, 0 이하의 정수가 입력되었을 때는 아무것도 출력하지 않도록 합니다.

양의 정수 : 3⏎
*
*
*

읽어 들인 값의 크기만큼 *을 세로로 연속 출력하는 프로그램을 작성하시오. 단, 0 이하의 정수가 입력되었을 때는 아무것도 출력하지 않도록 합니다.

9) 정숫값을 역순으로 출력

이번에는 다음 문제를 생각해 보겠습니다.

> 양의 정숫값을 읽어 들여서, 이를 역순으로 출력한다.

가령 1963을 읽어 들였으면 3691이라고 출력한다는 뜻입니다. 만약 0이나 음수라면 다시 입력받도록 하겠습니다. 이를 구현한 프로그램이 **예제 4-10**입니다.

➡ **예제 4-10**   chap04/list0410.c

```
/*
    읽어 들인 양의 정숫값을 역순으로 출력
*/

#include <stdio.h>

int main(void)
{
    int no;

    do {
        printf("양의 정수를 입력해 주세요 : ");
        scanf("%d", &no);
        if (no <= 0)
            puts("\a음수나 0은 입력하지 마세요.");
    } while (no <= 0);
    /* num은 0 이상이다 */
    printf("그 수를 거꾸로 읽으면 ");
    while (no > 0) {
        printf("%d", no % 10);      /* 일의 자리 숫자를 출력 */
        no /= 10;                   /* 오른쪽으로 한 칸 밀어낸다 */
```

실행 결과 사례

양의 정수를 입력해 주세요 : -3⏎
♪음수나 0은 입력하지 마세요.
양의 정수를 입력해 주세요 : 1963⏎
그 수를 거꾸로 읽으면 3691입니다.

양수만 읽어 들이기
위한 do-while문.

```
    }
    puts("입니다.");

    return 0;
}
```

그림 4-14 10 진수를 역순으로 출력

나머지를 출력.

3 6 9 1

1963
196
19
1
0

0 이 될 때까지 x를 10 으로 나눈다.

이 프로그램에서 쓰인 do-while문은 양수만 읽어 들이기 위한 반복문입니다. 따라서 반복문이 끝났을 때, no의 값은 반드시 양수일 것입니다.

한편으로 두 번째 while문은 읽어 들인 정숫값을 역순으로 출력하는 처리를 담당합니다. 만약 no가 1963이면 프로그램이 어떻게 동작하는지 **그림 4-14**를 보면서 생각해 보겠습니다.

우선 no % 10으로 구한 일의 자리 숫자 3을 출력합니다. 이어서 다음 문장이 실행됩니다.

```
    no /= 10;
```

여기서 사용한 /=는 p.121에서 배운 복합 대입 연산자입니다. '정수 / 정수' 연산에서는 소수점 이하가 버려지므로, no / 10의 연산 결과인 196이 no에 대입됩니다. 즉, 식 no /= 10은 변수 no의 일의 자리 숫자를 없애 버리고 나머지 자리 숫자를 오른쪽으로 한 칸씩 밀어낸다고 할 수 있습니다.

no의 값은 196이라 0보다 크므로 다시 루프 본체가 실행됩니다. 우선 196을 10으로 나눈 나머지인 6이 출력됩니다(이는 1963의 십의 자리 숫자에 해당합니다). 그리고 196을 10으로 나눈 결과인 19가 no에 대입됩니다.

이러한 처리를 no가 0보다 큰 동안 반복하면, 숫자를 역순으로 출력할 수 있습니다. no의 값이 0이 되면 제어식 no > 0이 성립하지 않으므로(제어식을 평가한 값이 0이 되므로), while문이 끝납니다.

＊

이번 프로그램은 복합 대입 연산자를 이용한 두 번째 예제였습니다. 복합 대입 연산자에는 다음과 같은 장점이 있습니다.

해야 할 연산을 간결하게 나타낼 수 있다

"no를 10으로 나눈 몫을 no에 대입한다."보다 "no를 10으로 나눈다."가 더 간결하고 자연스러운 표현입니다.

변수명을 좌변에 한 번만 적으면 된다

원래는 두 번 적어야 할 변수명을 한 번만 적어도 돼서 편리합니다. 특히 변수명이 매우 길거나 복잡할 때는 오타를 방지할 수 있고, 프로그램이 읽기 쉬워집니다.

좌변의 평가가 한 번만 이루어진다

복합 대입 연산자의 가장 큰 장점은 좌변의 평가가 단 한 번만 일어난다는 것입니다. 특히 나중에 배울 '배열' 등을 이용한 프로그램에서 매우 유용하게 쓰일 것입니다. 가령 다음 코드를 살펴보겠습니다.

```
computer.memory[vec[++i]] += 10; /* 우선 i를 1 증가시킨 다음에 10을 더한다 */
```

여기서 i는 1 증가합니다. 만약 복합 대입 연산자를 사용하지 않는다면, 다음과 같이 문장을 둘로 나눠야만 합니다.

▶ 여기서 이용한 연산자 [ ]는 5장에서, 연산자 .는 12장에서 살펴보겠습니다.

```
++i;                            /* 우선 i를 1 증가시킨다 */
computer.memory[vec[i]] = computer.memory[vec[i]] + 10;   /* 10을 더한다 */
```

> 양의 정수를 입력해 주세요 :
> 1963⏎
> 1963은 거꾸로 읽으면
> 3691입니다.

예제 4-10의 프로그램을 결과와 함께 입력값도 출력하도록 수정하시오.

> 양의 정수를 입력해 주세요 :
> 1963⏎
> 1963은 거꾸로 읽으면 4 자리
> 수입니다.

양의 정숫값을 읽어 들여서 몇 자리의 수인지 자릿수를 출력하는 프로그램을 작성하시오. 힌트로 **예제 4-10**에서 while문을 반복한 횟수는 no의 자릿수와 일치합니다.

section
4-3

for문

일정한 틀이 있는 반복문을 쓸 때는 while문보다 for문이 더 간결하고 읽기 쉽습니다. 이번 절에서는 for문에 관해 알아보겠습니다.

1) for문

예제 4-11은 **예제 4-7**(p.127)에서 배운 카운트업 프로그램을 while문 대신 for문^{for statement}으로 구현한 프로그램입니다.

➡ 예제 **4-11**   chap04/list0411.c

```
/*
    읽어 들인 양의 정숫값까지 카운트업(for문)
*/

#include  <stdio.h>
```

┌─────────────────────────────────┐
│ **실행 결과 사례**   │
│ 양의 정수를 입력해 주세요 : 12⏎   │
│ 0 1 2 3 4 5 6 7 8 9 10 11 12   │
└─────────────────────────────────┘

```
int main(void)
{
    int i, no;

    printf("양의 정수를 입력해 주세요 : ");
    scanf("%d", &no);

    for (i = 0; i <= no; i++)
        printf("%d ", i);
    putchar('\n');          /* 줄 바꿈 */

    return 0;
}
```

```
/*--- 참고 : List 4-7 ---*/
i = 0;
while (i <= no)
    printf("%d ", i++);
    printf("\n");
```

while문을 썼을 때보다 프로그램이 더 간결해졌습니다. **그림 4-15**에서 for 문의 구문을 보면 ( ) 내부는 ;으로 나뉜 세 부분으로 이루어져 있습니다.

그림 4-15 for 문의 구문 도표

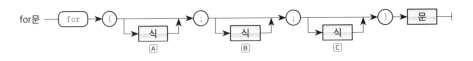

for문은 **그림 4-16**과 같이 프로그램의 흐름을 제어합니다. 말로 설명하면 다음과 같습니다.

① [전처리]인 Ⓐ 부분을 평가·실행한다.
② [제어식]인 Ⓑ 부분의 제어식이 0이 아니라면 루프 본체를 실행한다.
③ 문장 실행 후에 [후처리]인 Ⓒ부분을 평가·실행하고 ②로 돌아간다.

그림 4-16 for 문의 프로그램 흐름

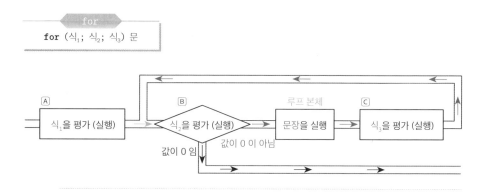

그림 4-17은 for문과 while문을 비교한 그림입니다. 그림에서 예로 든 for문과 while문은 똑같은 동작을 합니다.

모든 for문은 while문으로 바꿀 수 있고, 모든 while문도 for문으로 바꿀 수 있습니다.

그림 4-17 for 문과 while 문

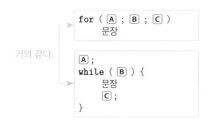

＊

이제 for문의 각 식에 관해 자세히 알아보겠습니다.

A 전처리

이 식은 for문의 반복 처리가 이루어지기 전에 딱 한 번만 평가·실행됩니다. 전처리로 해야 할 일이 딱히 없다면 생략할 수 있습니다.

B 제어식

계속 반복할지 판정하기 위한 식입니다. 이 식이 성립하면(평가한 결괏값이 0이 아니라면) 루프 본체가 실행됩니다. 만약 이 식을 생략하면 항상 반복 조건이 성립하는 것으로 간주합니다. 이때 루프 본체에서 break문을 써서 for문을 종료하지 않으면, 영원히 반복이 끝나지 않는 이른바 '무한 루프'에 빠지고 맙니다.

© 후처리

이 식은 루프 본체가 모두 실행된 다음에 평가·실행되는데, 주로 [마무리 처리] 혹은 [다음 반복을 위한 준비 작업]으로 쓰이는 식입니다. 후처리로 해야 할 일이 딱히 없다면 생략할 수 있습니다.

▶ 다음은 while문과 for문으로 각각 무한 루프를 실현한 사례입니다.

```
/* while문으로 만든 무한 루프 */
while (1)
    문장
```

```
/* for문으로 만든 무한 루프 */
for ( ; ; )
    문장
```

2) for문으로 일정 횟수만 반복하기

읽어 들인 정숫값의 크기만큼 *를 연속 출력하는 프로그램(예제 4-8 : p.128)을 for문으로 다시 작성해 보겠습니다. 그것이 바로 **예제 4-12**입니다.

➡ 예제 4-12   chap04/list0412.c

```
/*
    읽어 들인 정숫값만큼 *을 연속 출력(for문)
*/

#include <stdio.h>

int main(void)
{
    int i, no;

    printf("양의 정수 : ");
    scanf("%d", &no);

    for (i = 1; i <= no; i++)
        putchar('*');
    putchar('\n');

    return 0;
}
```

실행 결과 사례
양의 정수 : 15␍
****

```
/*--- 참고 : List 4-8 ---*/
while (no-- > 0)
    putchar('*');
putchar('\n');
```

이 프로그램에 나온 for문은 다음과 같이 고쳐 쓸 수도 있습니다. 전처리에서 1이 0으로 바뀌었고, 제어식에서 <=가 <로 바뀌었다는 점에 주의하기 바

랍니다.

```c
for (i = 0; i < no; i++)
    putchar('*');
```

참고로 똑같은 동작을 while문으로 구현한 **예제 4-8**에서는 변수 no의 값이 변했습니다. 반복할 때마다 no의 값이 1씩 줄어들어서, while문이 끝났을 때는 −1이 되는 식이었습니다.

그림 4-18에 나온 while문과 for문은 모두 처리를 n번 반복합니다.

그림 4-18 n번 반복하는 for 문과 while 문 ―――――――――――――――――

```
for (i = 0; i < n; i++)
    문장
```
반복문이 끝났을 때 i의 값은 n이다.

```
while (n-- > 0)
    문장
```
반복문이 끝났을 때 n의 값은 -1이다.

```
for (i = 1; i <= n; i++)
    문장
```
반복문이 끝났을 때 i의 값은 n + 1이다.
n의 값은 변하지 않는다.

```
while (--n >= 0)
    문장
```
반복문이 끝났을 때 n의 값은 -1이다.

예제 4-13은 읽어 들인 정숫값의 크기만큼 추가로 정수를 더 읽어 들여서 총합과 평균값을 출력하는 프로그램(**예제 4-9** : p.131)을 for문으로 다시 작성한 것입니다.

→ **예제 4-13**   chap04/list0413.c

```c
/*
    정수를 지시한 개수만큼 읽어 들인 다음 총합과 평균값을 출력
*/

#include <stdio.h>

int main(void)
{
    int i = 0;
```

```
    int sum = 0;          /* 총합 */
    int num, tmp;

    printf("정수는 총 몇 개인가요? : ");
    scanf("%d", &num);

    for (i = 0; i < num; i++) {
        printf("No.%d : ", i + 1);
        scanf("%d", &tmp);  ┌───── (예) i가 0일 때는 1이라고 출력한다.
        sum += tmp;
    }

    printf("총합 : %d\n", sum);
    printf("평균값 : %.2f\n", (double)sum / num);

    return 0;
}
```

뒤에서 다시 설명하겠지만, 컴퓨터의 세상에서는 숫자를 셀 때 0, 1, 2, … 라는 식으로 0부터 시작하는 편이 더 좋습니다. 하지만 일상생활 속에서는 보통 1, 2, 3…이라는 식으로 1부터 시작하지요. 파랗게 칠한 부분은 이런 차이를 보정한 것입니다.

연습 4-13

n의 값 : 5↵
1부터 5까지의 합은 15입니다.

1부터 n까지의 합을 구하는 프로그램을 작성하시오. n의 값은 키보드로 읽어 들입니다.

연습 4-14

양의 정수를 입력해 주세요 : 25↵
123456789012345678901235

왼쪽과 같이 1234567890을 반복해서 출력하는 프로그램을 작성하시오. 단, 읽어 들인 정숫값의 크기만큼 숫자를 출력합니다.

몇cm부터 : 155☐
몇cm까지 : 19Ø☐
몇cm마다 : 5☐
155**cm** 49.50**kg**
155**cm** 49.50**kg**
… 이하 생략 …

왼쪽과 같이 키와 그에 대응하는 표준 몸무게(p.37)를 출력하는 프로그램을 작성하시오. 이때 출력할 키의 범위(시작값, 끝값, 간격)를 정숫값으로 읽어 들이고, 표준 몸무게는 소수 부분을 두 자리 출력합니다.

3) 짝수 열거하기

정숫값을 읽어 들여서 그보다 작거나 같은 양의 정수를 2, 4, …라는 식으로 출력하는 프로그램을 작성해 보겠습니다. 그것이 바로 **예제 4-14**입니다.

for문의 C 부분인 i+=2에서 쓰인 +=는 오른쪽 피연산자의 값을 왼쪽 피연산자에 더하는 복합 대입 연산자(p.120)입니다. 변수 i에 2를 더하므로, 반복할 때마다 i의 값은 2씩 커집니다.

➡ **예제 4-14**　　　　　　　　　　　　　　　　　　　chap04/list0414.c

```
/*
    읽어 들인 정숫값보다 작거나 같은 짝수를 출력
*/

#include <stdio.h>

int main(void)
{
    int i, n;

    printf("정숫값 : ");
    scanf("%d", &n);

    for (i = 2; i <= n; i += 2)
        printf("%d ", i);          i에 2를 더한다.
    putchar('\n');

    return Ø;
}
```

실행 결과 사례
정숫값 : 15☐
2 4 6 8 10 12 14

4) 약수 열거하기

이번에는 읽어 들인 정수의 모든 약수를 출력하는 프로그램을 작성해 보겠습니다. 예제 4-14가 이를 구현한 프로그램입니다.

for문에서는 변수 i의 값을 1부터 n까지 1씩 증가시켜 나갑니다. n을 i로 나눈 나머지가 0이라면(n이 i로 나누어떨어지면) i는 n의 약수이므로, 그 값을 출력합니다.

➡ **예제 4-15**   chap04/list0415.c

```
/*
    읽어 들인 정수의 모든 약수를 출력
*/

#include <stdio.h>

int main(void)
{
    int i, n;

    printf("정숫값 : ");
    scanf("%d", &n);

    for (i = 1; i <= n; i++)
        if (n % i == 0)                   약수를 판정하고
            printf("%d ", i);             출력
    putchar('\n');

    return 0;
}
```

```
실행 결과 사례
정숫값 : 12␛
 1 2 3 4 6 12
```

---

5) 구문과 빈 문장

다음 코드를 살펴보겠습니다. 언뜻 보면 변수 n의 개수만큼 '*'를 출력하라는 내용처럼 보일 것입니다.

```
for (i = 1; i <= n; i++);
    putchar('*');                  '*'는 n개가 아니라 한 개만 출력된다.
```

하지만 n의 값이 무엇이든 상관없이 <*>는 무조건 하나면 출력됩니다.

그 원인은 i++) 뒤에 있는 ; 때문입니다. 세미콜론만 있는 문장을 빈 문장(null statement)이라고 합니다. 빈 문장은 실행되어도 아무 일도 일어나지 않습니다. 즉 앞의 코드는 다음과 같이 해석되는 셈입니다.

```
for (i = 1; i <= n; i++) /* for문 : 루프 본체(빈 문장)를 n번 실행 */
   ;                      /*    루프 본체(빈 문장)           */
putchar('*');             /* for문이 끝난 다음 한 번만 실행되는 문장 */
              아마도 오타로 넣은 세미콜론
```

물론 for문뿐만 아니라 while문에서도 이러한 실수를 저지르지 않도록 조심해야 합니다.

핵심 for문과 while문의 ( ) 뒤에 실수로 빈 문장을 적지 않도록 조심해야 한다.

1장에서 배운 것처럼, 문장의 끝에는 원칙적으로 세미콜론 ;을 적어야 합니다. 가령 대입식 a = c + 5에 세미콜론을 붙이면 문장이 됩니다.

이처럼 식 뒤에 세미콜론을 적은 문장을 구문expression statement이라고 하며, 그 구문은 **그림 4-19**와 같습니다.

그림 4-19 식의 구문 형식

이 구문 도표를 보면 식이 생략 가능함을 알 수 있습니다. 즉 식 없이 세미콜론 ;만 적어도 '구문'이라고 할 수 있으며, 이것이 바로 빈 문장의 정체입니다.

6) 반복문

이번 장에서 살펴본 do-while문, while문, for문은 모두 프로그램의 흐름을 반복하기 위한 문장인데, 이를 통틀어서 반복문^{iteration statement}이라고 합니다.

연습 4-16

```
정수값 : 15↵
1 3 5 7 9 11 13 15
```

읽어 들인 정숫값보다 작거나 같은 홀수를 출력하는 프로그램을 작성하시오.

연습 4-17

```
정수값 : 3↵
1의 제곱은 1
2의 제곱은 4
3의 제곱은 9
```

왼쪽과 같이 1부터 n까지의 각 정수를 제곱한 값을 출력하는 프로그램을 작성하시오.

연습 4-18

```
*을 몇 개 출력하겠습니까? : 12↵
*****
*****
**
```

정숫값을 읽어 들여서 그 크기만큼 '*'을 출력하는 프로그램을 작성하시오. 단, 5개 출력할 때마다 줄 바꿈을 합니다.

연습 4-19

```
정숫값 : 4↵
1
2
4
약수는 3개입니다.
```

읽어 들인 정숫값의 모든 약수를 출력하는 프로그램인 **예제 4-15**를 고쳐서, 약수를 출력한 다음에 약수의 개수도 출력하는 프로그램을 작성하시오.

다중 루프

반복문의 루프 본체를 반복문으로 만들면 어떤 처리를 이중 삼중으로 반복시킬 수 있는데, 이를 다중 루프라고 합니다. 이번 절에서는 다중 루프에 관해 살펴보겠습니다.

1) 이중 루프

그동안 살펴봤던 반복문은 모두 구조가 단순했습니다. 그런데 실은 반복문 안에 반복문을 넣을 수 있어서, 이를 이용하면 이중 루프나 삼중 루프 등을 만들 수 있습니다. 물론 이를 통틀어서 다중 루프라고 합니다.

예제 4–16은 이중 루프를 이용해서 구구단을 출력하는 프로그램입니다.

➡ 예제 4-16   chap04/list0416.c

```
/*
    구구단을 출력
*/

#include <stdio.h>

int main(void)
{
    int i, j;

    for (i = 1; i <= 9; i++) {
        for (j = 1; j <= 9; j++)
            printf("%3d", i * j);
        putchar('\n');                /* 줄 바꿈 */
    }

    return 0;
}
```

실행 결과
1 2 3 4 5 6 7 8 9
2 4 6 8 10 12 14 16 18
3 6 9 12 15 18 21 24 27
4 8 12 16 20 24 28 32 36
5 10 15 20 25 30 35 40 45
6 12 18 24 30 36 42 48 54
7 14 21 28 35 42 49 56 63
8 16 24 32 40 48 56 64 72
9 18 27 36 45 54 63 72 81

바깥쪽 for문은 변수 i의 값을 1부터 9까지 1씩 증가시켜 갑니다. 이는 표의 첫 번째 행, 두 번째 행, … 9번째 행에 해당합니다. 즉 세로 방향의 반복입니다(그림 4-20). 안쪽 for문은 변수 j의 값을 1부터 9까지 1씩 증가시켜 갑

니다. 이는 각 행에서 이루어지는 가로 방향의 반복입니다. 따라서 이 이중 루프에서는 다음과 같이 처리가 이루어집니다.

- **i가 1일 때** : j를 1에서 9까지 1씩 증가시키면서 1 * j를 세 자리 숫자로 출력하고 줄 바꿈
- **i가 2일 때** : j를 1에서 9까지 1씩 증가시키면서 2 * j를 세 자리 숫자로 출력하고 줄 바꿈
- **i가 3일 때** : j를 1에서 9까지 1씩 증가시키면서 3 * j를 세 자리 숫자로 출력하고 줄 바꿈

… 중략 …

- **i가 9일 때** : j를 1에서 9까지 1씩 증가시키면서 9 * j를 세 자리 숫자로 출력하고 줄 바꿈

변수 i의 값을 1부터 9까지 증가시켜 가는 바깥쪽 루프는 9번 반복됩니다.

그림 4-20 구구단 프로그램에서 변수의 값 변화

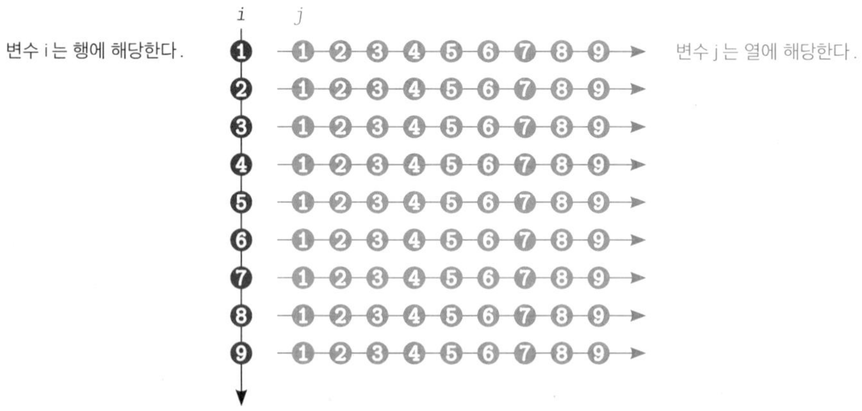

변수 i는 행에 해당한다.　　　변수 j는 열에 해당한다.

그 바깥쪽 루프가 한 번 실행될 때마다, 변수 j의 값을 1부터 9까지 증가시켜 가는 안쪽 루프가 9번 반복됩니다. 안쪽 루프가 다 끝나면 줄 바꿈을 출력해서 다음 행으로 넘어갑니다. 이렇게 1×1부터 9×9까지 숫자를 총 81개 출력합니다.

▶ %3d라는 형식 지정을 이용하여 각 숫자를 '(적어도)세 자릿수로' 출력했다는 점에 주의하기 바랍니다.

■ break문으로 반복을 강제 종료하기

이 프로그램의 이중 루프를 다음과 같이 고쳐 보겠습니다. 그러면 40 이하

의 값만 출력하게 됩니다.

```
for (i = 1; i <= 9; i++) {
    for (j = 1; j <= 9; j++) {
        int product = i * j;
        if (product > 40)
            break;
        printf("%3d", product);
    }
    putchar('\n');          /* 줄 바꿈 */
}
```

실행 결과

```
1  2  3  4  5  6  7  8  9
2  4  6  8 10 12 14 16 18
3  6  9 12 15 18 21 24 27
4  8 12 16 20 24 28 32 36
5 10 15 20 25 30 35 40
6 12 18 24 30 36
7 14 21 28 35
8 16 24 32 40
9 18 27 36
```

빨갛게 칠한 부분은 break문입니다. switch문에서 break문이 실행되면 프로 그램의 흐름이 switch문에서 빠져나온다는 사실을 앞에서 이미 배웠습니다 (p.105). 이와 비슷하게, 반복문에서도 break문이 실행되면 프로그램의 흐름 이 반복문을 빠져나옵니다.

단, 다중 루프 안에서 break문을 실행하면 안쪽 반복문(변수 j로 제어하는 for 문)에서는 빠져나오지만, 바깥쪽 반복문(변수 i로 제어하는 for문)까지 단번에 빠져나오지는 않습니다. 이 프로그램에서는 i와 j의 곱이 40을 넘었을 때 break문이 실행되어 안쪽 for문에서 빠져나오게 됩니다.

2) 도형 그리기

다음으로는 직사각형을 그려 보겠습니다. **예제 4-17**은 *를 출력해서 직사 각형을 그리는 프로그램입니다.

➡ 예제 4-17

```
/*
    직사각형 그리기
*/
```

```
#include <stdio.h>

int main(void)
{
    int i, j;
    int height, width;

    puts("직사각형을 만들어 봅시다.");
    printf("높이 : "); scanf("%d", &height);
    printf("너비 : "); scanf("%d", &width);

    for (i = 1; i <= height; i++) {          /* 직사각형의 높이는 height */
        for (j = 1; j <= width; j++)         /* '*'를 width개만큼 출력 */
            putchar('*');
        putchar('\n');                       /* 줄 바꿈 */
    }

    return 0;
}
```

그림 4-21 직사각형을 그릴 때 변수의 값 변화

변수 i와 j의 변화

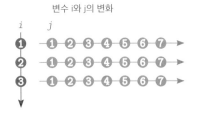

총 height개만큼의 행에 ＊을 width개만큼 출력하면 직사각형이 완성됩니다. height가 3이고 width가 7일 때 직사각형을 그리는 과정에서 변수 i와 j가 어떤 식으로 변하는지 **그림 4-21**에 정리했습니다.

＊

다음으로는 직각이등변삼각형을 출력하는 프로그램을 만들어 보겠습니다. **예제 4-18**과 **예제 4-19**를 살펴보면, 전자는 왼쪽 아래가 직각이고, 후자는 오른쪽 아래가 직각입니다. len만큼의 높이로 삼각형을 그린다는 점은 똑같습니다. 이 두 가지 프로그램에서 직각이등변삼각형을 그리는 과정에서 변수 i와 j가 어떤 식으로 변하는지 **그림 4-22**에 정리했습니다.

```
/*
    왼쪽 아래가 직각인 직각이등변삼각형을 출력
*/

#include <stdio.h>

int main(void)
{
    int i, j, len;

    puts("왼쪽 아래가 직각인 직각이등변삼각형을 만들어 봅시다.");
    printf("높이 : ");
    scanf("%d", &len);

    for (i = 1; i <= len; i++) {        /* i행(i = 1, 2, … ,len) */
        for (j = 1; j <= i; j++)        /* 각 행에 '*'을 i개만큼 출력 */
            putchar('*');
        putchar('\n');                  /* 줄 바꿈 */
    }

    return 0;
}
```

```
┌─────────────────────────────────────┐
│            실행 결과 사례              │
│ 왼쪽 아래가 직각인 직각이등변삼각형을 만들어 봅시다. │
│ 높이 : 5↵                            │
│ *                                    │
│ **                                   │
│ ***                                  │
│ ****                                 │
│ *****                                │
└─────────────────────────────────────┘
```

```
/*
    오른쪽 아래가 직각인 직각이등변삼각형을 출력
*/

#include <stdio.h>

int main(void)
{
    int i, j, len;

    puts("오른쪽 아래가 직각인 직각이등변삼각형을 만들어 봅시다.");
    printf("높이 : ");
    scanf("%d", &len);

    for (i = 1; i <= len; i++) {        /* i행(i = 1, 2, … ,len) */
        for (j = 1; j <= len - i; j++)  /* 각 행에 ' '을 len - i개 출력 */
            putchar(' ');
        for (j = 1; j <= i; j++)        /* 각 행에 '*'을 i개 출력 */
            putchar('*');
```

```
┌─────────────────────────────────────┐
│            실행 결과 사례              │
│ 오른쪽 아래가 직각인 직각이등변삼각형을 만들어 봅시다. │
│ 높이 : 5↵                            │
│     *                                │
│    **                                │
│   ***                                │
│  ****                                │
│ *****                                │
└─────────────────────────────────────┘
```

```
        putchar('\n');                          /* 줄 바꿈 */
    }

    return 0;
}
```

오른쪽 아래가 직각인 직각이등변삼각형을 그리는 프로그램은 for문 안에
for문 두 개가 있어서 다소 복잡합니다. 각 for문은 다음과 같은 기능을 합
니다.

· **빨갛게 칠한** for문 ⋯ 공백 문자 ' '을 출력하기 위한 반복(len – i개 출력한다)

· **파랗게 칠한** for문 ⋯ 기호 문자 '*'을 출력하기 위한 반복(i개 출력한다)

그림 4-22 직각이등변삼각형을 그릴 때 변수의 값 변화

ⓐ 왼쪽 아래가 직각인 직각이등변삼각형   ⓑ 오른쪽 아래가 직각인 직각이등변삼각형

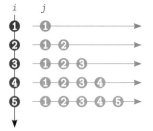
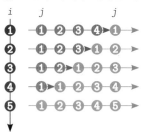

3) 다중 루프

여태까지는 for문 안에 for문이 들어간 다중 루프만 살펴봤습니다. 물론 for
문뿐만 아니라 while문과 do–while문으로도 다중 루프를 만들 수 있습니
다. 그 사례가 바로 **예제 4-20**입니다.

➡ 예제 4-20   chap04/list0420.c

```
/*
    읽어 들인 0 이상의 정숫값만큼 *을 연속 출력(원하는 만큼 반복하기)
*/
```

```
#include <stdio.h>

int main(void)
{
    int retry;

    do {          ※ do-while문의 구조는 예제 4-1(p.112)과 같다.
        int i, no;

        do {
            printf("양의 정수를 입력해 주세요 : ");
            scanf("%d", &no);
            if (no <= Ø)
                puts("\a음수나 Ø은 입력하지 마세요.");
        } while (no <= Ø);
                        /* no은 Ø 이상이다 */
        for (i = 1; i <= no; i++)
            putchar('*');
        putchar('\n');

        printf("한 번 더?【Yes…Ø／No…9】 : ");
        scanf("%d", &retry);
    } while (retry == Ø);

    return Ø;
}
```

예제 4-10(p.134)과 같음.

예제 4-12(p.140)와 같음.

이 프로그램은 do-while문 안에 do-while문과 for문이 들어가 있는 구조로, 여태까지 작성한 몇 가지 프로그램을 조합한 것입니다. 잘 읽고 이해하기 바랍니다.

연습 4-20

```
    | 1 2 3 4 5 6 7 8 9
----+--------------------
  1 | 1 2 3 4 5 6 7 8 9
  2 | 2 4 6 8 1Ø 12 14 16 19
  3 | 3 6 9 12 15 18 21 24 27
  4 | 4 8 12 16 2Ø 24 28 32 36
         … 이하 생략 …
```

왼쪽과 같이 가로 세로에 제목이 달려 있는 구구단을 출력하는 프로그램을 작성하시오.

연습 4-21

```
정사각형을 만들어 봅시다.
높이 : 3↵
***
***
***
```

왼쪽과 같이 읽어 들인 정숫값을 한 변의 길이로 삼는 정사각형을 출력하는 프로그램을 작성하시오.

연습 4-22

```
너비가 더 긴 직사각형을 만들어 봅시다.
한 변의 길이(1) : 7↵
한 변의 길이(2) : 3↵
*******
*******
*******
```

예제 4-17(p.150)을 고쳐서 높이보다 너비가 더 긴 직사각형을 그리는 프로그램을 작성하시오. 단, 두 변의 길이를 읽어 들여서, 작은 쪽을 높이로 삼고 긴 쪽을 너비로 삼도록 합니다.

연습 4-23

예제 4-18과 **예제 4-19**(둘 다 p.151)를 각각 고쳐서 왼쪽 위가 직각인 직각이등변삼각형을 그리는 프로그램과 오른쪽 위가 직각인 직각이등변삼각형을 그리는 프로그램을 작성하시오.

연습 4-24

```
피라미드를 만들어 봅시다.
높이 : 3↵
한 변의 길이(2) : 3↵
  *
 ***
*****
```

왼쪽과 같이 읽어 들인 정숫값만큼의 높이를 지니는 피라미드를 출력하는 프로그램을 작성하시오. i번째 행에는 '*'을 (i - 1) * 2 + 1개 출력해야 합니다.

연습 4-25

```
숫자 피라미드를 만들어 봅시다.
높이 : 3↵
한 변의 길이(2) : 3↵
11111
 222
  3
```

왼쪽과 같이 읽어 들인 정숫값만큼의 높이를 지니는 숫자 피라미드를 출력하는 프로그램을 작성하시오. i번째 행에는 i % 10에 해당하는 숫자를 출력합니다.

4-1 continue문

예제 4-16(p.147)의 이중 루프를 다음과 같이 고쳐 써보겠습니다. 그러면 4를 포함하는 값이 출력되지 않게 됩니다.

1	2	3		5	6	7	8	9
2		6	8	10	12		16	18
3	6	9	12	15	18	21		27
8	12	16	20		28	32	36	
5	10	15	20	25	30	35		
6	12	18		30	36			
7		21	28	35			56	63
8	16		32			56		72
9	18	27	36			63	72	81

```
chap04/list0416b.c

for (i = 1; i <= 9; i++) {

    for (j = 1; j <= 9; j++) {
        int product = i * j;
        if (product % 10 == 4 || product / 10 == 4) {
            printf("   ");
            continue;
        }
        printf("%3d", product);
    }
}
```

파랗게 칠한 부분에서 continue문을 사용했습니다. continue문이 실행되면 루프 본체의 나머지 부분(이번 예제에서는 빨갛게 칠한 부분)을 그냥 넘겨 버립니다. 그림 4C-1은 continue문의 구문 도표입니다.

그림 4C-1 continue 문의 구문 도표

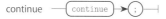

section
4-5

프로그램의 요소와 서식

이번 절에서는 프로그램을 구성하는 각 요소(예약어와 연산자 등)와 프로그램을 작성하는 서식에 관해 살펴보겠습니다.

1) 예약어

C 언어에는 if와 else 등 특별한 의미를 지니는 단어가 있는데, 이를 예약어 reserved word라고 합니다. 예약어는 변수명 등의 식별자로 이용할 수 없습니다. C 언어에는 표 4-5와 같이 32가지 예약어가 있습니다.

표 4-5 C 언어의 예약어

auto	break	case	char	const	continue
default	do	double	else	enum	extern
float	for	goto	if	int	long
register	return	short	signed	sizeof	static
struct	switch	typedef	union	unsigned	void
volatile	while				

2) 연산자

▶ 여러 문자로 구성된 >=와 += 등의 연산자 사이에 공백을 넣어서는 안 됩니다(즉 > =나 + =와 같이 쓸 수 없습니다).

여태까지 +와 − 등 수많은 연산자operator를 살펴봤습니다. 모든 연산자의 목록은 p.293에 있습니다.

3) 식별자

식별자identifier란 변수와 함수(6장에서 설명하겠습니다)의 이름(참고 4-2)입니다. 식별자의 구문 도표는 그림 4-23과 같습니다.

▶ 밑줄로 시작하는 식별자(_x나 _comp 등)와 알파벳 대문자 하나로만 이루어진 식별자(A와 Z 등)는 개발 환경에서 내부적으로 사용할 가능성이 있으므로, 되도록 변수와 함수 이름으로 쓰지 않도록 합니다.

즉 식별자의 첫 글자로 숫자를 쓸 수는 없지만, 두 번째 글자부터는 숫자도 쓸 수 있습니다. 숫자 외에 알파벳 대소문자와 밑줄 문자 _를 식별자로 쓸 수 있습니다. 알파벳 대소문자는 각각 다른 글자로 간주하므로, ABC, abc, aBc는 모두 다른 식별자입니다.

그림 4-23 식별자, 문자, 숫자의 구문 도표

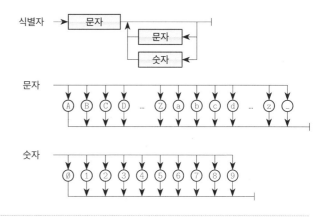

다음은 올바른 식별자(변수명과 함수명으로 쓸 수 있음)의 예시입니다.

○ `x1   a   __y   abc_def   max_of_group   xyz   Ax3   If   iF   IF   if3`

이번에는 식별자로 쓸 수 없는 예시입니다.

✕ `if   123   98pc   abc$   abc$xyz   abc@def`

4) 구분자

예약어와 식별자는 일종의 '단어'라고 볼 수 있습니다. 그 단어를 구분하기 위해 사용하는 기호가 구분자punctuator입니다. **표 4-6**과 같이 13가지 구분자가 있습니다.

표 4-6 구분자

[	]	(	)	{	}	*	,	:	=	;	…	#

5) 상수와 문자열 리터럴

문자 상수, 정수 상수, 부동 소수점 상수, 문자열 리터럴 등도 프로그램을 구성하는 요소입니다.

'식별자'는 식별할 수 있는, 다시 말해 분별하여 알아볼 수 있는 것이어야 합니다. 가령 주민등록번호를 떠올려 보겠습니다. 주민등록번호는 개인의 고유한 번호이므로, 다른 사람과는 겹치지 않습니다. 사람의 '이름'도 각 개인의 것이지만, 이름은 다른 사람과 겹칠 수도 있습니다. 즉 동명이인이 존재할 수 있습니다.

프로그램에서는 같은 변수명을 가진 변수가 여러 개 있으면 문제가 생깁니다. 따라서 전문용어로서는 '이름'보다 '식별자'가 더 정확한 표현임을 알 수 있습니다.

6) 자유 형식

예제 4-21은 구구단을 출력하는 프로그램인 **예제 4-16**(p.147)과 본질적으로 같으며, 실행 결과 또한 똑같습니다.

➡ **예제 4-21**　　　　　　　　　　　　　　　　　　　chap04/list0421.c

```
/* 구구단을 출력
            */

#include <stdio.h>

int main(
             void) {int i, j
;

for (i =      1;i<=9;i
++) { for(j=1;j
<=9;j
++) printf("%3d",
    i *
j); putchar('\n');    /* 줄 바꿈 */           }
return 0
; }
```

실행 결과
1　2　3　4　5　6　7　8　9
2　4　6　8　10　12　14　16　18
3　6　9　12　15　18　21　24　27
4　8　12　16　20　24　28　32　36
5　10　15　20　25　30　35　40　45
6　12　18　24　30　36　42　48　54
7　14　21　28　35　42　49　56　63
8　16　24　32　40　48　56　64　72
9　18　27　36　45　54　63　72　81

C 언어에서는 원칙적으로 프로그램의 위치를 자유롭게 정할 수 있습니다. 몇몇 다른 프로그래밍 언어에서는 프로그램의 각 행을 특정 칸만큼 들여 써야 한다든지, 문장 하나를 한 줄에 다 써야 한다는 제약이 있습니다. 하

지만 C 언어에는 그러한 제한이 없습니다. 즉 프로그램을 자유 형식^{free formatted}으로 기술할 수 있습니다.

이번 예제도 마음껏 자유롭게(?) 기술한 사례입니다. 단, 아무리 자유롭다고는 하지만 제한이 전혀 없는 것은 아닙니다.

단어 중간에 공백류 문자를 넣어서는 안 된다.

int나 return 등의 예약어, n1과 a2 등의 식별자, +=와 ++ 등의 연산자는 하나의 '단어'입니다. 단어 중간에 공백류 문자(스페이스, 탭, 줄 바꿈 등)을 넣어서는 안 됩니다.

```
ret
    urn
```

즉 위와 같이 써서는 안 된다는 뜻입니다.

전처리 지시어 도중에 줄 바꿈을 해서는 안 된다.

C 언어가 원칙적으로는 자유 형식을 허용하기는 하지만, #include 등과 같이 #로 시작하는 전처리 지시어만은 예외입니다. 전처리 지시어는 반드시 한 줄로 기술해야만 하므로, 다음과 같이 적을 수 없습니다.

```
#include
    <stdio.h>
```

문자열 리터럴이나 문자 상수 도중에 줄 바꿈을 해서는 안 된다.

큰따옴표로 문자열을 감싼 문자열 리터럴 "…"도 한 단어로 간주합니다. 따라서 다음과 같이 도중에 줄 바꿈을 해서는 안 됩니다.

puts("옛날 옛적 어느 마을에 할아버지와 할머니가 살고 있었어요.
                할아버지는 할머니를 정말 사랑했답니다.");

7) 인접한 문자열 리터럴 연결

공백 문자나 주석을 사이에 두고 인접한 여러 문자열 리터럴은 하나로 간주됩니다. 가령 "ABC" "DEF"는 연결되어 "ABCDEF"가 됩니다. 이를 이용하면 긴 문자열 리터럴을 읽기 쉽게 적을 수 있습니다. 가령 다음과 같이 적어도 괜찮습니다.

```
puts("옛날 옛적 어느 마을에 할아버지와 할머니가 살고 있었어요." /* 다음 행으로 이어짐 */
     "할아버지는 할머니를 정말 사랑했답니다.");
```

8) 들여쓰기

예제 4-16을 발췌한 **그림 4-24**를 잘 살펴보기 바랍니다. 프로그램 안에서 각 문장 앞에 공백이 있다는 사실을 알 수 있습니다. 복합문 { }는 여러 선언과 문장을 한데 묶은 것으로, 우리말로 치면 '문단'에 해당합니다. 문단 안에 있는 여러 문장을 왼쪽 끝에서 일정한 간격으로 벌려 놓으면 프로그램의 구조를 파악하기 쉬워지는데, 이를 들여쓰기라고 합니다.

이 책에 나온 프로그램에서도 들여쓰기하고 있습니다. 들여쓰기는 탭이나 스페이스 등으로 실현할 수 있습니다. 단, 문서 편집 프로그램에 따라서는 탭을 쳤는데 스페이스가 들어갈 수도 있습니다.

그림 4-24 소스 프로그램 들여쓰기

문단의 깊이에 따라서 들여 쓴다

```
/*--- 참고 : List 4-16에서 발췌---*/
int main(void)
{
    int i, j;
    for (i = 1; i <= 9; i++) {
        for (j = 1; j <= 9; j++)
            printf("%3d", i * j);
        putchar('\n');
    }
    return 0;
}
```

정리

- do-while문, while문, for문을 통틀어서 반복문이라고 한다. 반복문은 제어식을 평가한 값이 0이 아닌 한 계속 루프 본체를 실행한다. 또한, 반복문의 루프 본체가 반복문이어도 상관없다. 그러한 구조를 지닌 반복문을 다중 루프라고 한다.

- do-while문은 루프 본체를 실행한 다음에 반복 조건을 확인한다. 따라서 루프 본체는 적어도 한 번은 실행된다. 루프 본체가 문장 하나로만 이루어져 있더라도 블록으로 만드는 편이 읽기 편하다.

- while문과 for문은 반복 조건을 확인한 다음에 루프 본체를 실행한다. 따라서 루프 본체가 단 한 번도 실행되지 않을 수도 있다. 단일 변수로 제어하는 정형적인 반복문은 for문으로 간결하게 나타낼 수 있다.

- 반복문 안에서 break문이 실행되면, 그 반복문이 중단된다. 반복문 안에서 continue문이 실행되면, 나머지 루프 본체를 건너뛴다.

- 증가 연산자 ++와 감소 연산자 --는 피연산자의 값을 1증가/감소시킨다. 후치(전치) 증가/감소 연산자를 적용한 식을 평가하면, 피연산자를 증가/감소시키기 전(후)의 값이 나온다.

- 식에 세미콜론 ;을 붙인 문장을 구문이라고 한다. 거기서 식을 생략하여 ;만으로 이루어진 구문을 빈 문장이라고 한다.

- 복합문에서만 사용하는 변수는 그 복합문 안에서 선언하여 사용한다.

- 각 조건을 부정하고 논리합과 논리곱을 뒤바꾼 식의 부정은 원래 조건과 똑같다. 이는 드모르간의 법칙으로 알려져 있다.

- 단일 문자는 작은따옴표 '로 감싸서 '*'라는 식으로 표현할 수 있으며, 이를 문자 상수라고 한다. *putchar* 함수로 단일 문자를 출력할 수 있다.

- 복합 대입 연산자는 연산과 대입을 한 번에 할 수 있다. 이를 이용하면 더 간결하게 프로그램을 적을 수 있고, 왼쪽 피연산자가 한 번만 평가되도록 할 수 있다.

- if와 else와 같은 특별한 의미를 지닌 단어를 예약어라고 하며, 변수와 함수 등에 붙이는 이름을 식별자라고 한다.

- 구분자는 예약어와 식별자 등의 단어를 구분하기 위한 기호다.

- 공백류 문자(스페이스, 탭, 줄 바꿈 등)나 주석을 사이에 두고 인접한 문자열 리터럴들은 자동으로 연결된다.

● C 언어의 프로그램은 자유 형식으로 기술할 수 있다. 단, 적절히 들여쓰기를 통해 읽기 쉽게 쓰는 편이 좋다.

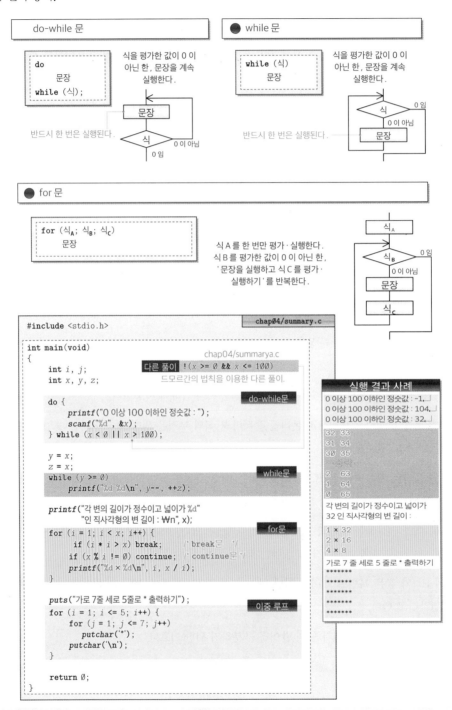

CHAPTER

5

배열

같은 종류의 것들이 모여 있다면, 이들을 하나
하나 이름으로 부르기보다는 번호를 매겨 부르
는 편이 더 알기 쉽고 편리할 때가 있습니다. 가
령 학생의 학번, 야구 선수의 등 번호, 비행기의
좌석 번호 등이 그렇습니다. 만약 비행기 좌석
이 100개 이상인데 각각 '진달래 자리', '개나리
자리'라는 식으로 이름이 붙어 있다면 매우 불
편할 것입니다. 이번 장에서는 특정한 자료형인
데이터 집합을 효율적으로 다루기 위한 배열을
알아보도록 하겠습니다.

배열

배열을 이용하면 똑같은 자료형을 지닌 변수들을 한꺼번에 다룰 수 있어서 아주 편리합니다.
이번 절에서는 배열의 기초를 알아보겠습니다.

1) 배열

예제 5-1은 학생 다섯 명의 점수를 각각 읽어 들여서, 그 총점과 평균점을 출력하는 프로그램입니다.

➡ 예제 **5-1**   chap05/list0501.c

```
/*
    학생 다섯 명의 점수를 읽어 들여서 총합과 평균점을 출력
*/

#include <stdio.h>

int main(void)
{
    int score1;      /* 학생1의 점수 */
    int score2;      /* 학생2의 점수 */
    int score3;      /* 학생3의 점수 */
    int score4;      /* 학생4의 점수 */
    int score5;      /* 학생5의 점수 */
    int sum = 0;     /* 총점 */

    printf("학생 다섯 명의 점수를 입력해 주세요. \n");
    printf(" 1번 : ");    scanf("%d", &score1);    sum += score1;
    printf(" 2번 : ");    scanf("%d", &score2);    sum += score2;
    printf(" 3번 : ");    scanf("%d", &score3);    sum += score3;
    printf(" 4번 : ");    scanf("%d", &score4);    sum += score4;
    printf(" 5번 : ");    scanf("%d", &score5);    sum += score5;

    printf("총점 : %5d\n", sum);
    printf("평균점 : %5.1f\n", (double)sum / 5);

    return 0;
}
```

+=는 좌변에 우변을 더하는
복합 대입 연산자다.

실행 결과 사례

학생 다섯 명의 점수를 입력해 주세요.
 1번 : 83 ↵
 2번 : 95 ↵
 3번 : 85 ↵
 4번 : 63 ↵
 5번 : 89 ↵
총점 :   415
평균점 :   83.0

그런데 만약 학생 수가 300명이면 어떨까요? 점수를 저장하기 위한 변수를 300개 만든다면 300개나 되는 변수명을 관리해야만 합니다. 그러면 프로그램을 적을 때 실수로 변수명을 잘못 입력할 일도 많아질 것입니다. 그뿐만이 아니라 변수명만 다르고 거의 똑같은 처리를 프로그램에 몇 번이나 반복해서 적어 줘야 합니다. 이러한 문제는 배열array을 이용하면 단번에 해결할 수 있습니다. 같은 자료형을 지닌 변수들을 '번호'로 관리하는 것이 바로 배열입니다.

핵심 같은 자료형을 지닌 오브젝트의 집합은 배열로 실현할 수 있다.

배열은 여러 요소element 로 이루어져 있습니다. 하나하나의 요소는 변수와 같으며, 한 배열 안에 있는 모든 요소의 자료형은 같습니다. 이러한 요소들이 메모리상에 일직선으로 늘어서 있는 것이 바로 배열입니다. 요소의 자료형은 int형, double형 등 뭐든 가능합니다. 시험 점수는 정수이므로, 일단 int형 요소를 지닌 배열을 예로 들며 설명해 보겠습니다.

■ 배열 선언하기(배열을 사용하기 위한 준비)

우선 배열을 선언해 보겠습니다. **그림 5-1**과 같이 배열을 선언할 때는 요소의 자료형element type, 변수명, 배열의 길이(요소의 개수)를 적어 줘야 합니다. 이때 [ ]안에 들어가는 '배열의 길이'는 반드시 상수여야 합니다.

여기서 선언한 a는 요소의 자료형이 int이고 길이가 5인 배열입니다.

그림 5-1 배열

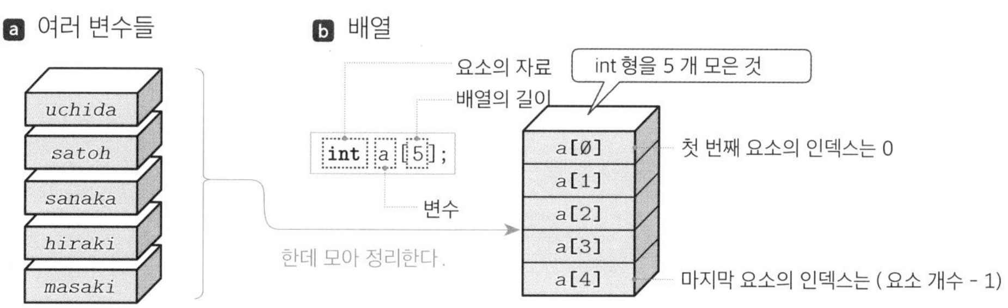

ⓐ 여러 변수들

uchida
satoh
sanaka
hiraki
masaki

한데 모아 정리한다.

ⓑ 배열

요소의 자료
배열의 길이

`int a [5];`

변수

int 형을 5 개 모은 것

a[0] 첫 번째 요소의 인덱스는 0
a[1]
a[2]
a[3]
a[4] 마지막 요소의 인덱스는 (요소 개수 - 1)

■ 배열 요소로 접근하기(배열을 사용하는 방법)

배열 a의 각 요소는 모두 int형 오브젝트입니다. 어떤 요소는 int형이고 어떤 요소는 double형이라는 식으로 요소에 따라 자료형이 다를 일은 절대 없습니다.

▶ 배열을 선언할 때 사용하는 [ ]는 단순한 구분자지만, 개별 요소에 접근할 때 이용하는 [ ]는 연산자입니다. 이 책에서는 전자를 보통 글자로, 후자를 두꺼운 글자로 표기하여 구분하겠습니다.

물론 배열 안에 있는 각 요소에는 자유롭게 접근(읽고 쓰기)할 수 있습니다. 요소에 접근할 때는 **표 5-1**에 정리한 인덱스 연산자$^{\text{index operator}}$를 이용합니다. [ ]안에 넣는 피연산자를 인덱스^{index}라고 합니다. 인덱스는 흔히 '배열의 몇 번째 요소인가'를 가리키는 번호라고들 하는데, 사실 정확히 말하면 '첫 번째 요소에서 몇 개만큼 떨어져 있는 요소인가'를 가리키는 정숫값입니다.

표 5-1 인덱스 연산자

인덱스 연산자	a[b]	배열 a의 첫 번째 요소에서 b개만큼 떨어져 있는 요소에 접근

▶ a[-1], a[n] 등 존재하지 않는 요소에 접근하려 하면, 프로그램의 동작을 보장할 수 없습니다. 따라서 그런 실수를 하지 않도록 조심하기 바랍니다.

첫 번째 요소의 인덱스는 0입니다. 따라서 배열의 각 요소는 a[0], a[1], a[2], a[3], a[4]라는 식으로 접근할 수 있습니다. 길이가 n개인 배열의 요소는 a[0], a[1], … , a[n−1]입니다. a[n]은 존재하지 않습니다. 만약 a[n]이 존재하면 길이가 n+1개가 되어 버리기 때문입니다.

2) 배열 순회하기

예제 5-2는 int형 요소가 5개 들어 있는 배열을 준비해서, 앞에서부터 순서대로 1, 2, 3, 4, 5를 대입하고 출력하는 프로그램입니다.

→ 예제 5-2   chap05/list0502.c

```
/*
    배열 각 요소에 앞에서부터 순서대로 1,2,3,4,5를 대입하고 출력
*/

#include <stdio.h>

int main(void)
```

```
{
    int v [5];          /* int[5]형 배열 */

    v[Ø] = 1;
    v[1] = 2;
    v[2] = 3;
    v[3] = 4;
    v[4] = 5;

    printf("v[Ø] = %d\n", v[Ø]);
    printf("v[1] = %d\n", v[1]);
    printf("v[2] = %d\n", v[2]);
    printf("v[3] = %d\n", v[3]);
    printf("v[4] = %d\n", v[4]);

    return Ø;
}
```

요소가 int형이고 길이가 5인 배열

실행 결과
```
v[Ø] = 1
v[1] = 2
v[2] = 3
v[3] = 4
v[4] = 5
```

그림 5-2 인덱스와 요소의 값

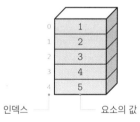

인덱스   요소의 값

그림 5-2는 배열 v의 모든 요소의 인덱스와 값을 나타낸 것입니다. 이 배열은 각 요소의 값이 인덱스보다 1 큽니다.

이 프로그램을 for문을 이용하여 다시 써보면 배열의 장점을 확실하게 알 수 있습니다. 예제 5-3을 살펴보겠습니다.

➡ **예제 5-3**   chap05/list0503.c

```
/*
    배열 각 요소에 앞에서부터 순서대로 1,2,3,4,5를 대입하고 출력(for문)
*/

#include <stdio.h>

int main(void)
{
    int i;
    int v[5];           /* int[5]형 배열 */

    for (i = Ø; i < 5; i++)        /* 요소에 값을 대입 */
        v[i] = i + 1;
```

실행 결과
```
v[Ø] = 1
v[1] = 2
v[2] = 3
v[3] = 4
v[4] = 5
```

```
    for (i = 0; i < 5; i++)          /* 요소의 값을 출력 */
        printf("v[%d] = %d\n", i, v[i]);
                          ┌──┬───┬───┬─────── 요소의 값
    return 0;             │  │   │   │         인덱스
}
```

첫 번째 for문을 보면, i의 값을 0에서 하나씩 증가시키면서 다섯 번 반복하고 있습니다. 이 for문의 흐름을 일일이 나열해 보면 다음과 같습니다(예제 5-2와 똑같이 대입하고 있습니다).

· i가 0일 때 : v[0] = 0 + 1;   /* v[0] = 1; */
· i가 1일 때 : v[1] = 1 + 1;   /* v[1] = 2; */
· i가 2일 때 : v[2] = 2 + 1;   /* v[2] = 3; */
· i가 3일 때 : v[3] = 3 + 1;   /* v[3] = 4; */
· i가 4일 때 : v[4] = 4 + 1;   /* v[4] = 5; */

다섯 줄에 걸쳐서 써야 했던 대입 처리가 for문으로 단 두 줄이 되면서 프로그램이 깔끔해졌습니다. 출력 처리를 하는 두 번째 for문도 마찬가지입니다. 참고로 배열 요소를 하나씩 순서대로 처리하는 것을 순회traverse라고 합니다.

*

▶ 앞으로는 임의의 자료형을 편의상 'Type형'이라고 표현하도록 하겠습니다. Type이라고 쓴 자리에 int나 double 등 아무 자료형이나 올 수 있다는 말이지, Type이라는 자료형이 실제로 존재한다는 뜻은 아닙니다.

요소의 자료형이 Type인 배열을 보통 <Type 배열>이라고 부릅니다. 가령 여태까지 예제 프로그램에서 다뤘던 배열은 모두 'int 배열'입니다. 또한 요소의 자료형이 Type이고 길이가 n인 배열의 자료형을 'Type[n]형'이라고 합니다. 따라서 예제에 나온 배열 v의 자료형은 int[5]형입니다.

다음으로는 double 배열을 써보겠습니다. double[7]형 배열(요소가 double형이고 길이가 7인 배열)인 모든 요소에 0.0을 대입하는 프로그램인 **예제 5-4**를 살펴보겠습니다.

```
/*
    배열의 모든 요소에 0.0을 대입하고 출력
*/

#include <stdio.h>

int main(void)
{
    int i;
    double x[7];          /* double[7]형 배열 */       요소가 double형이고 길이가 7인 배열.

    for (i = 0; i < 7; i++)        /* 요소에 값을 대입 */
        x[i] = 0.0;

    for (i = 0; i < 7; i++)        /* 요소의 값을 출력 */
        printf("x[%d] = %.1f\n", i, x[i]);
                                   ───── 소수점 이하 한 자리까지 출력
    return 0;
}
```

실행 결과

```
x[0] = 0.0
x[1] = 0.0
x[2] = 0.0
x[3] = 0.0
x[4] = 0.0
x[5] = 0.0
x[6] = 0.0
```

이 프로그램의 구조는 **예제 5-3**과 똑같습니다.

연습 5-1

예제 5-3을 고쳐서 앞에서부터 순서대로 0, 1, 2, 3, 4를 대입하는 프로그램을 작성하시오.

연습 5-2

예제 5-3을 고쳐서 앞에서부터 순서대로 5, 4, 3, 2, 1을 대입하는 프로그램을 작성하시오.

3) 배열 초기화하기

변수를 선언할 때는 원칙적으로 초기화해야 한다고 앞에서 설명했습니다. p.167의 **예제 5-2**와 **예제 5-3**을 수정하여, 배열 요소의 값을 대입이 아니라 초기화로 설정해 보겠습니다. **예제 5-5**를 살펴보겠습니다.

```
/*
    배열의 각 요소를 앞에서부터 순서대로 1,2,3,4,5로 초기화하여 출력
*/

#include  <stdio.h>

int main(void)
{
    int i;
    int v[5] = {1, 2, 3, 4, 5};        /* 초기화 */

    for (i = 0; i < 5; i++)              /* 요소의 값을 출력 */
        printf("v[%d] = %d\n", i, v[i]);

    return 0;
}
```

실행 결과
v[0] = 1
v[1] = 2
v[2] = 3
v[3] = 4
v[4] = 5

배열의 초기화값은 각 요소의 초기화값을 콤마 ,로 구분하여 나열한 것을 { }로 감싼 형태입니다. 이 프로그램에서는 배열 v의 각 요소 v[0], v[1], v[2], v[3], v[4]를 순서대로 1, 2, 3, 4, 5로 초기화합니다. 구문상으로는 아래와 같이 { }안에 있는 마지막 초기화값의 끝에도 콤마 ,를 둘 수 있습니다.

```
int v[5] = {1, 2, 3, 4, 5,};
```

또한, 아래와 같이 배열 길이를 지정하지 않은 채로 선언하면 { }안에 있는 초기화값의 개수에 따라 배열의 길이가 자동으로 정해집니다.

```
int v[] = {1, 2, 3, 4, 5,};    /* 길이는 생략할 수 있다(자동으로 5로 간주된다) */
```

참고로 { }안에 초기화값이 없는 요소는 0으로 초기화된다는 규칙이 있습니다. 따라서 다음과 같이 선언하면 v[2] 부터는 모두 0으로 초기화됩니다.

```
int v[5] = {1, 3};    /* {1, 3, 0, 0 0}으로 초기화 */
```

이를 응용하면 다음과 같은 방법으로 모든 요소를 0으로 초기화할 수 있습니다.

```
int v[5] = {0}; /* {0, 0, 0, 0 0}으로 초기화 */
```

초기화값이 있는 v[0]은 당연히 0으로 초기화되고, 초기화값이 생략된 v[1] 이후의 요소도 0으로 초기화됩니다.

*

만약 { }안에 있는 초기화값의 개수가 배열의 요소 수보다 많으면 컴파일 에러가 발생합니다.

```
int v[3] = {1, 2, 3, 4}; /* 에러 : 초기화값이 요소 수보다 많다 */
```

또한, 초기화값을 대입할 수는 없습니다. 따라서 다음은 잘못된 예시입니다.

```
int v[3];
v = {1, 2, 3, 4};    /* 에러 : 초기화값은 대입할 수 없다 */
```

4) 배열 복사하기

예제 5-6을 통해 배열을 복사하는 방법을 알아보겠습니다.

➡ 예제 5-6   chap05/list0506.c

```
/*
    배열의 모든 요소를 다른 배열로 복사
*/

#include <stdio.h>

int main(void)
{
    int i;
    int a[5] = {17, 23, 36};       /* {17, 23, 36, 0, 0}으로 초기화 */
    int b[5];
```

실행 결과

a	b
17	17
23	23
36	36
0	0
0	0

```
    for (i = 0; i < 5; i++)
        b[i] = a[i];

    puts("  a    b");
    puts("---------");
    for (i = 0; i < 5; i++)
        printf("%4d%4d\n", a[i], b[i]);

    return 0;
}
```

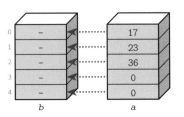

그림 5-3 배열 복사하기

▶ 두 배열을 동시에 순회하며
b[0] = a[0];부터 b[4] = a[4];까
지를 실행하고 있습니다.

첫 번째 for문은 a의 모든 요소의 값을 앞에서부터 순서대로 b의 요소에 대입합니다(**그림 5-3**).

C 언어에서는 배열에 단순 대입 연산자 =로 값을 대입할 수 없습니다. 즉 다음과 같이 쓰면 컴파일 에러가 발생합니다.

```
b = a;       /* 에러 : 배열에는 대입할 수 없다 */
```

따라서 이번 예제처럼 for문 등을 이용해 각 요소를 하나씩 복사해 줘야 합니다.

핵심 대입 연산자로 배열을 직접 대입할 수는 없다. 배열을 복사하려면 반복문 등을 이용하여 모든 배열 요소를 일일이 대입해 줘야 한다.

참고로 두 번째 for문에서는 배열 두 개를 동시에 순회하며 모든 요소의 값을 출력하고 있습니다.

연습 5-3

예제 5-5를 고쳐서 앞에서부터 순서대로 5, 4, 3, 2, 1로 초기화하는 프로그램을 작성하시오.

연습 5-4

예제 5-6을 고쳐서 배열 a의 요소 순서를 거꾸로 뒤집어서 b로 복사하는 프로그램을 작성하시오.

5) 배열 요소로 값을 읽어 들이기

이번에는 키보드에서 읽어 들인 값을 배열 요소에 넣어 보겠습니다. **예제 5-7**은 int[5]형 배열의 각 요소에 값을 읽어 들인 다음에 이를 출력하는 프로그램입니다.

➡ 예제 **5-7**　　　　　　　　　　　　　　　　　　　　　　　　　　　chap05/list0507.c

```
/*
    배열 요소에 값을 읽어 들여서 출력
*/

#include <stdio.h>

int main(void)
{
    int i;
    int x[5];

    for (i = 0; i < 5; i++) {           /* 요소로 값을 읽어 들인다 */
        printf("x[%d] : ", i);
        scanf("%d", &x[i]);
    }

    for (i = 0; i < 5; i++)             /* 요소의 값을 출력한다 */
        printf("x[%d]=%d\n", i, x[i]);

    return 0;
}
```

실행 결과 사례
x[0] : 17⏎
x[1] : 38⏎
x[2] : 52⏎
x[3] : 41⏎
x[4] : 63⏎
x[0] = 17
x[1] = 38
x[2] = 52
x[3] = 41
x[4] = 63

▶ scanf 함수로 값을 읽어 들일 때는 변수 앞에 &을 붙여야 합니다.

scanf 함수로 키보드에서 읽어 들인 값을 변수에 저장하던 것과 완전히 똑같은 방식입니다.

6) 배열의 모든 요소를 역순으로 재배치하기

그저 값을 읽어 들이거나 출력하기만 해서는 재미가 없습니다. 이번에는 배열 요소를 역순으로 재배치해 보겠습니다. 이를 구현한 프로그램이 **예제 5-8**입니다.

```c
/*
    배열의 모든 요소를 역순으로 재배치한다
*/

#include <stdio.h>
int main(void)
{
    int i;
    int x[7];                           /* int[7]형 배열 */

    for (i = 0; i < 7; i++) {           /* 배열에 값을 읽어 들인다 */
        printf("x[%d] : ", i);
        scanf("%d", &x[i]);
    }

    for (i = 0; i < 3; i++) {           /* 요소를 역순으로 재배치 */
        int  temp = x[i];
        x[i]      = x[6 - i];          ——— x[i]와 x[6-i]를 교환
        x[6 - i]  = temp;
    }

    puts("역순으로 재배치했습니다.");
    for (i = 0; i < 7; i++)             /* 요소의 값을 출력 */
        printf("x[%d]=%d\n", i, x[i]);

    return 0;
}
```

실행 결과 사례
x[0] : 15␛
x[1] : 67␛
x[2] : 28␛
x[3] : 77␛
x[4] : 35␛
x[5] : 91␛
x[6] : 83␛
역순으로 재배치했습니다
x[0] = 83
x[1] = 91
x[2] = 35
x[3] = 77
x[4] = 28
x[5] = 67
x[6] = 15

그림 5-4 배열 요소를 역순으로 재배치하기

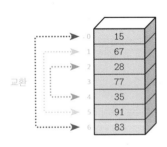

▶ for문에서 i의 값은 0, 1, 2로 변하며 므로, 6 - i의 값은 6, 5, 4로 변화합니다.

배열 x의 길이는 7입니다. 파랗게 칠한 부분에서는 일곱 개의 요소의 위치를 재배열하고 있는데, 여기서 하는 내용을 **그림 5-4**에 정리했습니다. 다음과 같이 '두 값 교환하기' 처리를 세 번 하고 있습니다.

· x[0]과 x[6]을 교환
· x[1]과 x[5]을 교환
· x[2]과 x[4]을 교환

두 값을 교환하는 과정을 일반적으로 나타낸 것이 **그림 5-5**입니다. a와 b의 값을 교환할 때는 변수를 하나 더 준비해야 합니다.

글로 풀어서 쓰면 다음과 같습니다.

    ① a의 값을 temp에 저장해 둔다.
    ② a에 b의 값을 대입한다.
    ③ temp에 저장해 둔 값을 b에 대입한다.

이번 예제에서는 x[i]가 a에 해당하고, x[6 − i]가 b에 해당합니다.

그림 5-5 두 값 교환하기

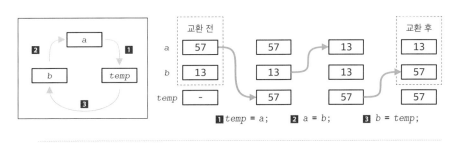

참고로 다음과 같은 방법으로는 두 값을 서로 바꿀 수 없습니다.

   a = b;   b = a;

이렇게 하면 변수 a와 b는 둘 다 원래 b의 값과 같아질 뿐입니다.

7) 배열로 점수 계산하기

이번 장의 맨 앞에서 살펴봤던 **예제 5-1**(p.164)은 학생들의 점수를 계산하는 프로그램이었습니다. 배열을 이용하여 이를 다시 작성한 것이 **예제 5-9**입니다.

➡ 예제 5-9   chap05/list0509.c

```
/*
    학생 다섯 명의 점수를 읽어 들여서 총합과 평균점을 출력
*/
```

```c
#include <stdio.h>

int main(void)
{
    int i;
    int score[5];           /* 학생 다섯 명의 점수 */
    int sum = 0;            /* 총점 */

    printf("학생 다섯 명의 점수를 입력해 주세요.");
    for (i = 0; i < 5; i++) {
        printf("%2d번 : ", i + 1);
        scanf("%d", &score[i]);
        sum += score[i];
    }

    printf("총점 : %5d\n", sum);
    printf("평균점 : %5.1f\n", (double)sum / 5);

    return 0;
}
```

실행 결과 사례

학생 다섯 명의 점수를 입력해 주세요.
1번 : 83⏎
2번 : 95⏎
3번 : 85⏎
4번 : 63⏎
5번 : 89⏎
총점 :   415
평균점 : 83.0

5 … 학생 수
5 … 출력할 문자 수

배열 score는 점수를 저장하기 위한 배열입니다. 배열의 인덱스는 0부터 4 까지이므로, 점수 입력을 받을 때는 인덱스에 1을 더한 값을 이용해 '1번 : '과 '2번 : ' 등을 출력합니다.

자, 이제 학생 수가 5명에서 8명으로 늘어나서 프로그램을 고쳐야 한다고 가정하겠습니다. 이때 문서 편집기가 제공하는 '모두 찾아 바꾸기' 기능으로 5를 모두 일괄적으로 8로 바꿔서는 안 됩니다. 왜냐면 학생 수인 5는 바뀌어도 괜찮지만, 출력할 문자 수인 5는 바뀌어서는 안 되기 때문입니다. 따라서 선택적으로 필요한 부분만 5에서 8로 바꿀 방법이 필요합니다.

8) 오브젝트 매크로

그럴 때는 오브젝트 매크로 object-like macro 가 유용합니다. 예제 5-10은 오브젝트 매크로를 이용해서 예제 5-9를 다시 작성한 프로그램입니다. 이 프로그램에서 눈 여겨봐야 할 부분은 파랗게 칠한 #define 지시자 #define directive 입니다. 이 지시자는 다음과 같은 형식으로 적어야 합니다.

```
#define a b            /* 이 지시자 이후로 나오는 a를 모두 b로 바꾼다 */
```

이는 "이 지시자 이후로 나오는 모든 a를 b로 바꿔라."라는 명령입니다. 문서 편집기에 있는 찾아 바꾸기 기능처럼, 이 지시자 이후로 나오는 a는 전부 b로 간주된 채로 프로그램이 컴파일되고 실행됩니다.

⇒ 예제 **5-10**　　　　　　　　　　　　　　　　　　　　　　　　　　　chap05/list0510.c

```
/*
    학생 다섯 명의 점수를 읽어 들여서 총합과 평균점을 출력(사람 수를 매크로로 정의)
*/

#include <stdio.h>

#define NUMBER 5        /* 학생 수 */

int main(void)
{
    int i;
    int score[NUMBER];          /* 학생의 점수 */
    int sum = 0;            /* 총점 */

    printf("학생 %d명의 점수를 입력해 주세요.\n", NUMBER);
    for (i = 0; i < NUMBER; i++) {
        printf("%2d번 : ", i + 1);
        scanf("%d", &score[i]);
        sum += score[i];
    }

    printf("총점 : %5d\n", sum);
    printf("평균점 : %5.1f\n", (double)sum / NUMBER);

    return 0;
}
```

실행 결과 사례

학생 다섯 명의 점수를 입력해 주세요.
1번 : 83⏎
2번 : 95⏎
3번 : 85⏎
4번 : 63⏎
5번 : 89⏎
총점 :　　415
평균점 : 83.0

NUMBER … 컴파일할 때 5로 치환된다.

이때 a는 매크로 이름[macro name]이라고 불린다. 매크로 이름은 변수명과 구별하기 쉽도록 보통 알파벳 대문자로만 짓습니다. 이번 예제에서 NUMBER는 매크로 이름이며, 프로그램에 나온 모든 NUMBER는 5로 치환됩니다.

자, 이제 학생 수를 바꿔 보겠습니다. 방법은 매우 간단합니다.

```
#define NUMBER 8 /* 학생 수 */
```

위와 같이 매크로 정의를 수정하기만 하면 됩니다. 프로그램 안에 있는 NUMBER가 컴파일할 때 8로 치환됩니다.

＊

▶ 참고로 프로그램 중에 직접 쓰인 5와 같은 상수는 매직 넘버라고도 불립니다. 이는 대체 무엇을 뜻하는지 잘 알 수 없는 수라는 뜻입니다. 오브젝트 매크로를 이용하면 프로그램에서 그러한 매직 넘버를 제거할 수 있습니다.

매크로의 장점은 값을 한 군데서만 관리할 수 있다는 것뿐만이 아닙니다. 상수에 이름을 부여함으로써 프로그램이 읽기 쉬워집니다. 물론 적절한 주석이 달려 있다면 더욱 효과적입니다. 그저 '정상적으로 동작하기만 하면 충분하다'고 생각한다면, 굳이 매크로를 쓸 필요는 없습니다. 하지만 매크로를 사용하면 프로그램의 품질을 더욱 향상시킬 수 있습니다.

핵심 프로그램에 매직 넘버(의미를 알 수 없는 데이터)를 넣지 말고, 대신 오브젝트 매크로와 주석을 활용한다.

단, 문자열 리터럴과 문자 상수 내부에서는 매크로를 사용할 수 없습니다. 변수명 등 식별자의 철자 안에서도 마찬가지입니다. 가령 NUMBER라는 이름의 오브젝트 매크로가 있다고 가정해도, "NUMBER = "라는 문자열 리터럴 내부에 있는 'NUMBER'는 매크로로 간주하지 않습니다. 또한, 변수 NUMBER_1에서도 변수 이름 철자 안에 있는 'NUMBER'는 매크로로 간주하지 않습니다.

9) 배열 요소의 최댓값과 최솟값

이번에는 학생들 점수 중에서 최고점과 최저점을 구해 보겠습니다. 즉 배열 요소 중에서 최댓값과 최솟값을 구한다는 뜻입니다. **예제 5-11**이 이를 구현한 프로그램입니다.

```
/*
    학생의 점수를 읽어 들여서 최고점과 최저점을 출력
*/

#include <stdio.h>

#define NUMBER 5        /* 학생 수 */

int main(void)
{
    int i;
    int score[NUMBER];       /* 학생 NUMBER명의 점수 */
    int max, min;            /* 최고점·최저점 */

    printf("학생 %d명의 점수를 입력해 주세요.\n",NUMBER);
    for (i = 0; i < NUMBER; i++) {
        printf("%2d번 : ", i + 1);
        scanf("%d", &score[i]);
    }

1   min = max = score[0];
    for (i = 1; i < NUMBER; i++) {
2       if (score[i] > max)   max = score[i];
        if (score[i] < min)   min = score[i];
    }

    printf("최고점 : %d\n", max);
    printf("최저점 : %d\n", min);

    return 0;
}
```

실행 결과 사례

학생 다섯 명의 점수를 입력해 주세요.
1번 : 83␣
2번 : 95␣
3번 : 85␣
4번 : 63␣
5번 : 89␣
최고점 : 95
최저점 : 63

그림 5-6 대입식을 평가한 결과

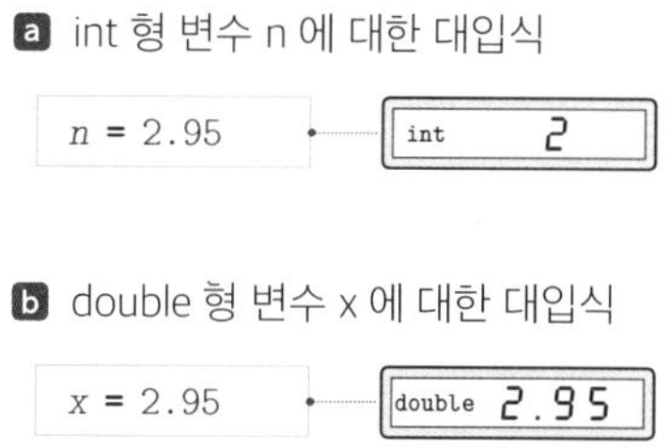

a int 형 변수 n 에 대한 대입식

n = 2.95 ← | int   2 |

b double 형 변수 x 에 대한 대입식

x = 2.95 ← | double 2.95 |

■ 대입식을 평가한 값

프로그램에서 최솟값과 최댓값을 구하는 부분 중 첫 번째 줄인 **1**에서는 대입 연산자 =가 두 번 쓰였습니다. 이 식을 이해하기에 앞서, 우선 int형 변수 n에 대한 다음 대입식부터 살펴보겠습니다.

    n = 2.95;

n은 int형 변수이므로 정수만 저장할 수 있습니다. 따라서 2.95에서 소수 부분을 제거한 2가 n에 대입됩니다. 이때 다음 내용을 반드시 기억하기 바랍니다.

핵심 대입식을 평가하면 대입 후의 왼쪽 피연산자의 값이 나온다.

즉 대입식 n = 2.95를 평가해서 얻을 수 있는 값은, 대입 연산이 끝난 후에 왼쪽 피연산자 n에 들어 있는 값인 'int형 2'입니다(**그림 5-6ⓐ**).

또한 **그림 5-6ⓑ**와 같이 2.95를 double형 변수 x에 대입하는 상황이라면, 대입식을 평가한 값은 당연히 'double형 2.95'입니다.

대입 연산자 =의 처리는 오른쪽부터 이루어지므로(p.294), **1**은 다음과 같이 해석됩니다.

```
min = (max = score[0]);
```

그림 5-7을 보면 알 수 있듯이 score[0]이 83이라면 대입식 max = score[0]을 평가한 값은 'int형 83'입니다. 그것이 min에 대입되므로, 결국 min에도 max에도 score[0]의 값인 83이 대입되는 셈입니다.

그림 5-7 다중 대입식의 평가

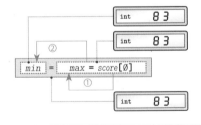

이러한 다중 대입식은 종종 쓰입니다. 가령 "a = b = 0"이라고 하면 a와 b에

0이 대입됩니다.

이는 어디까지나 대입 연산에서 가능한 일이지, 초기화할 때는 적용할 수 없습니다. 가령 a와 b라는 두 가지 변수를 선언한다고 해 보겠습니다.

```
int a = b = Ø;   /* 에러 : 이런 식으로 초기화할 수는 없다 */
```

위와 같이 a와 b를 동시에 초기화할 수는 없습니다.

```
int a = Ø, b = Ø;
```

이렇게 콤마로 구분해서 쓰거나, 아니면 아래와 같이 두 줄로 나눠서 선언해야 합니다.

```
int a = Ø;
int b = Ø;
```

그럼 이제 **1**과 **2**에서 최댓값과 최솟값을 구한 방법을 이해하기 위해, 어떤 처리를 수행했는지 풀어서 적어 보겠습니다.

```
/* score[Ø] ~ score[4]의 최댓값을 구한다 */
max = score[Ø];
if (score[1] > max) max = score[1];
if (score[2] > max) max = score[2];
if (score[3] > max) max = score[3];
if (score[4] > max) max = score[4];
```

```
/* score[Ø] ~ score[4]의 최솟값을 구한다 */
min = score[Ø];
if (score[1] < min) min = score[1];
if (score[2] < min) min = score[2];
if (score[3] < min) min = score[3];
if (score[4] < min) min = score[4];
```

여기서 최댓값을 구한 방법은 p.89에서 살펴봤던 '세 값 중에서 최댓값을 구하는 방법'과 똑같습니다. 값이 3개에서 5개로 늘어나고, 변수 대신 배열을 썼을 뿐입니다. 또한 최솟값을 구하는 방법도 거의 같은데, 비교할 때 〉 연산자 대신 〈 연산자를 썼다는 점이 다를 뿐입니다.

예제 **5-8**(p.174)의 배열 길이를 오브젝트 매크로로 정의하도록 고친 프로그램을 작성하시오. 요소의 값을 교환하는 횟수에 관한 규칙을 찾아내야 합니다.

변수 a는 double형이고 변수 b는 int형이라고 가정합니다. 다음 대입 연산을 통해 각 변수의 값이 어떻게 바뀔지 설명하시오.

a = b = 1.5;

10) 배열의 길이

여태까지 살펴본 예제에서 학생 수는 5명이었습니다. 학생 수는 매크로를 수정함으로써 쉽게 고칠 수 있기는 합니다. 다만, 고칠 때마다 프로그램을 다시 컴파일해서 실행해야 한다는 점이 번거롭습니다. 이를 해결하기 위해 일단 아주 큰 배열을 만들어 놓고, 그중에서 실제 필요한 만큼만 사용한다는 방법을 생각해 볼 수 있습니다. 그러한 방법을 구현한 프로그램이 **예제 5-12**입니다.

➡ 예제 **5-12**　　　　　　　　　　　　　　　　　　　　　　　chap05/list0512.c

실행 결과

학생 수를 입력해 주세요 : 85 ⏎
♪1~80 범위 안에서 입력해 주세요 : 15 ⏎
학생 15명의 점수를 입력해 주세요.

```
/*
    학생의 점수를 읽어 들여서 분포를 출력
*/
#include <stdio.h>

#define  NUMBER 80              /* 학생 수의 상한 */

int main(void)
{
    int i, j;
    int num;                    /* 실제 학생 수 */
    int score[NUMBER];          /* 학생의 점수 */
    int bunpo[11] = {0};        /* 접수 분포 */

    printf("학생 수를 입력해 주세요 : ");
    do {
        scanf("%d", &num);
        if (num < 1  || num > NUMBER)
            printf("\a1~%d 범위 안에서 입력해 주세요 : ", NUMBER);
    } while (num < 1  || num > NUMBER);
```

읽어 들일 값을 1~NUMBER로 제한하기 위한 do-while문.

1번	: 17 ⏎
2번	: 38 ⏎
3번	: 100 ⏎
4번	: 95 ⏎
5번	: 23 ⏎
6번	: 62 ⏎
7번	: 77 ⏎
8번	: 45 ⏎
9번	: 69 ⏎
10번	: 81 ⏎
11번	: 83 ⏎
12번	: 51 ⏎
13번	: 42 ⏎
14번	: 36 ⏎
15번	: 60 ⏎

```
    printf("학생 %d명의 점수를 입력해 주세요.", num);
    for (i = 0; i < num; i++) {
        printf("%2d번 : ", i + 1);
        do {
            scanf("%d", &score[i]);
            if (score[i] < 0 || score[i] > 100)
                printf("\a0~100 범위 안에서 입력해 주세요 : ");
        } while (score[i] < 0 || score[i] > 100);
        bunpo[score[i] / 10]++;
    }

    puts("\n---분포 그래프---");
    printf("     100 : ");
    for (j = 0; j < bunpo[10]; j++)                /* 100점 */
        putchar('*');
    putchar('\n');

    for (i = 9; i >= 0; i--) {                      /* 100점 미만 */
        printf("%3d ~ %3d : ", i * 10, i * 10 + 9);
        for (j = 0; j < bunpo[i]; j++)
            putchar('*');
        putchar('\n');
    }

    return 0;
}
```

읽어 들일 값을 1~100으로
제한하기 위한 do-while문.

실행 결과 사례를 보면, num은 15
이므로 배열 요소 80개 중에서
선두 부분의 15개만이 사용됩니
다. 즉 score[0]~score[14]만
쓰이는 셈입니다.

이 프로그램에서는 배열 score의 길이를 80으로 선언했습니다. 프로그램이
실행되면 학생 수를 1 이상 80 이하의 범위에서 읽어 들여 변수 num에 저
장하여, 배열 중 num개만큼의 공간만 사용하고 있습니다.

이번 예제에서는 점수를 저장하기 위한 배열인 score뿐만 아니라, 점수의
분포를 저장하기 위한 int[11]형 배열 bunpo도 쓰입니다. 파랗게 칠한 부분
이 분포를 구하기 위한 복잡한 식입니다. 이 식은 '정수 / 정수'의 연산 결과
는 항상 정수라는 점을 이용하여, 다음과 같은 처리를 수행합니다.

- score[i]가 0 ~ 9일 때 : bunpo[0]을 1 증가시킨다.
- score[i]가 10 ~ 19일 때 : bunpo[1]을 1 증가시킨다.

··· 중략 ···

- score[i]가 80 ~ 89일 때 : bunpo[8]을 1 증가시킨다.
- score[i]가 90 ~ 99일 때 : bunpo[9]을 1 증가시킨다.
- score[i]가 100일 때 : bunpo[10]을 1 증가시킨다.

위의 처리를 반복함으로써 배열 score의 분포가 배열 bunpo에 저장됩니다.

연습 5-7

```
데이터 수 : 15
1번 : 23
2번 : 74
3번 : 9
4번 : 835
{23, 74, 9, 835}
```

왼쪽과 같이 배열에 저장할 데이터 수와 요소의 값을 읽어 들인 다음, 그 값을 출력하는 프로그램을 작성하시오. 출력할 때는 모든 요소의 값을 콤마와 스페이스로 구분하고 { 와 }로 감싸도록 합니다. 이때 **예제 5-12**와 마찬가지로 오브젝트 매크로로 배열의 길이를 정의합니다.

연습 5-8

예제 5-12의 분포 그래프를 역순으로(0~9, 10~19, ···, 100이라는 순으로) 출력하는 프로그램을 작성하시오.

연습 5-9

```
                  *
        *    *        *        *
   *    *    *    *    *    *    *
-----------------------------------
   0  10  20  30  40  50  60  70  80  90  100
```

연습 5-8에서 작성한 프로그램을 고쳐서, 왼쪽과 같이 분포 그래프를 세로 방향으로 출력하는 프로그램을 작성하시오.

다차원 배열

다차원 배열이란 배열로 이루어진 배열, 다시 말해 배열 요소가 곧 또 다른 배열인 것을 말합니다. 이번 절에서는 다차원 배열에 관해 알아보겠습니다.

1) 다차원 배열

지난 절에서 다룬 배열은 요소의 자료형이 int나 double이었습니다. 그런데 실은 배열 요소 자체가 '배열'일 수도 있습니다.

배열의 요소가 배열일 때, 이를 2차원 배열이라고 합니다. 배열의 요소가 2차원 배열이면, 이는 3차원 배열입니다. 물론 4차원, 5차원, 6차원 배열 등도 얼마든지 만들 수 있습니다. 2차원 이상의 배열을 통틀어서 다차원 배열multidimensional array이라고 합니다.

핵심 다차원 배열이란 배열을 요소로 삼는 배열이다.

참고로 지난 절에서 다뤘던 '요소가 배열이 아닌 배열'은 1차원 배열이라고 불립니다.

그림 5-8은 2차원 배열의 구성을 나타내고 있습니다. 다음과 같이 단계적으로 생각해 보겠습니다.

- **a** ➾ **b** : int형이 모여서 1차원 배열을 이룬다(여기서는 int형이 세 개).
- **b** ➾ **c** : 1차원 배열이 모여서 2차원 배열을 이룬다(여기서는 1차원 배열이 네 개).

이때 각각의 자료형은 다음과 같습니다.

- **a** : int형
- **b** : int[3]형 　　　int형 요소를 지니는 길이 3짜리 배열
- **c** : int[4][3]형 　　'int형 요소를 지니는 길이 3짜리 배열'을 요소로 지니는 길이 4짜리 배열

2차원 배열은 요소가 가로 세로로 늘어서 있는 표와 같은 것으로 생각하면 편합니다. 그래서 **그림 5-8c**의 배열은 '4×3인 2차원 배열'이라고 불립니다.

그림 5-8 1 차원 배열과 2 차원 배열의 구성 ────────────────────

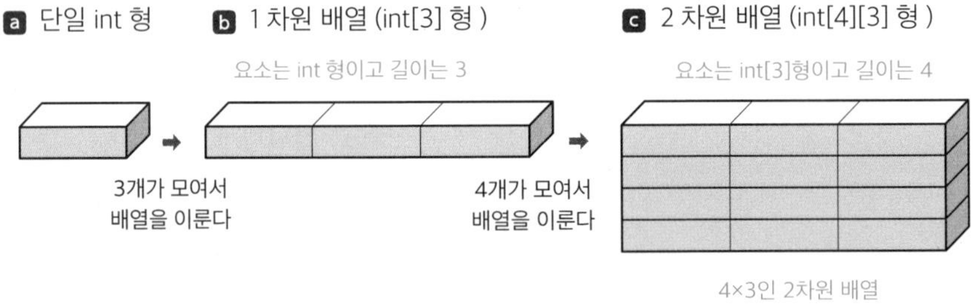

a 단일 int 형　　　**b** 1 차원 배열 (int[3] 형)　　　**c** 2 차원 배열 (int[4][3] 형)

요소는 int 형이고 길이는 3　　　요소는 int[3]형이고 길이는 4

3개가 모여서 배열을 이룬다　　　4개가 모여서 배열을 이룬다

4×3인 2차원 배열

▶ 길이를 거꾸로 써서 int a[3][4]라고 선언하면 3×4인 2차원 배열이 됩니다. 즉 'int형 요소를 지니는 길이 4짜리 배열'을 요소로 지니는 길이 3짜리 배열입니다.

4×3인 2차원 배열의 선언과 내부 구조의 관계를 **그림 5-9**에 정리했습니다. 다차원 배열을 선언할 때는 1차원 배열 부분의 길이(2차원 배열로 치면 열의 개수)를 맨 끝에 적습니다.

배열 a의 요소는 a[0], a[1], a[2], a[3]로 총 4개입니다. 그리고 각 요소는 int[3]형, 다시 말해 int형이 세 개 모인 배열입니다. 따라서 a라는 배열은 요소의 요소가 int형인 셈입니다.

배열이 아닌 차원까지 분해한 요소를 이 책에서는 구성 요소라고 부르도록 하겠습니다. 각 구성 요소로 접근할 때는 a[i][j]와 같이 인덱스 연산자 [ ]를 연속해서 적용하면 됩니다. 물론 인덱스가 0부터 시작한다는 점은 1차원 배열과 똑같습니다. 배열 a의 구성 요소는 a[0][0], a[0][1], a[0][2], …, a[3]

[2]로 총 12개입니다.

그림 5-9 4 × 3 인 2 차원 배열

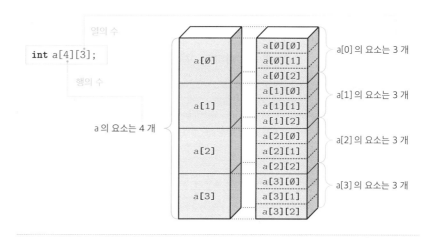

1차원 배열과 마찬가지로 다차원 배열의 모든 요소와 모든 구성 요소는 메모리상에 일직선으로 늘어서 있습니다. 구성 요소를 기준으로 보면 우선 가장 오른쪽 인덱스가 0, 1, …와 같이 커지고, 이어서 그보다 한 칸 왼쪽 인덱스가 0, 1, …와 같이 커집니다. 즉 다음과 같은 순서입니다.

a[0][0] a[0][1] a[0][2] a[1][0] a[1][1] a[1][2] … a[3][1] a[3][2]

따라서 메모리상에서 a[0][2]의 바로 다음에 a[1][0]이 존재한다거나, a[2][2]의 바로 다음에 a[3][0]이 있다는 사실을 보장할 수 있습니다.

핵심 다차원 배열의 구성 요소는 맨 오른쪽 인덱스부터 커지는 순서로 늘어서 있다.

다음과 같은 순서(왼쪽 인덱스부터 커지는 순서)가 아니라는 사실을 알고 있어야 합니다.

a[0][0] a[1][0] a[2][0] a[3][0] a[0][1] a[1][1] … a[2][2] a[3][2]

다만, 위와 같은 순서로 구성 요소가 늘어서 있는 프로그래밍 언어도 존재합니다.

2차원 배열을 응용한 프로그램을 작성해 보겠습니다. **예제 5-13**은 학생이 4명이고 과목이 3개이며 시험을 두 번씩 봤다고 했을 때, 과목별 총점을 구해서 출력하는 프로그램입니다.

➡ 예제 **5-13**   chap05/list0513.c

```
/*
    학생 네 명이 세 과목을 두 번씩 시험 쳤을 때 총점 출력하기
*/

#include <stdio.h>        int[3]형 요소에 대한 초기화값이 4개 있으므로 4는 생략할 수 있다.
                          ※ 생략했을 때는 자동으로 4로 간주된다.
int main(void)
{
    int i, j;                                           int[3]형 요소 score1[0]에 대한 초기화값
    int score1[4][3] = { {91, 63, 78}, {67, 72, 46}, {89, 34, 53}, {32, 54, 34} };
    int score2[4][3] = { {97, 67, 82}, {73, 43, 46}, {97, 56, 21}, {85, 46, 35} };
    int sum[4][3];

    /* 각 시험의 총점을 구한다 */
    for (i = 0; i < 4; i++) {                    /* 학생 4명 */
        for (j = 0; j < 3; j++)                  /* 과목 3개 */
            sum[i][j] = score1[i][j] + score2[i][j];   /* 점수 2개를 합한다 */
    }

    /* 첫 번째 시험 점수를 출력 */
    puts("첫 번째 점수");
    for (i = 0; i < 4; i++) {
        for (j = 0; j < 3; j++)
            printf("%4d", score1[i][j]);
        putchar('\n');
    }

    /* 두 번째 시험 점수를 출력 */
    puts("두 번째 점수");
    for (i = 0; i < 4; i++) {
        for (j = 0; j < 3; j++)
            printf("%4d", score2[i][j]);
        putchar('\n');
    }
```

실행 결과
첫 번째 점수

91	63	78
67	72	46
89	34	53
32	54	34

두 번째 점수

97	67	82
73	43	46
97	56	21
85	46	35

총점

188	130	160
140	115	92
186	90	74
117	100	69

```
    /* 총점을 출력 */
    puts("총점");
    for (i = 0; i < 4; i++) {
        for (j = 0; j < 3; j++)
            printf("%4d", sum[i][j]);
        putchar('\n');
    }

    return 0;
}
```

score1과 score2는 각각 첫 번째와 두 번째 시험 점수를 저장하는 배열이며, sum은 총점을 저장하는 배열입니다. 또한, 이들은 모두 구성 요소가 총 12개인 4×3인 2차원 배열입니다.

그림 5-10을 보면 알 수 있듯이, 각 행이 학생에 해당하며 각 열이 과목에 해당합니다. 가령 score1[2][1]는 3번 학생의 첫 번째 영어 점수이며, score2[3][2]는 4번 학생의 두 번째 수학 점수를 나타냅니다.

2차원 배열 score1과 score2의 각 구성 요소는 주어진 초기화값으로 초기화됩니다. 한편으로 배열 sum에는 초기화값이 없으므로, 처음에는 모든 요소가 임의의 값을 지닙니다.

그림 5-10 4 × 3 인 2 차원 배열에 저장된 시험 점수

총점 계산은 파랗게 칠한 부분에서 이루어집니다. score1[i][j]와 score2[i][j]

를 더한 값을 sum[i][j]에 대입하는 작업을 4×3에 걸쳐 반복합니다. 그림에 나온 sum의 구성 요소의 값은, 이 작업의 결과입니다.

*

이 프로그램에서는 시험이 2번밖에 없었기에 2차원 배열을 2개 사용했습니다. 만약 시험이 15번 있었다면 2차원 배열을 15개 준비할 것이 아니라, 2차원 배열이 15개 모여서 이루어진 3차원 배열을 쓰는 편이 나아 보입니다.

가령 다음과 같이 선언하면 됩니다.

```
int score[15][4][3]; /* 3과목을 학생 4명이 15번 시험 친 점수 */
```

이 배열의 각 구성 요소에 접근하려면 인덱스 연산자를 세 번 연속으로 써야 합니다. 각 구성 요소가 나열된 순서는 선두부터 score[0][0][0], score[0][0][1], … , score[14][3][2]와 같은 순입니다.

연습 5-10

4×3 행렬과 3×4 행렬의 곱을 구하는 프로그램을 작성하시오. 각 구성 요소의 값은 키보드로 읽어 들입니다.

연습 5-11

학생 6명이 2과목(국어, 수학) 시험을 친 점수를 읽어 들여서 과목별 총점과 평균점수와 학생별 총점과 평균점수를 구하는 프로그램을 작성하시오.

연습 5-12

예제 5-13을 고쳐서 모든 점수를 3차원 배열 score에 저장하도록 만드시오.

정리

● 배열이란 똑같은 자료형을 지닌 오브젝트를 모아서 메모리상에 연속적으로 나열한 것이다. 각 배열은 이름, 길이, 요소의 자료형 등의 특징을 지닌다.

● 요소의 자료형이 Type인 배열을 'Type 배열'이라고 부른다. 또한, 길이가 n인 Type 배열의 자료형은 'Type[n]형'이다.

● 배열의 각 요소는 인덱스 연산자 [ ]를 통해 접근할 수 있다. [ ] 안에는 인덱스, 다시 말해 첫 번째 요소부터 몇 개나 뒤에 위치하는지 가리키는 정숫값을 넣는다. 가령 길이가 n인 배열의 각 요소에 접근하기 위한 식은 첫 번째 요소부터 순서대로 a[0], a[1], ⋯ , a[n − 1]이다.

● 오브젝트 매크로는 #define 지시자로 정의한다.

    #define a b

● 이렇게 쓰면, 이후로 나타나는 모든 a를 b로 치환한다.

● 오브젝트 매크로로 상수에 이름을 붙여 주면 프로그램에서 매직 넘버를 제거할 수 있다.

● 배열을 선언할 때는 길이를 상수식으로 넣어 줘야 한다. 배열의 길이를 오브젝트 매크로로 정의해 두면, 쉽게 바꿀 수 있어서 편리하다.

● 배열 요소를 하나씩 순서대로 처리하는 것을 순회라고 한다.

● 배열의 초기화값은 각 요소의 초기화값 ○, △, □를 { }로 감싸서 { ○, △, □, }와 같은 형식으로 쓰면 된다. 마지막 콤마는 생략할 수 있다.

● 배열의 길이를 생략했을 때는 { } 안에 있는 초기화값의 개수에 따라 배열 길이가 결정된다. 또한 지정된 배열 길이보다 { } 안에 있는 초기화값의 개수가 적을 때, 다시 말해 초기화값이 주어지지 않은 요소가 있을 때 해당 요소는 0으로 초기화된다.

● 배열을 요소로 지니는 배열을 다차원 배열이라고 한다. 다차원 배열의 요소를 배열이 아니게 될 때까지 분해한 것을 구성 요소라고 한다. 각 구성 요소는 차원 수만큼 인덱스 연산자 [ ]를 연달아 사용하여 접근할 수 있다.

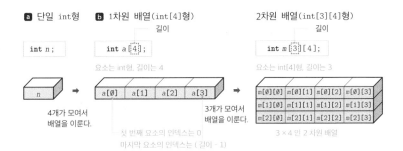

- 다차원 배열의 구성 요소는 오른쪽 인덱스부터 커지는 순서로 메모리상에 나열되어 있다.

- 대입식을 평가하면 대입 후에 왼쪽 피연산자에 들어 있는 값이 나온다.

- 대입 연산자 =로 배열의 모든 요소를 통째로 복사할 수는 없다.

```c
/*
    5장 정리                                                    chap05/summary.c
*/

#include <stdio.h>

#define SIZE        5    /* 배열 a와 b의 길이 */

int main(void)
{
    int i, j;
    int sum;

    /* 배열 a와 b는 int[5]형 1차원 배열(요소는 int형이고 길이는 5) */
    int a[SIZE];              /* 모든 요소를 임의의 값으로 초기화 */
    int b[SIZE] = {1, 2, 3};  /* {1, 2, 3, 0, 0}으로 초기화 */

    /* 배열 c는 int[2][3]형 2차원 배열(요소는 int[3]형이고 길이는 2) */
    int c[2][3] = {
        {11, 22, 33},
        {44, 55, 66},
    };               └── 생략 가능.

    /* 배열 b의 모든 요소를 a로 복사 */
    for (i = 0; i < SIZE; i++)
        a[i] = b[i];

    /* 배열 a의 모든 요소의 값을 출력 */
    for (i = 0; i < SIZE; i++)
        printf("a[%d] = %d\n", i, a[i]);

    /* 배열 b의 모든 요소의 값을 출력 */
    for (i = 0; i < SIZE; i++)
        printf("b[%d] = %d\n", i, b[i]);

    /* 배열 a의 모든 요소의 합을 sum에 넣고 출력 */
    sum = 0;
    for (i = 0; i < SIZE; i++)
        sum += a[i];
    printf("배열 a의 모든 요소의 총합 = %d\n", sum);

    /* 배열 c의 모든 구성 요소의 값을 출력 */
    for (i = 0; i < 2; i++) {
        for (j = 0; j < 3; j++) {
            printf("c[%d][%d] = %d\n", i, j, c[i][j]);
        }
    }

    return 0;
}
```

실행 결과 사례 ❶

```
a[0] = 1
a[1] = 2
a[2] = 3
a[3] = 0
a[4] = 0
b[0] = 1
b[1] = 2
b[2] = 3
b[3] = 0
b[4] = 0
배열 a의 모든 요소의 총합 = 6
c[0][0] = 11
c[0][1] = 22
c[0][2] = 33
c[1][0] = 44
c[1][1] = 55
c[1][2] = 66
```

Chapter 5 배열

CHAPTER

6

함수

우리는 그동안 화면에 글자를 출력하기 위해
printf 함수, puts 함수, putchar 함수 등을 이용
해 왔습니다. 또한, 키보드에서 값을 읽어 들일
때는 scanf 함수를 사용했습니다. 즉 입출력을
처리할 때마다 각 함수에 무언가를 부탁하기만
했습니다. 이런 식으로 미리 주어진 함수만 사
용해서는 필요한 프로그램을 만드는 데 한계가
있습니다. 이번 장에서는 함수를 새로 만들고
사용하는 방법에 관해 알아보겠습니다.

함수란

프로그램은 수많은 부품을 조합한 기계와 같습니다. 함수는 프로그램을 구성하는 다양한 부품 중에서도 비교적 작은 단위에 해당합니다. 이번 절에서는 함수의 기초에 관해 살펴보겠습니다.

1) main 함수와 라이브러리 함수

여태까지 작성해 왔던 모든 프로그램은 **그림 6-1**과 같은 구조였습니다.

▶ 일반적으로 각 개발 환경은 C 언어의 규격에 없는 독자적인 라이브러리 함수를 제공합니다. 이에 관해서는 이용하는 개발 환경의 매뉴얼 등을 참고하기 바랍니다.

빨간 부분은 main 함수^main function^입니다. C 언어의 프로그램에는 반드시 main 함수가 있어야 하며, 프로그램을 실행하면 main 함수의 본체 부분이 실행됩니다. 그 main 함수 안에서 우리는 그동안 printf, scanf, puts 등의 함수를 이용해 왔습니다. 이러한 C 언어가 제공하는 수많은 함수를 라이브러리 함수^library function^라고 합니다.

그림 6-1 마법의 주문과 main 함수

```
#include <stdio.h>

int main(void)
{
    /* … 중략 … */

    return 0;
}
```

2) 함수란

물론 새로운 함수를 직접 만들 수도 있습니다. 오히려 이제부터는 적극적으로 함수를 만들도록 노력해야 합니다. 우선 간단한 함수를 만들어 보겠습니다.

정수 두 개를 넘겨받아서 큰 쪽의 값을 구하여 반환하는 함수를 만든다.

그림 6-2에서는 이 함수의 이미지를 전자회로처럼 표현했습니다.

▶ 함수라는 이름은 수학 용어인 함수(function)에서 유래했습니다. 참고로 영어 function에는 '기능', '작용', '직무', '효용', '목적' 등의 의미가 있습니다.

그림 6-2 두 값 중 큰 쪽을 구하는 함수의 이미지

큰 쪽의 값을 구한다.
두 값을 읽어 들인다.
a
b
max
큰 쪽의 값을 반환한다.

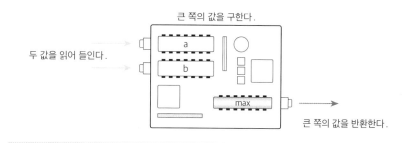

printf 함수와 scanf 함수처럼 잘 만들어진 함수는 내부 구조를 전혀 몰라도 사용 방법만 숙지하면 대단히 편리하게 이용할 수 있는 '마법 상자' 같은 존재입니다. 그러한 마법 상자인 함수에 정통하려면 함수를 만드는 방법과 사용하는 방법을 모두 알고 있어야 합니다.

· 함수를 만드는 방법 …	**함수 정의**
· 함수를 사용하는 방법 …	**함수 호출**

3) 함수 정의

우선 함수를 만드는 방법을 배워 보겠습니다. **그림 6-3**은 max2라는 이름의 함수를 정의한 예시입니다.

그림 6-3 함수 정의의 구조

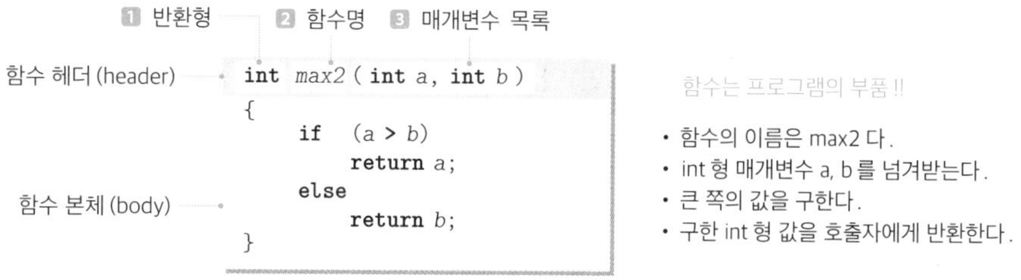

1 반환형
2 함수명
3 매개변수 목록
함수 헤더 (header)
함수 본체 (body)
int max2 (int a, int b)
{
if (a > b)
return a;
else
return b;
}
함수는 프로그램의 부품 !!
• 함수의 이름은 max2 다.
• int 형 매개변수 a, b 를 넘겨받는다.
• 큰 쪽의 값을 구한다.
• 구한 int 형 값을 호출자에게 반환한다.

앞서 그림과 같이 함수 정의function definition는 다양한 요소로 이루어져 있습니다.

· 함수 헤더 function header

프로그램을 구성하는 부품인 함수의 이름과 사양을 적는 부분입니다. 함수 헤더 header라는 이름이지만, 어쩌면 머리 header 보다는 함수의 '얼굴'이라고 표현하는 편이 더 적절할지도 모르겠습니다.

1 반환형 return type

함수가 반환하는 값인 반환값 return value의 자료형을 반환형이라고 합니다. 이 함수는 두 가지 int형 값 중에서 큰 쪽을 찾아 반환하므로, 반환형은 int가 됩니다.

2 함수명 function name

함수의 이름입니다. 다른 부품에서 함수를 부를 때 이 이름이 쓰입니다.

3 매개변수 목록 parameter type list

▶ 함수 max2의 매개변수 a와 b 는 둘 다 int형입니다.

()로 둘러싸인 부분에서는 보조적인 지시를 받기 위한 변수인 매개변수 parameter를 선언합니다. 이 함수처럼 매개변수가 여러 개 있을 때는 콤마 ,로 구분합니다.

· 함수 본체 function body

함수의 본체는 복합문입니다. 함수 max2에는 없지만, 만약 함수 안에서만 사용하는 변수가 있다면 그 함수 안에서 변수를 선언하고 사용해야 합니다. 단, 매개변수와 똑같은 이름을 지닌 변수는 선언할 수 없습니다. 이름이 같으면 어느 쪽을 가리키는지 알 수 없기 때문입니다.

4) 함수 호출

함수를 만드는 방법(함수 정의)을 배웠으니, 이번에는 함수를 사용하는 방법(함수 호출)을 알아보겠습니다. 함수 max2를 정의하고 실제로 사용하는 방법을 **예제 6-1**을 통해 살펴보겠습니다.

```
/*
    정수 두 개 중 큰 쪽을 구한다
*/

#include <stdio.h>

/*--- 큰 쪽의 값을 반환한다 ---*/
int max2(int a, int b)
{
    if (a > b)
        return a;
    else
        return b;
}

int main(void)
{
    int n1, n2;

    puts("정수 두 개를 입력해 주세요.");
    printf("정수1 : ");        scanf("%d", &n1);
    printf("정수2 : ");        scanf("%d", &n2);

    printf("큰 쪽의 값은 %d입니다.\n", max2(n1, n2));

    return 0;
}
```

실행 결과 사례 ❶
정수 두 개를 입력해 주세요.
정수1 : 45⏎
정수2 : 83⏎
큰 쪽의 값은 83입니다.

실행 결과 사례 ❷
정수 두 개를 입력해 주세요.
정수1 : 37⏎
정수2 : 21⏎
큰 쪽의 값은 37입니다.

이 프로그램에서는 max2와 main이라는 두 가지 함수가 정의되어 있습니다. 프로그램이 실행되면 우선 main 함수가 실행됩니다. main 함수보다 위에 있다고 max2 함수가 먼저 실행되거나 하지는 않습니다.

함수를 사용하는 것을 흔히 '함수를 부른다', 혹은 '함수를 호출한다'라고 표현합니다. 이 프로그램에서 파랗게 칠한 부분에 있는 식(**그림 6-4**의 빨간 상자 부분)이 바로 함수 max2를 부르는 부분입니다.

그림 6-4 함수 호출과 값의 반환

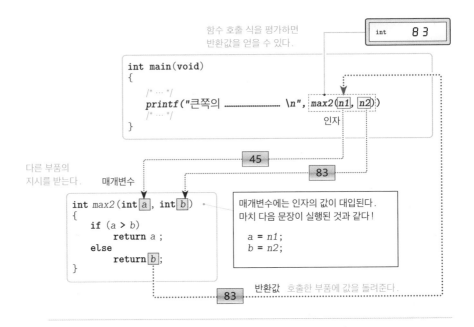

이 식은 다음과 같은 요청이라고 볼 수 있습니다.

함수 max2 씨. int형 정숫값 n1과 n2를 드릴 테니, 그중에서 큰 쪽의 값을 알려 주세요!!

함수명 뒤에 ( )를 붙이면 함수를 부를 수 있습니다. 이 ( )를 함수 호출 연산자 function call operator라고 합니다. ○○ 연산자를 이용한 식을 ○○식이라고 부른다고 했지요? 따라서 함수 호출 연산자를 이용한 식은 함수 호출식 function call expression이라고 할 수 있습니다. 함수 호출 연산자 ( ) 안에는 보조적인 지시 사항인 인자 argument를 넣을 수 있습니다. 인자가 두 개 이상 있다면 콤마 ,로 구분합니다.

함수 호출이 일어나면 프로그램의 흐름은 그 함수로 넘어갑니다. 따라서 main 함수의 실행이 잠시 중단되고 함수 max2를 실행하기 시작합니다. 호출된 함수에서는 매개변수가 생성되어 인자의 값이 대입됩니다. 이번 예제에서는 매개변수 a, b에 각각 n1과 n2의 값인 45와 83이 대입됩니다.

핵심 함수 호출이 일어나면 프로그램의 흐름은 호출된 함수로 넘어간다. 이때 호출한 함수에서 넘겨준 인자의 값이 호출된 함수의 매개변수에 대입된다.

매개변수 초기화가 끝나면 함수 본체가 실행됩니다. 그리고 프로그램의 흐름이 return문^{return statement}을 만나거나 혹은 함수 본체의 마지막 }에 도달하면, 그 함수에서 벗어나 원래 호출했던 자리로 돌아옵니다.

그림에서는 return b;가 실행되었습니다. return문이 실행되면 프로그램의 흐름은 호출자, 다시 말해 main 함수로 돌아갑니다. 이때 return 뒤에 있는 식의 값(이번 예시에서는 식 b의 값인 83)은 호출자에게 주는 선물 같은 것입니다.

＊

함수 호출식을 평가한 값은 그 함수의 반환값입니다. 예시를 보면 함수가 반환한 값이 83이므로, 그림 안에 있는 빨간 상자 부분의 함수 호출식을 평가한 값은 'int형 83'이 됩니다.

핵심 함수 호출식을 평가하면 함수가 반환한 값이 나온다.

그 결과 함수 max2의 반환값 83을 printf 함수에 넘겨주므로, 그 값이 출력됩니다.

함수 호출 연산자의 개요를 **표 6-1**에 정리했습니다.

표 6-1 표 6-1 함수 호출 연산자

▶ 반환형이 void인 함수에 관해서는 p.209에서 살펴보겠습니다.

표 6-1 표 6-1 함수 호출 연산자

함수 호출 연산자	x(arg)	인자 arg를 넘기며 함수 x를 부름(arg는 0개 이상의 인자를 콤마로 구분한 것)반환형이 void가 아니라면, 함수 x가 반환한 값을 생성

인자로 넘겨주는 것은 어디까지나 값이므로, 변수가 아닌 상수를 인자로

넣어도 괜찮습니다. 가령 다음과 같이 함수를 부르면 max2 함수는 변수 n1의 값과 5 중에서 더 큰 쪽을 반환합니다.

▶ 인자와 매개변수의 이름이 같아도 괜찮은 이유에 관해서는 다음 페이지에서 자세히 알아보겠습니다.

```
max2(n1, 5)
```

또한, 인자와 매개변수는 완전히 다른 존재입니다. 따라서 '인자와 매개변수의 변수명이 같아도 괜찮을까?' 같은 걱정은 안 해도 됩니다.

그림 6-5 return 문의 구문 도표

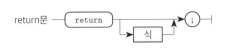

앞에서 return문이 잠깐 등장했는데, return문의 구문 도표는 **그림 6-5**와 같습니다.

함수는 '식'의 값을 반환합니다. 따라서 값을 두 개 이상 반환할 수는 없습니다.

＊

max2는 아주 단순한 함수지만, 다양한 방법으로 정의할 수 있습니다. **그림 6-6**이 예시입니다. **ⓐ**와 **ⓑ**에서는 큰 쪽의 값을 저장하기 위해 변수 max를 사용하고 있습니다. 함수 안에서만 사용하는 변수는 그 함수 안에서 선언하는 것이 원칙입니다(p.195). 단, 매개변수와 똑같은 이름(이 예시에서는 a와 b)을 지닌 변수는 선언할 수 없습니다.

그림 6-6 함수 max2 를 구현한 예시

ⓐ
```
int max2(int a, int b)
{
    int max;

    if (a > b)
        max = a;
    else
        max = b;

    return max;
}
```

ⓑ
```
int max2(int a, int b)
{
    int max = a;

    if (b > max)
        max = b;

    return max;
}
```

ⓒ
```
int max2(int a, int b)
{
    return (a > b) ? a : b;
}
```

조건 연산자 ? :는 p.91에서 배웠다!!

이 그림에 나온 예시에서는 return문이 한 번만 쓰였는데, **예제 6-1**에서는 두 번 쓰였습니다. return문은 함수의 출구와 같습니다. 입구는 하나인데 출구가 너무 많으면 프로그램을 읽기 힘들어집니다. 따라서 되도록 return 문은 하나만 쓰는 편이 좋습니다.

5) 세 값 중 최댓값 구하기

이번에는 정수 세 개 중에서 최댓값을 구하는 함수를 만들어 보겠습니다. 그 기능을 지닌 함수 max3와 이를 사용하는 main 함수로 구성되는 프로그램이 **예제 6-2**입니다.

⇒ 예제 6-2   chap06/list0602.c

```c
/*
    정수 세 개 중에서 최댓값을 구한다
*/

#include <stdio.h>

/*--- 정수 세 개 중 최댓값을 반환한다 ---*/
int max3(int a, int b, int c)
{
    int max = a;

    if (b > max) max = b;
    if (c > max) max = c;
    return max;
}

int main(void)
{
    int a, b, c;

    puts("정수 세 개를 입력해 주세요.");
    printf("정수 a : ");      scanf("%d", &a);
    printf("정수 b : ");      scanf("%d", &b);
    printf("정수 c : ");      scanf("%d", &c);

    printf("가장 큰 값은 %d입니다.\n", max3(a, b, c));

    return 0;
}
```

실행 결과 사례

정수 세 개를 입력해 주세요.
정수 a : 5☐
정수 b : 3☐
정수 c : 4☐
가장 큰 값은 5입니다.

그림 6-7 두 가지 함수와 변수

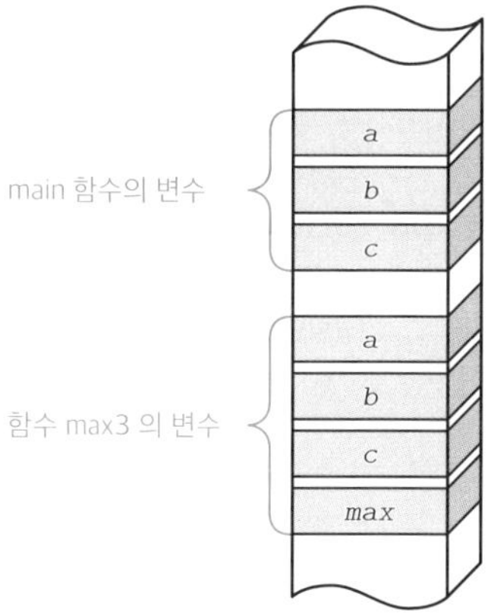

main 함수의 변수
a
b
c

함수 max3 의 변수
a
b
c
max

▶ 함수 max3을 부를 때 main
함수의 변수 a, b, c의 값이 각각
함수 max3의 매개변수 a, b, c에
대입됩니다.

매개변수와 함수 안에서 정의한 변수는 그 함수만의 것입니다. 함수 max3
의 매개변수 a, b, c와 main 함수의 변수 a, b, c는 우연히 이름이 같을 뿐이
지 전혀 다른 것입니다.

연습 6-1

```
int min2(int a, int b) { /* … */ }
```

int형 정수 두 개 중에서 작은 쪽을 반환하는 함수를 작성하
시오.

물론 동작을 확인하기 위한 적절한 main 함수 등도 작성하여, 온전한 프로
그램으로 만들어야 합니다. 이후로 나오는 다른 연습에서도 이처럼 합니다.

연습 6-2

```
int min3(int a, int b, int c) { /* … */ }
```

int형 정수 세 개 중에서 최솟값을 반환하는 함수를 작성
하시오.

int형 정수 세 개 중에서 최솟값을 반환하는 함수를 작성하시오.

6) 함수의 반환값을 인자로서 다른 함수에 넘기기

예제 6-3은 정수 두 개를 읽어 들여서 그 제곱의 차를 구하여 출력하는 프
로그램입니다.

➡ 예제 6-3   chap06/list0603.c

```c
/*
    정수 두 개를 각각 제곱했을 때의 차를 구한다
*/

#include <stdio.h>

/*--- x의 제곱을 반환한다 ---*/
int sqr(int x)
{
    return x * x;
}

/*--- a와 b의 차를 반환한다 ---*/
```

실행 결과 사례
정수 두 개를 입력해 주세요.
정수 x : 4␛
정수 y : 5␛
x의 제곱과 y의 제곱의 차는 9입니다.

```
int diff(int a, int b)
{
    return (a > b) ? a - b : b - a;          /*--- 큰 값에서 작은 값을 빼다 ---*/
}                                      차를 구하는 방법은 예제 3-15(p.92)에서 이미 배웠다!!

int main(void)
{
    int x, y;

    puts("정수 두 개를 입력해 주세요.");
    printf("정수x : ");        scanf("%d", &x);
    printf("정수y : ");        scanf("%d", &y);

    printf("x의 제곱과 y의 제곱의 차는 %d입니다.\n", diff(sqr(x), sqr(y)));

    return 0;
}
```

그림 6-8 함수 호출 식의 평가값

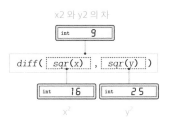

함수 sqr는 매개변수 x로 넘겨받은 값의 제곱을 반환하는 함수입니다. 실행 결과 사례와 **그림 6-8**을 보면, 함수 호출식 sqr(x)와 sqr(y)를 평가한 값은 각각 16과 25입니다. 그 두 가지 값 16과 25를 그대로 함수 diff에게 인자로서 넘겨주고 있습니다. 따라서 함수 호출식 diff(sqr(x), sqr(y))는 diff(16, 25)와 같습니다. 이 식을 평가하면 함수 diff의 반환값인 9가 나옵니다. main 함수에서는 그 반환값을 또 그대로 printf 함수에 넘겨서 출력하고 있습니다.

연습 6-3

```
int min3(int a, int b, int c) { /* … */ }
```

int형 정수인 세 개 중에서 최솟값을 반환하는 함수를 작성하시오.

int형 정수인 세 개 중에서 최솟값을 반환하는 함수를 작성하시오.

7) 우리가 만든 함수를 부르는 함수

여태까지는 main 함수 안에서 라이브러리 함수와 우리가 만든 함수를 불렀습니다. 물론 우리가 만든 함수 안에서도 얼마든지 다른 함수를 부를 수 있습니다. **예제 6-4**가 예시입니다.

➡ **예제 6-4**   chap06/list0604.c

```c
/*
    정수 네 개 중 최댓값을 구한다
*/

#include <stdio.h>

/*--- 큰 쪽의 값을 반환한다 ---*/
int max2(int a, int b)
{
    return (a > b) ? a : b;
}

/*--- 정수 네 개 중 최댓값을 반환한다 ---*/
int max4(int a, int b, int c, int d)
{
    return max2(max2(a, b), max2(c, d));
}

int main(void)
{
    int n1, n2, n3, n4;

    puts("정수 네 개를 입력해 주세요.");
    printf("정수 n1 : ");    scanf("%d", &n1);
    printf("정수 n2 : ");    scanf("%d", &n2);
    printf("정수 n3 : ");    scanf("%d", &n3);
    printf("정수 n4 : ");    scanf("%d", &n4);

    printf("가장 큰 값은 %d입니다.\n", max4(n1, n2, n3, n4));

    return 0;
}
```

실행 결과 사례 **1**
정수 네 개를 입력해 주세요.
정수 n1 : 5␌
정수 n2 : 3␌
정수 n3 : 8␌
정수 n4 : 4␌
가장 큰 값은 8입니다.

함수 max4의 파랗게 칠한 부분에서는 함수 max2를 이용해서 다음 처리를 하고 있습니다.

'a와 b 중에서 큰 쪽의 값'과 'c와 d 중에서 큰 쪽의 값' 중에서 큰 쪽의 값을 구한다.

물론 이는 a, b, c, d 중 가장 큰 값입니다.

함수는 프로그램을 구성하는 '부품'입니다. 가령 글자를 출력할 때는 printf 등의 부품을 사용합니다. 물론 부품을 만드는 데 부품을 써도 괜찮습니다. 함수를 만들 때 다른 함수를 이용할 수 있다면, 적극적으로 이용해 보겠습니다.

연습 6-4

```
int pow4(int x) { /* ... */ }
```
int형 정수의 네 제곱을 반환하는 함수를 작성하시오. 단, 함수 안에서 예제 6-3의 sqr 함수를 이용합니다.

8) 값 넘기기

▶ 가령 4.6의 3승은 4.6 × 4.6 × 4.6 = 97.336입니다.

다음으로 거듭제곱을 구하는 함수를 만들어 보겠습니다. n이 정수라면, x의 n승은 x를 n번 곱한 값입니다. 이를 구현한 프로그램이 **예제 6-5**입니다.

➡ **예제 6-5**   chap06/list0605.c

```c
/*
    거듭제곱을 구한다
*/

#include <stdio.h>

/*--- x의 n승을 반환한다 ---*/
double power(double x, int n)
{
    int i;
    double tmp = 1.0;

    for (i = 1; i <= n; i++)
        tmp *= x;              /* tmp에 x를 곱한다 */
    return tmp;
}

int main(void)
{
    double a;
    int b;
```

실행 결과 사례
a의 b승을 구하겠습니다.
실수 a : 4.6␣
정수 b : 3␣
4.60의 3승은 97.34입니다

```
printf("a의 b승을 구하겠습니다.\n");
printf("실수 a : ");   scanf("%lf", &a);
printf("정수 b : ");   scanf("%d", &b);

printf("%.2f의 %d승은 %.2f입니다.\n", a, b, power(a, b));

return 0;
}
```

그림 6-9처럼, 매개변수 x에는 인자 a의 값이 대입되고, 매개변수 n에는 인자 b의 값이 대입됩니다. 이렇게 함수를 부를 때 인자의 '값'을 주고받는 것을 값 넘기기^{pass by value}라고 합니다.

핵심 함수 사이에서 인자를 주고받을 때는 값을 넘긴다.

그림 6-9 함수 호출 시에 인자 값 넘기기

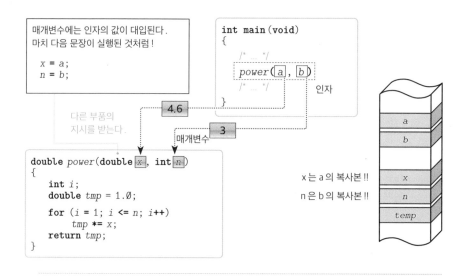

어떤 서류의 사본에 낙서해도 원본 서류에는 아무런 영향도 미치지 않습니다. 매개변수와 인자의 관계도 이와 똑같습니다. 매개변수 x에는 인자 a의 사본이며, 매개변수 y는 인자 b의 사본입니다. 따라서, 함수 power 안에서 매개변수의 값을 변경하더라도 인자의 값에는 아무 영향도 미치지 않습니다.

＊

x의 값을 n번 곱하는 또 다른 방법으로, n의 값을 5, 4, …, 1이라는 식으로 카운트다운하는 방식을 생각해 볼 수 있습니다. 그 방법으로 함수 power를 고친 것이 **예제 6-6**입니다.

➡ **예제 6-6**   chap06/list0606.c

```
/*--- x의 n승을 반환한다 ---*/
double power(double x, int n)
{
    double tmp = 1.0;

    while (n-- > 0)
        tmp *= x;                    /* tmp에 x를 곱한다 */
    return tmp;
}
```

▲ main 함수 등을 예제 6-5를 참고하며 보충해 보겠습니다.

이 방식이면 반복문을 제어할 변수가 필요 없으므로 함수가 더 깔끔해졌습니다. 함수 power가 끝났을 때 n의 값은 −1이 되지만, 호출자인 main 함수의 변수 b의 값은 바뀌지 않습니다.

> **핵심** 값 넘기기의 장점을 살려서 함수를 더 깔끔하고 효율적으로 구현할 수도 있다.

연습 6-5

`int sumup(int n) { /* … */ }`   1부터 n까지의 모든 정수의 합을 구하여 반환하는 함수를 작성하시오.

함수 설계

앞 절에서는 함수 정의와 호출에 관한 기본적인 내용을 다뤘습니다. 이번 절부터는 본격적으로 함수를 만드는 방법을 알아보겠습니다.

1) 값을 반환하지 않는 함수

4장의 p.151에서는 기호 문자 *로 직각이등변삼각형을 그리는 프로그램을 작성했습니다. **예제 6-7**은 왼쪽 아래가 직각인 직각이등변삼각형을 그리되, *을 임의의 개수만큼 연속 출력하는 부분만을 하나의 함수로 분리한 프로그램입니다.

➡ 예제 6-7   chap06/list0607.c

```
/*
    왼쪽 아래가 직각인 직각이등변삼각형을 출력(함수 버전)
*/

#include <stdio.h>

/*--- 기호 문자 '*'을 n개 연속 출력 ---*/
void put_stars(int n)
{
    while (n-- > 0)
        putchar('*');
}

int main(void)
{
    int i, len;

    printf("왼쪽 아래가 직각인 직각이등변삼각형을 만들겠습니다.\n");
    printf("높이 : ");
    scanf("%d", &len);

    for (i = 1; i <= len; i++) {
        put_stars(i);
        putchar('\n');
    }
}
```

카운트다운 제어식은 이전 페이지의 예제 6-6과 똑같다.

실행 결과 사례

왼쪽 아래가 직각인 직각이등변삼각형을 만들겠습니다.
높이 : 5↵
```
    *
   **
  ***
 ****
*****
```

```
/*--- 참고 : 예제 4-18(p.151) ---*/
for (i = 1; i <= len; i++) {
    for (j = 1; j <= i; j++)
        putchar('*');
    putchar('\n');
}
```

```
        return Ø;
    }
```

▶ void는 '텅 빈', '공허한'이라는
뜻입니다.

이 함수는 단지 *을 출력할 뿐이기에, 딱히 값을 반환할 필요가 없습니다.
그러한 함수는 반환형을 void라고 선언해 주면 됩니다(void는 보이드라고 읽
습니다).

C 언어에서는 값을 반환하든 반환하지 않든 모두 함수로 간주하지만, 다른
프로그래밍 언어에서는 이를 구분하기도 합니다. 가령 값을 반환하지 않는
것을 포트란에서는 서브루틴, 파스칼에서는 프로시저라고 부르며 함수와
구별합니다.

2) 함수의 범용성

함수 put_stars를 도입한 덕에 삼각형을 출력하는 부분이 이중 루프에서 그
냥 루프로 바뀌어 프로그램이 간소해졌습니다. 다음으로는 오른쪽 아래가
직각인 직각이등변삼각형을 출력하는 프로그램입니다. 예제 6-8을 살펴보
겠습니다.

➡ 예제 6-8   chap06/list0608.c

```
/*
    오른쪽 아래가 직각인 직각이등변삼각형을 출력(함수 버전)
*/

#include <stdio.h>

/*--- 문자 ch를 n개 연속 출력 ---*/
void put_chars(int ch, int n)
{
    while (n-- > Ø)
        putchar(ch);
}

int main(void)
{
    int i, len;
```

실행 결과 사례
오른쪽 아래가 직각인 직각이등변삼각형을 만들겠습니다. 높이 : 5↵ 　　　* 　　** 　*** **** *****

```
        printf("오른쪽 아래가 직각인 직각이등변삼각형을 만들겠습니다.\n");
        printf("높이 : ");
        scanf("%d", &len);

        for (i = 1; i <= len; i++) {
            put_chars(' ', len - i);
            put_chars('*', i);
            putchar('\n');
        }

        return 0;
    }
```

/*--- 참고 : 예제 4-19(p.151) ---*/
```
    for (i = 1; i <= len; i++) {
        for (j = 1; j <= len - i; j++)
            putchar(' ');
        for (j = 1; j <= i; j++)
            putchar('*');
        putchar('\n');
    }
```

▶ 4장 p.129에서 문자 상수가 int형이라는 사실을 배웠습니다. 참고로 문자를 나타내는 char형 이라는 자료형도 있는데, 이에 관해서는 7장에서 알아보겠습니다.

이 프로그램에서는 공백 문자를 연속해서 출력하기 위해 put_stars 대신 put_chars 함수를 정의했습니다. 이것은 매개변수 ch로 넘겨받은 문자를 n개 연속 출력하는 함수입니다.

온갖 문자를 출력할 수 있는 함수 put_chars는 오직 *만 출력할 수 있는 put_stars보다 더 범용적이라고 할 수 있습니다. 물론 필요하다면 함수 put_stars를 아래와 같이 정의할 수도 있습니다. 물론 이 함수를 사용하려면 put_chars도 정의되어 있어야 합니다.

```
/*--- '*'을 n개 연속 출력 ---*/
void put_stars(int n)
{
    put_chars('*', n);
}
```

연습 6-6

```
void alert(int n) { /* … */ }
```

경보를 n번 연속으로 출력하는 함수를 작성하시오.

3) 인자를 받지 않는 함수

▶ 이 프로그램은 예제 4-10 (p.134)을 수정한 것입니다.

예제 6-9는 양의 정숫값을 읽어 들여서 거꾸로 뒤집어 출력하는 프로그램입니다.

```
/*
    읽어 들인 양의 정숫값을 역순으로 출력
*/

#include <stdio.h>

/*--- 양의 정수를 읽어 들여서 반환한다 ---*/
int scan_pint(void)
{                       ┃━━━ 인자를 받지 않는다.
    int tmp;

    do {
        printf("양의 정수를 입력해 주세요 : ");
        scanf("%d", &tmp);
        if (tmp <= 0)
            puts("\a음수나 0은 입력하지 마세요.");
    } while (tmp <= 0);
    return tmp;
}

/*--- 0 이상의 정수를 거꾸로 뒤집은 수를 반환한다 ---*/
int rev_int(int num)
{
    int tmp = 0;

    if (num > 0) {
        do {
            tmp = tmp * 10 + num % 10;
            num /= 10;
        } while (num > 0);
    }
    return tmp;
}

int main(void)
{                       ┃━━━ 인자를 넣지 않는다.
    int nx = scan_pint();

    printf("뒤집은 값은 %d입니다.\n", rev_int(nx));

    return 0;
}
```

실행 결과

양의 정수를 입력해 주세요 : -5 ↵
♪음수나 0은 입력하지 마세요.
양의 정수를 입력해 주세요 : 128 ↵
뒤집은 값은 821입니다.

함수 scan_pint는 키보드에서 양의 정숫값을 읽어 들여서 그 값을 반환하는 함수입니다. 이 함수는 인자를 받을 필요가 없습니다. 이처럼 인자를 받지 않는, 다시 말해 매개변수가 없는 함수를 정의할 때는 ( ) 안에 void를 넣어 주면 됩니다.

물론 호출자도 인자를 넣어 줄 필요가 없으므로, 함수 호출 연산자 ( ) 안에는 아무것도 넣지 않습니다. 메인 함수도 다음과 같이 정의되어 있습니다.

```
int main(void)
```

이는 main 함수가 인자를 받지 않으며 매개변수가 없다는 뜻입니다. 단, 매개변수가 있는 main 함수도 있습니다.

4) 함수의 반환값으로 초기화

main 함수에서 변수 nx를 선언한 부분에 주목하기 바랍니다. 변수 nx의 초기화값인 scan_pint()는 함수 호출식입니다. 변수 nx는 함수의 반환값(프로그램이 실행될 때 키보드에서 읽어 들인 0 이상의 정숫값)으로 초기화됩니다.

▶ 이러한 초기화 방식은 p.237에서 배울 자동 기억수명을 지닌 오브젝트만 가능한 일입니다. 정적 기억수명을 지닌 오브젝트는 이런 식으로 초기화할 수 없습니다.

5) 유효범위

함수 scan_pint와 함수 rev_int는 둘 다 tmp라는 똑같은 식별자(이름)을 지닌 변수가 있는데, 이는 이름만 같을 뿐이지 각각 별개의 변수라는 사실은 이미 잘 알고 있을 것입니다.

그림 6-10처럼 함수 scan_pint 안에 있는 변수 tmp는 함수 scan_pint만의 것이며, rev_int 안에 있는 변수 tmp는 함수 rev_int만의 것입니다.

변수 등을 나타내는 식별자는, 그 이름이 유효하게 통용되는 범위가 있습니다. 이를 유효범위scope 혹은 스코프라고 합니다.

블록(복합문) 안에서 선언된 변수의 이름은 그 블록 안에서만 유효하며, 밖에서는 절대 쓰일 수 없습니다. 즉 변수가 선언된 장소부터, 그 선언을 감싼 블록의 맨 마지막 }까지가 유효범위인 셈입니다. 이러한 유효범위를 블록 유효범위^{block scope}라고 합니다.

그림 6-10 함수 안에서 선언된 오브젝트

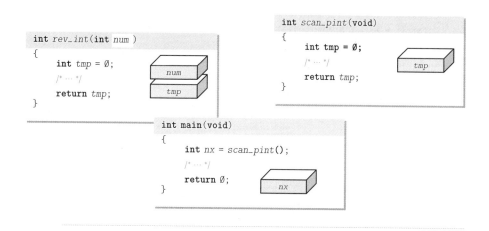

연습 6-7

```
void hello(void) { /* ... */ }
```
화면에 "안녕하세요."라고 출력하는 함수를 작성하시오.

6) 파일 유효범위

예제 6-10은 학생 다섯 명의 점수를 읽어 들여서 그중 최고점을 출력하는 프로그램입니다.

→ 예제 6-10   chap06/list0610.c

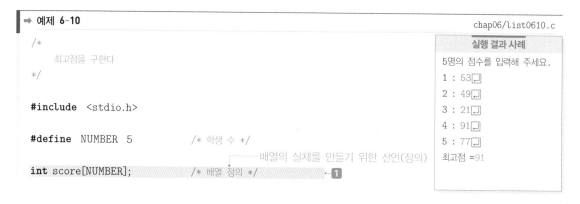

실행 결과 사례
5명의 점수를 입력해 주세요.
1 : 53↵
2 : 49↵
3 : 21↵
4 : 91↵
5 : 77↵
최고점 =91

```
/*
    최고점을 구한다
*/

#include <stdio.h>

#define  NUMBER  5          /* 학생 수 */

int score[NUMBER];          /* 배열 정의 */
```
━━━배열의 실체를 만들기 위한 선언(정의)
━❶

```
int top(void);              /* 함수 top의 함수 원형 선언 */    2

int main(void)
{
    extern int score[];     /* 배열 선언(생략 가능) */                    3
    int i;

    printf("%d명의 점수를 입력해 주세요.\n", NUMBER);
    for (i = 0; i < NUMBER; i++) {
        printf("%d : ", i + 1);
        scanf("%d", &score[i]);
    }
    printf("최고점 = %d\n", top());
    return 0;
}                           다른 장소에서 만들어진 배열을 쓰기 위한 선언(정의가 아니다)

/*--- 배열 score의 최댓값을 반환하는 함수 top의 함수 정의 ---*/
int top(void)
{
    extern int score[];  /* 배열 선언(생략 가능) */                    4
    int i;
    int max = score[0];
    for (i = 1; i < NUMBER; i++)
        if (score[i] > max)
            max = score[i];
    return max;
}
```

함수 안에 있는 블록에서 선언된 변수 등의 식별자(이름)는 그 블록 안에서
만 유효하지만, 배열 score처럼 함수 밖에서 선언된 변수의 식별자는 선언
된 곳부터 그 소스 프로그램의 끝까지 유효합니다. 이러한 유효범위를 파일
유효범위file scope라고 합니다.

7) 선언과 정의

1은 요소의 자료형이 int이고 길이가 5인 배열 score를 만들어내는 선언입
니다. 이처럼 변수의 실체를 만들어내는 선언을

정의(definition)이기도 한 선언

이라고 합니다. 한편으로 extern이 달려 있는 **3**과 **4**는 "어딘가 다른 곳에서 만들어진 score를 사용하겠습니다."라는 느낌의 선언입니다. 즉 실체를 만들어내는 것이 아니므로,

정의가 아닌 그냥 선언

입니다.

main 함수와 top 함수 안에서는 "함수 밖에서 정의된 배열을 사용하겠습니다."라고 선언함으로써 배열 score를 안심하고 사용할 수 있습니다.

8) 함수 원형 선언

우리 인간과 마찬가지로 컴파일러도 프로그램을 위에서 아래로 읽어 내려갑니다. 이번 예제에는 함수 top의 정의가 main 함수보다 아래에 있으므로, main 함수 안에서 top 함수를 호출하려면 컴파일러는(우리 인간과 마찬가지로) 다음 사실을 알아야만 합니다.

함수 top은 인자를 받지 않으며 int형 값을 반환하는 함수다.

▶ 이 선언 끝에는 세미콜론 ;가 있어야 합니다.

이를 컴파일러에 알려주는 것이 **2**에 있는 선언입니다. 이처럼 '함수의 사양'이라 할 수 있는 반환형, 매개변수의 개수, 매개변수의 자료형 등을 기술한 선언을 함수 원형 선언 function prototype declaration이라고 합니다.

함수 원형 선언은 함수의 사양에 관한 정보를 컴파일러나 프로그램을 읽는 사람에게 알려주기 위한 것이므로, 함수의 실체를 정의하지는 않습니다. 즉 다음과 같이 정리할 수 있습니다.

> ·함수 top의 함수 정의 … 정의이기도 한 선언
> ·함수 top의 함수 원형 정의 … 정의가 아닌 그냥 선언

이때 만약 함수 top의 사양(반환형이나 매개변수 등)을 변경하고 싶다면, 함

▶ 사실 배열 score는 파일 유효 범위를 지니므로, 굳이 main 함수와 top 함수 안에서 선언되지 않아도 그냥 사용할 수 있습니다. 즉 **3**과 **4**의 선언은 생략해도 됩니다.

수 정의와 함수 원형 선언을 둘 다 고쳐 줘야 합니다. 애초에 top의 함수 정의를 main 함수보다 앞에 두면 함수 원형 선언 자체가 필요 없어지므로, 위와 같은 번거로움도 없습니다. 따라서 보통은 main 함수를 맨 뒤에 배치하고, 불리는(호출받는) 함수를 부르는(호출하는) 함수보다 위에 배치하는 편이 좋습니다.

> **핵심** 부르는 함수보다 불리는 함수를 더 위에 배치하자.

9) 헤더와 인클루드

함수 원형 선언을 통해 인자와 반환형과 같은 함수의 사양 정보를 알고 있다면 함수 정의가 어디에 있든 상관없이 안심하고 그 함수를 부를 수 있습니다.

실은 printf 함수와 putchar 함수 등의 함수 원형 선언은 〈stdio.h〉 안에 적혀 있습니다. 그래서 C 언어 프로그램에서 printf 등의 함수를 호출하려면 다음과 같이 #include 지시자#include directive를 적어 줘야 합니다.

```
#include <stdio.h>/* 헤더 <stdio.h>를 인클루드한다 */
```

▶ 헤더를 실현하는 방법은 개발 환경에 따라 다릅니다(각 헤더가 개별적인 파일로 저장되어 있다는 보장도 없습니다). 그래서 '헤더 파일'이 아니라 그냥 '헤더'라고 부릅니다.

그림 6-11과 같이 #include 지시자 부분은 〈stdio.h〉의 내용으로 치환됩니다. 라이브러리 함수의 함수 원형 선언 등을 포함하는 〈stdio.h〉를 헤더(header)라고 하며, 이를 #include 지시자로 프로그램 안에 포함하는 일을 인클루드 한다고 표현합니다.

가령 putchar 함수의 함수 원형 선언은 헤더 〈stdio.h〉 안에서 다음과 같이 선언되어 있습니다.

```
int putchar(int __c);
```

그림 6-11 헤더 인클루드

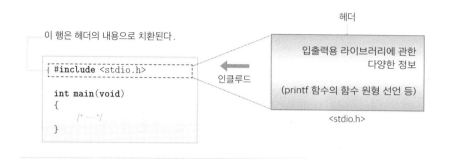

물론 매개변수의 이름은 개발 환경에 따라 다를 수 있습니다.

참고로 함수 원형 선언에서는 매개변수의 이름을 생략할 수 있으므로, 그냥 다음과 같이 선언되어 있을 수도 있습니다.

```
int putchar(int);
```

10) 함수의 범용성

함수 top의 동작은 다음과 같이 설명할 수 있습니다.

int형 배열 score의 앞에서부터 NUMBER개만큼의 요소 중에서 최댓값을 구하여 반환한다.

그런데 프로그램의 내용을 모르는 사람이 이런 설명을 들으면 아래와 같은 의문이 들 것입니다.

- "배열 score가 뭐야?"
- "아니, 애초에 NUMBER의 값은 얼마인데?"

이러한 의문에 대한 답은 프로그램을 만든 사람 본인밖에 모릅니다.

이 프로그램에서는 단일 과목의 점수를 다루고 있습니다. 하지만 나중에는 영어와 수학 등 여러 과목에서 각각 최고점을 구해야 할 수도 있습니다. 또한, 영어가 선택 과목이고 수학이 필수 과목이라는 등의 이유로 수업을 듣는 사람 수가 다를 수도 있습니다.

이처럼 이런저런 상황이 바뀌면 함수 top이 완전히 무용지물이 될 수도 있습니다.

*

함수의 범용성을 생각하면 적어도 다음 조건을 만족해야 합니다.

임의의 배열을 다룰 수 있다

배열 score뿐만이 아니라 임의의 배열을 다룰 수 있어야 합니다.

어떤 길이의 배열이든 다룰 수 있다

세상에 존재하는 모든 배열의 길이가 항상 NUMBER, 즉 5일 리가 없습니다. 따라서 처리해야 할 배열의 길이(이 예시에서는 사람 수)도 지정할 수 있어야 합니다.

이러한 조건을 만족하는 프로그램을 만들어 보겠습니다.

참고 6-1 | **경고**

프로그램이 문법적으로 틀리지는 않았지만, 뭔가 실수했을 가능성이 있으면(가령 함수 원형 선언을 하지 않은 함수를 부르는 등), 개발 환경에 따라서는 경고 메시지를 표시할 때가 있습니다. 경고 메시지는 흔히 워어닝warning이라고도 부릅니다.

---

11) 함수의 범용성

예제 6-11은 이전 페이지에서 다룬 문제를 해결한 프로그램입니다. 수학과 영어의 배열 길이는 둘 다 NUMBER, 다시 말해 5입니다. 다만, 함수 max_of 자체는 배열 길이에 의존하지 않도록 구현되어 있습니다.

→ **예제 6-11**

```
/*
    영어 점수와 수학 점수의 최고점을 구한다
*/

#include <stdio.h>

#define NUMBER     5                    /* 학생 수 */

/*--- 길이가 n인 배열 v의 최댓값을 반환한다 ---*/
int max_of(int v[], int n)
{
    int i;                          배열을 넘겨받기 위한 매개변수를
    int max = v[0];                 선언할 때는 []를 붙인다.
    for (i = 1; i < n; i++)
        if (v[i] > max)
            max = v[i];
    return max;
}

int main(void)
{
    int i;
    int eng[NUMBER];                    /* 영어 점수 */
    int mat[NUMBER];                    /* 수학 점수 */
    int max_e, max_m;                   /* 최고점 */

    printf("%d명의 점수를 입력해 주세요.\n", NUMBER);
    for (i = 0; i < NUMBER; i++) {
        printf("[%d] 영어 : ", i + 1);  scanf("%d", &eng[i]);
        printf( "    수학 : ");          scanf("%d", &mat[i]);
    }
    max_e = max_of(eng, NUMBER);    /* 영어 최고점 */
    max_m = max_of(mat, NUMBER);    /* 수학 최고점 */
                                                호출자 쪽에서는 []를 붙이지 않고
    printf("영어 최고점=%d\n", max_e);           배열 이름만 적는다.
    printf("수학 최고점=%d\n", max_m);

    return 0;
}
```

실행 결과 사례

5명의 점수를 입력해 주세요.
[1] 영어 : 53↵
    수학 : 82↵
[2] 영어 : 49↵
    수학 : 35↵
[3] 영어 : 21↵
    수학 : 72↵
[4] 영어 : 91↵
    수학 : 35↵
[5] 영어 : 77↵
    수학 : 12↵
영어 최고점=91
수학 최고점=82

함수 max_of의 동작은 다음과 같습니다.

6.2 함수 설계

219

int 배열의 요소 중 최댓값을 찾아서 반환한다.

함수 top처럼 score나 NUMBER 등 특정 이름을 언급하지 않은 채 기능을 설명할 수 있습니다. 항상 다음 내용을 명심하면 함수의 사양을 간결하게 설명할 수 있을 것입니다.

핵심 함수를 설계할 때는 되도록 범용성이 높게 만든다.

이 프로그램에서는 배열 eng에 영어 점수를, 배열 mat에 수학 점수를 저장합니다. 각 과목의 최고점을 저장하기 위한 변수가 max_e와 max_m입니다.

함수 max_of는 임의의 배열을 다룰 수 있습니다. 이 프로그램에서는 영어 점수와 수학 점수 중에서 최고점을 구하기 위해 사용했지만, int 배열이기만 하면 점수 외에도 몸무게나 키, 무엇이든 최댓값을 구할 수 있습니다. 물론 배열의 길이가 얼마든 상관없습니다.

함수 max_of는 점수를 저장한 배열을 매개변수 v로, 그 길이를 n으로 넘겨받습니다. 그래서 함수 헤더^{header}는 다음과 같습니다.

```
int max_of(int v[], int n)
```

이처럼 배열을 넘겨받는 매개변수는 '자료형 변수명 []'라는 형식으로 선언했고, 배열 길이는 다른 매개변수로(여기서는 n으로) 넘겨받았습니다.

참고로 함수를 부르는 쪽에서는 인덱스 연산자 [ ]를 붙일 필요 없이 함수의 이름만 인자로 넣어 주면 됩니다. 일단 다음과 같이 이해하면 됩니다(**그림 6-12**).

main 함수는 배열 eng(혹은 mat)를 인자로 넘기고, 함수 max_of는 그 배열을 매개변수 v로 넘겨받는다.

따라서 함수 호출식 max_of$^{eng, NUMBER}$로 호출된 함수 max_of 안에서는 v[0]은 eng[0]을 나타내며, v[1]은 eng[1]을 나타냅니다.

이 부분의 원리는 아직 설명하기 어려우므로, 포인터^{pointer}에 관해 배우는
10장에서 다시 다루도록 하겠습니다.

그림 6-12 함수 호출 시에 배열 넘겨받기

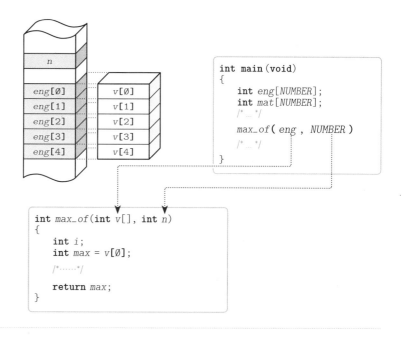

12) 배열 넘겨받기와 형 한정자 const

여태까지 살펴본 바에 따르면 다음과 같은 사실을 알 수 있었습니다.

> **핵심** 함수가 호출되었을 때 매개변수로 넘겨받은 배열은, 호출자가 인자로 넘겨준 배열
> 그 자체다.

즉 호출된 함수 안에서 배열 요소에 뭔가 값을 대입하면, 그것이 호출한 쪽
의 배열에도 그대로 반영된다는 뜻입니다. 실제로 프로그램으로 확인해 보
겠습니다. Lsit 6-12가 이를 확인하기 위한 프로그램입니다.

```c
/*
    배열의 모든 요소를 Ø으로 만든다
*/

#include <stdio.h>

/*--- 길이가 n인 배열 v의 각 요소에 Ø을 대입 ---*/
void set_zero(int v[], int n)
{
    int i;

    for (i = Ø; i < n; i++)
        v[i] = Ø;
}


/*--- 길이가 n인 배열 v의 모든 요소를 출력하고 줄 비꿈 ---*/
void print_array(const int v[], int n)
{
    int i;

    printf("{ ");
    for (i = Ø; i < n; i++)
        printf("%d ", v[i]);
    printf("}");
}


int main(void)
{
    int ary1[] = {1, 2, 3, 4, 5};
    int ary2[] = {3, 2, 1};

    printf("ary1 = ");   print_array(ary1, 5);   putchar('\n');
    printf("ary2 = ");   print_array(ary2, 3);   putchar('\n');

    set_zero(ary1, 5);        /* 배열 ary1의 모든 요소에 Ø을 대입 */
    set_zero(ary2, 3);        /* 배열 ary2의 모든 요소에 Ø을 대입 */

    printf("두 배열의 모든 요소에 Ø을 대입했습니다.\n");
    printf("ary1 = ");   print_array(ary1, 5);   putchar('\n');
    printf("ary2 = ");   print_array(ary2, 3);   putchar('\n');

    return Ø;
}
```

넘겨받은 배열 속 요소의 값을
변경하지 않겠다고 선언한다.

실행 결과

```
ary1 = { 1, 2, 3, 4, 5 };
ary2 = { 3, 2, 1 };
두 배열의 모든 요소에 Ø을 대입했습니다.
ary1 = { Ø, Ø, Ø, Ø, Ø };
ary2 = { Ø, Ø, Ø };
```

이 프로그램에서는 main 함수 외에도 함수가 두 개 더 정의되어 있습니다. 함수 set_zero는 배열의 모든 요소에 0을 대입하는 함수이며, 함수 print_array는 배열의 모든 요소의 값을 출력하는 함수입니다.

그래서 상황에 따라서는 함수에 배열을 넘겨줄 때 다음과 같은 불안을 느낄 수 있습니다.

인자로 넘겨준 함수의 내용을 바꿔 버리면 곤란한데, 괜찮을까?

C 언어에는 이러한 걱정을 해결할 방법이 있습니다. 바로 넘겨받은 배열 속 요소의 값을 함수 안에서 고치지 못하도록 제한하는 것인데, 매개변수를 선언할 때 const라는 형 한정자^{type qualifier}를 붙여 주기만 하면 됩니다.

함수 print_array의 매개변수 v는 형 한정자 const를 이용해 선언되어 있으므로, 이 함수 안에서 배열 v의 요소가 지닌 값은 바꿀 수 없습니다.

```
v[i] = 5;   /* 에러 : const로 선언된 배열 요소에는 값을 대입할 수 없다 */
```

따라서 다음 내용을 명심하기 바랍니다.

> **핵심** 어떤 매개변수로 넘겨받은 배열 요소의 값을 참조만 하고 덮어쓸 일이 없다면, 그 매개변수는 const를 붙여서 선언하는 편이 좋다. 그러면 함수를 부르는 쪽에서도 안심하고 배열을 넘겨줄 수 있다.

배열 ary1의 길이는 5입니다. 만약 함수 set_zero를 부를 때 set_zero(ary1, 2) 라는 식으로 인자를 넣으면, 배열 ary1의 요소 중 첫 번째와 두 번째에만 0이 대입됩니다. 따라서 함수 set_zero와 print_array의 두 번째 매개변수 n은 '길이'라기보다는 '처리 대상인 요소 수'라고 볼 수 있겠습니다.

▶ main 함수에서는 ary1과 ary2라는 두 배열 속 요소의 값을 출력하고, 해당 배열의 모든 요소에 0을 대입한 다음 또다시 배열 요소의 값을 출력하고 있습니다.

▶ 함수 print_array 안에 다음과 같은 코드를 적으면 컴파일 할 때 에러가 일어납니다.

▶ 물론 예제 6-11(p.219)에 나온 max_of의 매개변수 v에도 형 한정자 const를 붙이는 편이 좋습니다. 참고로 예제에 나온 함수 set_zero의 매개변수 v에는 형 한정자 const를 붙일 수 없습니다.

```
int min_of(const int v[], int n) { /* … */ }
```

길이가 n인 int 배열 v의 요소 중 최솟값을 반환하는 함수를 작성하
시오.

```
int rev_intary(int v[], int n) { /* … */ }
```

길이가 n인 int 배열 v의 요소들 순서를 거꾸로 뒤집는 함수를 작성하
시오. 예제 5-8(p.174)과 연습 5-5(p.182)을 참고합니다.

```
int intary_rcpy(int v1[], const int v2[], int n) { /* … */ }
```

길이가 n인 int 배열 v2의 요소들 순서를 거꾸로 뒤집은 것을 배열 v1에
저장하는 함수를 작성하시오.

13) 선형 검색(순차 검색)

예제 6-13은 배열 요소 중에서 원하는 값을 찾아내는 프로그램입니다.

➡ 예제 6-13   chap06/list0613.c

```
/*
    선형 검색(순차 검색)
*/

#include <stdio.h>

#define NUMBER    5          /* 요소 수 */
#define FAILED   -1          /* 검색 실패 */

/*--- 길이가 n인 배열 v에서 key와 일치하는 요소를 검색 ---*/
int search(const int v[], int key, int n)
{
    int i = 0;

    while (1) {
        if (i == n)
```

```
            return FAILED;                     /* 검색 실패 */
        if (v[i] == key)
            return i;                          /* 검색 성공 */
        i++;
    }
}

int main(void)
{
    int i, ky, idx;
    int vx[NUMBER];

    for (i = 0; i < NUMBER; i++) {
        printf("vx[%d] : ", i);
        scanf("%d", &vx[i]);
    }
    printf("찾을 값 : ");
    scanf("%d", &ky);

    idx = search(vx, ky, NUMBER);        /* 요소 수 NUMBER의 배열 vx에서 ky를 검색 */

    if (idx == FAILED)
        puts("\a찾지 못했습니다.");
    else
        printf("%d는 %d번째에 있습니다.\n", ky, idx + 1);

    return 0;
}
```

함수 search는 길이가 n인 int 배열 v 안에 key와 똑같은 값을 지닌 요소가 있는지 찾아봅니다. 그림 6-13과 같이 값을 찾을 수도 있고 못 찾을 수도 있습니다. 만약 찾아냈다면 해당 요소의 인덱스를 반환하고, 찾아내지 못했다면 FAILED(-1)를 반환합니다.

함수 search 안에서 쓰인 while문의 제어식은 그냥 1이므로, 강제로 빠져나오지 않는 한 영원히 루프 본체가 실행됩니다. 이번 예제에서는 다음 조건 중 하나를 만족해야 while문이 끝납니다.

A 원하는 값을 찾지 못한 채 마지막 요소를 지나쳤다(i == n이 성립할 때).

⇨ 검색 실패

B 원하는 값을 찾았다(v[i] == key가 성립할 때).

⇨ 검색 성공

그림 6-13 순차 검색

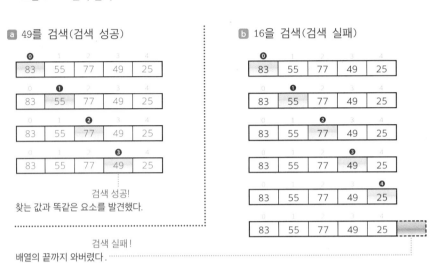

ⓐ 49를 검색(검색 성공)

검색 성공!
찾는 값과 똑같은 요소를 발견했다.

ⓑ 16을 검색(검색 실패)

검색 실패!
배열의 끝까지 와버렸다.

이처럼 배열을 앞에서부터 순서대로 순회하면서 원하는 값을 지닌 요소를 찾는 일을 선형 검색 linear search, 혹은 순차 검색 sequential search이라고 합니다.

■ 경계값 이용하기

예제에서는 반복할 때마다 매번 A와 B라는 두 가지 종료 조건을 확인하는데, 비록 간단한 처리지만 이것도 쌓이고 쌓이면 무시 못 할 부담이 될 수도 있습니다.

만약 배열의 길이(요소 수)에 여유가 있다면, 검색 대상인 마지막 요소의 바로 다음 자리 v[n]에 검색 대상인 값을 한번 저장해 보겠습니다(그림 6-14에서 회색으로 칠한 부분). 그러면 설사 배열 안에 찾는 값이 없더라도 v[n]까지 오면 종료 조건 B가 반드시 성립하므로 조건 A를 확인할 필요가 없어집니다.

이렇게 맨 끝에 추가한 데이터를 경계값[sentinel]이라고 합니다. 경계값을 이용하면 반복문의 종료 조건을 위와 같이 간략하게 만들 수 있습니다.

그림 6-14 순차 검색 (경계값 이용하기)

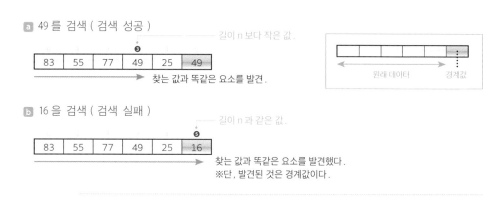

예제 6–14는 경계값을 이용해서 순차 검색을 하는 프로그램입니다.

→ **예제 6-14**   chap06/list0614.c

```
/*
    순차 검색(경계값을 이용)
*/

#include <stdio.h>

#define  NUMBER    5       /* 요소 수 */
#define  FAILED   -1       /* 검색 실패 */

/*--- 길이가 n인 배열 v에서 key와 일치하는 요소를 검색(경계값을 이용) ---*/
int search(int v[], int key, int n)
{
    int i = 0;

    vc[n] = key;               /* 경계값을 저장 */

    while (1) {
        if (v[i] == key)
            break;             /* 담색 성공 */
        i++;
    }
```

실행 결과 사례 ❶

vx[0] : 83↵
vx[1] : 55↵
vx[2] : 77↵
vx[3] : 49↵
vx[4] : 25↵
찾을 값 : 49↵
49는 4번째에 있습니다.

실행 결과 사례 ❷

vx[0] : 83↵
vx[1] : 55↵
vx[2] : 77↵
vx[3] : 49↵
vx[4] : 25↵
찾을 값 : 16↵
♪찾지 못했습니다.

```
    return (i < n) ? i : FAILED;
}

int main(void)
{
    int i, ky, idx;————요소를 하나 더 준비한다.
    int vx[NUMBER + 1];

    for (i = 0; i < NUMBER; i++) {
        printf("vx[%d] : ", i);
        scanf("%d", &vx[i]);
    }
    printf("찾는 값 : ");
    scanf("%d", &ky);

if ((idx = search(vx, ky, NUMBER)) == FAILED)
        puts("\a찾지 못했습니다.");
    else
        printf("%d는 %d번째에 있습니다.\n", ky, idx + 1);

    return 0;
}
```

함수 search는 배열 v 속 요소의 값을 일부 바꿔야 하므로, 이전 예제에서 붙였던 형 한정자 const는 제거했습니다. 또한, 함수 search의 while문 안에 있는 if문이 두 개에서 한 개로 줄었습니다. 이는 즉 if문으로 조건을 판정 하는 횟수가 반으로 줄었다는 뜻입니다.

한편으로 while문이 끝난 후에 파랗게 칠한 부분에서 조건 연산자로 판정 하는 처리가 추가되었는데, 이는 찾아낸 요소(값이 key와 같은 요소)가 경계 값인지 아닌지 확인하는 작업입니다(이전 페이지의 **그림 6-14**).

*

if문의 제어식인 빨갛게 칠한 부분은 구조가 다소 복잡합니다. 이 식을 **그림 6-15**를 보면서 이해해 보겠습니다. 그림과 같이, 이 식은 두 단계에 걸쳐서 평가됩니다.

그림 6-15 대입식과 등가식 평가

① 함수의 반환값을 idx 에 대입한다.

$(idx = search(vx, ky, NUMBER)) == FAILED$

$idx = search(vx, ky, NUMBER)$

$FAILED$

② 대입식과 FAILED 가 같은지 판정한다.

① 대입 연산자 =로 대입하기

함수 search가 반환한 값이 변수 idx에 대입됩니다.

② 등가 연산자 ==로 값이 같은지 판정하기

대입식 $idx = search^{vx, ky, NUMBER}$와 FAILED가 같은지 판정합니다.

대입식을 평가하면 대입 후의 idx의 값이 나오므로, 이 제어식을 말로 풀어 쓰면 다음과 같은 뜻입니다.

▶ 식 idx = search(vx, ky, NUMBER)를 둘러싼 ( )는 생략해서는 안 됩니다. 등가 연산자 ==의 우선순위가 대입 연산자 =보다 높기 때문입니다.

함수 호출 식의 반환값을 idx에 대입하고, 그 값이 FAILED라면…

예제 6-14의 함수 search 안에 있는 while문을 for문으로 다시 쓰면 프로그램이 더 깔끔해집니다. 예제 6-15를 살펴보겠습니다.

⇒ 예제 6-15   chap06/list0615.c

```
/*--- 길이가 n인 배열 v에서 key와 일치하는 요소를 검색(경계값을 이용) ---*/
int search(int v[], int key, int n)
{
    int i;

    vc[n] = key;              /* 경계값을 추가 */

    for (i = 0 ; vc[i] != key; i++)
        ;
    return (i < n) ? i : FAILED;
}
```

◀ 이 for문은 key와 똑같은 값을 지난 요소를 만날 때까지 i를 하나씩 증가시켜 갑니다. 루프 본체에서는 딱히 더 할 일이 없으므로 빈 문장만 있습니다.

길이가 n인 배열 v에서, key와 값이 같은 모든 요소의 인덱스를 배열 idx에 저장하는 함수 search_idx를 작성하시오. 반환값은 key와 값이 같은 요소의 개수입니다.

```
int search_idx(const int v[],int idx[], int key, int n);
```

가령 v로 넘겨받은 배열 요소가 {1, 7, 5, 7, 2, 4, 7}이고 key의 값이 7이라면, idx에 {1, 3, 6}을 저장하고 3을 반환해야 합니다.

14) 다차원 배열 넘기기

5장의 **예제 5-13**(p.188)에서는 2차원 배열 두 개의 각 요소를 합하여 출력하는 프로그램을 살펴봤습니다. **예제 6-16**은 거기서 합을 구하는 부분과 출력하는 부분을 별도의 함수로 분리하여 구현한 프로그램입니다.

⇒ **예제 6-16**   chap06/list0616.c

```c
/*
    학생 네 명이 세 과목을 두 번씩 시험 쳤을 때 총점 출력하기(함수 버전)
*/

#include <stdio.h>

/*--- 4×3 행렬 a와 b의 합을 c에 저장한다 ---*/
void mat_add(const int a[4][3], const int b[4][3], int c[4][3])
{
    int i, j;
    for (i = 0; i < 4; i++)
        for (j = 0; j < 4; j++)
            c[i][j] = a[i][j] + b[i][j];
}

/*--- 4×3 행렬 m을 출력 ---*/
void mat_print(const int m[4][3])
{
    int i, j;
    for (i = 0; i < 4; i++) {
        for (j = 0; j < 3; j++)
            printf("%4d", m[i][j]);
        putchar('\n');
```

실행 결과
첫 번째 점수
91 63 78
67 72 46
89 34 53
32 54 34
두 번째 점수
97 67 82
73 43 46
97 56 21
85 46 35
총점
188 130 160
140 115 92
186 90 74
117 100 69

```
        }
}

int main(void)
{
    int score1[4][3] = { {91, 63, 78}, {67, 72, 46}, {89, 34, 53}, {32, 54, 34} };
    int score2[4][3] = { {97, 67, 82}, {73, 43, 46}, {97, 56, 21}, {85, 46, 35} };
    int sum[4][3];          /* 총점 */

    mat_add(score1, score2, sum);                    /* 각 시험의 총점을 구한다 */

    puts("첫 번째 점수");    mat_print(score1);      /* 첫 번째 시험 점수를 출력 */
    puts("두 번째 점수");    mat_print(score2);      /* 두 번째 시험 점수를 출력 */
    puts("총점");           mat_print(sum);         /* 총점을 출력 */

    return 0;
}
```

참고로 다차원 배열을 인자로 넘겨줄 때는 보통 가장 높은 차원의 길이(요소 수)를 별도의 인자로 함께 넘겨주곤 합니다(참고 6-2).

연습 6-12

4×3 행렬 a와 3×4 행렬 b의 곱을 4×4 행렬 c에 저장하는 함수를 작성하시오.

```
void mat_mul(const int a[4][3], const int b[3][4], int c[4][4]) { /* … */ }
```

연습 6-13

예제 6-16을 수정하여 두 가지 시험 점수를 모두 하나의 3차원 배열로 다루는 프로그램을 작성하시오.

참고 6-2 | **다차원 배열 넘기기**

함수에서 다차원 배열을 넘겨받는 매개변수를 선언할 때는 맨 왼쪽 인덱스, 다시 말해 n차원의 배열 길이를 생략할 수 있습니다. 단, 그 이후의 (n - 1)차원 이하의 길이는 반드시 상수로 적어 줘야만 합니다.

다음은 1차원 배열 ~ 3차원 배열을 넘겨받기 위한 매개변수를 선언한 예시입니다.

```
void func1(int v[],        int n);  /* 요소의 자료형은 int,       배열 길이는 자유(n) */
void func2(int v[][3],     int n);  /* 요소의 자료형은 int[3],    배열 길이는 자유(n) */
void func3(int v[][2][3], int n);  /* 요소의 자료형은 int[2][3], 배열 길이는 자유(n) */
```

즉 넘겨받는 배열의 길이는 자유지만, 요소의 자료형은 명확해야 한다는 뜻입니다.

List 6C-1은 이를 이용하여 작성한 프로그램입니다.

➡ **예제 6**C-1   chap06/listC0601.c

```
/*
     n×3인 2차원 배열의 모든 요소에 똑같은 값을 대입
*/
                                    ┌···· n행 3열의 2차원 배열
/*--- 요소가 int[3]형이고 길이가 n인 배열 m의 모든 구성 요소에 v를 대입  ---*/
void fill(int m[][3], int n, int v)
{
    int i, j;

    for (i = 0; i < n; i++)
        for (j = 0; j < 3; j++)
        m[i][j] = v;
}
                                     ┌···· n행 3열의 2차원 배열
/*--- 요소가 int[3]형이고 길이가 n인 배열 m의 모든 구성 요소의 값을 출력  ---*/
void mat_print(const int m[][3], int n)
{
    int i, j;

    for (i = 0; i < n; i++) {
        for (j = 0; j < 3; j++)
            printf("%4d", m[i][j]);
        putchar('\n');
    }
}
```

```
        int i, j;

        for (i = 0; i < n; i++) {
            for (j = 0; j < 3; j++)
                printf("%4d", m[i][j]);
            putchar('\n');
        }
}

int main(void)
{
    int no;
    int x[2][3] = {0};          /* 2×3 : 요소는 int[3]형이고 길이는 2 */
    int y[4][3] = {0};          /* 4×3 : 요소는 int[3]형이고 길이는 4 */

    printf("모든 구성 요소에 대입할 값 : ");
    scanf("%d", &no);

    fill(x, 2, no);             /* x의 모든 구성 요소에 no를 대입 */
    fill(x, 4, no);             /* y의 모든 구성 요소에 no를 대입 */

    printf("--- x ---\n");    mat_print(x, 2);
    printf("--- x ---\n");    mat_print(y, 4);

    return 0;
}
```

함수 fill과 함수 mat_print의 매개변수 m의 선언을 보면 2차원의 길이(행의 수)는 생략되어 있으며, 1차원의 길이(열의 수)는 3입니다. 따라서 이들 함수에 넘길 수 있는 배열은 열의 수가 반드시 3이어야 하지만, 행의 수가 얼마든 상관없습니다(예제에서는 2행×3열 배열과 4행×3열 배열을 넘기고 있습니다).

유효범위와 기억수명

규모가 큰 프로그램을 작성하려면 유효범위와 기억수명에 관해 반드시 이해하고 있어야 합니다. 이번 절에서는 이에 관해 알아보겠습니다.

1) 유효범위와 식별자의 가시성

예제 6-17을 살펴보겠습니다. x라는 이름을 지닌 변수를 선언한 곳이 세 군데나 있습니다(선언한 순서대로 x, x, x라고 색깔로 구분하겠습니다).

→ 예제 6-17   chap06/list0617.c

```c
/*
    식별자의 유효범위를 확인한다
*/

#include <stdio.h>

int x = 75;                          /* A : 파일 유효범위 */

void print_x(void)
{
    printf("x = %d\n", x);
}

int main(void)
{
    int i;
    int x = 999;                     /* B : 블록 유효범위 */

    print_x();                                            1

    printf("x = %d\n", x);                                2

    for (i = 0; i < 5; i++) {
        int x = i * 100;             /* C : 블록 유효범위 */
        printf("x = %d\n", x);                            3
    }

    printf("x = %d\n", x);                                4
    return 0;
}
```

실행 결과
```
x = 75
x = 999
x = 0
x = 100
x = 200
x = 300
x = 400
x = 999
```

우선 ■A■에서 선언한 x부터 살펴보겠습니다. 초기화값 75로 초기화된 이 변수는 함수 밖에서 선언하고 정의되었으므로, 파일 유효범위를 지니고 있습니다. 함수 print_x 안에서 쓰인 'x'가 바로 이 x이므로, print_x 함수를 실행하면 화면에 다음과 같이 출력됩니다.

```
 x = 75                    … x의 값이 출력된다
```

■1■에서 함수 print_x를 불렀으므로, 이 내용이 맨 먼저 출력됩니다.

다음으로는 ■B■에서 선언한 x가 있습니다. 이는 main 함수의 함수 본체인 복합문(블록) 안에 선언되어 있으므로, 이 x라는 변수 이름은 main 함수의 마지막 }까지 통용됩니다. 여기서 파랗게 칠한 부분에서는 'x'라는 이름을 지닌 변수가 두 개 존재하는데, 이때는 다음 규칙이 적용됩니다.

핵심 파일 유효범위와 블록 유효범위를 지닌 똑같은 이름의 변수가 있을 때는, 블록 유효범위를 지닌 변수가 '보이고' 파일 유효범위를 지닌 변수는 '안 보인다'.

따라서 ■2■에서 나온 'x'는 x를 뜻하므로, 다음과 같이 그 값이 출력됩니다.

```
 x = 999                  … x의 값이 출력된다
```

이어서 나오는 for문에서는 세 번째 x가 선언되고 있습니다. 여기서도 다음 규칙이 적용됩니다.

핵심 블록 유효범위를 지닌 똑같은 이름의 변수가 있을 때는, 더 안쪽 블록에 있는 변수가 '보이고' 바깥쪽 블록에 있는 변수는 '안 보인다'.

따라서 for문의 루프 본체를 이루는 블록 안에서는 'x'란 곧 x를 뜻합니다. 이 for문은 총 다섯 번 반복하므로 ■3■에서는 x의 값이 다음과 같이 출력됩니다.

```
x = 0                    … x의 값이 출력된다
x = 100
x = 200
x = 300
x = 400
```

for문에서 나오면 변수 x의 이름은 유효하지 않습니다. 따라서 마지막으로 printf 함수를 부른 **4**에서는 x의 값이 다음과 같이 출력됩니다.

```
x = 999                  … x의 값이 출력된다
```

*

선언된 식별자는 **그 이름을 다 적은 순간부터 유효해집니다.**

```
int x = x;
```

따라서 **B**에서 x를 선언한 부분을 위와 같이 고치면 =의 오른쪽에 있는 초기화값 'x'는 x를 뜻하지, **A**에서 선언된 x를 뜻하지는 않습니다. 만약 이렇게 적으면 x는 75가 아니라 임의의 값으로 초기화됩니다.

2) 기억수명

함수 안에서 선언된 오브젝트(변수)는 프로그램이 시작되고 끝날 때까지 계속 존재하는 것이 아닙니다. 변수의 기억수명^{storage duration}, 다시 말해 '생존 기간'의 종류는 두 가지가 있습니다. 이에 관한 구체적인 내용을 **예제 6-18**을 보면서 배워 보겠습니다.

➡ **예제 6-18**   chap06/list0618.c

```
/*
    자동 기억수명과 정적 기억수명
*/

#include <stdio.h>

int fx = 0;                    /* 정적 기억수명 + 파일 유효범위 */
```

```
void func(void)
{
    static int sx = 0;          /* 정적 기억수명 + 블록 유효범위 */
    int ax = 0;                 /* 자동 기억수명 + 블록 유효범위 */

    printf("%3d%3d%3d\n", ax++, sx++, fx++);
}

int main(void)
{
    int i;

    puts(" ax sx fx");
    puts("----------");
    for (i = 0; i < 10; i++)
        func();
    puts("----------");

    return 0;
}
```

```
실행 결과
 ax sx fx
----------
  0  0  0
  0  1  1
  0  2  2
  0  3  3
  0  4  4
  0  5  5
  0  6  6
  0  7  7
  0  8  8
  0  9  9
----------
```

함수 func의 본체에는 변수 sx와 ax가 선언되어 있습니다. 여기서 sx의 선언 부분에는 static이라는 기억수명 지정자storage duration specifier가 달려 있습니다. 그래서인지 똑같은 값으로 초기화하여 똑같은 연산자를 적용했는데도 ax 와 sx의 값이 달라지는 것을 볼 수 있습니다.

■ 자동 기억수명automatic storage duration

함수 안에서 선언·정의된 오브젝트(변수) 중에서 기억수명 지정자 static이 없는 것은 자동 기억수명을 지닙니다. 자동 기억수명의 성질은 다음과 같습니다.

프로그램의 흐름이 선언을 통과할 때 오브젝트가 생성된다. 선언을 둘러싼 블록의 마지막 지점, 다시 말해 마지막 }를 통과할 때 해당 오브젝트는 할 일을 마치고 사라진다.

즉 블록 안에서만 살다가 죽는 '하루살이 같은 목숨'입니다. 또한 자동 기억수명을 지니는 변수를 선언할 때 초기화값이 없으면, 해당 변수는 임의의 값(쓰레깃값)으로 초기화됩니다.

```
int ax = 0;
```

정리하면, 자동 기억수명을 지니는 오브젝트는 프로그램의 흐름이 위와 같은 선언을 지날 때 생성됨과 동시에 초기화가 이루어집니다.

■ 정적 기억수명 static storage duration

함수 안에서 static을 이용해 선언된 오브젝트, 혹은 함수 밖에서 선언·정의된 오브젝트는 정적 기억수명을 지닙니다. 정적 기억수명의 성질은 다음과 같습니다.

프로그램 개시할 때, 구체적으로는 main 함수를 실행하기 전 준비 단계에서 오브젝트가 생성되어 프로그램 종료 시에 사라진다.

즉 프로그램이 끝나지 않는 한 '영원한 생명'을 지니고 있는 셈입니다. 또한 정적 기억수명을 지니는 변수를 선언할 때 초기화값이 없으면, 해당 변수는 0으로 초기화됩니다.

정적 기억수명을 지닌 오브젝트는 main 함수가 시작되기도 전에 초기화가 이루어집니다.

```
static int sx = 0;
```

따라서 프로그램의 흐름이 위와 같은 선언을 지날 때마다 초기화가 이루어지는 것이 아닙니다. 이 부분은 대입이 아니라 어디까지나 초기화라는 점을 기억하기 바랍니다.

두 가지 기억수명을 **표 6-2**에 정리했습니다.

표 6-2 기억수명

	자동 기억수명	정적 기억수명
생성	프로그램의 흐름이 그 선언을 통과할 때 생성된다.	프로그램이 실행되기 전의 준비 단계에서 생성된다.
초기화	명시적으로 초기화하지 않으면 임의의 값으로 초기화된다.	명시적으로 초기화하지 않으면 0으로 초기화된다.
폐기	그 선언이 포함된 블록을 빠져나올 때 사라진다.	프로그램 실행이 끝날 때 뒤처리 단계에서 사라진다.

▶ 함수 안에서 기억수명 지정자인 auto나 register를 붙여서 선언·정의한 변수도 자동 기억수명을 지닙니다. auto는 붙이나 안 붙이나 차이가 없으므로, 굳이 붙일 필요는 없습니다.

```
auto int ax = 0;          /* int ax = 0;과 똑같다 */
```

한편으로 기억수명 지정자 register를 붙여서 다음과 같이 선언했을 때는 약간 차이가 있습니다.

```
register int ax = 0;
```

이는 소스 프로그램을 컴파일하는 컴파일러에 "변수 ax를 주기억장치보다 더 빠른 레지스터에 저장하는 편이 좋다."라고 조언한다는 뜻입니다. 물론 레지스터 개수는 유한하므로 이렇게 선언한다고 컴파일러가 무조건 따르는 것은 아닙니다. 그래서 '지시'가 아니라 '조언'인 것입니다.

컴파일 기술이 매우 발전한 오늘날에는 어떤 변수를 레지스터에 저장할지를 컴파일러가 알아서 판단하여 최적화할 수 있습니다(심지어 레지스터에 저장할 변수를 프로그램이 실행 중에 동적으로 바꾸기도 합니다). 따라서 이제는 사실상 register를 적을 필요가 없습니다.

```
ax sx fx
----------
 0  0  0
 0  1  1
 0  2  2
 0  3  3
 0  4  4
 0  5  5
 0  6  6
 0  7  7
 0  8  8
 0  9  9
----------
```

```
int fx = 0;

void func(void)
{
    static int sx = 0;
    int ax = 0;

    printf("%3d%3d%3d\n", ax++, sx++, fx++);
```

```
    }

    int main(void)
    {
        int i;
        /* … 중략 … */
        for (i = 0; i < 10; i++)
            func();
        /* … 중략 … */
    }
```

이제 두 가지 기억수명에 관해 이해했으니, **그림 6-16**을 보면서 프로그램의 동작을 따라가 보겠습니다.

a main 함수가 시작되기 직전 상태입니다. 정적 기억수명을 지니는 fx와 sx가 메모리상에 생성되어 0으로 초기화됩니다. 이들은 프로그램이 실행되는 내내 같은 자리에 존재합니다.

b main 함수가 시작되어, 자동 기억수명을 지닌 변수 i가 생성되었습니다.

c main 함수에서 func 함수를 불러서, 자동 기억수명을 지닌 변수 ax가 생성되어 0으로 초기화됩니다. 여기서 ax, sx, fx의 값은 각각 다음과 같이 출력됩니다.

```
    0  0  0
```

그 후에 이 세 가지 변수는 1 증가하므로, 그 값은 1, 1, 1이 됩니다.

d func 함수가 끝나면서 ax가 사라집니다.

e main 함수에서는 변수 i를 1 증가시켜서 다시 func 함수를 부릅니다. 이 때 ax가 생성되어 0으로 초기화됩니다. 여기서 세 변수의 값은 각각 다음과 같이 출력됩니다.

```
    0  1  1
```

출력 후에 이들 변수는 1 증가하므로 각각 1, 2, 2라는 값을 지닙니다.

그림 6-16 오브젝트 생성과 폐기

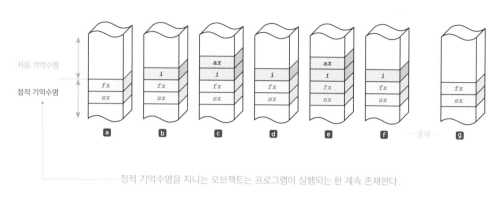

정적 기억수명을 지니는 오브젝트는 프로그램이 실행되는 한 계속 존재한다.

main 함수는 func 함수를 열 번 부르는데, 영원한 생명을 지닌 fx와 sx는 그때마다 값이 1씩 증가합니다. 한편으로 함수 func 안에서만 살다가 사라지는 ax는 매번 생성되어 0으로 초기화되므로, 열 번 모두 그 값은 0으로 출력됩니다.

g main 함수가 끝나면서 변수 i는 사라집니다.

＊

정적 기억수명을 지닌 오브젝트를 초기화해 주지 않으면 자동으로 0으로 초기화된다는 사실을 **예제 6-19**로 확인해 보겠습니다.

➡ **예제 6-19**   chap06/list0619.c

```
/*
    정적 기억수명을 지니는 오브젝트의 무시적 초기화를 확인
*/

#include <stdio.h>

int fx;                    /* 0으로 초기화된다 */

int main(void)
{
```

실행 결과
fx = 0
si = 0
sd = 0
sa[0] = 0
sa[1] = 0
sa[2] = 0
sa[3] = 0
sa[4] = 0

```
    int i;
    static int si;              /* 0으로 초기화된다 */
    static double sd;           /* 0.0으로 초기화된다 */
    static int sa[5];           /* 모든 요소가 0으로 초기화된다 */

    printf("fx = %d\n", fx);
    printf("si = %d\n", si);
    printf("sd = %d\n", sd);

    for (i = 0; i < 5; i++)
        printf("sa[%d] = %d\n", i, sa[i]);

    return 0;
}
```

정적 기억수명을 지닌 int형 변수 fx와 si, double형 변수 sd, int 배열의 모든 요소 sa[0], sa[1], ⋯, sa[4]가 모두 0이나 0.0으로 초기화됐음을 알 수 있습니다.

연습 6-14

정적 기억수명을 지닌 double형 배열의 모든 요소가 0.0으로 초기화됨을 확인할 수 있는 프로그램을 작성하시오.

연습 6-15

```
void put_count() { /* … */ }
put_count : 1회
put_count : 2회
put_count : 3회
```

자기 자신이 불린 횟수를 출력하는 함수 put_count를 작성하시오. 왼쪽은 함수 put_count를 세 번 호출했을 때의 실행 결과입니다.

정리

- 일정한 목적을 지닌 처리는 프로그램의 부품인 '함수'로 만드는 편이 좋다. 함수는 반환형, 함수명, 매개변수를 지닌다. 인자를 받지 않는 함수는 매개변수 부분에 void를 넣는다.

- 함수의 본체는 복합문(블록)이다. 특정 함수에서만 쓸 변수는 그 함수 안에서 선언한다.

- 함수 호출 연산자 ( )를 이용하여 '함수명 (인자)'라는 형식으로 함수를 부를 수 있다. 인자가 없을 때는 ( ) 안에 아무것도 넣지 않고 비워 둔다. 인자가 여러 개일 때는 콤마로 구분한다.

- 함수가 호출되면 프로그램의 흐름은 호출된 함수로 넘어간다.

- 함수를 부를 때 인자를 넣으면 그 값이 매개변수에 대입된다. 따라서 매개변수의 값을 바꿔도 인자에는 아무런 영향이 없다. 이렇게 함수를 호출할 때 인자의 값만 넘겨주는 것을 값 넘기기라고 하는데, 이를 잘 이용하면 함수를 깔끔하게 작성할 수도 있다.

- 함수 안에서 return문을 실행하거나, 함수 본체를 다 실행하고 나면 프로그램의 흐름은 호출자로 되돌아간다. 이때 반환형이 void가 아닌 함수는 호출자에게 값 하나를 반환할 수 있다.

- 함수 호출식을 평가하면 해당 함수의 반환값이 나온다.

- 변수와 함수의 실체를 만들어내는 선언은 '정의이기도 한 선언'이며, 그렇지 않은 것은 '정의가 아닌 그냥 선언'이다.

- 프로그램을 실행하면 main 함수의 본체가 실행된다. main 함수가 아닌 다른 함수가 먼저 실행될 일은 없다.

- 호출될 함수 A를 위에 정의하고, 함수 A를 호출하는 함수를 아래에 정의하는 편이 좋다.

- 만약 먼저 정의되지 않은 함수를 호출하고 싶다면, 함수의 반환형과 매개변수 등을 기술한 함수 원형 선언을 위에다 적어 줘야 한다.

- 함수는 되도록 범용성이 높게 설계해야 한다.

- C 언어가 제공하는 printf 함수, scanf 함수 등을 라이브러리 함수라고 한다.

---

chap06/summary1.c

```
/*
    정수 두 개의 평균값을 구한다
*/

#include <stdio.h>

/*--- a와 b의 평균값을 실수로 반환한다 ---*/
double ave2(int a, int b)
{
    return (double)(a + b) / 2;
}

int main(void)
{
    int n1, n2;

    puts("정수 두 개를 입력해 주세요.");
    printf("정수1 : ");      scanf("%d", &n1);
    printf("정수2 : ");      scanf("%d", &n2);

    printf("평균값은 %.1f입니다.\n", ave2(n1, n2));

    return 0;
}
```

실행 결과 사례

정수 두 개를 입력해 주세요.
정수1 : 5
정수2 : 6
평균값은 5.5입니다.

- 〈stdio.h〉 등의 헤더 안에는 라이브러리 함수의 함수 원형 선언이 들어 있다. 헤더의 내용은 #include 지시자로 파일에 인클루드할 수 있다(포함시킬 수 있다).

- 배열을 넘겨받는 매개변수는 '자료형 변수명 [ ]'라는 형식으로 선언하고, 배열 길이는 보통 또 다른 매개변수로 넘겨받는다. 만약 넘겨받은 배열을 참조만 하고 요소의 값을 바꿀 일이 없다면, 매개변수를 선언할 때 const를 붙인다.

- 배열을 순회하며 원하는 값을 찾는 일을 선형 검색, 혹은 순차 검색이라고 한다. 이때 경계값을 이용할 수도 있다.

- 함수 밖에서 정의된 변수는 해당 파일의 끝까지 이름이 통용되는 파일 유효범위를 지니며, 함수 안에서 정의된 변수는 블록 끝까지 이름이 통용되는 블록 유효범위를 지닌다.

- 서로 다른 유효범위를 지녔지만 이름이 같은 변수가 여러 개 존재할 때는, 유효범위가 가장 안쪽에 있는 것만 보이고 나머지는 보이지 않는다.

- 함수 밖에서 정의된 오브젝트와 함수 안에서 static으로 정의된 오브젝트는 프로그램이 시작되고 끝날 때까지 계속 살아있는 정적 기억수명을 지닌다. 이는 명시적으로 초기화해 주지 않으면 0으로 초기화된다.

- 함수 안에서 static 없이 정의된 오브젝트는 블록 끝까지만 살아있는 자동 기억수명을 지닌다. 이는 명시적으로 초기화해 주지 않으면 임의의 값으로 초기화된다.

```
                                    chap06/summary2.c
/* no를 기억했다가 이전 값을 반환 */
int val(int no)
{
    static int v;
    int temp = v;

    v = no;
    return temp;
}
```

```
                                    chap06/summary3.c
/* 배열의 모든 요소의 평균값을 실수로 반환 */
double ave_ary(const int a[], int n)
{
    int i;
    double sum = 0;

    for (i = 0; i < n; i++)
        sum += a[i];
    return sum / n;
}
```

```
                                    chap06/summary4.c
/* 경보를 출력 */
double put_alert(void)
{
    putchar('\a');
}
```

```
                                    chap06/summary5.c
/* 배열 b의 요소 중 앞에서부터 n개를 a에 복사 */
void cpy_ary(int a[], const int b[], int n)
{
    int i;

    for (i = 0; i < n; i++)
        a[i] = b[i];
}
```

```
                                    chap06/summary6.c
/* 2차원 배열 a의 모든 구성 요소의 총합을 반환한다 */
void sum_ary2D(const int a[][3], int n)
{
    int i, j;
    int sum = 0;

    for (i = 0; i < n; i++)
        for (j = 0; j < 3; j++)
            sum += a[i][j];
    return sum;
}
```

CHAPTER

7

기본형

int형은 정수만을 나타낼 수 있는 자료형이며, 소수 부분을 지닌 실수는 나타내지 못합니다. 따라서 실수를 다룰 때는 그동안 double형을 사용해 왔습니다. 이처럼 표현할 수 있는 숫자값의 특징과 범위 등은 자료형에 따라 다릅니다. C 언어에는 수많은 자료형이 준비되어 있는데, 이번 장에서는 기본적인 자료형에 관해 알아보겠습니다.

기본형과 수

이번 장의 목적은 기본적인 자료형을 모두 살펴보는 것입니다. 이를 위한 기초 지식인 '수' 자체에 관해 먼저 알아보겠습니다.

1) 산술형과 기본형

여태까지 써왔던 int형과 double형 변수, 상수는 덧셈과 뺄셈 등 산술 연산을 할 수 있습니다. 그래서 이들을 산술형arithmetic type이라고 합니다. **그림 7–1**과 같이 산술형에는 다양한 자료형이 있습니다. 이는 다음과 같이 분류할 수 있습니다.

> · **통합 정수형** integral type   정숫값을 나타내는 자료형
>   · 문자형 character type   문자를 나타내는 자료형
>   · 정수형 integer type   정수를 나타내는 자료형
>   · 열거형 enumeration type   한정된 정수 집합을 나타내는 자료형
> · **부동소수점형** floating type   소수 부분을 지니는 수를 나타내는 자료형

이 중에서 문자형, 정수형, 부동소수점형은 int와 double과 같은 예약어만으로 자료형 이름을 나타낼 수 있으므로 기본형basic type이라고 불립니다.

2) 기수법

자료형을 배우기 전에 먼저 정수에 관해 알아보겠습니다.

▶ 기수는 수를 표현할 때 각 자릿수가 얼마만큼의 가치를 지니느냐를 나타내는 수입니다. 가령 기수가 10인 10진수는 값이 10배 커질 때마다 자릿수가 하나 늘어납니다.

필자는 1963년에 태어났습니다. 그런데 우리가 당연하다는 듯이 쓰고 있는 이 1963이라는 수는 10진수입니다. 참고로 10진수란 기수가 10인 수입니다.

그런데 컴퓨터는 신호의 ON과 OFF를 뜻하는 1과 0으로 데이터를 표현합니다. 따라서 컴퓨터에서 수를 다룰 때는 2가 기수인 2진수가 더 편리합니다.

그렇다고 우리에게 익숙한 10진수를 쓰지 않고 일일이 2진수를 쓰려면 너무 번거롭습니다. 만약 일상생활에서 2진수만 쓸 수 있다면 필자는 자기소개할 때 "저는 11110101011년에 태어났습니다."라고 해야 합니다.

컴퓨터의 세계에서는 2진수가 기본이다 보니, 하드웨어와 밀접하게 관련된 프로그램에서는 2진수를 쓰는 편이 더 나을 때도 있습니다. 다만 2진수를 쓰면 자릿수가 너무 높아지는 문제가 있으므로, 8진수나 16진수를 쓸 때가 많습니다.

그림 7-1 산술형

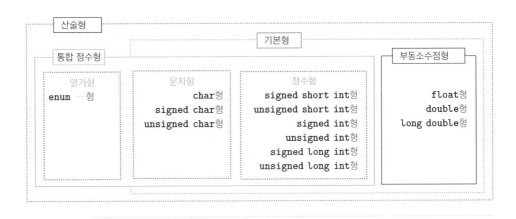

10진수에서는 다음과 같이 10종류의 숫자 0~9를 다 써야지 자릿수가 오르며 10이 됩니다.

0 1 2 3 4 5 6 7 8 9   한 자릿수 10진수

그 후에 두 자릿수에서 10~99를 다 쓰면 자릿수가 오르며 100이 됩니다.

이는 8진수에서도 마찬가지입니다. 다음과 같이 숫자 여덟 개를 다 쓰면 자릿수가 올라 10이 됩니다.

0 1 2 3 4 5 6 7   한 자릿수 8진수

물론 두 자릿수에서 10~77을 다 쓰면 자릿수가 오르며 100이 됩니다.

16진수에서는 다음과 같이 16가지 숫자를 사용합니다.

0 1 2 3 4 5 6 7 8 9 A B C D E F   한 자릿수 16진수

즉 0~F를 다 쓰면 자릿수가 오르며 10이 됩니다. 그리고 두 자릿수에서 10~FF까지를 다 쓰고 나면 자릿수가 올라서 100이 됩니다.

10진수의 0~20을 8진수, 16진수로 나타내면 다음과 같습니다.

8진수	0 1 2 3 4 5 6 7 10 11 12 13 14 15 16 17 20 21 22 23 24 ⋯
10진수	0 1 2 3 4 5 6 7 8 9 10 11 12 13 14 15 16 17 18 19 20 ⋯
16진수	0 1 2 3 4 5 6 7 8 9 A B C D E F 10 11 12 13 14 ⋯

참고로 2진수는 다음 두 가지 숫자만 이용해서 수를 나타냅니다.

0 1   한 자릿수 2진수

따라서 10진수 0~13을 2진수로 나타내면 다음과 같습니다.

0 1 10 11 100 101 110 111 1000 1001 1010 1011 1100 1101

3) 기수 변환

다음으로는 기수법을 바꾸는 방법을 알아보겠습니다.

■ 8진수, 16진수, 2진수 ➡ 10진수로 변환

10진수는 각 자릿수가 10의 거듭제곱만큼의 가치를 지닙니다. 따라서 1998은 다음과 같이 해석할 수 있습니다.

$$1998 = 1 \times 10^3 + 9 \times 10^2 + 9 \times 10^1 + 8 \times 10^0$$

이를 8진수, 16진수, 2진수에 적용하면 각 기수법의 수를 10진수로 변환할 수 있습니다.

가령 8진수 123을 10진수로 변환하는 방법은 다음과 같습니다.

$$123 = 1 \times 8^2 + 2 \times 8^1 + 3 \times 8^0$$
$$= 1 \times 64 + 2 \times 8 + 3 \times 1$$
$$= 83$$

또한, 16진수 1FD는 다음과 같이 10진수로 변환할 수 있습니다.

$$1FD = 1 \times 16^2 + 15 \times 16^1 + 13 \times 16^0$$
$$= 1 \times 256 + 15 \times 16 + 13 \times 1$$
$$= 509$$

마지막으로 2진수 101을 10진수로 변환해 보겠습니다.

$$101 = 1 \times 2^2 + 0 \times 2^1 + 1 \times 2^0$$
$$= 1 \times 4 + 0 \times 2 + 1 \times 1$$
$$= 5$$

■ 10진수 ➡ 2진수, 8진수, 16진수로 변환

이전 페이지에서 2진수의 규칙성을 알 수 있습니다.

> · 짝수이면 가장 아래 자리 숫자는 0이 된다.
> · 홀수이면 가장 아래 자리 숫자는 1이 된다.

즉 어떤 수를 2로 나눈 나머지는 그 수의 2진수로 나타냈을 때의 가장 아래 자리 숫자와 같습니다.

가령 10진수 57은 홀수이므로 2진수로 바꾸면 가장 아래 자리 숫자가 1이 될 것입니다.

그림 7-2 10 진수를 10 진
수로 변환

```
10 ) 1962
10 )  196  2
10 )   19  6
10 )    1  9
         Ø  1
```

그림 7-3 10 진수를 2 진수
로 변환

```
2 ) 57
2 )  28  1
2 )  14  Ø
2 )   7  Ø
2 )   3  1
2 )   1  1
      Ø  1
```

그림 7-4 10 진수를 8 진수
로 변환

```
8 ) 57
8 )  7  1
     Ø  7
```

그림 7-5 10 진수를 16 진
수로 변환

```
16 ) 57
16 )  3  9
      Ø  3
```

10진수를 2진수로 변환하는 방법을 논하기 전에, '10진수를 10진수로 변환하는 방법'부터 먼저 알아보겠습니다. 10진수를 10으로 나눈 나머지는 가장 아래 자리 숫자와 일치합니다. 가령 1962를 10으로 나눈 나머지는 2이며, 이는 1962의 일의 자리 숫자인 2와 똑같습니다.

방금 했던 나눗셈 1962 / 10의 몫 196은 1962를 오른쪽으로 한 자리 밀어낸 꼴입니다(일의 자리 숫자였던 2는 없어진 것으로 보도록 하겠습니다). 즉 10진수의 값을 10으로 나누면 원래 값을 통째로 오른쪽으로 한 칸 민 값이 나옵니다. 그 196을 10으로 나눈 나머지 6은 아래에서 두 번째 자리 숫자입니다. 이때 나온 몫인 19를 10으로 나누면 …….

10진수를 10으로 나눈 몫과 나머지를 구하고, 몫은 다시 10으로 나누기를 반복합니다. 그 과정에서 구한 나머지를 거꾸로 나열하면 원래 10진수가 완성됩니다(**그림 7-2**).

*

이 방법에서 10 대신 2를 사용하면, 그것이 곧 '10진수를 2진수로 변환하는' 방법입니다. 실제로 어떤 수를 2로 나누는 일은 곧 2진수에서 수를 오른쪽으로 한 자리 미는 일에 해당하기 때문입니다.

10진수 57을 2진수로 변환해 보겠습니다. 이 수를 2로 나누면 몫은 28이고 나머지는 1입니다. 28을 2로 나누면 몫은 14고 나머지는 0입니다. 이 작업을 반복하면 **그림 7-3**과 같이 되고, 2진수 111001을 얻을 수 있습니다.

물론 10진수를 8진수나 16진수로 변환하는 방법도 이와 똑같습니다. 0이 될 때까지 8이나 16으로 나눠서, 그 나머지를 거꾸로 나열하면 됩니다. 10진수 57을 8진수로 변환하면 **그림 7-4**와 같은 과정을 거쳐 71이 됩니다. 16진수로 변환하면 **그림 7-5**와 같이 39가 됩니다.

표 7C-1과 같이 네 자리 2진수는 한 자리 16진수에 대응시킬 수 있습니다. 즉, 4비트로 나타낼 수 있는 0000~1111은 16진수 0~F에 해당합니다. 이를 이용하면 2진수와 16진수는 서로 쉽게 기수 변환을 할 수 있습니다. 가령 2진수 0111101010011100을 16진수로 변환할 때는 네 자리씩 나눠서 각각을 16진수로 바꾸면 됩니다.

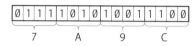

7   A   9   C

16진수에서 2진수로 변환할 때도 마찬가지입니다. 16진수의 각 자리 숫자를 네 자릿수 2진수로 바꾸면 됩니다.

표 7C-1 2진수와 16진수 대응표

2진수	16진수	2진수	16진수
0000	0	1000	8
0001	1	1001	9
0010	2	1010	A
0011	3	1011	B
0100	4	1100	C
0101	5	1101	D
0110	6	1110	E
0111	7	1111	F

정수형과 문자형

C 언어로 가장 잘 다룰 수 있는 자료형이 바로 정수형과 문자형입니다. 이번 절에서는 이에 관해 알아보겠습니다.

1) 정수형과 문자형

정수형integer type과 문자형character type은 유한한 범위의 연속된 정수를 표현하는 자료형입니다.

연속된 정수 열 가지만을 나타낼 수 있는 자료형을 우리가 새로 만든다고 가정해 보겠습니다. 만약 0과 양의 정수만을 나타낸다고 하면, 그 자료형이 표현할 수 있는 값의 범위는 다음이 적당할 것입니다.

ⓐ 0, 1, 2, 3, 4, 5, 6, 7, 8, 9

혹은 음수도 나타내고 싶다면, 다음과 같이 범위를 정해도 되겠습니다.

ⓑ −5, −4, −3, −2, −1, 0, 1, 2, 3, 4

물론 −5~4가 아니라 −4~5로 범위를 정할 수도 있습니다. ⓑ는 음수도 나타낼 수 있다는 장점이 있지만, 대신 표현 가능한 절댓값은 ⓐ의 절반 정도밖에 되지 않는다는 단점도 있습니다. 따라서 만약 음수를 다룰 일이 없다면, ⓑ보다 ⓐ와 같이 자료형을 설계하는 편이 더 나을 것입니다. 반대로 음수를 꼭 다뤄야 한다면 ⓑ를 택해야 할 것입니다.

＊

C 언어에서 정수를 다룰 때는 용도와 목적에 따라 적절한 자료형을 골라 쓸 수 있습니다. ⓐ와 ⓑ에 해당하는 자료형을 각각 다음과 같이 부릅니다.

ⓐ **부호 없는 정수형** unsigned integer type	0과 양수를 나타내는 정수형
ⓑ **부호 있는 정수형** signed integer type	음수와 0과 양수를 나타내는 정수형

변수를 선언할 때 signed나 unsigned라는 형 지정자type specifier를 붙이면 이를 명확하게 지정할 수 있습니다. 만약 지정하지 않으면, 자동으로 signed로 선언한 것으로 간주합니다.

```
int            x;      /* x는 부호 있는 int형 */
signed int     y;      /* y는 부호 있는 int형 */
unsigned int   z;      /* z는 부호 없는 int형 */
```

가령 위와 같이 x는 signed도 unsigned도 붙이지 않았으므로, 자동으로 signed를 붙인 것으로 간주됩니다.

✳

정수형은 부호의 유무뿐만 아니라, 표현할 수 있는 값의 '범위'에 따라서도 몇 가지 종류로 나눌 수 있습니다. 조금 전에는 고작 정수 열 가지만을 나타낼 수 있는 자료형을 생각해 봤는데, 실제 C 언어에서 쓰이는 자료형은 훨씬 더 넓은 범위의 정수를 나타낼 수 있습니다. 총 몇 가지 정수를 나타낼 수 있느냐에 따라 다음과 같이 네 가지로 나눌 수 있습니다.

```
char     short int     int     long int
```

물론 각각 부호가 있는 것과 없는 것이 있지만, char형만은 예외입니다. char형에도 signed와 unsigned가 붙을 수 있지만, 이와 별개로 signed도 unsigned도 붙지 않는 '그냥' char형이 존재합니다.

▶ signed와 unsigned와 마찬가지로, short와 long도 형 지정자의 일종입니다.

정리하면, 문자형과 정수형은 **그림 7-6**과 같이 분류할 수 있습니다.

그림 7-6 정수를 나타내는 자료형 분류

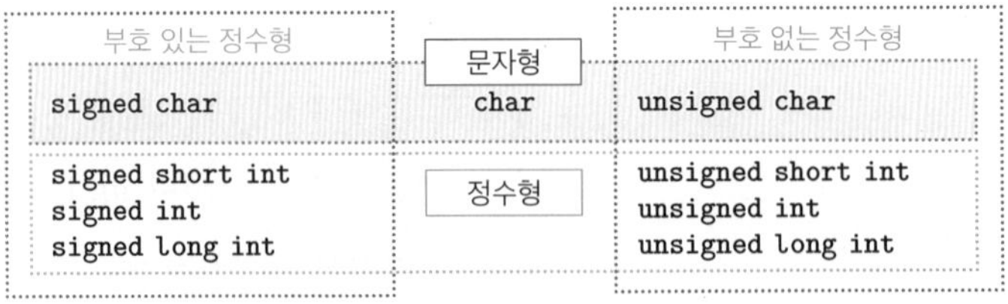

형 이름에 관해서는 다음과 같은 규칙이 있습니다.

> · short나 long이라고만 적으면 이는 short int와 long int라는 뜻이다.
> · signed나 unsigned라고만 적으면 이는 signed int와 unsigned int라는 뜻이다.

이 관계를 정리한 것이 **표 7-1**입니다. 표의 각 행은 모두 똑같은 자료형입니다. 가령 아래에서 두 번째 줄에 있는 signed long int, signed long, long int, long은 모두 같은 자료형입니다. 이후로는 가장 짧은 표기법, 다시 말해 각 행의 가장 오른쪽에 있는 파랗게 칠한 부분의 표기를 주로 사용하도록 하겠습니다.

표 7-1 문자형·정수형의 명칭과 단축명

문자형	char			
	signed char			
	unsigned char			
정수형	signed short int	signed short	short int	short
	unsigned short int	unsigned short		
	signed int	signed	int	
	unsigned int	unsigned		
	signed long int	signed long	long int	long
	unsigned long int	unsigned long		

2) <limits.h> 헤더

여태까지 문자형과 정수형에는 다양한 자료형이 있다는 사실을 살펴봤습니다. 이제 자료형으로 나타낼 수 있는 값의 '범위'를 자세히 알아보겠습니다.

표 7–2에 각 자료형으로 표현 가능한 값의 범위(최솟값과 최댓값)를 정리했습니다.

표 7-2 문자형과 정수형으로 표현할 수 있는 값의 범위 (표준 C 에서 보장된 값)

자료형	최솟값	최댓값	
char	0	255	개발 환경에 따라 다르다
	-127	127	
signed char	-127	127	
unsigned char	0	255	
short	-32767	32767	
int	-32767	32767	
long	-2147483647	2147483647	
unsigned short	0	65535	
unsigned	0	65535	
unsigned long	0	4294967295	

▼ 실제로 수많은 개발 환경에서는 short형으로 -32678부터 32767까지 나타낼 수 있는데, 이는 표 7-2에 나온 것보다 음수의 범위가 하나 더 넓은 셈입니다. 그러한 환경에서는 p.268에서 배울 '2의 보수' 형태로 음수를 나타냅니다.

표 7-3 문자형과 정수형으로 표현할 수 있는 값의 범위 (이 책에서 가정하는 값)

자료형	최솟값	최댓값
char	0	255
signed char	-128	127
unsigned char	0	255
short	-32768	32767
int	-32768	32767
long	-2147483648	2147483647
unsigned short	0	65535
unsigned	0	65535
unsigned long	0	4294967295

그런데 사실 각 자료형이 표현할 수 있는 값의 범위는 개발 환경에 따라 다릅니다. 이 표에 있는 내용은 어디까지나 최소한의 범위입니다. 따라서 개발 환경에 따라서는 이 표에 나온 것보다 더 넓은 범위에서 값을 표현할 수 있기도 합니다.

이 책에서는 각 자료형이 나타낼 수 있는 범위가 **표 7–3**과 같다고 가정하도록 하겠습니다.

각 자료형으로 다룰 수 있는 값의 범위를 모르면 매우 곤란하므로, C 언어에서는 〈limits.h〉 헤더를 통해 문자형과 정수형으로 나타낼 수 있는 '최솟값'

과 '최댓값'을 오브젝트 매크로 형태로 제공합니다. 이 책에서 가정하는 매크로 정의는 다음과 같습니다.

▶ 몇몇 정수 상수의 끝에 붙어 있는 U와 L에 관해서는 p.280에서 설명하겠습니다.

이 책에서 가정하는 <limits.h>의 일부 내용		
#define UCHAR_MAX	255U	/* unsigned char의 최댓값 */
#define SCHAR_MIN	-128	/* signed char의 최솟값 */
#define SCHAR_MAX	+127	/* signed char의 최댓값 */
#define CHAR_MIN	Ø	/* char의 최솟값 */
#define CHAR_MAX	UCHAR_MAX	/* char의 최댓값 */
#define SHRT_MIN	-32768	/* short int의 최솟값 */
#define SHRT_MAX	+32767	/* short int의 최댓값 */
#define USHRT_MAX	65535U	/* unsigned short의 최댓값 */
#define INT_MIN	-32768	/* int의 최솟값 */
#define INT_MAX	+32767	/* int의 최댓값 */
#define UINT_MAX	65535U	/* unsigned int의 최댓값 */
#define LONG_MIN	-2147483648L	/* long int의 최솟값 */
#define LONG_MAX	+2147483647L	/* long int의 최댓값 */
#define ULONG_MAX	4294967295UL	/* unsigned long의 최댓값 */

이들 매크로의 값을 확인함으로써 자신이 사용하는 개발 환경에서 각 자료형이 표현할 수 있는 값의 범위를 알 수 있습니다. **예제 7-1**을 통해 직접 확인해 보겠습니다.

➡ 예제 7-1   chap07/list0701.c

```
/*
    문자형과 정수형의 표현 범위를 출력한다
*/

#include <stdio.h>
#include <limits.h>

int main(void)
{
    printf("이 환경에서 각 문자형과 정수형이 지니는 값의 범위");
    printf("char          : %d~%d\n",  CHAR_MIN , CHAR_MAX);
    printf("signed char : %d~%d\n",  SCHAR_MIN, SCHAR_MAX);
    printf("unsigned char   : %d~%d\n", Ø            , UCHAR_MAX);

    printf("short         : %d~%d\n", SHRT_MIN, SHRT_MAX);
    printf("int       : %d~%d\n",  INT_MIN , INT_MAX);
    printf("long          : %ld~%ld\n",    LONG_MIN, LONG_MAX);
```
                          └──┬──┘─────── 알파벳 소문자 엘(l).

실행 결과 사례
이 환경에서 각 문자형과 정수형이 지니는 값의 범위
char   : 0~255
signed char   : -128~127
unsigned char : Ø~255
short   : -32768~32767
int   : -32768~32767
… 이하 생략 …

```
    printf("unsigned short  : %u~%u\n",        0        , USHRT_MAX);
    printf("unsigned        : %u~%u\n",        0        , UINT_MAX);
    printf("unsigned long   : %lu~%lu\n",      0        , ULONG_MAX);

    return 0;
}
```
부호가 없는 정수형의 최솟값은 0.
알파벳 소문자 유(u).   매크로로는 정의되어 있지 않다.

처음으로 scanf 함수가 나왔던 p.37에서는 다음과 같이 설명했었습니다.

> int형 변수에는 일정 범위의 정숫값만을 넣을 수 있으므로, 극단적으로 큰 양수나 극
> 단적으로 작은 음수는 읽어 들일 수 없습니다(뒤에서 자세히 설명하겠습니다).

이 프로그램을 실행하면 각 자료형에 저장할 수 있는 값(물론 키보드로 읽어 들
일 수 있는 값과 일치합니다)의 범위가 출력됩니다. 실행 결과는 환경에 따라 다
릅니다.

3) 문자형

▶ 실행 결과는 환경에 따라 다릅 니다.

char형은 '문자'를 저장하기 위한 자료형입니다. int와 같은 정수형에서는
signed와 unsigned가 없으면 signed로 간주합니다. 하지만 문자형인 char는
그렇지 않습니다. signed도 unsigned도 붙지 않는 '그냥' char형에 부호가 있
느냐 없느냐는 개발 환경에 따라 다릅니다. 모른 채로 있을 수는 없기에, 이
를 확인할 프로그램을 만들어 보겠습니다. **예제 7-2**가 바로 그 프로그램입
니다.

➡ 예제 7-2   chap07/list0702.c

```
/*
    char형에 부호가 있는지 없는지 판정
*/

#include <stdio.h>
#include <limits.h>

int main(void)
{
```

┌─────────────────────────────┐
│   실행 결과 사례   │
├─────────────────────────────┤
│ 이 개발 환경에서 char형은 부호가 없습니다. │
└─────────────────────────────┘

```
    printf("이 개발 환경에서 char형은 ");

    if (CHAR_MIN)
        puts("부호가 있습니다.");  •——  CHAR_MIN이 0이 아니다.
    else
        puts("부호가 없습니다.");  •——  CHAR_MIN이 0이다.

    return 0;
}
```

'그냥 char형이 나타낼 수 있는 범위'는 다음 둘 중 하나입니다.

ⓐ **그냥 char형에 부호가 있다면, signed char형과 표현할 수 있는 범위가 같다.**

ⓑ **그냥 char형에 부호가 없다면, unsigned char형과 표현할 수 있는 범위가 같다.**

따라서 ⓐ방식을 채용한 환경의 〈limits.h〉 헤더에는 다음과 같이 정의되어 있습니다.

```
/* ⓐ 그냥 char형에 부호가 있는 환경의 <limits.h> 정의 */
#define CHAR_MIN   SCHAR_MIN   /* signed char의 최솟값과 같다 */
#define CHAR_MAX   SCHAR_MAX   /* signed char의 최댓값과 같다 */
```

또한, ⓑ방식을 채용한 환경의 〈limits.h〉 헤더에는 다음과 같이 정의되어 있습니다.

```
/* ⓑ 그냥 char형에 부호가 없는 환경의 <limits.h> 정의 */
#define CHAR_MIN   0                /* 반드시 0이 된다 */
#define CHAR_MAX   UCHAR_MAX        /* unsigned char의 최댓값과 같다 */
```

▶ 이 책에서는 그냥 char형에 부호가 없다고 가정하고 있습니다.

이 프로그램에서는 CHAR_MIN의 값이 0인지 아닌지를 가지고 판단했습니다.

참고로 'C'나 '₩n' 등의 문자 상수가 int형이라는 사실은 이미 앞에서 배웠습니다. 이들이 char형이 아니라는 점을 명심하기 바랍니다(문자에 관해서는 다음 장에서도 설명하겠습니다).

4) 비트와 CHAR_BIT

여태까지는 변수를 데이터를 저장하기 위한 상자라고 생각해 왔습니다. 그런데 컴퓨터는 모든 정보를 0과 1, 다시 말해 비트의 조합으로 표현합니다. 따라서 변수라는 상자도, 내부적으로는 0과 1이라는 비트(bit)의 나열로 이루어져 있습니다.

char형이 메모리상에서 몇 비트를 점유하느냐는 환경에 따라 다릅니다. 그래서 이는 〈limits.h〉 헤더 안에 있는 오브젝트 매크로 CHAR_BIT로 정의되어 있습니다. 가령 다음과 같이 정의되어 있을 수 있습니다.

```
CHAR_BIT
#define CHAR_BIT  8        /* 예시 : 실제 값은 환경에 따라 다르다 */
```

그림 7-7 char 형의 내부 구성

※ char 형의 비트 수는 개발 환경에 따라 다르다. 적어도 8 개다.

1 바이트의 비트 수

만약 CHAR_BIT가 8이라면 char형의 내부는 **그림 7-7**과 같습니다. 물론 문자형으로 표현할 수 있는 값의 범위는 CHAR_BIT에 좌우됩니다.

문자형과 정수형(int, long 등)으로 표현할 수 있는 값의 범위가 개발 환경에 따라 다른 이유는, 메모리상에서 점유하는 비트 수가 환경에 따라 다르기 때문입니다.

5) sizeof 연산자

C 언어에서는 char형이 점유하는 크기를 1이라고 정의합니다. 그리고 **표 7-4**에 정리한 sizeof 연산자sizeof operator를 이용하면 온갖 자료형의 크기를 알아낼 수 있습니다.

표 7-4 sizeof 연산자

sizeof 연산자	sizeof a	a(오브젝트, 상수, 자료형 등)의 크기를 구함

이 연산자가 생성하는 값은 '문자를 나타내는 데 필요한 크기의 몇 배인가'입니다. 이는 바이트 수와 일치합니다.

sizeof 연산자를 이용해서 문자형과 정수형의 크기를 출력해 보겠습니다. **예제 7-3**이 이를 구현한 프로그램입니다.

→ 예제 7-3   chap07/list0703.c

```
/*
    문자형과 정수형의 크기를 출력한다
*/

#include <stdio.h>

int main(void)
{
    printf("sizeof(char)   = %u\n", (unsigned)sizeof(char));
    printf("sizeof(short)  = %u\n", (unsigned)sizeof(short));
    printf("sizeof(int)    = %u\n", (unsigned)sizeof(int));
    printf("sizeof(long)   = %u\n", (unsigned)sizeof(long));

    return 0;
}
```

반드시 1이 된다.

실행 결과 사례
sizeof(char) = 1
sizeof(short) = 2
sizeof(int)   = 2
sizeof(long) = 4

개발 환경에 따라 다르다.

unsigned형을 출력할 때는 d가 아니라 u다.

▶ 예제 프로그램의 실행 결과는 환경에 따라 다를 수 있습니다. 단, sizeof(char)는 반드시 1입니다. 참고로 이 그림은 CHAR_BIT가 8이고 sizeof(short)와 sizeof(int)가 둘 다 2고 sizeof(long)이 4라고 가정했을 때의 내용입니다.

이 책에서 가정한 정수형 오브젝트의 비트 수와 바이트 수 사이의 관계를 **그림 7-8**에 정리했습니다.

그림 7-8 정수형의 크기와 내부 구성의 예

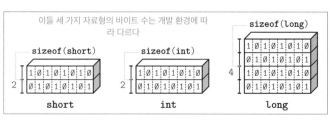

각 자료형의 부호 있는 버전과 부호 없는 버전의 크기는 똑같습니다. 가령 sizeof(short)와 sizeof(unsigned short)의 값은 항상 같습니다. sizeof(long)와 sizeof(unsigned long)도 마찬가지입니다.

또한 short, int, long에는 다음 관계가 성립합니다.

sizeof(short) ≤ sizeof(int) ≤ sizeof(long)

즉 오른쪽 값은 항상 왼쪽 값 이상입니다. 환경에 따라서는 세 값이 모두 같을 수도 있습니다.

6) size_t형과 typedef 선언

sizeof 연산자가 생성하는 값의 자료형은 바로 〈stddef.h〉 헤더 안에 정의된 size_t형입니다. 수많은 개발 환경에서는 typedef 선언^{typedef declaration}을 이용해 다음과 같이 정의하고 있습니다.

```
size_t
typedef unsigned size_t   /* 예시 : 파랗게 칠한 부분은 환경에 따라 다르다 */
```

그림 7-9 typedef 선언

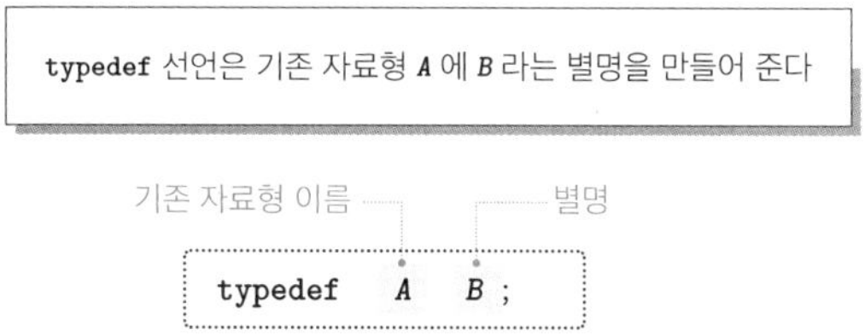

그림 7-9와 같이 typedef는 자료형의 별칭을 만드는 선언입니다. 새로운 자료형을 만드는 것이 아닙니다.

typedef 선언은 기존 자료형 A에 B라는 별명을 만들어 준다

typedef 선언은 기존 자료형 *A* 에 *B* 라는 별명을 만들어 준다

기존 자료형 이름 ─── 별명

typedef   *A*   *B* ;

그림과 같이 기존 자료형 A에 또 다른 이름인 B를 만들어 줍니다. 이 이후로 B는 자료형 이름으로 쓰일 수 있게 되며, 이러한 이름을 보통 typedef명이라고 합니다.

＊

sizeof 연산자가 음수를 생성할 일은 없으므로, size_t는 부호 없는 정수형의

별명으로 정의됩니다. 여기서는 unsigned형의 별명으로 정의된 사례를 소개했는데, 개발 환경에 따라서는 unsigned short나 unsigned long으로 정의할 수도 있습니다.

size_t형의 값을 출력할 때는 예제 프로그램에서 한 것처럼 반드시 형 변환을 해 주어야 합니다. 이는 형식 문자열 안에 있는 변환 지정과 실제 출력할 값의 자료형을 확실하게 맞추기 위한 처리입니다.

printf 함수에서 unsigned형을 출력하기 위한 변환 지정은 %u입니다. 만약 unsigned long형으로 변환한 다음에 출력하고 싶다면 다음과 같이 해야 합니다.

```
printf("sizeof(long)  = %u\n", (unsigned)sizeof(long));
```

7) 정수형 가려 쓰기

보통 int형은 컴퓨터가 가장 다루기 편하고 빠르게 연산할 수 있는 자료형입니다. 만약 sizeof(long)이 sizeof(int)보다 큰 환경이라면, long형의 연산은 int형에 비해 느릴 가능성이 있습니다. 따라서 long이 필요할 정도로 큰 값을 다룰 일이 없는 한, 되도록 int형을 쓰기 바랍니다.

자료형의 크기를 알아보기 위해 sizeof 연산자를 배웠는데, 사실 이 연산자는 다음과 같이 두 가지 형식으로 사용할 수 있습니다.

> · sizeof (자료형 이름)
> · sizeof 식

▶ 후자의 형식에서는 식을 굳이 ( )로 감쌀 필요는 없으나, 이 책에서는 읽기 쉽도록 ( )로 감싸서 표기하겠습니다.

'자료형'의 크기를 알고 싶다면 전자를 이용하고, 변수와 식 등의 크기를 알고 싶다면 후자를 이용합니다.

int형과 double형 및 변수 등의 크기를 출력하는 프로그램 **예제 7-4**를 살펴보겠습니다.

```
/*
     자료형과 변수의 크기를 출력
*/

#include  <stdio.h>

int main(void)
{
    int na, nb;
    double  dx, dy;

    printf("sizeof(int)     = %u\n", (unsigned)sizeof(int));
    printf("sizeof(double)  = %u\n", (unsigned)sizeof(double));

    printf("sizeof(na)      = %u\n", (unsigned)sizeof(na));
    printf("sizeof(dx)      = %u\n", (unsigned)sizeof(dx));

    printf("sizeof(na + nb) = %u\n", (unsigned)sizeof(na + nb));
    printf("sizeof(na + dy) = %u\n", (unsigned)sizeof(na + dy));
    printf("sizeof(dx + dy) = %u\n", (unsigned)sizeof(dx + dy));

    return 0;
}
```

실행 결과 사례	
sizeof(int)	= 2
sizeof(double)	= 8
sizeof(na)	= 2
sizeof(dx)	= 8
sizeof(na + nb)	= 2 ← int + int는 int
sizeof(na + dy)	= 8 ← int + double은 double
sizeof(dx + dy)	= 8 ← double + double은 double

sizeof 연산자를 배열에 적용하면 배열 전체의 크기가 생성됩니다.

```
int a[5];    /* int[5]형 배열(길이가 5고 요소의 자료형이 int인 배열) */
```

가령 위와 같이 선언된 int[5]형 배열의 크기를 sizeof(a)로 구하면, sizeof(int) 가 2인 환경에서는 10이 나오고 sizeof(int)가 4인 환경에서는 20이 나옵니다.

배열 전체의 크기를 요소 한 개의 크기로 나누면, 배열의 길이를 구할 수 있 습니다. 따라서 배열 a의 길이는 다음 식으로 구할 수 있습니다(그림 7-10).

```
sizeof(a) / sizeof(a[0])        배열 a의 길이를 구하는 식
```

이렇게 하면 요소가 무슨 자료형이든, 그 자료형의 크기가 얼마든 상관없이

배열의 길이를 구할 수 있습니다. 실제로 이를 **예제 7-5**로 확인해 보겠습니다.

→ 예제 7-5   chap07/list0705.c

```
/*
    배열의 길이를 구한다
*/

#include  <stdio.h>

int main(void)
{
    int vi[10];
    double  vd[25];

    printf("배열 vi의 길이=%u\n", sizeof(vi) / sizeof(vi[0]));
    printf("배열 vd의 길이=%u\n", sizeof(vd) / sizeof(vd[0]));

    return 0;
}
```

```
실행 결과
배열 vi의 길이=10
배열 vd의 길이=25
```

그림 7-10 배열의 길이

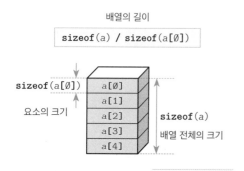

배열의 길이
sizeof(a) / sizeof(a[0])

sizeof(a[0])
요소의 크기

sizeof(a)
배열 전체의 크기

a[0]
a[1]
a[2]
a[3]
a[4]

배열 vi와 배열 vd의 길이는 각각 다음 식으로도 구할 수 있습니다.

· sizeof(vi) / sizeof(int)
· sizeof(vd) / sizeof(double)

단, 배열의 길이를 구할 때 이 식을 쓰지는 않아야 합니다. 왜냐하면 만약 배열 요소의 자료형을 다른 것으로 바꿔야 한다면, 이 식에 나온 int와 double도 바꿔줘야 하기 때문입니다.

핵심 배열의 길이는 sizeof(a) / sizeof(a[0])으로 구할 수 있다.

8) 정수형의 내부 표현

변수(오브젝트)가 저장된 메모리상의 비트의 의미(비트와 값의 관계)는 자료형에 따라 다릅니다. 정수형에서는 내부 비트 표현법으로 순수 2진수 표시 체계 pure binary numeration system가 쓰이고 있습니다. 단, 정수형에 부호가 있느냐 없느냐에 따라 비트를 해석하는 방법이 전혀 다릅니다.

연습 7-1

```
sizeof 1          sizeof(unsigned)-1   sizeof n+2
sizeof+1          sizeof(double)-1     sizeof(n+2)
sizeof-1          sizeof((double)-1)   sizeof(n+2.0)
```

왼쪽과 같이 각 식의 값을 출력하는 프로그램을 작성하고, 각 식의 값이 지니는 의미를 설명하시오. 여기서 n은 int형 변수입니다.

---

9) 부호 없는 정수의 내부 표현

▶ 여기서는 unsigned형이 16
비트라고 가정했습니다.

부호 없는 정수의 내부 표현은 간단합니다. 2진수로 표현한 값을 그대로 비트로 나타낼 뿐입니다. 여기서는 unsigned형의 25를 예로 들며 설명하겠습니다. 10진수 25를 2진수로 표현하면 11001입니다. 그래서 **그림 7-11**과 같이 상위 비트를 모두 0으로 채운 0000000000011001라는 형태로 저장됩니다.

그림 7-11 부호 없는 16 비트짜리 정수에서 25 를 표현하는 방법 ————————

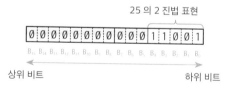

n비트짜리 부호 없는 정수의 각 비트를 하위 비트부터 B0, B1, B2, ⋯ , Bn-1이라고 칭한다면, 이 비트로 표현한 정숫값은 다음 식으로 구할 수 있습니다.

$$B_{n-1} \times 2^{n-1} + B_{n-2} \times 2^{n-2} + \cdots + B_1 \times 2^1 + B_0 \times 2^0$$

가령 비트 구성이 0000000010101011인 정수는 아래와 같이 계산할 수 있으며, 그 결과는 10진수 171입니다.

$$0 \times 2^{15} + 0 \times 2^{14} + \cdots + 0 \times 2^{8}$$
$$+ 1 \times 2^{7} + 1 \times 2^{6} + 1 \times 2^{5} + 1 \times 2^{4} + 1 \times 2^{3} + 1 \times 2^{2} + 1 \times 2^{1} + 1 \times 2^{0}$$
$$\quad\quad\quad 128 \quad\quad 64 \quad\quad 32 \quad\quad 16 \quad\quad 8 \quad\quad 4 \quad\quad 2 \quad\quad 1$$

정수형이 메모리상에서 점유하는 비트 수는 환경에 따라 다르지만, 대체로 8, 16, 32, 64라는 식으로 8의 배수인 경향이 있습니다. 그러한 비트 수로 부호 없는 정수형이 표현할 수 있는 값의 최솟값과 최댓값을 **표 7-5**에 정의했습니다.

표 7-5 부호 없는 정수의 표현 범위

비트 수	최솟값	최댓값
8	0	255
16	0	65 535
32	0	4 294 967 295
64	0	18 446 744 073 709 551 615

가령 unsigned int형이 16비트라면, 0부터 65535까지 총 65,536가지 값을 표현할 수 있습니다. **그림 7-12**를 보면 그러한 값과 비트 구성이 어떻게 대응하는지 알 수 있습니다. 최솟값 0을 나타낼 때는 모든 비트가 0이 되며, 최댓값 65535를 나타낼 때는 모든 비트가 1이 됩니다.

그림 7-12 부호 없는 16 비트짜리 정수의 값과 내부 표현 비트

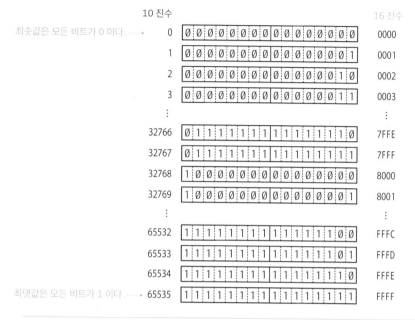

▶ 이는 n자릿수 10진수로 0부터 10n-1까지 총 10n가지 값을 표현할 수 있는(가령 세 자릿수 10진수로는 0부터 999까지 총 1,000가지 값을 표현할 수 있다) 것과 같은 이치입니다.

n비트짜리 부호 없는 정수로 표현할 수 있는 값을 일반적으로 나타내면 0부터 2n − 1까지, 총 2n가지라고 할 수 있습니다.

참고 7-2   음수의 비트 구성을 구하는 법

다음 페이지부터는 음수를 표현하는 세 가지 방법을 알아볼 것입니다. 여기서는 양의 정숫값에서 시작하여, 이에 대응하는 음의 정숫값의 비트 구성을 구하는 방법을 설명하겠습니다.

그림 7C-1에서는 양의 정수 5의 비트 구성에서 시작하여, 이에 대응하는 음의 정수 -5의 비트 구성을 구하는 과정을 설명하고 있습니다.

· **부호와 절댓값**
  부호 비트를 0에서 1로 바꿉니다.
  그 외의 비트는 그대로 둡니다.

· **1의 보수**
  모든 비트를 반전시킵니다.

· **2의 보수**
  위에서 구한 1의 보수에 1을 더합니다.

그림 7C-1 음수의 비트 구성을 구하는 법

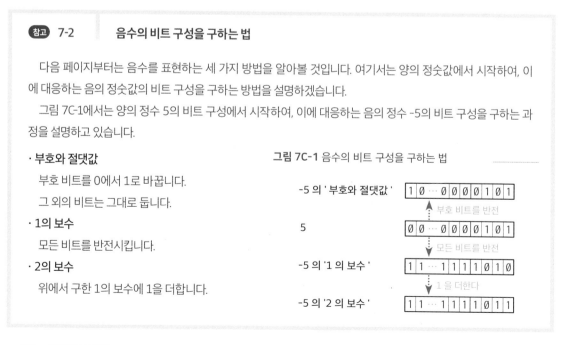

10) 부호 있는 정수의 내부 표현

그림 7-13 부호 있는 정수의 부호 비트

상위 비트   하위 비트

부호 비트
0 ⋯ 0 또는 양수
1 ⋯ 음수

부호 있는 정수의 내부 표현법은 개발 환경에 따라 다릅니다. 일반적으로 널리 쓰이는 내부 표현법으로는 '2의 보수 표현', '1의 보수 표현', '부호와 절댓값 표현'이 있으니, 이에 관해 알아보도록 하겠습니다.

우선 세 가지 표현법의 공통점부터 살펴보겠습니다. 공통점이란, **그림 7-13**과 같이 값의 부호를 최상위 비트로 나타낸다는 점입니다. 이 부호 비트의 값이 음수일 때는 1, 음수가 아닐 때는 0입니다.

다음으로는 최상위 비트를 제외한 나머지 비트로 어떻게 구체적인 값을 나타내는지 설명하겠습니다. 이 부분은 내부 표현법에 따라 다릅니다.

· 2의 보수 표현(2's complement representation)

수많은 환경에서 이 표현법을 사용하는데, 값은 다음과 같이 계산할 수 있습니다.

$$-B_{n-1} \times 2^{n-1} + B_{n-2} \times 2^{n-2} + \cdots + B^1 \times 2^1 + B_0 \times 2^0$$

비트 수가 n개라면 $-2n-1$부터 $2n-1 - 1$까지의 값을 나타낼 수 있습니다(**표 7-6**). int형(즉 signed int형)이 16비트라면, −32768부터 32767까지 총 65,536가지 값을 **그림 7-14 ⓐ**와 같이 표현할 수 있습니다.

· 1의 보수 표현(1's complement representation)

이 표현법의 식은 다음과 같습니다.

$$-B_{n-1} \times (2^{n-1}-1) + B_{n-2} \times 2^{n-2} + \cdots + B_1 \times 2^1 + B_0 \times 2^0$$

비트 수가 n개라면 $-2n-1 + 1$부터 $2n-1 - 1$까지의 값을 나타낼 수 있으므로, 2의 보수 표현보다 범위가 1 작습니다(**표 7-7**). int형이 16비트라면,

−32767부터 32767까지 총 65,535가지 값을 **그림 7-14 b**와 같이 표현할 수 있습니다.

· 부호와 절댓값 표현(sign and magnitude representation)

이 표현법의 식은 다음과 같습니다.

$$(1 - 2 \times B_{n-1}) \times (B_{n-2} \times 2^{n-2} + \cdots + B_1 \times 2^1 + B_0 \times 2^0)$$

나타낼 수 있는 값의 범위는 1의 보수 표현과 똑같습니다(**표 7-7**). int형이 16비트라면, −32767부터 32767까지 총 65,535가지 값을 **그림 7-14 c**와 같이 표현할 수 있습니다.

▶ 음수가 아닐 때(16비트라면 0~32767)는 세 가지 표현법 모두 비트 구성이 똑같습니다.

그림 7-14 부호 있는 16 비트 정수의 값과 내부 표현 비트

내부 표현 비트	**a** 2 의 보수	**b** 1 의 보수	**c** 부호와 절댓값
0 0 0 0 0 0 0 0 0 0 0 0 0 0 0 0	0	0	0
0 0 0 0 0 0 0 0 0 0 0 0 0 0 0 1	1	1	1
0 0 0 0 0 0 0 0 0 0 0 0 0 0 1 0	2	2	2
0 0 0 0 0 0 0 0 0 0 0 0 0 0 1 1	3	3	3
⋮	⋮	⋮	⋮
0 1 1 1 1 1 1 1 1 1 1 1 1 1 1 0	32766	32766	32766
0 1 1 1 1 1 1 1 1 1 1 1 1 1 1 1	32767	32767	32767

0 과 양수의 내부 표현은 모두 공통이며, 부호 없는 정수형과 똑같다.

내부 표현 비트	2 의 보수	1 의 보수	부호와 절댓값
1 0 0 0 0 0 0 0 0 0 0 0 0 0 0 0	−32768	−32767	−0
1 0 0 0 0 0 0 0 0 0 0 0 0 0 0 1	−32767	−32766	−1
1 0 0 0 0 0 0 0 0 0 0 0 0 0 1 0	−32766	−32765	−2
1 0 0 0 0 0 0 0 0 0 0 0 0 0 1 1	−32765	−32764	−3
⋮	⋮	⋮	⋮
1 1 1 1 1 1 1 1 1 1 1 1 1 0 1 0	−6	−5	−32762
1 1 1 1 1 1 1 1 1 1 1 1 1 0 1 1	−5	−4	−32763
1 1 1 1 1 1 1 1 1 1 1 1 1 1 0 0	−4	−3	−32764
1 1 1 1 1 1 1 1 1 1 1 1 1 1 0 1	−3	−2	−32765
1 1 1 1 1 1 1 1 1 1 1 1 1 1 1 0	−2	−1	−32766
1 1 1 1 1 1 1 1 1 1 1 1 1 1 1 1	−1	−0	−32767

음수의 내부 표현은 표현법에 따라 천차만별이다.

표 7-6 부호 있는 정수형의 표현 범위 예(2의 보수)

비트 수	최솟값	최댓값
8	-128	127
16	-32 768	32 767
32	-2 147 483 648	2 147 483 647
64	-9 223 372 036 854 775 808	9 223 372 036 854 775 807

표 7-7 부호 있는 정수형의 표현 범위 예(1의 보수 / 부호와 절댓값)

비트 수	최솟값	최댓값
8	-127	127
16	-32 767	32 767
32	-2 147 483 647	2 147 483 647
64	-9 223 372 036 854 775 807	9 223 372 036 854 775 807

11) 비트 단위 논리 연산

정수 내부의 비트로 총 네 가지 논리 연산을 할 수 있습니다. 각 논리 연산과
진리표를 **그림 7-15**에 정리했습니다.

그림 7-15 비트 단위 논리 연산

ⓐ 논리곱

x	y	x & y
0	0	0
0	1	0
1	0	0
1	1	1

둘 다 1이면 1

ⓑ 논리합

x	y	x | y
0	0	0
0	1	1
1	0	1
1	1	1

한쪽이라도 1이면 1

ⓒ 배타적 논리합

x	y	x ^ y
0	0	0
0	1	1
1	0	1
1	1	0

한쪽만 1이면 1

ⓓ 1의 보수

x	$\sim x$
0	1
1	0

0이면 1,
1이면 0

또한, 이들 각 논리 연산을 수행하는 연산자를 **표 7-8**에 정리했습니다.

표 7-8 비트 단위 논리 연산자

비트 단위 AND 연산자	a & b	a와 b의 비트 단위 논리곱을 구함
비트 단위 OR 연산자	a | b	a와 b의 비트 단위 논리합을 구함
비트 단위 XOR 연산자	a ^ b	a와 b의 비트 단위 배타적 논리합을 구함
~ 연산자	~a	a의 1의 보수(모든 비트를 반전한 값)를 구함

▶ 이들 연산자의 피연산자는 통
합 정수형이나 열거형이어야 합
니다. 부동소수점형 등에 적용하
면 컴파일 에러가 발생합니다.

각 연산자의 영어 명칭은 비트 단위 AND 연산자^{bitwise AND operator}, 비트 단위 OR 연산자^{bitwise OR operator}, 비트 단위 XOR 연산자^{bitwise exclusive OR operator}, ~ 연산자^{~ operator}입니다. 참고로 ~ 연산자는 보수 연산자라고도 불립니다.

참고 7-3   **논리 연산자와 비트 단위 논리 연산자**

비트 단위 논리 연산자 &, |, ~는 앞에서 배웠던 논리 연산자 &&, ||, !와 이름과 기능이 비슷하지만, 절대 혼동하는 일이 없도록 조심하기 바랍니다.

애초에 논리 연산이란 참(true)과 거짓(false)이라는 두 값에 대한 연산이며, 논리곱·논리합·배타적 논리합·부정·부정 논리곱·부정 논리합 등의 종류가 있습니다.

비트 단위 논리 연산자 &, |, ^, ~는 피연산자인 각 비트에 대하여 1을 참, 0을 거짓으로 간주하며 논리 연산을 수행하는 연산자입니다. 한편으로 논리 연산자 &&와 ||는 0 이외의 모든 값을 참, 0을 거짓으로 간주하며 논리 연산을 수행하는 연산자입니다.

다음과 같이 식 5 & 4를 평가한 값(2진수)과 식 5 && 4를 평가한 값(진릿값)을 비교해 보면 그 차이를 확연히 알 수 있습니다.

```
    5   &   4  →  4      5   &&   4  →  1
   101  &  100 → 100    0 아님  && 0 아님 →  1
```

---

0 이상의 정숫값 두 개를 읽어 들여서, 비트 단위 논리곱과 논리합 등을 출력하는 프로그램인 **예제 7-6**을 살펴보겠습니다.

→ **예제 7-6**   chap07/list0706.c

```c
/*
    비트 단위 논리 연산
*/

#include <stdio.h>

/*--- 정수 x 중에서 1로 설정된 비트 수를 반환한다 ---*/
int count_bits(unsigned x)
{
    int bits = 0;
    while (x) {
        if (x & 1U) bits++;
        x >>= 1;
```

```
        }
        return bits;
}

/*--- unsigned형의 비트 수를 반환한다 ---*/
int int_bits(void)
{
        return count_bits(~ØU);
}

/*--- unsigned형의 비트 내용을 출력 ---*/
void print_bits(unsigned x)
{
        int i;
        for (i = int_bits() - 1; i >= Ø; i--)
                putchar(((x >> i) & 1U) ? '1' : 'Ø');
}

int main(void)
{
        unsigned a, b;

        printf("Ø 이상의 정수를 두 개 입력해 주세요.\n");
        printf("a : ");     scanf("%u", &a);
        printf("b : ");     scanf("%u", &b);

        printf("\na     = "); print_bits(a);
        printf("\nb     = "); print_bits(b);
        printf("\na & b = "); print_bits(a & b);    /* a와 b의 논리곱 */
        printf("\na | b = "); print_bits(a | b);    /* a와 b의 논리합 */
        printf("\na ^ b = "); print_bits(a ^ b);    /* a와 b의 배타적 논리합 */
        printf("\n~a    = "); print_bits(~a);       /* a의 1의 보수 */
        printf("\n~b    = "); print_bits(~b);       /* b의 1의 보수 */
        putchar('\n');

        return Ø;
}
```

▶ 이 프로그램은 unsigned형이 몇 비트나 차지하는지 확인한 다음 이를 이용하여 출력하고 있습니다. 여기서 제시한 실행 결과에서는 unsigned형이 16비트라고 가정했을 때의 결과입니다(만약 unsigned형이 32비트라면 32자리로 출력될 것입니다).

함수 print_bits는 부호 없는 정수 x의 모든 내부 비트를 0과 1로 출력하는 함수입니다. 또한, 함수 int_bits와 함수 cout_bits는 print_bits의 기능을 구현하기 위해 마련한 함수입니다.

이 예제에서는 비트 단위 논리 연산자 외에도 〉〉와 〉〉=라는 연산자가 새로 등장했습니다. 우선은 이들 새로운 연산자에 관해 알아보겠습니다.

12) 시프트 연산

《 연산자(《 operator)와 》 연산자(》 operator)는 정수 안에 있는 모든 비트를 왼쪽, 혹은 오른쪽으로 시프트한(밀어낸) 값을 생성하는 연산자입니다. 이 두 가지 연산자를 통틀어서 비트 단위 시프트 연산자^{bitwise shift operator}라고 합니다(표 7-9).

표 7-9 비트 단위 시프트 연산자

<< 연산자	a << b	a를 b비트 왼쪽으로 시프트함, 빈 비트에는 0을 채움
>> 연산자	a >> b	a를 b비트 오른쪽으로 시프트함

▶ 함수 count_bits, int_bits, print_bits는 이전 페이지의 예제 7-6과 같은 것입니다. 분량 관계상 함수 본체를 주석 처리했 지만, 실제로 동작시키려면 함수 본체를 정의해야 합니다.

▶ 2진수는 각 자리 숫자가 2의 거듭제곱만큼의 가치를 지니므 로 1비트 왼쪽으로 시프트하면 오버플로(p.282)가 일어나지 않는 한, 값이 2배가 됩니다. 이는 10진 수를 왼쪽으로 한 자리씩 밀면 값 이 10배가 되는 것과 같은 이치입 니다(가령 196을 왼쪽으로 한 칸 시프트하면 1960이 됩니다).

▶ 2진수는 1비트 오른쪽으로 시 프트하면 값이 1 / 2이 됩니다. 이는 10진수를 오른쪽으로 한 자 리씩 밀면 값이 1/10이 되는 것 과 같은 이치입니다(가령 196을 오른쪽으로 한 칸 시프트하면 19 가 됩니다).

예제 7-7은 부호 없는 정숫값을 키보드로 읽어 들인 다음 그 비트를 좌우로 시프트한 결과를 출력하는 프로그램입니다. 이 프로그램을 보면서 두 연산자의 기능을 이해해 보겠습니다.

· 연산자 <<로 왼쪽 시프트

식 x 《 n은 x의 모든 비트를 왼쪽으로 n비트만큼 시프트하고, 오른쪽(하위) 빈 비트를 0으로 채웁니다(그림 7-16ⓐ). n이 부호 없는 정수형이라면 시프트 결과는 $x \times 2n$입니다.

· 연산자 >>로 오른쪽 시프트

식 x 》 n은 x의 모든 비트를 오른쪽으로 n비트만큼 시프트합니다. x가 부호 없는 정수형이거나 부호 있는 정수형의 0 이상의 값이라면, 시프트 결과는 x ÷ 2n을 한 몫의 정수 부분입니다(그림 7-16ⓑ).

7.2   정수형과 문자형   **273**

그림 7-16 0 이나 0 의 정수에 대한 시프트 연산

a 왼쪽 시프트

`0 1 0 0 1 1 0 0 1 0 1 0 1 0 1 1 1 0`

`1 1 0 0 1 0 1 0 1 0 1 1 1 0 0 0 0 0`

왼쪽으로 민다　　　　빈 비트에 0 을 채운다

b 오른쪽 시프트

`0 1 0 0 1 1 0 0 1 0 1 0 1 0 1 1 1 0`

`0 0 0 0 0 1 0 0 1 1 0 0 1 0 1 0 1 0`

오른쪽으로 민다

➡ 예제 **7-7**　　　　　　　　　　　　　　　　　　　　chap07/list0707.c

```
/*
      unsigned형을 좌우로 시프트한 값을 출력
*/

#include <stdio.h>

int count_bits(unsigned x)  { /*--- 생략 : List 7-6과 같음 ---*/ }
int int_bits(void)          { /*--- 생략 : List 7-6과 같음 ---*/ }
void print_bits(unsigned x) { /*--- 생략 : List 7-6과 같음 ---*/ }

int main(void)
{
    unsigned  x, n;

    printf("0 이상의 정수 :  "); scanf("%u", &x);
    printf("시프트할 비트 수 :"); scanf("%u", &n);

    printf("\n정수      = ");     print_bits(x);
    printf("\n왼쪽 시프트  = ");   print_bits(x << n);
    printf("\n오른쪽 시프트 = ");   print_bits(x >> n);
    putchar('\n');

    return 0;
}
```

```
실행 결과 사례
0 이상의 정수 : 19630↵
시프트할 비트 수 : 4↵

정수       = 0100110010101110
왼쪽 시프트  = 1100101011100000
오른쪽 시프트 = 0000010011001010
```

만약 x가 부호 있는 정수형이고 음수값을 지닌 상태에서 시프트 연산을 하면, 그 결과는 개발 환경에 따라 다릅니다. 보통은 참고 7-4에 나오는 논리 시프트나 산술 시프트 중 하나가 이루어집니다. 어쨌건 프로그램의 이식성이 떨어지므로, 특별한 이유가 없는 한 음수값에는 시프트 연산을 하지 않는 편이 좋습니다.

· **논리 시프트** logical shift

　그림 7C-2 **ⓐ**와 같이 부호 비트를 딱히 특별 취급하지 않고 모든 비트를 통째로 시프트합니다. 음의 정숫값을 오른쪽으로 시프트하면 부호 비트가 1에서 0으로 바뀌므로, 연산 결과는 0이나 양수가 됩니다.

· **산술 시프트** arithmetic shift

　그림 7C-2 **ⓑ**와 같이 최상위 비트인 부호 비트를 제외한 나머지 비트를 시프트하고, 자리가 빈 비트는 시프트 전의 부호 비트 값으로 채웁니다. 부호 비트가 바뀌지 않으므로 시프트 전후로 부호가 바뀔 일이 없습니다.

　왼쪽으로 1비트 시프트하면 값이 2배가 되며, 오른쪽으로 1비트 시프트하면 값이 1/2이 됩니다.

그림 7C-2 음의 정숫값의 논리 시프트와 산술 시프트

ⓐ 논리 시프트

부호 비트를 포함한 모든 비트를 통째로 시프트한다.
음수를 오른쪽 시프트하면 0 이나 양수가 된다.

ⓑ 산술 시프트

부호 비트를 제외한 나머지를 시프트하며, 시프트 전의 부호 비트로 빈 비트를 채운다.
왼쪽 시프트하면 값이 2 배가 되고, 오른쪽 시프트하면 값이 1/2 가 된다.

이렇게 비트 단위 논리 연산자와 시프트 연산자를 모두 살펴봤습니다. 그럼 이제 **예제 7-6**(p.271)에 나온 함수 세 가지를 이해해 보겠습니다.

· int count_bits(unsigned x); ⋯ **정수 x 중에서 1로 설정된 비트 수를 구한다**

함수 count_bits는 매개변수 x로 넘겨받은 부호 없는 정숫값을 구성하는 비트 중에서, 1로 설정된 비트가 몇 개인지 구하는 함수입니다. 이 함수의 처리 과정을 **그림 7-17**을 보면서 이해해 보겠습니다. 이 그림에서는 x의 값이 10이라고 가정했습니다.

```
int count_bits(unsigned x)
{
    int bits = 0;
```

```
    while (x) {                        unsigned형의 1
        if (x & 1U) bits++; ①
        x >>= 1;        2    ②
    }
    return bits;
}
```

▶ 1U의 U는 정수 상수를 '부호 없는 정수형'으로 만들어 주는 기호입니다(p.280에서 설명하겠습니다). x의 최하위 비트가 1이라면 x & 1U의 결과는 1이 되고, 그렇지 않다면 0이 됩니다.

▶ >>=는 복합 대입 연산자로, x = x >> 1;과 똑같은 기능을 합니다.

① 1U(최하위 비트만 1인 부호 없는 정수)와 x의 논리곱을 구함으로써, x의 최하위 비트가 1인지 아닌지 확인합니다. 확인 결과 최하위 비트가 1이라면, bits의 값을 1 증가시킵니다.

② 확인이 끝난 x의 최하위 비트를 밀어내기 위하여, 모든 비트를 오른쪽으로 1비트만큼 시프트합니다.

그림 7-17 1로 설정된 비트 수 세기

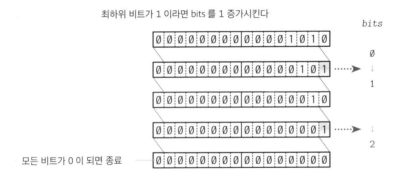

위 작업을 x의 값이 0이 될 때까지(x의 모든 비트가 0이 될 때까지) 반복하면, 변수 bits의 값이 1로 설정된 비트 수와 같아집니다.

· int int_bits(); ··· int형 / unsigned형의 비트 수를 조사한다

함수 int_bits는 int형과 unsigned형이 몇 비트로 구성되어 있는지 구하는 함수입니다. 파랗게 칠한 부분에 나오는 ~0U는 모든 비트가 1로 설정된 unsigned형 정수(모든 비트가 0인 부호 없는 정수 0U의 모든 비트를 반전한 것)입니다.

```
int int_bits(void)
{
    return count_bits(~ØU);
}
```

▶ unsigned형과 int형의 비트 수는 같습니다(p.261). 또한, ~ØU 대신 〈Limits.h〉 헤더에 정의된 UINT_MAX를 써도 됩니다. 부호 없는 정수형의 최댓값도 모든 비트가 1이기 때문입니다.

그 정수를 함수 count_bits에 넘겨줌으로써 unsigned형의 비트 수를 구할 수 있습니다.

· void print_bits(unsigned x); … 정수 x의 모든 비트 구성을 출력

함수 print_bits는 unsigned형 정수의 최상위부터 최하위까지 모든 비트를 1과 0의 나열로 출력하는 함수입니다.

```
void print_bits(unsigned x)
{
    int i;
    for (i = int_bits() - 1; i >= Ø; i--)
        putchar(((x >> i) & 1U) ? '1' : 'Ø');
}
```

▶ 여기서 '1번째 비트'의 1란, 그림 7-11(p.265)처럼 최하위 비트부터 순서대로 Ø, 1, 2, …,라는 식으로 붙인 번호입니다.

for문의 루프 본체 중 파랗게 칠한 부분은 i번째 비트, 다시 말해 B_i가 1인지 판정하는 부분입니다. 그 결과가 1이라면 '1'을 출력하고, 0이라면 '0'을 출력합니다.

연습 7-2

부호 없는 정수를 좌우로 시프트한 값은 상위 비트가 밀려 나가지 않는 한, 2의 거듭제곱으로 곱하거나 나눈 값과 똑같다는 사실을 확인하는 프로그램을 작성하시오.

연습 7-3

부호 없는 정수 x의 모든 비트를 오른쪽으로 n비트만큼 회전시킨 값을 반환하는 함수 rrotate와 왼쪽으로 n비트만큼 회전시킨 값을 반환하는 함수 lrotate를 작성하시오.

```
unsigned rrotate(unsigned x, int n) { /* … */ }
unsigned lrotate(unsigned x, int n) { /* … */ }
```

회전이란 최하위 비트와 최상위 비트가 이어져 있다고 간주하며 시프트하는 일입니다. 가령 오른쪽으로 5비트 회전하면, 시프트로 인해 밀려 나가는 하위 5비트가 상위 비트에 들어갑니다.

부호 없는 정수 x의 pos번째 비트를 1로 만든 값을 반환하는 함수 set과 0으로 만든 값을 반환하는 함수 reset, 반전시킨 값을 반환하는 함수 inverse를 작성하시오.

```
unsigned set(   unsigned x, int pos) { /* … */ }
unsigned reset( unsigned x, int pos) { /* … */ }
unsigned inverse(unsigned x, int pos) { /* … */ }
```

부호 없는 정수 x의 pos번째 비트부터 pos + n − 1번째 비트까지 총 n개의 비트를 1로 설정한 값을 반환하는 함수 set_n과 0으로 만든 값을 반환하는 함수 reset_n, 반전시킨 값을 반환하는 함수 inverse_n을 작성하시오.

```
unsigned set_n(   unsigned x, int pos, int n) { /* … */ }
unsigned reset_n( unsigned x, int pos, int n) { /* … */ }
unsigned inverse_n(unsigned x, int pos, int n) { /* … */ }
```

13) 정수 상수

정수 상수는 10진법, 8진법, 16진법이라는 세 가지 기수법으로 표현할 수 있습니다. 그림 7–18이 정수 상수의 구문 도표입니다.

· 10진 상수(decimal constant)

여태껏 사용해 왔던 10과 57 등의 정수 상수는 우리가 일상적으로 사용하는 10진수인데, 이를 10진 상수라고 합니다.

· 8진 상수(octal constant)

8진 상수는 10진 상수와 구별하기 위해 맨 앞에 0을 붙여서 표기합니다. 따라서 아래 예로 든 두 가지 정수 상수는 비슷해 보이지만 실제 값은 전혀 다릅니다.

- · 13 ⋯ 10진 상수(10진수 13)
- ·013 ⋯ 8진 상수(10진수 11)

· 16진 상수(hexadecimal constant)

16진 상수도 10진 상수, 8진 상수와 구별하기 위해 맨 앞에 0x을 붙여서 표기합니다. 10진수의 10~15에 해당하는 A~F는 대문자와 소문자 어느 쪽이어도 상관없습니다. 아래는 16진 상수의 예시입니다.

· 0xB ··· 16진 상수(10진수 11)
· 0x12 ··· 16진 상수(10진수 18)

그림 7-18 정수 상수의 구문 도표

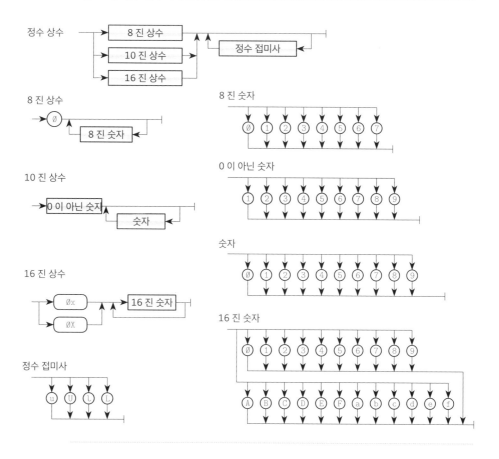

14) 정수 상수의 자료형

p.256에 나온 ⟨limits.h⟩ 헤더를 보면, 일부 정수 상수의 맨 끝에 U나 L이라는 정수 접미사^{integer suffix}가 붙어 있습니다. 정수 접미사는 다음과 같은 기능을 합니다.

> · u 혹은 U … 그 정수 상수에 부호가 없음을 명시한다
> · l 혹은 L … 그 정수 상수가 long형임을 명시한다

▶ 소문자 L은 숫자 1과 구분하기 어려우므로, 되도록 L을 쓰는 편이 좋습니다. 참고로 음수를 나타내는 -10은 정수 상수가 아닙니다. 이는 정수 상수 10에다가 단항 - 연산자를 적용한 식입니다.

가령 3517U는 unsigned형이 되며, 127569L은 long형이 됩니다.

또한, 정수 상수의 자료형은 다음 세 가지 사항을 통해 결정됩니다.

> · 그 정수 상수의 값
> · 그 정수 상수에 붙어 있는 접미사
> · 해당 환경에서 각 자료형이 표현할 수 있는 범위

이에 관한 규칙을 **표 7-10**에 정리했습니다. 우선 왼쪽 자료형으로 시작하여, 표현할 수 있는 값이라면 그 자료형으로 결정됩니다. 반대로 표현할 수 없다면 '⇨'을 따라 다음 자료형으로 넘어갑니다.

표 7-10 정수 상수의 자료형 해석

ⓐ 접미사 없는 10진 상수	int	⇨		⇨	long	⇨	unsigned long
ⓑ 접미사 없는 8진 상수 / 16진 상수	int	⇨	unsigned	⇨	long	⇨	unsigned long
ⓒ u / U 접미사 있음			unsigned				⇨	unsigned long
ⓓ l / L 접미사 있음						long	⇨	unsigned long
ⓔ l / L과 u / U 접미사 있음								unsigned long

몇 가지 예를 들어 보겠습니다(각 자료형의 표현 범위는 p.255의 **표 7-3**과 같다고 가정합니다).

> · 1000   … int형으로 표현할 수 있으므로 int형
> · 60000   … int형으로 표현할 수 없지만, long형으로 표현할 수 있으므로 long형
> · 60000U … unsigned형으로 표현할 수 있으므로 unsigned형

여기서 든 예시에서는 60000이 long형입니다. 하지만 int형으로 60000을 표현할 수 있는 환경이라면 60000은 long이 아니라 int가 됩니다.

15) 정수 출력하기

1장 p.23에서 다음과 같이 설명한 바 있습니다.

여기서 첫 번째 인자인 "%d"는 "이다음에 있는 인자의 값을 '10진수'로 출력해 주십시오."라는 지시입니다.

▶ %x를 사용하면 소문자 a~f로 출력하고, %X를 사용하면 대문자 A~F로 출력합니다. 참고로 o는 octal에서, x는 hexadecimal에서 유래한 표기입니다.

그런데 사실 printf 함수에서는 10진수뿐만 아니라 8진수와 16진수로도 출력할 수 있습니다. 8진수로 출력하고 싶을 때는 %o를 사용하고, 16진수로 출력하고 싶을 때는 %x나 %X를 사용합니다.

실제로 그러한 프로그램을 만들어 보겠습니다. **예제 7-8**은 0에서 65535까지의 정수를 10진수, 2진수, 8진수, 16진수로 출력하는 프로그램입니다.

⇒ 예제 7-8   chap07/list0708.c

```
/*
    Ø~65535를 1Ø진수·2진수·8진수·16진수로 출력
*/

#include <stdio.h>

int count_bits(unsigned x)    { /*--- 생략 : List 7-6과 같음 ---*/ }
int int_bits(void)            { /*--- 생략 : List 7-6과 같음 ---*/ }

/*--- unsigned형 정수 x의 하위 n비트를 출력 ---*/
void print_nbits(unsigned x, unsigned n)
{
    int i = int_bits();
    i = (n < i) ? n - 1 : i - 1;
    for ( ; i >= Ø; i--)
        putchar(((x >> i) & 1U) ? '1' : 'Ø');
}

int main(void)
{
    unsigned i;
```

실행 결과
Ø ØØØØØØØØØØØØØØØØ ØØØØØØ ØØØØ
1 ØØØØØØØØØØØØØØØ1 ØØØØØ1 ØØØ1
2 ØØØØØØØØØØØØØ1Ø ØØØØØ2 ØØØ2
3 ØØØØØØØØØØØØØ11 ØØØØØ3 ØØØ3
… 중략 …
65532 1111111111111ØØ 177774 FFFC
65533 1111111111111Ø1 177775 FFFD
65534 1111111111111Ø 177776 FFFE
65535 1111111111111111 177777 FFFF

```
for (i = 0; i <= 65535U; i++) {
    printf("%5u ", i);
    print_nbits(i, 16);
    printf(" %06o %04X\n", i, i);
}                        └──16진수
                      ────8진수

    return 0;
}
```

함수 print_nbits는 매개변수 n으로 받은 값이 int형의 비트 수보다 크더라도, int형의 비트 수 이상으로는 출력하지 않도록 구현되어 있습니다. 가령 int형이 16비트인 환경에서 n의 값이 32로 들어왔다 해도, 출력할 비트 수는 32개가 아닌 16개입니다.

함수 print_nbits는 unsigned형 변수 x의 하위 n비트를 출력하는 함수입니다. 이 프로그램에서 출력할 가장 큰 값인 65535U는 16비트로 표현할 수 있으므로, 하위 16비트를 출력하고 있습니다.

16) 오버플로와 예외

int형으로 표현할 수 있는 범위가 −32768~32767인 환경에서 다음 연산을 하면 어떻게 될까요?

```
int x, y, z;
x = 30000;
y = 20000;
z = x + y;
```

x와 y에 대입한 값은 둘 다 int형으로 표현할 수 있는 값입니다. 하지만 z에 대입되는 x + y의 연산 결과 50000은 int형의 표현 범위에서 벗어나 있습니다.

이처럼 연산 결과가 오버플로^{overflow}, 다시 말해 '**자리 넘침**' 등으로 인해 표현 가능한 값의 범위를 벗어나면 예외^{exception}가 일어납니다. 또한, 어떤 값을 0으로 나누는 등 수학적으로 정의할 수 없는 처리도 예외를 일으킵니다.

예외가 일어났을 때 프로그램이 어떻게 동작하느냐는 개발 환경에 따라 다릅니다. 환경에 따라서는 예외가 일어났을 때 프로그램 실행이 중단될 수도 있습니다.

＊

실은 부호 없는 정수형의 연산에서는 오버플로가 발생하지 않습니다. 가령 unsigned형으로 표현할 수 있는 범위가 0~65535인 환경에서 다음 연산을 한다고 해 보겠습니다.

```
unsigned x, y, z;
x = 37000;
y = 30000;
z = x + y;
```

이 코드에서 z에 대입되는 값은 67000을 65536으로 나눈 나머지인 1464입니다. 왜냐면 부호 없는 정수의 수학적인 연산 결과가 표현 가능한 범위를 벗어났을 때는, **그 자료형으로 표현할 수 있는 최댓값에 1을 더한 수로 나눈 나머지가 연산 결과가 된다**는 규칙이 있기 때문입니다. 가령 다음과 같이 됩니다.

· 수학적인 연산 결과가 65536이라면 연산 결과는 0이 된다.
· 수학적인 연산 결과가 65537이라면 연산 결과는 1이 된다.

즉, 연산 결과는 반드시 최솟값 0부터 최댓값 65535까지의 값이 됩니다. 다음 내용을 기억하기 바랍니다.

핵심 부호 없는 정수형의 연산에서는 오버플로가 발생하지 않는다. 최댓값보다 큰 연산 결과는 '수학적 연산 결과 % (그 부호 없는 정수형으로 표현할 수 있는 최댓값 + 1)'이 된다.

연습 7-6

부호 없는 정수에 대한 산술 연산에서는 오버플로가 발생하지 않으며, 위의 '핵심'에서 설명한 결과가 된다는 사실을 확인하는 프로그램을 작성하시오.

부동소수점형

지난 절에서 살펴본 정수형으로는 소수 부분이 있는 실숫값을 표현할 수 없습니다. 이번 절에서는 실숫값을 나타내는 데 적합한 자료형인 부동소수점형에 관해 알아보겠습니다.

1) 부동소수점형

소수 부분을 지닌 실수는 부동소수점형$^{floating\ point\ type}$으로 표현할 수 있습니다. 부동소수점형에는 다음 세 가지 자료형이 있습니다.

float	double	long double

▶ 자료형 이름인 float는 부동소수점(floating-point)에서, double은 두 배의 정밀도(double precision)에서 각각 유래했습니다.

▶ 실행 결과는 환경에 따라 다릅니다.

예제 7-9는 이 세 가지 자료형으로 선언한 변수에 각각 값을 넣어서 출력하는 프로그램입니다.

실행 결과를 보면 변수에 넣은 값이 정확하게 표현되지 않은 것을 알 수 있습니다. 사실 부동소수점형은 크기와 정밀도에 제한이 있습니다. 이를 예시적으로 표현하면 다음과 같습니다.

크기 면에서는 12자리까지 표현할 수 있고, 정밀도 면에서는 6자리가 유효하다.

예를 들며 설명해 보겠습니다.

ⓐ 1234567890

이 값은 열 자리이므로, 크기 면에서는 12자리라는 표현 범위에 포함됩니다. 하지만 정밀도가 6자리라는 제약이 있으므로 이대로 표현할 수 없습니다. 따라서 왼쪽에서 7번째 자리 숫자를 반올림해서 다음과 같이 나타낼 수밖에 없습니다.

ⓑ 1234570000

그림 7-19는 ⓑ를 수학적인 형식으로 표현한 것입니다. 여기서 1.23457을 가

그림 7-19 지수와 가수

$$1.23457 \times 10^{9}$$

가수

지수

수라고 하며, 9를 지수라고 합니다. 가수의 자릿수는 '정밀도'에 해당하며 지수가 '크기'에 해당합니다.

여태까지는 10진수를 예로 들며 설명했지만, 실제로는 가수 부분과 지수 부분은 2진수로 표현되어 있습니다. 따라서 크기와 정밀도를 '12자리'나 '6자리'라는 식으로 10진수로 딱 맞게 표현할 수는 없습니다.

➡ 예제 7-9   chap07/list0709.c

```
/*
    부동소수점형 변수의 값을 출력
*/

#include <stdio.h>

int main(void)
{
    float a         = 12345678901234567890123456789Ø.Ø;
    double b        = 12345678901234567890123456789Ø.Ø;
    long double c   = 12345678901234567890123456789Ø.Ø;

    printf("a = %f\n",  a);
    printf("b = %f\n",  b);
    printf("c = %Lf\n", c);

    return Ø;
}
```

long double형을 출력할 때는 f가 아니라 Lf다.

실행 결과
```
a = 1234567891827292700000000000000000.0000000
b = 1234567890123456800000000000000000.0000000
c = 1234567890123456800000000000000000.0000000
```

지수 부분과 가수 부분의 비트 수는 개발 환경과 자료형에 따라 다릅니다. 지수 부분의 비트 수가 많을수록 더 큰 값을 나타낼 수 있으며, 가수 부분의 비트 수가 많을수록 값을 더 정밀하게 나타낼 수 있습니다. 자료형 float, double, long double은 오른쪽에 있는 것이 왼쪽에 있는 것보다 표현 범위가 더 넓거나 혹은 동등합니다.

그림 7-20은 부동 소수점 수의 내부 표현의 예시입니다.

그림 7-20 부동 소수점 수의 내부 표현 사례

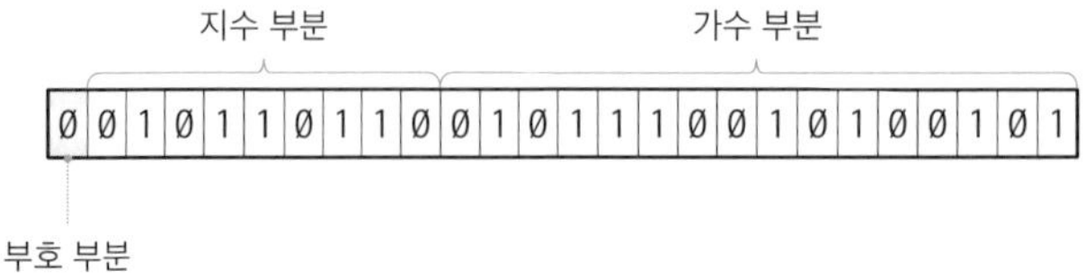

지수 부분 가수 부분

| 0 | 0 | 1 | 0 | 1 | 1 | 0 | 1 | 1 | 0 | 0 | 1 | 0 | 1 | 1 | 1 | 0 | 0 | 1 | 0 | 1 | 0 | 0 | 1 | 0 | 1 |

부호 부분

참고 7-5 **소수 부분을 지니는 2진수**

앞에서 살펴본 바와 같이 10진수의 각 자리는 10의 거듭제곱만큼의 가치를 지닙니다. 이는 소수 부분에서도 마찬가지입니다. 가령 10진수의 13.25라는 값을 생각해 보겠습니다. 정수 부분의 1은 101, 3은 100만큼의 가치를 지닙니다. 한편으로 소수 부분에서는 2가 10-1, 5가 10-2만큼의 가치를 지닙니다.

2진수도 이와 똑같습니다. 2진수의 각 자리는 2의 거듭제곱만큼의 가치를 지닙니다. 따라서 2진수의 소수점 이하 부분을 10진수와 대응시켜 보면, 표 7C-2와 같은 관계가 됩니다.

0.5, 0.25, 0.125, … 의 합으로 나타낼 수 없는 수는 2진수의 유한 소수로는 나타낼 수 없습니다. 예를 들면 다음과 같습니다.

· 유한 소수로 표현할 수 있는 사례

　　10진수 0.75 = 2진수 0.11　※ 0.75는 0.5와 0.25의 합

· 유한 소수로 표현할 수 없는 사례

　　10진수 0.1 = 2진수 0.00011001…

표 7C-2 2 진수와 10 진수

2진수	10진수	
0.1	0.5	※ 2의 -1승
0.01	0.25	※ 2의 -2승
0.001	0.125	※ 2의 -3승
0.0001	0.0625	※ 2의 -4승
⋮	⋮	

---

2) 부동소수점 상수

이미 배운 바와 같이 3.14나 57.3과 같이 실수를 나타내는 상수를 부동소수점 상수floating-point constant라고 합니다. **그림 7-21**은 부동소수점 상수의 구문 도표입니다.

정수 상수에 접미사 U와 L을 붙일 수 있는 것처럼 부동소수점 상수의 끝에도 자료형을 지정하기 위한 부동소수점 접미사floating suffix를 붙일 수 있습니다.

그림 7-21 부동 소수점 수의 구문 도표

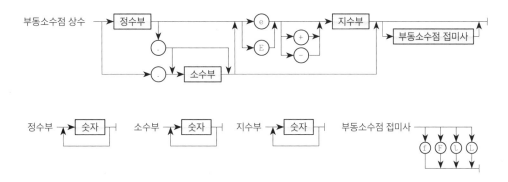

▶ 소문자 l은 숫자 1과 헷갈릴 수 있으므로 되도록 대문자 L을 사용하기 바랍니다(정수 접미사도 마찬가지입니다).

f와 F는 float형을 뜻하고, l과 L은 long double을 뜻합니다. 만약 접미사를 붙이지 않으면 double형으로 간주됩니다. 예를 들어 보겠습니다.

```
57.3        /* double형 */
57.3F       /* float형 */
57.3L       /* long double형 */
```

구문 도표를 보면 알 수 있듯이 수학적인 지수 표기도 할 수 있습니다. 다음이 그 사례입니다.

```
1.23E4      /* 1.23 × 10⁴ */
89.3E-5     /* 89.3 × 10-5 */
```

또한, 정수 부분이나 소수 부분을 생략할 수도 있습니다. 단, 모든 부분이 다 생략 가능한 것은 아닙니다. 구문 도표를 보면서 잘 이해해 보겠습니다. 몇 가지 예를 들겠습니다.

▶ 가령 소수점 .와 소수 부분을 둘 다 생략했다면, 정수 부분은 생략될 수 없습니다.

```
.5          /* double형 0.5 */
12.         /* double형 12.0 */
.5F         /* float형 0.5 */
1L          /* long double형 1.0 */
```

float형 변수와 double형 변수와 long double형 변수에 키보드로 값을 읽어 들인 다음, 그 값을 출력하는 프로그램을 작성하시오. 다양한 값을 입력해서 동작을 확인해 봅니다.

3) <math.h> 헤더

기술적인 계산 등을 지원하기 위하여 〈math.h〉 헤더에는 수학 함수가 다양하게 준비되어 있습니다. 예제 7-10은 제곱근을 구하는 sqrt 함수를 이용하여 두 점 사이의 거리를 구하는 프로그램입니다.

➡ 예제 7-10   chap07/list0710.c

```
/*
    두 점 사이의 거리를 구한다
*/

#include <math.h>
#include <stdio.h>

/*--- 점 (x1,y1)과 점 (x2,y2) 사이의 거리를 구한다 ---*/
double dist(double x1, double y1, double x2, double y2)
{
    return (sqrt((x2 - x1) * (x2 - x1) + (y2 - y1) * (y2 - y1)));
}

int main(void)
{
    double  x1, y1;        /* 점1 */
    double  x2, y2;        /* 점2 */

    printf("두 점 사이의 거리를 구합니다.\n");
    printf("점1 … X좌표 : ");  scanf("%lf", &x1);
    printf("       Y좌표 : ");  scanf("%lf", &y1);
    printf("점2 … X좌표 : ");  scanf("%lf", &x2);
    printf("       Y좌표 : ");  scanf("%lf", &y2);

    printf("거리는 %f입니다.\n", dist(x1, y1, x2, y2));

    return(0);
}
```

실행 결과 사례
두 점 사이의 거리를 구합니다.
점1 …X좌표 : 1.5⏎
Y좌표 : 2.0⏎
점2 …X좌표 : 3.7⏎
Y좌표 : 4.2⏎
거리는 3.111270입니다.

	sqrt
헤더	#include <math.h>
형식	double sqrt(double x);
해설	x의 제곱근을 계산한다.
반환값	계산한 제곱근 값을 반환한다.

연습 7-8

세 가지 부동소수점형 자료형의 크기를 sizeof 연산자로 출력하는 프로그램을 작성하시오.

연습 7-9

실숫값 하나를 읽어 들인 다음, 그 실숫값만큼의 면적을 지닌 정사각형의 한 변의 길이를 구하는 프로그램을 작성하시오.

4) 반복 제어

예제 7-11을 살펴보겠습니다. float형 변수 x의 값을 0.0부터 1.0까지 0.01씩 증가시키면서 출력하는 프로그램입니다.

➡ **예제 7-11**   chap07/list0711.c

```
/*
    0.0부터 1.0까지 0.01 단위로 반복한다
*/

#include <stdio.h>

int main(void)
{
    float  x;

    for (x = 0.0; x <= 1.0; x += 0.01)
        printf("x = %f\n", x);

    return 0;
}
```

실행 결과 사례
```
x = 0.000000
x = 0.010000
x = 0.020000
x = 0.030000
   … 중략 …
x = 0.989999
x = 0.999999
```

▶ 연산 결과는 float형의 정밀
도에 따라 달라지므로, 실행 결
과는 환경에 따라 다릅니다.

실행 결과 사례를 보면, 마지막 x의 값이 1.0이 아니라 0.999999입니다. 이는 부동 소수점 수가 모든 자리의 정보를 고스란히 그대로 표현한다는 보장이 없기 때문입니다(참고 7-5 : p.286). 따라서 연산을 100번 하는 동안 생긴 오차가 x에 누적되어 갑니다(**그림 7-22 ⓐ**).

＊

for의 제어문을 다음과 같이 수정하면 어떻게 될까요?

```
for (x = Ø.Ø; x != 1.Ø; x += Ø.Ø1)     /* 예제 7-11(for문 수정) */
                                              chapØ7/listØ711a.c
```

x의 값이 딱 1.0이 될 일은 없습니다. 따라서 **그림 7-22 ⓑ**처럼 x의 값은 1.0을 그냥 지나쳐 버리고 for문은 영원히 끝나지 않을 것입니다.

그림 7-22 반복하면서 출력되는 값

ⓐ List 7-11

```
x = Ø.ØØØØØØ
x = Ø.Ø1ØØØØ
x = Ø.Ø2ØØØØ
x = Ø.Ø3ØØØØ
   ... 중략 ...
x = Ø.979999
x = Ø.989999
x = Ø.999999
```
오차가 누적된다.

ⓑ List 7-11[개정]

```
x = Ø.ØØØØØØ
x = Ø.Ø1ØØØØ
x = Ø.Ø2ØØØØ
x = Ø.Ø3ØØØØ
   ... 중략 ...
x = Ø.979999
x = Ø.989999
x = Ø.999999
x = 1.ØØ9999
x = 1.Ø19999
x = 1.Ø29999
x = 1.Ø39999
   ... 이하 생략 ...
```
x 가 1.0 이 되지 않으므로 반복문이 끝나지 않는다.

ⓒ List 7-12

```
x = Ø.ØØØØØØ
x = Ø.Ø1ØØØØ
x = Ø.Ø2ØØØØ
x = Ø.Ø3ØØØØ
   ... 중략 ...
x = Ø.98ØØØØ
x = Ø.99ØØØØ
x = 1.ØØØØØØ
```
오차는 있지만 누적되지 않는다.

예제 7-12는 실수가 아니라 정수로 반복문을 제어하도록 수정한 프로그램입니다.

➡ 예제 **7-12**   chap07/list0712.c

```
/*
    Ø.Ø부터 1.Ø까지 Ø.Ø1 단위로 반복한다(정수로 제어)
*/
```

```
#include <stdio.h>

int main(void)
{
    int    i;
    float  x;

    for (i = 0; i <= 100; i++) {
        x = i / 100.0;
        printf("x = %f\n", x);
    }

    return 0;
}
```

이 프로그램의 for문은 변수 i의 값을 0부터 100까지 1씩 증가시켜 갑니다. 그리고 반복마다 변수 i를 100.0으로 나눈 값을 x에 대입합니다. 이렇게 구현해도 x는 우리가 의도한 실숫값을 딱 표현할 수 있는 것은 아닙니다. 하지만 매번 x의 값을 다시 계산하므로, 오차가 누적되지 않는다는 점에서는 **예제 7-11**보다 낫다고 할 수 있습니다.

> **핵심** 반복문의 지속 조건을 다룰 때는 특별한 이유가 없는 한 부동소수점형이 아니라 정수형 변수를 사용하도록 한다.

연습 7-10

```
x = 0.000000    x = 0.000000
x = 0.010000    x = 0.010000
x = 0.020000    x = 0.020000
        … 중략 …
x = 0.979999    x = 0.980000
x = 0.989999    x = 0.990000
x = 0.999999    x = 1.000000
```

예제 7-11에 나온 float형의 변수를 0.0부터 1.0까지 0.01씩 늘려 가는 처리 과정과 **예제 7-12**에 나온 int형 변수를 0부터 100까지 1씩 증가시키면서 이를 반복마다 100.0으로 나눈 값을 구하는 처리 과정을 나란히 출력하는 프로그램을 작성하시오.

연습 7-11

예제 7-11과 **예제 7-12**를 각각 고쳐서 0.0부터 1.0까지 0.01씩 증가시킨 모든 값의 누계를 구하는 프로그램을 작성하고, 각각의 실행 결과에 관해 고찰하시오.

연산과 연산자

이번 절에서는 연산자의 우선순위와 결합성에 관해 살펴보겠습니다. 또한, C 언어가 제공하는 모든 연산자의 목록과 기본적인 형 변환 규칙에 관해서도 알아보겠습니다.

1) 연산자의 우선순위와 결합성

C 언어의 모든 연산자를 **표 7-11**에 정리했습니다.

■ 우선순위

목록 중 위에 있는 것일수록 우선순위^{precedence}가 높은 연산자입니다. 가령 곱셈·나눗셈을 뜻하는 *와 /가 덧셈·뺄셈을 뜻하는 +와 −보다 우선순위가 높다는 것은 우리가 학교에서 배운 수학 규칙과 같습니다.

```
a + b * c
```

따라서 위 식은 (a + b) * c가 아니라 a + (b * c)라고 해석됩니다. 비록 +가 먼저 나오긴 했지만, 그보다 우선순위가 높은 *연산을 먼저 하기 때문입니다.

■ 결합성

다음으로 결합성^{associativity}에 관해 알아보겠습니다.

가령 피연산자가 두 개 필요한 어떤 이항 연산자 ○가 있다고 하겠습니다. 그러면 a ○ b ○ c라는 식은 어떻게 해석될까요?

```
(a ○ b) ○ c        왼쪽 결합
```

왼쪽 결합을 하는 연산자는 위와 같이 해석됩니다.

```
a ○ (b ○ c)        오른쪽 결합
```

반대로 오른쪽 결합을 하는 연산자는 위와 같이 해석됩니다.

즉 우선순위가 똑같은 연산자가 연달아 있다면, 어느 쪽 연산이 먼저 이루어질지는 결합성에 따라 결정됩니다.

가령 뺄셈을 나타내는 이항 − 연산자는 왼쪽 결합을 하므로 다음과 같이 처리가 이루어집니다.

5 - 3 - 1   →   (5 - 3) - 1   왼쪽 결합

하지만 만약 오른쪽 결합을 한다면 5 − (3 − 1)이라고 해석되어, 결과도 전혀 달라질 것입니다. 단순 대입 연산자 =는 오른쪽 결합을 하므로 다음과 같이 처리가 이루어집니다.

a = b = 1   →   a = (b = 1)   오른쪽 결합

표 7-11 연산자 목록

우선순위	연산자	형식	명칭(통칭)	결합성
1	()	x(y)	함수 호출 연산자	왼쪽
	[]	x[y]	인덱스 연산자	왼쪽
	.	x . y	. 연산자(점 연산자)	왼쪽
	->	x -> y	-> 연산자(화살표 연산자)	왼쪽
	++	x++	후치 증가 연산자	왼쪽
	--	y--	후치 감소 연산자	왼쪽
2	++	++x	전치 증가 연산자	오른쪽
	--	--y	전치 감소 연산자	오른쪽
	sizeof	sizeof x	sizeof 연산자	오른쪽
	&	&x	단항 & 연산자(주소 연산자)	오른쪽
	*	*x	단항 * 연산자(간접 참조 연산자, 역참조 연산자)	오른쪽
	+	+x	단항 + 연산자	오른쪽
	-	-x	단항 - 연산자	오른쪽
	~	~x	~ 연산자(보수 연산자)	오른쪽
3	!	!x	논리 부정 연산자	오른쪽
	()	(x)y	형 변환 연산자(캐스팅 연산자)	오른쪽
4	*	x * y	이항 * 연산자	왼쪽
	/	x / y	/ 연산자	왼쪽
	%	x % y	% 연산자	왼쪽

우선 순위	연산자	형식	명칭(통칭)	결합성
5	+	x + y	이항 + 연산자(덧셈 연산자)	왼쪽
	−	x - y	이상 − 연산자(뺄셈 연산자)	왼쪽
6	<<	x << y	<< 연산자	왼쪽
	>>	x >> y	>> 연산자	왼쪽
7	<	x < y	< 연산자	왼쪽
	<=	x <= y	<= 연산자	왼쪽
	>	x > y	> 연산자	왼쪽
	>=	x >= y	>= 연산자	왼쪽
8	==	x == y	== 연산자	왼쪽
	!=	x != y	!= 연산자	왼쪽
9	&	x & y	비트 단위 AND 연산자	왼쪽
10	^	x ^ y	비트 단위 XOR 연산자	왼쪽
11			x	y	비트 단위 OR 연산자	왼쪽
12	&&	x && y	논리 AND 연산자	왼쪽
13	||	x || y	논리 OR 연산자	왼쪽
14	? :	x ? y : z	조건 연산자	오른쪽
15	=	x = y	단순 대입 연산자	오른쪽
	+= -= *= /= %= <<= >>= &= ^= |=		복합 대입 연산자★	오른쪽
16	,	x, y	콤마 연산자	왼쪽

★ 복합 대입 연산자는 모두 x @= y 형식이다

2) 형 변환의 규칙

2장에서는 형 변환에 관해 간략하게만 알아봤는데, 여기서 자세한 규칙에 관해 설명하겠습니다. 다음의 내용은 꼭 지금 이해할 필요는 없으니 나중에 필요할 때 참고하기 바랍니다(아직 배우지 않은 용어도 나옵니다).

■ 통합 정수 확장(integral promotion)

▶ 통합 정수 확장으로 부호와 값은 바뀌지 않습니다. '그냥' char형을 부호가 있는 것으로 간주할지 말지는 환경에 따라 다릅니다.

int형이나 unsigned int형을 사용할 수 있는 식 안에서는 char, short, int, int 비트 필드를 사용할 수 있습니다. 물론 부호가 있든 없든 상관없습니다. 또한, 열거형 오브젝트도 사용할 수 있는데 이때 int형이 원래 자료형의 모든 값을 표현할 수 있다면, 값이 int형으로 변환됩니다. 그렇지 않다면 unsigned int형으로 변환됩니다.

■ 부호 있는 정수형과 부호 없는 정수형

통합 정수형의 값을 다른 통합 정수형으로 변환할 때, 변환 후의 자료형으로 원래 값을 표현할 수 있다면 값은 바뀌지 않습니다. 부호 있는 정수를 그 이상의 비트 수를 지니는 부호 없는 정수로 형 변환할 때, 원래 값이 음수가 아니라면 그 값은 바뀌지 않습니다.

만약 그렇지 않을 때는, 부호 없는 정수의 비트 수가 더 크다면 우선 원래 값을 그 부호 없는 정수와 똑같은 비트 수를 지닌 부호 있는 정수로 확장합니다. 그다음에 부호 없는 정수형으로 표현할 수 있는 최대의 수에 1을 더한 수를 더함으로써 부호 없는 정수로 변환합니다.

통합 정수형의 값을 더 작은 비트 수의 부호 없는 정수로 변환할 때, 변환 후의 값은 더 작은 비트 수를 지닌 부호 없는 정수형으로 표현할 수 있는데, 최대의 부호 없는 정수보다 1만큼 큰 수로 나누어 음수가 아닌 나머지가 됩니다.

통합 정수형의 값을 더 작은 비트 수를 지닌 부호 있는 정수로 변환하거나 혹은 부호 없는 정수를 똑같은 비트 수를 지닌 부호 있는 정수로 변환할 때, 변환 후의 값을 표현할 수 없다면 그 결과는 환경에 따라 다릅니다.

■ 부동 소수점형과 통합 정수형

부동 소수점형의 값을 통합 정수형으로 형 변환할 때, 소수 부분은 버립니다. 정수 부분의 값을 통합 정수형으로 표현할 수 없다면 그 동작은 정의되지 않습니다.

통합 정수형의 값을 부동 소수점형으로 형 변환할 때 원래 값이 변환 후의 자료형으로 표현 가능한 값의 범위 안에는 있으나 정확하게 표현할 수 없다면, 그 값보다 크면서 가장 가까운 값이나 혹은 그 값보다 작으면서 가장 가까운 값 중 하나로 바뀝니다(어느 쪽으로 동작할지는 환경에 따라 다릅니다).

■ 부동 소수점형

float형을 double형이나 long double형으로 확장할 때, 혹은 double형을 long double형으로 확장할 때 값은 변하지 않습니다. double형을 float형으로 변환할 때 혹은 long double형을 float형으로 변환할 때 원래 값이 변환 후의 자료형으로 표현 가능한 값의 범위 안에는 있으나 정확하게 표현할 수 없다면, 그 값보다 크면서 가장 가까운 값이나 혹은 그 값보다 작으면서 가장 가까운 값 중 하나로 바뀝니다(어느 쪽으로 동작할지는 환경에 따라 다릅니다).

■ 일반 산술 변환

산술형 피연산자를 다루는 수많은 이항 연산자는 두 피연산자의 자료형을 맞추기 위해 형 변환을 합니다. 또한, 이는 연산 결과의 자료형이 되는데, 이를 일반 산술 변환usual arithmetic conversion이라고 하며 그 규칙은 다음과 같습니다.

ⓐ 한쪽 피연산자가 long double형이라면 다른 쪽 피연산자를 long double형으로 변환한다.

ⓑ 그렇지 않을 때는, 한쪽 피연산자가 double형이라면 다른 쪽 피연산자를 double형으로 변환한다.

ⓒ 그렇지 않을 때는, 한쪽 피연산자가 float형이라면 다른 쪽 피연산자를 float형으로 변환한다.

ⓓ 그렇지 않을 때는, 다음 규칙에 따라 양쪽 피연산자에 통합 정수 확장을 적용한다.

　① 한쪽 피연산자가 unsigned long형이라면 다른 쪽 피연산자를 unsigned long형으로 변환한다.

　② 그렇지 않을 때는, 한쪽 피연산자가 long형이고 다른 쪽 피연산자가 unsigned형이면서 long형이 unsigned형의 모든 값을 표현할 수 있다면 unsigned형의 피연산자를 long형으로 변환한다. long형이 unsigned형의 모든 값을 표현할 수 없다면 두 피연산자를 unsigned long형으로 변환한다.

③ 그렇지 않을 때는, 한쪽 피연산자가 long형이라면 다른 쪽 피연산자를 long형으로 변환한다.

④ 그렇지 않을 때는, 한쪽 피연산자가 unsigned형이라면 다른 쪽 피연산자를 unsigned형으로 변환한다.

⑤ 그렇지 않을 때는, 양쪽 피연산자는 int형을 지닌다.

부동 소수점 피연산자의 값과 부동 소수점 식의 결괏값은 자료형이 요구하는 정밀도와 범위를 넘어서 표현해도 됩니다. 단, 결과의 자료형이 이에 따라 변하지는 않습니다.

정리

- 산술형이란 다음 자료형의 총칭이다.

  · **통합 정수형(문자형 / 정수형 / 열거형)**
  · **부동소수점형**

  예약어만으로 자료형 이름을 나타낼 수 있는 문자형, 정수형, 부동소수점형을 기본형이라고 부른다.

- 정수형과 문자형은 유한한 범위를 지닌 연속된 정수를 표현하는 자료형이다.

- 정수형과 문자형에는 부호가 있는 것과 없는 것이 있다. signed와 unsigned라는 형 지정자를 통해 이를 정할 수 있다. 만약 이를 명시적으로 지정하지 않으면 다음과 같이 된다.

  · **정수형** : 부호가 있는 것으로 간주된다.
  · **문자형** : 부호가 있는지 없는지는 환경에 따라 다르다.

- 정수형에는 short, int, long이라는 세 가지가 있다. int형은 프로그램 실행 환경에서 가장 다루기 쉽고 빠르게 연산할 수 있는 자료형이다.

- 각 자료형으로 표현할 수 있는 값의 범위는 개발 환경에 따라 다르다. 해당 환경에서 각 자료형의 하한 값과 상한값은 〈limits.h〉 헤더에 오브젝트 매크로 형태로 정의되어 있다.

- char형이 메모리상에서 점유하는 비트 수는 환경에 따라 다르다. 이는 〈limits.h〉 헤더에 오브젝트 매크로 CHAR_BIT로 정의되어 있다.

- char형이 점유하는 크기를 1이라고 정의한다. 각 자료형의 크기는 sizeof를 이용하여 확인할 수 있다. sizeof 연산자가 생성하는 값은 size_t형으로 정의된 부호 없는 정수형의 값이다.

- typedef 선언은 자료형에 별명을 만들어 준다. "typedef A B;"는 기존에 있는 자료형 A에다 B라는 또 다른 이름을 만들어 준다. 이때부터 B는 자료형 이름으로 쓰이며, 이를 보통 typedef명이라고 부른다.

- 정수형의 값은 순수 2진수 표시 체계로 표현된다.

- 부호 없는 정수형의 값은 2진수 값을 그대로 비트에 대응시킨 형태로 표현된다.

- 부호 있는 정수형의 값은 '2의 보수', '1의 보수', '부호와 절댓값' 중 한 가지 방법으로 표현된다. 양숫 값의 비트 구성은 부호 없는 정수와 똑같다.

◦ 두 정수형 피연산자의 비트 단위 논리곱·논리합·배타적 논리합을 구하는 이항 연산자는 각각 &, |, ^
다. 정수형 피연산자의 1의 보수를 구하는 단항 연산자는 ~다.

◦ 정수형 피연산자의 내부를 임의의 비트만큼 좌우로 미는 기능을 하는 시프트 연산자는 《와 》다. 음
수값에 시프트 연산을 적용하면 논리 시프트와 산술 시프트 중 하나가 일어나는데, 이는 환경에 따라
다르다. 그러므로 음수값에는 되도록 시프트 연산을 하지 말자.

◦ 정수 상수는 10진법, 8진법, 16진법이라는 세 가지 기수법으로 표기할 수 있다. 또한, 정수 상수의 끝
에는 아래와 같이 정수 접미사를 붙일 수 있다.

· u나 U ⋯ 그 정수 상수에 부호가 없음을 명시한다.
· l이나 L ⋯ 그 정수 상수가 long형임을 명시한다.

또한, 정수 상수의 자료형은 다음 세 가지 요인으로 결정된다.

· 그 정수 상수의 값
· 그 정수 상수에 붙어 있는 접미사
· 해당 환경에서 각 자료형의 표현 범위

◦ 부호 없는 정수형의 연산에서는 오버플로가 발생하지 않는다. 최댓값을 넘는 연산 결과는 '수학적 연
산 결과 %(그 부호 없는 정수형으로 표현할 수 있는 최댓값 + 1)'이 된다.

◦ 소수 부분을 지니는 실수는 부동소수점형으로 나타낼 수 있다. 부동소수점형으로는 float, double,
long double이라는 세 가지 자료형이 있다.

◦ 부동소수점 상수의 끝에는 아래와 같이 부동소수점 접미사를 붙일 수 있다.

· f나 F ⋯ 그 부동소수점 상수가 float형임을 명시한다.
· l이나 L ⋯ 그 부동소수점 상수가 long double형임을 명시한다.

이러한 접미사를 붙이지 않으면 double형으로 간주된다.

◦ 반복문의 조건을 제어할 때는 되도록 부동소수점형이 아니라 정수형을 써야 한다. 부동소수점형으로
계산을 반복하면 오차가 누적될 수 있기 때문이다.

◦ 각 연산자는 우선순위가 다르다. 또한, 왼쪽 결합을 하는 것과 오른쪽 결합을 하는 것이 있다.

◦ 산술형 피연산자를 다루는 수많은 이항 연산자는 '일반 산술 변환'을 한다.

```
#include <stdio.h>

int main(void)
{
    int i, no;
    float value;        /* 값 */
    float sum = 0.0f;   /* 총합 */

    puts("부동 소수점 수를 여러 번 더하겠습니다.");
    printf("값 : ");       scanf("%f", &value);
    printf("횟수 : ");scanf("%d", &no);

    for (i = 0; i < no; i++)
        sum += value;
    printf("계산 결과는 %f입니다.\n", sum);

    return 0;
}
```

실행 결과 사례

부동 소수점 수를 여러 번 더하겠습니다.
값 : 0.00001↵
횟수 : 100000↵
계산 결과는 1.000990입니다.

CHAPTER

8

다양한 프로그램을
만들어 보자

이번 장에서는 다음 주제에 관해 배워 보겠습니다.

· 함수 매크로

· 정렬

· 열거체

· 재귀

· 입출력

· 문자

함수 매크로

함수 매크로란, 함수와 비슷하지만 조금 더 융통성 있게 쓸 수 있는 매크로입니다. 이번 절에서는 함수 매크로에 관해 알아보겠습니다.

1) 함수와 자료형

읽어 들인 값의 제곱을 구하여 출력하는 프로그램을 만들어 보겠습니다. 앞 장에서 배웠듯이, 수에도 다양한 자료형이 있습니다. 일단 int형용 함수와 double형용 함수를 만들어 보겠습니다. **예제 8-1**이 이를 구현한 프로그램입니다.

➡ **예제 8-1**   chap08/list0801.c

```
/*
    정수의 제곱과 부동 소수점 수의 제곱(함수)
*/

#include <stdio.h>

/*--- int형 정수의 제곱을 구한다 ---*/
int sqr_int(int x)
{
    return (x * x);
}

/*--- double형 부동 소수점 수의 제곱을 구한다 ---*/
double sqr_double(double x)
{
    return (x * x);
}

int main(void)
{
    int    nx;
    double dx;

    printf("정수를 입력해 주세요 : ");
    scanf("%d", &nx);
    printf("그 수의 제곱은 %d입니다.\n", sqr_int(nx));
```

> **실행 결과 사례**
>
> 정수를 입력해 주세요 : 3⏎
> 그 수의 제곱은 9입니다.
> 실수를 입력해 주세요 : 4.25⏎
> 그 수의 제곱은 18.062500입니다.

자료형마다 따로 만들어야 한다

자료형에 따라 구별해서 부른다

```
    printf("실수를 입력해 주세요 : ");
    scanf("%lf", &dx);
    printf("그 수의 제곱은 %f입니다.\n", sqr_double(dx));              자료형에 따라 구별해서 부른다

    return 0;
}
```

int형과 double형은 이렇게 하면 잘 동작합니다. 그런데 이번에는 long형 값의 제곱을 구한다고 해 보겠습니다. 그러면 sqr_long이라는 이름의 함수를 새로 만들어야 할 것입니다. 이런 식으로 계속 함수를 만들다 보면, 프로그램에는 이름과 기능이 비슷한 함수들로 넘쳐날 것입니다.

2) 함수 매크로

이럴 때 유용한 것이 오브젝트 매크로(p.176)보다 더 복잡한 치환을 할 수 있는 함수 매크로^{function-like macro}입니다. 함수 매크로는 흔히 매크로 함수라고도 불립니다. 예제 8-2는 함수 매크로를 이용하여 다시 쓴 프로그램입니다.

→ 예제 8-2   chap08/list0802.c

```
/*
    정수의 제곱과 부동 소수점 수의 제곱(함수 매크로)
*/

#include <stdio.h>

#define sqr(x)        ((x) * (x)) /* x의 제곱을 구하는 함수 매크로 */

int main(void)
{
    int nx;
    double dx;

    printf("정수를 입력해 주세요 : ");
    scanf("%d", &nx);
    printf("그 수의 제곱은 %d입니다.\n", sqr(nx));
                                                        똑같은 함수 매크로를 사용한다.
    printf("실수를 입력해 주세요 : ");
    scanf("%lf", &dx);
```

```
┌─────────────────────────────┐
│          실행 결과 사례         │
├─────────────────────────────┤
│ 정수를 입력해 주세요 : 3⏎       │
│ 그 수의 제곱은 9입니다.          │
│ 실수를 입력해 주세요 : 4.25⏎    │
│ 그 수의 제곱은 18.062500입니다.  │
└─────────────────────────────┘
```

```
    printf("그 수의 제곱은 %f입니다.\n", sqr(dx));
                                                    ──── 똑같은 함수 매크로를 사용한다.

    return 0;
}
```

이 프로그램에 나온 #define 지시자는 다음과 같은 뜻입니다.

이후로 sqr(☆)라는 형태의 식이 나오면, 다음과 같이 전개하라.

　　　((☆) * (☆))

따라서 print 함수를 부르는 부분은 **그림 8-1**과 같이 전개된 다음 컴파일·
실행됩니다. 참고로 이 프로그램에서는 나오지 않았지만, 함수 매크로 sqr
은 long형과 float형에도 적용할 수 있습니다.

그림 8-1 함수 매크로 전개 ────────────────

```
printf("그 수의 제곱은 %d입니다.\n", sqr(n));
                                    ↓ 전개
printf("그 수의 제곱은 %d입니다.\n", ((n) * (n)));
```

```
printf("그 수의 제곱은 %d입니다.\n", sqr(x));
                                    ↓ 전개
printf("그 수의 제곱은 %d입니다.\n", ((x) * (x)));
```

3) 함수와 함수 매크로

언뜻 보면 함수 매크로는 마치 함수처럼 쓸 수 있지만, 실제로는 다른 점이
많습니다. 정확히 어떤 부분이 다른지 짚어 보겠습니다.

· 함수 매크로 sqr은 컴파일 시에 전개되어 프로그램에 반영됩니다. 따라
　서 이항 * 연산자를 적용할 수 있는 모든 자료형에 적용할 수 있습니다.

한편으로 함수를 정의할 때는 반환형과 매개변수의 자료형을 정해 줘야 하
므로, 다양한 자료형을 다루려면 함수를 여러 개 준비해서 자료형에 따라
가려 써야 합니다.

- 함수를 부르면 우리가 의식하지는 못하지만 다음 처리가 이루어집니다.
  - 인자 넘기기(인자의 값이 매개변수로 복사된다)
  - 함수를 호출하는 처리와 함수가 끝나고 호출자로 되돌아가는 처리
  - 반환값 넘기기

하지만 함수 매크로를 쓰면 원래 식이 전개된 식으로 바뀌기만 하므로, 그러한 처리가 이루어지지 않습니다.

- 위와 같은 특징으로 인해 함수보다는 함수 매크로를 쓰는 편이 프로그램의 성능상으로는 약간 더 좋지만, 대신 컴파일을 통해 만들어지는 실행 프로그램의 크기가 커질 가능성이 있습니다. 함수 매크로로 정의한 식이 크고 복잡하다면, 그 크고 복잡한 식이 컴파일 시에 프로그램 안에서 전개되기 때문입니다.

- 함수 매크로의 가장 큰 단점은 사용할 때 대단히 조심해야 한다는 것입니다. 가령 sqr(a++)은 ((a++) * (a++))이라고 전개되므로, a에 ++ 연산자가 두 번 적용됩니다. 이처럼 식이 두 번 평가됨으로써 의도치 않은 결과, 다시 말해 부작용(side effect)이 생길 수 있습니다.

핵심 함수 매크로를 이용할 때는 항상 부작용을 조심해야 한다.

참고 8-1   함수 매크로와 오브젝트 매크로

아래와 같이 매크로 이름 sqr과 '(' 사이에 공백을 넣어서 정의하면, sqr은 함수 매크로가 아니라 오브젝트 매크로로 정의됩니다.

```
#define sqr (x) ((x)*(x))
```

즉 'sqr을 (x) ((x)*(x))로 치환하라'라는 의미가 되어 버립니다. 따라서 함수 매크로를 정의할 때는 반드시 매크로 이름과 '(' 사이에 공백을 넣지 않도록 조심하기 바랍니다.

다음은 두 값의 합을 구하는 함수 매크로입니다.

```
#define sum_of(x, y)  x + y
```

그럼 이를 다음과 같이 사용해 보겠습니다.

```
z = sum_of(a, b) * sum_of(c, d);
```

그런데 막상 매크로를 전개하면, 기대한 것과는 전혀 다른 식이 되어 버립니다.

```
z = a + b * c + d;
```

위와 같은 문제를 해결하기 위하여, 함수 매크로를 정의할 때는 각 인자와 식 전체를 ( )로 감싸 두는 편이 좋습니다.

```
#define sum_of(x, y)  ((x) + (y))
```

이렇게 매크로를 다시 정의하면, 위의 식도 아래와 같이 전개되어 기대한 대로 동작할 것입니다.

```
z = ((a) + (b)) * ((c) + (d));
```

4) 인자가 없는 함수 매크로

인자를 받지 않는 함수 매크로도 만들 수 있습니다. 가령 경보를 울리는 매크로 alert는 다음과 같이 정의할 수 있습니다.

```
#define alert()        (putchar('\a'))     /* 경보를 울리는 매크로 */
```

이번 장의 '정리'에 이 함수 매크로 alert를 사용하는 예제 프로그램이 실려 있습니다(p.340).

x와 y라는 두 값의 차를 구하는 함수 매크로를 정의하시오.

```
diff(x, y)
```

x와 y라는 두 값 중에서 큰 쪽의 값을 구하는 함수 매크로는 아래와 같이 정의할 수 있다.

#define max(x, y)　(((x) > (y)) ? (x) : (y))

이 매크로를 이용하여 a, b, c, d라는 네 가지 값 중 최댓값을 구하는 아래의 식들이 각각 어떻게 전개될지 보이고, 그에 관해 해설하시오.

```
max(max(a, b), max(c, d))
max(max(max(a, b), c), d)
```

자료형이 type형인 두 값을 교환하는 함수 매크로를 다음 형식으로 정의하시오.

```
swap(type, a, b)
```

가령 int형의 변수 x와 y의 값이 각각 5와 10이라고 하면, 이때 swap(int, x, y)를 불러내고 나면 x와 y에는 각각 10과 5가 저장되어 있어야 합니다(어려운 문제입니다).

5) 함수 매크로와 콤마 연산자

함수 매크로를 활용하기 위한 중요한 기법을 소개하겠습니다. **예제 8-3**을 실행해 보겠습니다.

→ 예제 8-3　　　　　　　　　　　　　　　　　　　　　chap08/list0803.c

```
/*
    경보를 내면서 문자열을 출력하는 매크로(잘못한 예 : 컴파일과 실행 불가)
*/

#include <stdio.h>
```

실행 결과 사례

이 프로그램은 컴파일할 때 에러가 발생하므로 실행할 수 없습니다.

```
#define puts_alert(str) { putchar('\a');  puts(str); }

int main(void)
{
    int n;

    printf("정수를 입력해 주세요 : ");
    scanf("%d", &n);

    if (n)
        puts_alert("그 수는 0이 아닙니다.");
    else
        puts_alert("그 수는 0입니다.");

    return 0;
}
```

함수 매크로 puts_alert는 경보를 울린 다음 문자열 str을 puts 함수로 출력하도록 정의되어 있습니다. 그런데 이 프로그램은 컴파일할 때 에러가 일어납니다.

그림 8-2 잘못된 함수 매크로

```
            ── if 문                                            빈 문장
if (n)
        { putchar('\a'); puts("그 수는 0이 아닙니다."); }    ;
    • else
        { putchar('\a'); puts("그 수는 0입니다."); }    ;
    ── if 와 대응하지 않는다.
```

그림 8-2는 main 함수의 if문을 전개한 것입니다. 이를 보면 if 다음에 복합문 {}가 하나 있고, 이어서 빨갛게 칠한 부분에 빈 문장이 하나 있습니다. 따라서 이 if문은 복합문이 끝난 시점에 완성되어 버린 상황입니다. 다음으로는 else가 나오는데, 여기서 문제가 생깁니다. 앞에서 이미 if문이 끝나 버려서, 이 else에 대응되는 if가 없기 때문입니다. 당연히 컴파일러는 "if가 없

는데 왜 else가 나오지?"라고 하면서 에러를 일으키고 맙니다. 그렇다고 매크로 정의에 있는 {}를 빼버릴 수도 없습니다. 다른 에러가 일어날 것이기 때문입니다. 직접 확인해 보기 바랍니다.

이럴 때는 **표 8-1**에 나오는 콤마 연산자^{comma operator}가 유용합니다.

표 8-1 콤마 연산자

콤마 연산자	a, b	a와 b를 순서대로 평가함, b를 평가한 값이 이 식 전체를 평가한 값이 됨

예제 8-4는 콤마 연산자를 이용하여 매크로 puts_alert를 고쳐 쓴 예제입니다.

➡ 예제 8-4   chap08/list0804.c

```
/*
    경보를 울리면서 문자열을 출력하는 매크로
*/

#include <stdio.h>

#define puts_alert(str) ( putchar('\a') , puts(str) )

int main(void)
{
    int n;

    printf("정수를 입력해 주세요 : ");
    scanf("%d", &n);

    if (n)
        puts_alert
("그 수는 0이 아닙니다.");
    else
        puts_alert("그 수는 0입니다.");

    return 0;
}
```

┌─────────────────────────┐
│ **실행 결과 사례**   │
│ 정수를 입력해 주세요 : 0↵   │
│ ♪그 수는 0입니다.   │
└─────────────────────────┘

▶ 식에 세미콜론을 붙이면 구문이 됩니다. 그림에서는 (부터)까지가 하나의 식이며, 그 뒤에 ;가 붙어서 구문을 이룹니다.

일반적으로 a와 b라는 두 식을 콤마 연산자로 이어서 만든 식 a, b는 구문상 하나의 식이 됩니다(애초에 콤마 연산자가 아니라도, 식을 연산자로 묶은 것은 식으로 간주됩니다. 가령 a와 b가 식이라면 a + b도 식인 것과 같습니다). 따라서 이 프로그램의 if문은 **그림 8-3**과 같이 구문상 올바른 것으로 해석됩니다.

그림 8-3 함수 매크로 전개

```
if (n)
    ( putchar('\a') , puts("그 수는 0이 아닙니다.") ) ;     •── 구문
else
    ( putchar('\a') , puts("그 수는 0입니다.") ) ;     •── 구문
```

이처럼 여러 식을 포함하는 매크로는 콤마 연산자로 연결함으로써 구문상 하나의 식으로 만들도록 하겠습니다.

콤마 연산자를 이용한 콤마식 a, b에서는 식 a와 b가 순서대로 평가됩니다. 왼쪽 식 a는 평가만 일어나고 값은 버려집니다. 그리고 오른쪽 식 b를 평가하여 얻은 값이 곧 콤마식 a, b를 평가한 값이 됩니다.

가령 i의 값이 3이고 j의 값이 5일 때, 다음 식을 실행하면 i와 j가 둘 다 1씩 증가하며, j의 증가 후의 값인 6이 x에 대입됩니다.

```
x = ++i, ++j;
```

정렬

데이터 집합을 어떤 기준에 따라 오름차순(작은 순)이나 내림차순(큰 순)으로 재배열하는 일을
정렬(sort)이라고 합니다.

1) 버블 정렬

예제 8-5는 학생 다섯 명의 키를 오름차순으로 정렬하는 프로그램입니다.

➡ **예제 8-5**   chap08/list0805.c

```
/*
    학생의 키를 읽어 들여서 정렬한다
*/

#include <stdio.h>

#define NUMBER 5    /* 학생 수 */

/*--- 버블 정렬 ---*/
void bsort(int a[], int n)
{
    int i, j;

    for (i = 0; i < n - 1; i++) {           총 n-1번 패스를 수행한다.
        for (j = n - 1; j > i; j--) {       끝에서 처음으로 순회한다.
            if (a[j - 1] > a[j]) {
                int temp = a[j];            두 요소 중 왼쪽이 더 크면 교환한다.
                a[j] = a[j - 1];            두 값을 교환하는 법은 p.175 참조.
                a[j - 1] = temp;
            }
        }
    }
}

int main(void)
{
    int i;
    int height[NUMBER];        /* 학생 NUMBER명의 키 */

    printf("학생 %d명의 키를 입력해 주세요.\n", NUMBER);
    for (i = 0; i < NUMBER; i++) {
```

실행 결과 사례
학생 5명의 키를 입력해 주세요.
1번 : 179⏎
2번 : 163⏎
3번 : 175⏎
4번 : 178⏎
5번 : 173⏎
오름차순으로 정렬했습니다.
1번 : 163
2번 : 173
3번 : 175
4번 : 178
5번 : 179

```
        printf("%2d번 : ", i + 1);
        scanf("%d ", &height[i]);
    }

    bsort(height, NUMBER);                  /* 정렬 */

    puts("오름차순으로 정렬했습니다.");
    for (i = 0; i < NUMBER; i++)
        printf("%2d번 : %d\n", i + 1, height[i]);

    return 0;
}
```

실행 결과 사례를 보면 bsort 함수가 넘겨받은 길이 n짜리 배열 a에는 다음
값이 들어가 있습니다.

179   163   175   178   173

우선 맨 끝에 있는 두 값 [178, 173]에 주목하기 바랍니다. 오름차순으로 정
렬해야 하므로, 작은 값은 항상 큰 값보다 앞에(왼쪽에) 있어야 합니다. 따라
서 이 두 값을 교환합니다.

179   163   175   173   178

다음으로 뒤에서 두 번째와 세 번째 값인 [175, 173]에도 똑같은 처리를 해
줍니다.

179   163   173   175   178

뒤에서부터 세 번째와 네 번째 값인 [163, 173]은 순서가 문제없으므로 교
환할 필요가 없습니다.

179   163   173   175   178

이어서 뒤에서부터 네 번째와 다섯 번째 값인 [179, 163]의 순서를 올바르
게 바꿔 줍니다.

| 163 | 179 | 173 | 175 | 178 |

위의 처리를 정리하면 다음과 같습니다. 이러한 일련의 작업을 패스라고 부른다면, 이것이 첫 번째 패스입니다.

179	163	175	178	173	
179	163	175	173	178	
179	163	173	175	178	
179	163	173	175	178	
163	179	173	175	178	

최솟값인 163이 맨 앞으로 밀려 나온 결과, 배열의 첫 번째 요소인 파랗게 칠한 부분의 정렬이 끝났습니다.

똑같은 작업을 앞에서 두 번째 요소인 173까지 다시 수행합니다. 이 두 번째 패스의 과정은 다음과 같습니다(점선보다 오른쪽 부분이 비교·교환 대상인 구역입니다).

163	: 179	173	175	178	
163	: 179	173	175	178	
163	: 179	173	175	178	
163	: 173	179	175	178	

두 번째로 작은 값인 173이 두 번째 요소가 되었으므로, 배열의 첫 번째부터 두 번째 요소까지는 정렬이 끝난 셈입니다.

이어서 앞에서부터 세 번째 요소인 175까지를 대상으로 세 번째 패스를 진행합니다.

163	173	: 179	175	178	
163	173	: 179	175	178	
163	173	: 175	179	178	

이로써 앞에서부터 세 번째 요소까지가 모두 정렬된 상태가 되었습니다. 다음으로는 네 번째 패스입니다.

| 163 | 173 | 175 | : | 179 | 178 | 네 번째 패스 |
| 163 | 173 | 175 | : | 178 | 179 | |

네 번째로 작은 값이니 178이 네 번째 요소가 되었습니다. 마지막 다섯 번째 요소인 179는 최댓값이므로, 총 n − 1번의 패스로 정렬이 끝납니다.

*

이것 말고도 정렬에 사용하는 수많은 알고리즘(일련의 절차)이 존재합니다. 이번 예제에서 사용한 알고리즘은 버블 정렬bubble sort이라고 합니다.

열거체

7장에서는 유한 범위의 연속된 정수를 나타내는 정수형에 관해 살펴봤습니다. 이번 절에서는 한정된 정숫값의 집합을 나타내는 열거체에 관해 알아보겠습니다.

1) 열거체

예제 8-6은 개, 고양이, 원숭이라는 선택지를 제시하고 선택된 동물의 울음소리를 출력하는 프로그램입니다.

→ 예제 8-6   chap08/list0806.c

```
/*
    선택한 동물의 울음소리를 출력
*/

#include <stdio.h>

enum animal { Dog, Cat, Monkey, Invalid };

/*--- 개가 짖는다 ---*/
void dog(void)
{
    puts("멍멍!!");
}

/*--- 고양이가 운다 ---*/
```

```c
void cat(void)
{
    puts("야옹!!");
}

/*--- 원숭이가 운다 ---*/
void monkey(void)
{
    puts("끼끼!!");
}

/*--- 동물을 고른다 ---*/
enum animal select(void)
{
    int tmp;

    do {
        printf("0…개  1…고양이  2…원숭이  3…끝내기 : ");
        scanf("%d", &tmp);
    } while (tmp < Dog || tmp > Invalid);
    return tmp;
}

int main(void)
{
    enum animal selected;

    do {
        switch (selected = select()) {
         case Dog    : dog(); break;
         case Cat    : cat(); break;
         case Monkey: monkey();  break;
        }
    } while (selected != Invalid);

    return 0;
}
```

그림 8-4 열거체 선언

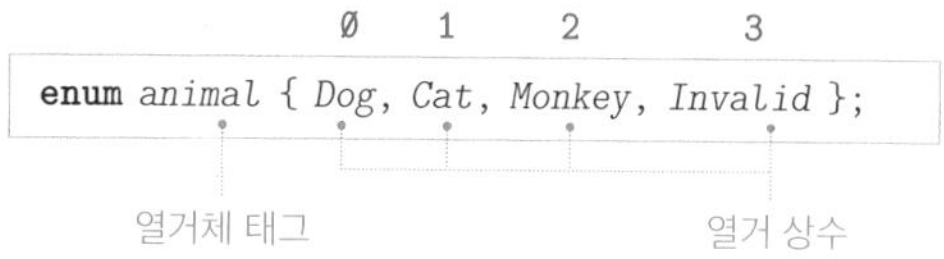

```
             0    1      2        3
enum animal { Dog, Cat, Monkey, Invalid };
```

열거체 태그   열거 상수

그림 8-5 선언 비교

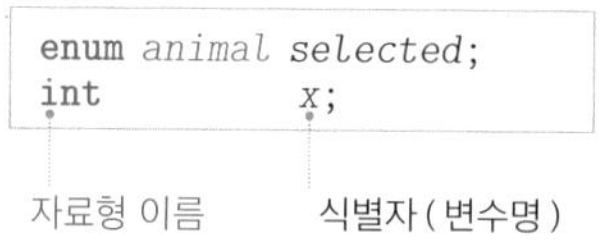

```
enum animal selected;
int         x;
```

자료형 이름   식별자 (변수명)

프로그램에서 파랗게 칠한 부분은 값의 집합을 나타내는 열거체^{enumeration} 선언입니다. **그림 8-4**처럼 열거체에 주어진 식별자 animal은 열거체 태그 ^{enumeration tag}고, { }안에 있는 Dog, Cat, Monkey, Invalid는 열거 상수^{enumera-tion constant}입니다.

그림 8-6 열거형의 이미지

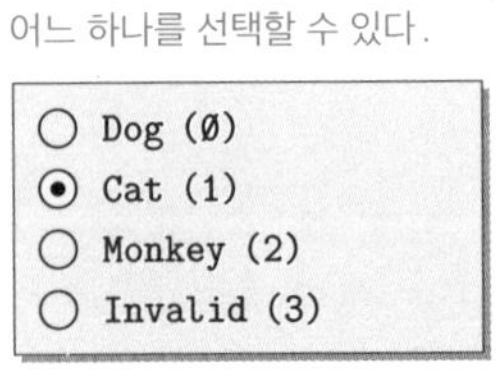

어느 하나를 선택할 수 있다.

그림 8-6은 열거체 animal의 이미지입니다. 각 열거 상수에는 앞에서부터 순서대로 0, 1, 2, 3이라는 정숫값이 주어집니다. 마치 여러 선택지 중에서 하나만 고를 수 있는 '라디오 버튼' 같은 느낌입니다.

정수형이 수많은 정수를 자유롭게 다룰 수 있는 데 비해, 열거체는 정해진 몇 가지 값만을 나타낼 수 있습니다. 게다가 각 값에는 이름이 붙어 있습니다.

이때 열거체의 태그 이름은 자료형의 이름이 아니라는 점을 기억해야 합니다. 즉 'animal형'이 아니라 'enum animal형'이라는 열거형^{enumerated type}입니다.

main 함수의 <mark>빨갛게 칠한 부분</mark>에서는 그 enum animal형의 변수 selected를 선언하고 있습니다. 이 선언을 통해 selected는 0, 1, 2, 3 중 한 값을 지닐 수 있는 변수가 됩니다. **그림 8-5**처럼 비교하면서 보면 명확히 알 수 있듯이, int형이든 열거형이든 변수를 선언할 때는 자료형 이름 다음에 식별자를 쓰면 됩니다.

*

함수 select는 동물 선택지를 출력하고 선택된 동물에 해당하는 값을 반환하는 함수입니다. 0, 1, 2, 3 이외의 값이 입력되면 다시 입력하라고 요청하기 위해 do-while문이 쓰였는데, 여기서 동물과는 무관한 열거 상수 Invalid가 유용하게 쓰였습니다.

▶ 참고로 Invalid는 '무효한'이라는 뜻입니다.

이 열거 상수 Invalid가 없다고 한번 가정해 보겠습니다. 그럼 이 식은 다음과 같이 구현해야 합니다.

```
tmp < Dog || tmp > Monkey + 1
```

그런데 나중에 네 번째 동물인 '바다표범'을 추가하고 싶어져서, 열거체 animal이 다음과 같이 수정되었습니다.

```
enum animal { Dog, Cat, Monkey, Seal };
```

그럼 아까 만든 식은 다음과 같이 고쳐야만 합니다.

```
tmp < Dog || tmp > Seal + 1
```

즉 동물을 추가할 때마다 조건 판정을 위한 제어식을 고쳐야만 한다는 뜻입니다. 언뜻 보면 쓸모없을 것 같은 Invalid가 사실은 유용하게 쓰이고 있다는 사실을 알 수 있습니다.

＊

각 열거 상수 Dog, Cat, Monkey, Invalid의 값은 int형입니다. 따라서 반환형이 enum animal형인 함수 select에서는 int형인 tmp의 값을 반환하고 있습니다.

모호함을 없애고 싶다면, 다음과 같이 형 변환을 해줘도 좋습니다.

```
return (enum animal)tmp;
```

2) 열거 상수

앞에서 살펴본 예제 프로그램에서는 열거 상수의 값이 자동으로 정해졌는데, 원한다면 직접 열거 상수의 값을 정할 수도 있습니다. 열거체를 선언할 때 열거 상수의 식별자 뒤에 =와 설정할 값을 써주면 됩니다.

```
enum sports { soccer, basketball = 5, baseball };
```

그림 8-7 열거체 sports

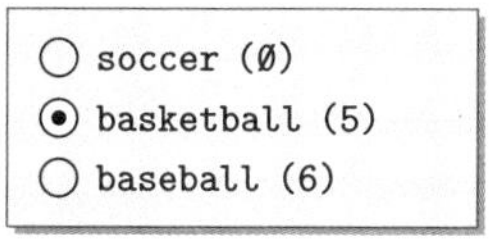

○ soccer (0)
◉ basketball (5)
○ baseball (6)

가령 위와 같이 선언하면 soccer는 0, basketball은 5, baseball은 6이 됩니다. 즉 =로 값이 지정된 열거 상수는 해당 값이 되고, 따로 값이 지정되지 않은 열거 상수는 이전 열거 상수보다 1 큰 값이 자동으로 지정됩니다.

```
enum color{ red, blue = 0 };
```

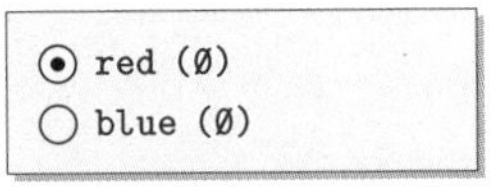

그림 8-8 열거체 color

```
● red (0)
○ blue (0)
```

또한, 위와 같이 선언하면 red와 blue는 모두 0이 됩니다. 이처럼 여러 열거 상수가 같은 값을 지녀도 상관없습니다.

참고로 열거체의 이름인 열거체 태그가 프로그램에서 쓰일 일이 없다면 생략할 수 있습니다. 가령 다음과 같이 선언할 수 있습니다.

```
enum { JANUARY = 1, FEBRUARY, /* (중략) */ , DECEMBER };
```

열거체 태그가 없으므로 이 열거형의 변수를 선언할 수는 없습니다. 단, 다음과 같이 switch문의 레이블 등으로 유용하게 활용할 수 있습니다.

```
int month;
/* ... */
switch (month) {
  case JANUARY : /* 1월 처리 */
  case FEBRUARY: /* 1월 처리 */
  /*--- 중략 ---*/
}
```

참고 8-2 **enum을 읽는 법**

enum을 어떻게 발음하면 좋을지 고민하는 사람이 많은 것 같습니다. 원래 단어인 enumeration의 발음은 아마 '이뉴머레이션'과 비슷할 것입니다. 하지만 영어가 모국어인 사람도 enum을 '이늄'이나 '이넘' 등으로 적당히 읽는 편이라고 합니다. 컴퓨터 용어에만 국한된 일은 아니지만, enum처럼 단축된 말을 읽는 법에는 절대적인 규칙이 없습니다. 만약 enumerate(열거하다), enumeration(열거)라는 영어 단어를 몰랐다면, 이참에 공부하는 셈 치고 '이늄'이라고 발음하면 어떨까요?

연습 8-4

버블 정렬을 할 때 맨 끝부터 순회하는 것이 아니라 맨 앞부터 순회하도록 **예제 8-5**(p.311)을 수정하시오.

Chapter 8 **다양한 프로그램을 만들어 보자**

성별과 계절 등을 나타내는 열거체를 자유롭게 정의하고 이를 사용한
프로그램을 작성하시오.

열거체에는 다음과 같은 특징이 있습니다.

· 이전 페이지에 나온 달을 나타내는 열거체를 오브젝트 매크로로 구현하
면 다음과 같습니다.

```
#define  JANUARY   1    /* 1월 */
#define  FEBRUARY  2    /* 2월 */
/*--- 중략 ---*/
#define  DECEMBER  12   /* 12월 */
```

이러면 선언이 12줄이나 될 뿐만 아니라, 일일이 다 값을 지정해야 합니다.

열거체를 쓰면 더 간편하게 선언할 수 있고, JANUARY의 값만 제대로 지정해
놓으면 나머지 값은 알아서 정해집니다(자동으로 1씩 증가한 값을 배정합니다).

· 동물을 나타내는 enum animal은 0, 1, 2, 3이라는 값을 나타내는 자료형
입니다. 가령 변수 an이 enum animal형이라고 해 보겠습니다.

```
an = 5;    /* 잘못된 값을 대입 */
```

이때 위와 같이 자료형에 없는 5를 대입했다고 가정해 보겠습니다. 컴파일
러는 친절하게도 이러한 코드를 발견하면 경고 메시지를 출력해 주므로, 실
수를 쉽게 찾아낼 수 있습니다. 만약 변수 an을 그냥 int형으로 선언하면
컴파일러는 위와 같은 확인을 해주지 않습니다.

· 프로그램의 동작을 확인할 때 쓰는 디버거 등의 소프트웨어에서는 종종
열거형 변수의 값을 정숫값이 아니라 열거 상수의 이름으로 표시해 줄
때가 있습니다.

가령 enum animal형의 변수 selected의 값을 0이나 1이 아니라 Dog와 Cat 이라고 표시해 주는 식이라서, 디버깅이 무척 편해집니다.

핵심 열거체로 나타낼 수 있는 정수 집합은 되도록 열거체로 정의하자.

---

3) 이름공간

열거체 태그와 변수명은 서로 다른 이름공간^{name space}에 속해 있으므로, 똑같은 철자를 지닌 식별자가 있어도 컴파일러는 이를 구별할 수 있습니다. 가령 행정 구역 이름인 '관악'구와 산 이름인 '관악'산은 철자는 같지만 엄연히 구분할 수 있는 것과 같습니다. "관악구에 있는 관악산에 올랐다."라는 문장을 읽으면 누구나 전자가 행정 구역이고 후자가 산 이름임을 알 수 있습니다.

따라서 enum animal형의 변수가 animal이라는 식별자를 지닐 수 있습니다. 다음과 같이 선언하면 됩니다.

```
enum animal animal;    /* enum animal형 변수 animal을 선언 */
```

▶ 이름공간에 관해서는 12장에서 자세히 설명하겠습니다 (p.443).

물론 첫 번째 animal은 열거체 태그 이름이고 두 번째 animal은 변수명입니다.

재귀 함수

함수 안에서 자기 자신과 똑같은 함수를 부를 수도 있습니다. 이를 재귀 호출이라고 합니다. 이번 절에서는 재귀에 관해 알아보겠습니다.

1) 함수와 자료형

어떤 사물이나 현상 자체가 자기 자신을 내포하고 있거나, 자기 자신을 이용하여 정의될 때 이를 재귀적recursive이라고 표현합니다. **그림 8-9**는 재귀적인 그림입니다. 화면 안에 화면이 보입니다. 그 화면 안에도 화면이 보이고…….

그림 8-9 재귀의 예

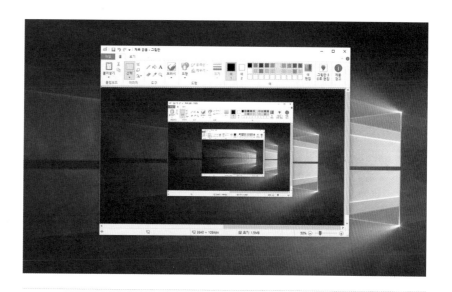

재귀를 이용하면 1부터 시작하여 무한히 이어지는 자연수 1, 2, 3 …을 다음과 같이 정의할 수 있습니다.

· 자연수의 정의

[a] 1은 자연수다.

[b] 어떤 자연수의 다음 정수도 자연수다.

이러한 재귀적 정의recursive definition를 이용하면 무한히 많은 자연수를 단 두 줄로 정의할 수 있습니다. 정의뿐만이 아닙니다. 재귀를 잘 이용하면 프로그램을 간결하게 적을 수 있습니다.

2) 계승

재귀를 이용하여 음수가 아닌 정수의 계승(팩토리얼)을 구해 보겠습니다. 음수가 아닌 정수 n의 계승은 다음과 같이 재귀적으로 정의할 수 있습니다.

▶ 물론 3!은 3×2!이고, 2!은 2× 1!이며, 1!은 1×0!입니다. 0!은 정의에 따라 1입니다.

· 계승 n!의 정의(n은 음수가 아닌 정수다)

[a] 0! = 1

[b] n > 0이라면 n! = n × (n − 1)!

가령 5의 계승인 5!은 5 × 4!입니다. 여기에 나온 4!은 4 × 3!입니다.

예제 8-7에 나오는 함수 factorial은 위의 정의를 프로그램으로 구현한 것입니다.

➡ 예제 8-7

chap08/list0807.c

```
/*
    계승(팩토리얼)을 구한다
*/

#include <stdio.h>

/*--- 계승을 반환한다 ---*/
int factorial(int n)
{
    if (n > 0)
```

실행 결과 사례
정수를 입력해 주세요 : 3◻
3의 계승은 6입니다.

Chapter 8 다양한 프로그램을 만들어 보자

```
        return n * factorial(n - 1);
    else
        return 1;
}

int main(void)
{
    int num;

    printf("정수를 입력해 주세요 : ");
    scanf("%d", &num);

    printf("%d의 계승은 %d입니다.\n", num, factorial(num));

    return 0;
}
```

함수 factorial은 매개변수 n으로 넘겨받은 값이 0보다 크면 n * factorial(n
– 1)을 반환하고, 그렇지 않다면 1을 반환하도록 정의되어 있습니다. 언뜻
보기에는 간단하지만, 실제 동작은 복잡합니다. 이에 관해 자세히 알아보
겠습니다.

■ 재귀 호출

'3의 계승'을 구하는 과정을 예로 들며 함수 factorial의 동작을 살펴보겠습
니다. **그림 8-10**을 보겠습니다.

ⓐ factorial(3)으로 함수 factorial이 불립니다. 이 함수는 매개변수 n에 3을
넘겨받았으므로 다음 값을 반환합니다.

```
3 * factorial(2)
```

물론 이 곱셈 연산을 하려면 factorial(2)의 값을 구해야 합니다. 따라서 인
자 2를 넘기며 함수 factorial을 부릅니다.

ⓑ 호출된 함수 factorial은 매개변수 n에 2를 넘겨받았으므로 다음 값을

반환합니다.

```
2 * factorial(1)
```

따라서 위 연산을 하기 위해 함수 factorial(1)을 부릅니다.

c 호출된 함수 factorial은 매개변수 n에 1을 넘겨받았으므로 다음 값을 반환합니다.

```
1 * factorial(0)
```

따라서 위 연산을 하기 위해 함수 factorial(0)을 부릅니다.

d 호출된 함수 factorial은 매개변수 n에 0을 넘겨받았으므로 1을 반환합니다.

그림 8-10 3 의 계승을 재귀적으로 구하는 과정

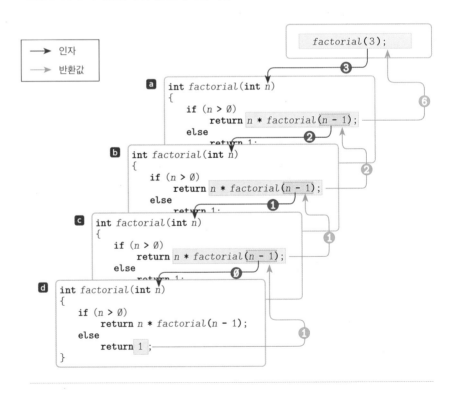

c 반환값 1을 받은 함수 factorial은 1 * factorial(0), 다시 말해 1 * 1을 반환합니다.

b 반환값 1을 받은 함수 factorial은 2 * factorial(1), 다시 말해 2 * 1을 반환합니다.

a 반환값 2를 받은 함수 factorial은 3 * factorial(2), 다시 말해 3 * 2를 반환합니다.

이렇게 3의 계승인 6을 구했습니다.

함수 factorial은 n − 1의 계승을 구하기 위해 함수 factorial을 부릅니다. 이러한 함수 호출을 재귀적 함수 호출recursive function call, 혹은 재귀 호출이라고 합니다.

▶ 재귀 호출은 '자기 자신을 부르는 일'이라기보다는 '자신과 똑같은 함수를 부르는 일'이라고 이해하는 편이 더 자연스럽습니다. 만약 정말로 자기 자신을 부른다면 영원히 자기 자신 부르기를 반복할 것이기 때문입니다.

재귀적인 알고리즘은 해결해야 할 문제, 계산해야 할 함수, 처리해야 할 데이터 구조 등이 재귀적으로 정의되어 있을 때 고려해 볼 수 있습니다. 이번 예제에서 계승을 재귀적으로 구한 것은 어디까지나 재귀의 원리를 이해하기 위한 예시일 뿐이지, 이러한 문제에 재귀를 이용하는 일은 현실적으로 적절한 선택이 아닙니다.

▶ 재귀적인 알고리즘은 트리, 그래프, 분할 정복 등을 이용하는 프로그램에서 폭넓게 쓰이고 있습니다.

연습 8-6

재귀 호출 없이 함수 factorial을 구현하시오.

연습 8-7

```
int combination(int n, int r) { /* … */ }
```

서로 다른 정수 n개 중에서 정수 r개를 꺼내는 경우의 수 $_nC_r$을 구하는 함수를 작성하시오.
참고로 nCr은 다음과 같이 정의할 수 있습니다.
$_nC_r = {}_{n-1}C_{r-1} + {}_{n-1}C_r$ (단, $_nC_0 = {}_nC_n = 1$, $_nC_1 = n$)

```
int gcd(int x, int y) { /* … */ }
```
정수 x와 y의 최대공약수를 유클리드 호제법로 구하는 함수를 작성하시오.

· 유클리드 호제법이란 :

정수 x, y를 직사각형의 변의 길이라고 하자. x와 y중 짧은 쪽이 y일 때, 변의 길이가 y인 정사각형으로 직사각형을 채운다. 남은 직사각형에 대해서도 위와 똑같은 일을 반복한다. 이렇게 직사각형 전체를 정사각형으로 가득 채웠을 때, 가장 마지막 정사각형의 변의 길이가 최대공약수다.

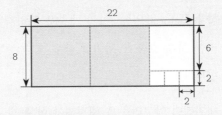

입출력과 문자

보통 프로그램에서는 어떤 식으로든 문자를 입력받고 출력합니다. 이번 절에서는 문자와 입출력에 관해 살펴보겠습니다.

1) getchar 함수와 EOF

4장에서 배웠던 putchar 함수는 문자를 하나만 출력하는 함수였는데, 이번에 배울 getchar 함수는 이와 반대로 문자를 하나만 입력받는 함수입니다. 이 함수를 잘 이용하면 읽어 들인 문자를 그대로 다시 출력하는 프로그램을 만들 수 있습니다. **예제 8-8**을 살펴보겠습니다.

```
/*
    표준 입력으로 들어온 입력을 표준 출력으로 복사한다
*/

#include <stdio.h>

int main(void)
{
    int ch;

    while ((ch = getchar()) != EOF)
        putchar(ch);

    return 0;
}
```

실행 결과 사례

Hello!⏎
Hello!
This is a pen.⏎
This is a pen.
Ctrl + Z ⏎

Ctrl 키를 누르면서 Z 키를 누른다.
일부 환경에서는 ⏎도 넣어 줘야 한다.
참고로 UNIX, Linux, OS X 등에서는
Ctrl 키를 누르면서 D 키를 누른다.

getchar 함수는 문자를 읽어 들여서 이를 반환하는 함수입니다. 입력이 끝나거나, 혹은 읽어 들일 때 에러가 발생하면 EOF를 반환합니다.

getchar	
헤더	#include <stdio.h>
형식	int getchar(void);
해설	표준 입력 스트림에서 다음 문자를(존재한다면) 읽어 들인다.
반환값	읽어 들인 문자를 반환한다. 파일 끝을 검출했거나 에러가 발생했을 때는 EOF를 반환한다.

오브젝트 매크로 EOF는 End Of File에서 유래한 이름입니다. 〈stdio.h〉 헤더 안에 음숫값으로 정의되어 있습니다. 다음은 EOF 정의의 예시입니다.

```
EOF
#define EOF -1 /* 예시 : 실제 값은 환경에 따라 다르다 */
```

2) 입력에서 출력으로 복사하기

▶ 〈stdio.h〉 헤더를 인클루드하지 않으면 EOF의 정의를 찾을 수 없으므로 프로그램을 컴파일·실행할 수 없습니다.

이 프로그램은 실질적으로 while문만으로 구성되어 있습니다. 제어식 (ch = getchar()) != EOF에 주목하기 바랍니다. **그림 8-11**은 이 식에 관한 해설입니다.

그림 8-11 while 문의 제어식 설명

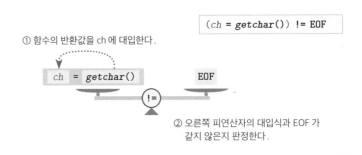

① 함수의 반환값을 ch 에 대입한다.

$(ch = getchar())$!= EOF

ch = getchar()   EOF

② 오른쪽 피연산자의 대입식과 EOF 가
같지 않은지 판정한다.

우선 ①에서 getchar 함수로 읽어 들인 값을 ch에 대입합니다. 단, 모든 문자가 다 입력되었거나 혹은 에러가 발생했다면 ch에 EOF를 대입합니다. 앞에서 배웠듯이 대입식을 평가하면 대입 후의 왼쪽 피연산자의 값이 나옵니다. 따라서 대입식 ch = getchar()를 평가한 값은 대입 후의 ch의 값과 같습니다. 그리고 그 값을 ②에서 EOF와 비교합니다. 결국 문자를 제대로 읽어 들이는 한, while문의 루프 본체가 실행되어 그 문자가 putchar 함수로 출력됩니다. 더는 문자가 입력되지 않거나 에러가 발생하면 while문은 끝납니다.

참고 8-3 | **EOF의 정의**

오브젝트 매크로 EOF가 필요한 프로그램에서, <stdio.h> 헤더를 인클루드하는 대신에 다음과 같이 정의해서는 안 됩니다.

```
#define EOF -1
```

왜냐면 EOF는 어디까지나 '음수'라고만 규정되어 있지, '-1'이라는 보장은 없기 때문입니다. 따라서 멋대로 위와 같이 정의한 프로그램을 EOF의 값이 -1이 아닌 환경에서 컴파일·실행하면, 올바르게 동작하지 않을 수 있습니다.

만약 대입과 비교를 따로 적으면 while문은 다음과 같이 됩니다.

```
while (1) {              /* 무한 루프 */
```

```
        ch = getchar();      /* 읽어 들인 문자를 ch에 대입 */
        if (ch == EOF)       /* 에러가 발생하면 */
            break;           /* while문에서 빠져나간다 */
        putchar(ch);         /* 문자 ch를 출력 */
    }
```

3) 숫자의 개수 세기

이번에는 다음 문제를 생각해 보겠습니다.

> 여러 문자를 읽어 들여서, 그중 각 숫자가 몇 번이나 나왔는지 세서 출력한다.

여러 문자를 읽어 들여서, 그중 각 숫자가 몇 번이나 나왔는지 세서 출력한다.

이를 구현한 프로그램이 **예제 8-9**입니다.

➡ 예제 8-9   chap08/list0809.c

```
/*
    표준 입력으로 입력받은 각 숫자의 개수를 센다
*/

#include <stdio.h>

int main(void)
{
    int i, ch;                                    ──── 모든 요소를 0으로 초기화한다.
    int cnt[1Ø] = {Ø};        /* 숫자 출현 횟수 */

    while ((ch = getchar()) != EOF) { 예제          ──── 8-8과 똑같다!!
        switch (ch) {
        case 'Ø' :  cnt[Ø]++;    break;
        case '1' :  cnt[1]++;    break;
        case '2' :  cnt[2]++;    break;
        case '3' :  cnt[3]++;    break;
        case '4' :  cnt[4]++;    break;
        case '5' :  cnt[5]++;    break;
        case '6' :  cnt[6]++;    break;
        case '7' :  cnt[7]++;    break;
        case '8' :  cnt[8]++;    break;
        case '9' :  cnt[9]++;    break;
        }
```

실행 결과 사례
3.1415926535897932846⏎
Ctrl + Z ⏎
숫자가 나타난 횟수
'Ø' : 0
'1' : 2
'2' : 2
'3' : 3
'4' : 2
'5' : 3
'6' : 2
'7' : 1
'8' : 2
'9' : 3

```
    }
    puts("숫자가 나타난 횟수");
    for (i = Ø; i < 1Ø; i++)
        printf("'%d' : %d\n", i, cnt[i]);

    return Ø;
}
```

이 프로그램에 나온 while문의 제어식(파랗게 칠한 부분)은 지난 예제와 똑같습니다. 즉 getchar 함수로 문자를 제대로 읽어 들이는 한, while문의 루프 본체가 계속 실행됩니다. 문자를 다 입력받았거나, 혹은 에러가 발생하면 while문이 끝납니다.

＊

숫자가 나타난 횟수는 int[10]형 배열 cnt에 저장됩니다. 문자 '0', '1', …, '9'가 나타난 횟수를 각각 cnt[0], cnt[1], …, cnt[9]에 저장하는 식입니다. getchar 함수가 반환한 값이 EOF가 아닐 때, 다시 말해 제대로 문자를 읽어 들였을 때만 while문의 루프 본체인 switch문이 실행됩니다.

이 switch문에서는 다음 열 가지 문자에 대한 처리가 준비되어 있습니다.

  'Ø' '1' '2' '3' '4' '5' '6' '7' '8' '9'

입력받은 문자의 종류에 따라, 배열 cnt의 해당하는 요소의 값을 1씩 증가시키고 있습니다. 가령 ch가 '0'이라면 cnt[0]의 값을 1 증가시키고, ch가 '1'이라면 cnt[1]의 값을 1 증가시킵니다.

문자 '0'에서 '9'까지의 출현 횟수를 저장하기 위한 배열 cnt의 인덱스가 0부터 9까지이므로, '0'과 '9' 등의 문자를 이에 대응하는 숫자인 0과 9로 변환할 수 있다면 더욱 프로그램을 간결하게 쓸 수 있을 것입니다. 즉 문자 '0'을 숫자 0으로 변환하고, 문자 '1'을 숫자 1로 변환하는 식입니다.

표준 입력에 나타난 행의 수를 세는 프로그램을 작성하시오.

참고 8-4   버퍼링과 리다이렉션

· 버퍼링

예제 8-8(p.327)의 실행 결과 사례를 보면 문자를 읽어 들일 때마다 바로 문자를 출력하는 것이 아니라, ⏎가 눌릴 때마다 한꺼번에 출력하고 있습니다(예제 8-9도 마찬가지입니다).

C 언어에서는 입출력을 할 때, 읽어 들인 문자와 출력해야 할 문자를 일단 버퍼(임시 저장소)에 담아 놓습니다. 그리고 다음과 같은 일을 계기로, 실제 입력 처리와 출력 처리가 이루어집니다.

        A 버퍼가 꽉 찼다.

        B 줄 바꿈 문자를 읽어 들였다.

물론 애초에 버퍼를 쓰지 않고 다음과 같이 동작하는 개발 환경도 있습니다.

        C 즉시 입출력이 이루어진다.

이러한 방식을 각각 **A** 완전 버퍼링, **B** 행 버퍼링, **C** 비버퍼링이라고 합니다.

· 리다이렉션

다음과 같이 입력용과 출력용 파일명을 지정해서 프로그램을 실행해 보겠습니다(실행 파일 이름이 list0808이라고 가정하겠습니다).

   ▷ list0808 < 입력용 파일명 > 출력용 파일명⏎

그러면 '입력용 파일'에 들어 있는 내용이 '출력용 파일'에 복사됩니다. 이는 C 언어가 아니라 UNIX나 MS-Windows 등의 OS가 지원하는 리다이렉션이라는 기능 때문입니다.

여태까지 printf, puts, putchar 함수는 '화면'에만 출력하고 scanf 함수는 '키보드'에서만 읽어 들이는 것으로 보였지만, 실은 파일에서 입력받거나 파일로 출력하도록 할 수도 있습니다.

---

4) 문자

이전 장에서 문자형에 관해 살펴봤는데, '문자' 그 자체에 관해서는 제대로 다루지 않았습니다. C 언어에서는 문자를 '0 이상의 정숫값'으로 간주합니다. 따라서 각 문자는 자신만의 고유한 정숫값을 지니는데, 이를 문자 코드라고 합니다.

핵심 C 언어에서 '문자'란 그 문자에 부여된 정숫값인 문자 코드다.

표 8-2 아스키 (ASCII) 코드 표

	0	1	2	3	4	5	6	7
0				Ø	@	P	`	p
1			!	1	A	Q	a	q
2			"	2	B	R	b	r
3			#	3	C	S	c	s
4			$	4	D	T	d	t
5			%	5	E	U	e	u
6			&	6	F	V	f	v
7	\a		'	7	G	W	g	w
8	\b		(	8	H	X	h	x
9	\t		)	9	I	Y	i	y
A	\n		*	:	J	Z	j	z
B	\v		+	;	K	[	k	{
C	\f		,	<	L	\	l		
D	\r		-	=	M	]	m	}
E			.	>	N	^	n	~
F			/	?	O	_	o	

단, 문자에 부여된 문자 코드는 각 프로그램의 실행 환경에서 사용하는 문자 코드 체계에 따라 다릅니다. 여기서는 **표 8-2**에 있는 아스키코드를 예로 들며 설명하겠습니다. 이 표를 읽는 방법부터 알아보겠습니다. 이 표에서 16진수를 쓰고 있다는 사실은 어렴풋이 알 수 있을 것입니다.

가령 문자 'g'는 6번 열의 7번 행에 있으므로 16진수 67이라는 값을 지닙니다. 마찬가지로 문자 'A'는 16진수 41입니다.

이제 숫자를 나타내는 문자 '0', '1', …, '9'의 문자 코드를 16진수와 10진수로 나타내면 다음과 같습니다.

문자	16진수	10진수
'0'	0x30	48
'1'	0x31	49
'2'	0x32	50
'3'	0x33	51
⋮	⋮	⋮
'9'	0x39	57

숫자를 나타내는 문자 '0' ~ '9'의 문자 코드는 10진수로 48 ~ 57이지, 절대 0 ~ 9가 아니라는 점을 기억하기 바랍니다. **문자 '0'과 수의 0은 겉보기로는 비슷하지만 전혀 다른 것입니다.**

문자 '0' ~ '9'의 값을 확인했으니, switch문은 다음에 나오는 **A**처럼 쓸 수 있습니다.

```
A  switch (ch) {
     case 48: cnt[0]++; break;
     case 49: cnt[1]++; break;
     case 50: cnt[2]++; break;
     case 51: cnt[3]++; break;
     /*--- 중략 ---*/
     case 57: cnt[9]++; break;
   }
```

이 프로그램을 잘 읽어보면 일정한 규칙을 찾을 수 있습니다.

숫자를 나타내는 문자 ch의 값에서 48을 뺀 값인 ch − 48이 인덱스에 딱 맞는 0 ~ 9가 된다는 점입니다. 따라서, 이 switch문은 B 에 나온 것처럼 간단한 if문으로 바꿀 수 있습니다. 이로써 열 줄 이상의 프로그램이 단 두 줄로 단축되었습니다.

```
B  if (ch >= 48 && ch <= 57)
       cnt[ch - 48]++;
```

그런데 A 와 B 는 **이식성이 떨어진다는 치명적인 문제가 있습니다.**

앞에서도 설명했듯이, 개발 환경과 실행 환경에 따라 사용하는 문자 코드 체계는 천차만별입니다. 따라서 여기서 예로 든 '아스키코드'가 모든 환경에서 사용될 것이라는 보장은 없습니다. 가령 환경에 따라서는 문자 〈0〉이 48이 아닌 다른 값을 지닐 수도 있습니다. 그런 환경에서 A 와 B 를 실행하면, 48 ~ 57이라는 값을 지닌 전혀 다른 문자의 출현 횟수를 계산하고 맙니다.

다만, 다행히도 C 언어 프로그램이 실행되는 환경에서는 다음 규칙이 보장되어 있습니다.

숫자를 나타내는 문자 '0', '1', …, '9' 의 값은 하나씩 증가한다.

즉 '0'의 값은 문자 코드 체계에 따라 다르더라도, '5'는 '0'보다 항상 5만큼 크다는 뜻입니다. 따라서 '5' − '0'은 모든 환경에서 반드시 5가 됩니다.

따라서 숫자를 나타내는 임의의 문자에서 '0'을 빼면 여기서 필요한 인덱스 값을 얻을 수 있으므로, **B**의 if문은 **C**와 같이 고쳐 쓸 수 있습니다.

```
C  if (ch >= '0' && ch <= '9')
       cnt[ch - '0']++;
```

이렇게 수정한 프로그램이 **예제 8-10**입니다.

→ 예제 8-10   chap08/list0810.c

```
/*
    표준 입력으로 입력받은 각 숫자의 개수를 센다(2탄)
*/

#include <stdio.h>

int main(void)
{
    int i, ch;
    int cnt[10] = {0};              /* 숫자 출현 횟수 */

    while ((ch = getchar()) != EOF) {
        if (ch >= '0' && ch <= '9')
            cnt[ch - '0']++;
    }

    puts("숫자가 나타난 횟수");
    for (i = 0; i < 10; i++)
        printf("'%d' : %d\n", i, cnt[i]);

    return 0;
}
```

실행 결과 사례
```
3.1415926535897932846 ↵
Ctrl + Z ↵
숫자가 나타난 횟수
'0' : 0
'1' : 2
'2' : 2
'3' : 3
'4' : 2
'5' : 3
'6' : 2
'7' : 1
'8' : 2
'9' : 3
```

프로그램이 상당히 간결해졌습니다.

이제 EOF의 값과 숫자를 나타내는 각 문자의 값을 확인해 보겠습니다. **예제 8-11**을 실행해 보면 됩니다.

```
/*
    EOF의 값과 숫자 문자의 값을 출력
*/

#include <stdio.h>

int main(void)
{
    int i;

    printf("EOF = %d\n", EOF);

    for (i = Ø; i < 1Ø; i++)
        printf("'%d' = %d\n", i, 'Ø' + i);

    return Ø;
}
```

실행 결과 사례
EOF = -1
'Ø' = 48
'1' = 49
'2' = 50
'3' = 51
'4' = 52
'5' = 53
'6' = 54
'7' = 55
'8' = 56
'9' = 57

실행 결과는 환경에 따라 다릅니다.

5) 확장 표기

p.332의 **표 8–2**에 있는 아스키코드 표를 보면 0x07부터 0x0D에 \a, \b, \t, \n, \v, \f, \r이라고 쓰여 있습니다. 이중 '\n'은 줄 바꿈 문자고 '\a'가 경보 문자라는 사실은 이미 앞에서 다뤘습니다. 이러한 확장 표기들을 **표 8–3**에 정리했습니다.

여기서는 따옴표와 8진 확장 표기, 16진 확장 표기에 관해 알아보겠습니다.

· \'와 \" … 작은따옴표와 큰따옴표

따옴표 '와 "를 나타내는 확장 표기로는 \'와 \"가 있습니다. 이를 문자열 리터럴과 문자 상수에서 쓸 때는 다음과 같이 조심해야 합니다.

· 문자열 리터럴에 쓸 때

큰따옴표는 확장 표기 \"로 나타내야 합니다. 만약 AB\"C라는 문자열을 문자열 리터럴로 나타내고 싶다면 "AB\"C"라고 적어야 합니다.

작은따옴표는 그냥 '라고 적어도 되고 확장 표기 \'로 적어도 됩니다.

· 문자 상수에 쓸 때

큰따옴표는 그냥 "라고 적어도 되고 확장 표기 \"로 적어도 됩니다.

작은따옴표는 확장 표기 \'로 나타내야 합니다. 따라서 작은따옴표를 나타내는 문자 상수는 '\''입니다('''라고 적어서는 안 됩니다).

· 8진 확장 표기와 16진 확장 표기

\로 시작하는 8진 확장 표기octal escape sequence와 \x로 시작하는 16진 확장 표기hexadecimal escape sequence를 이용하면, 8진수와 16진수 코드로 문자를 나타낼 수 있습니다. 8진 확장 표기는 문자 코드를 1~3자리 8진수로 나타낼 수 있고, 16진 확장 표기는 임의의 자릿수로 나타낼 수 있습니다.

가령 아스키코드에서는 '1'의 문자 코드가 10진수 49입니다. 따라서 '1'는 8진 확장 표기로 '\61', 8진 확장 표기로 '\x31'이라고 나타낼 수 있습니다. 단, 그런 식으로 문자 코드를 통해 문자를 나타내면 프로그램의 이식성이 떨어집니다. 따라서 되도록 쓰지 않는 것이 좋습니다.

▶ 환경에 따라서는 문자가 8비트일 때도 있고 9비트일 때도 있습니다. 따라서 문자가 8비트라는 전제로 프로그램을 만들어서는 안 됩니다. 또한, C 언어에서는 한글처럼 char형으로 나타낼 수 없는 문자를 위하여 확장 문자(wide character)를 지원하기도 합니다.

연습 8-10

예제 8-10(p.334)을 바탕으로 숫자가 나타난 횟수를 *를 나열한 그래프 형태로 출력하는 프로그램을 작성하시오. 예제 5-12(p.182)와 연습 5-9(p.184)와 똑같은 방식으로 출력합니다.

표 8-3 확장 표기

■ 단순 확장 표기(simple escape sequence)		
₩a	경보(alert)	청각적이거나 시각적인 경보를 발한다.
₩b	백스페이스(backspace)	출력 위치를 직전 위치로 되돌린다.
₩f	새 페이지로(form feed)	페이지를 바꿔서 다음 페이지의 맨 앞으로 이동한다.
₩n	다음 줄로(new line)	줄 바꿈을 해서 다음 행의 맨 앞으로 이동한다.
₩r	현재 행의 처음으로 (carriage return)	현재 행의 맨 앞으로 이동한다.
₩t	수평 탭(horizontal tab)	다음 수평 탭 위치로 이동한다.
₩v	수직 탭(vertical tab)	다음 수직 탭 위치로 이동한다.
₩₩	역슬래시 ₩	
₩?	물음표 ?	
₩'	작은따옴표 '	
₩"	큰따옴표 "	
■ 8진 확장 표기(octal escape sequence)		
₩ooo	ooo는 1~3자리 8진수	8진수로 ooo라는 값을 지니는 문자다.
■ 16진 확장 표기(hexadecimal escape sequence)		
₩xhh	hh는 임의의 자릿수의 16진수	16진수로 hh라는 값을 지니는 문자다.

참고 8-5　**문자 코드 체계**

　본문에서 다룬 것처럼 '0', '1', …, '9'의 값은 1씩 증가하지만, 그렇다고 아래와 같은 규칙은 보장되어 있지 않습니다.

· 알파벳 대문자 'A', 'B', …, 'Z'의 값은 1씩 증가한다.

· 알파벳 대문자 'a', 'b', …, 'z'의 값은 1씩 증가한다.

실제로 대형 컴퓨터에서 많이 쓰이는 EBCDIC 코드에서는 위의 규칙이 성립하지 않습니다.

정리

- 오브젝트 매크로와 달리 함수 매크로는 인자를 받을 수 있으며 더 복잡한 식을 전개할 수 있다(인자를 받지 않는 함수 매크로도 정의할 수 있다).

  ```
  #define max2(a, b)   (((a) > (b)) ? (a) : (b) )
  ```

- 다양한 자료형을 다뤄야 할 때, 함수는 자료형마다 따로 정의해서 써야 한다. 하지만 함수 매크로는 한 가지 정의로 여러 자료형에 적용할 수 있다. 또한, 인자와 반환값을 주고받지 않기 때문에 프로그램의 성능도 좋아진다.

- 콤마 연산자 ,를 이용한 콤마식 a, b에서는 a와 b를 순서대로 평가한다. 콤마식을 평가한 결과는 오른쪽 피연산자인 b를 평가한 값과 같다.

- 구문상 하나의 식만 둬야 할 곳에 여러 식을 적고 싶다면, 이들을 콤마 연산자로 이어 주면 된다.

- 일정한 기준에 따라 데이터 집합을 오름차순이나 내림차순으로 재배열하는 일을 '정렬'이라고 한다. 정렬 기법으로는 버블 정렬 등이 있다.

- 열거체는 한정된 정숫값의 집합이다. 열거체에 부여하는 식별자를 열거체 태그라고 하며, 열거체 내의 각 값을 나타내는 식별자를 열거 상수라고 한다.

- 열거체 태그는 자료형 이름이 아니다. 'enum 열거체 태그명'이라고 써야 자료형 이름이라고 할 수 있다.

- 열거체 태그명과 파일명은 서로 다른 이름공간에 속해 있다.

- 어떤 사물이나 현상이 자기 자신을 내포하고 있거나 자기 자신을 이용해 정의되어 있을 때, 이를 재귀적이라고 한다.

- 재귀 호출이란 자기 자신과 똑같은 함수를 부르는 일이다.

- getchar 함수는 키보드(표준 입력 스트림)에서 단일 문자를 읽어 들이는 라이브러리 함수다.

- 파일의 끝을 의미하는 오브젝트 매크로 EOF는 〈stdio.h〉 헤더 안에 음숫값으로 정의되어 있다(그 값이 −1이라는 보장은 없다).

- C 언어에서 '문자'란, 그 문자에 주어진 정숫값인 문자 코드를 뜻한다.

```
#include <stdio.h>

enum RGB {Red, Green, Blue};

int main(void)
{
    int color;

    printf("0~2의 값 : "); scanf("%d", &color);

    printf("당신은 ");
    switch (color) {
     case Red   : printf("빨강"); break;
     case Green : printf("초록"); break;
     case Blue  : printf("파랑"); break;
    }
    printf("을 골랐습니다.\n");

    return 0;
}
```

실행 결과 사례

0 ~ 2의 값 : 1↵
당신은 초록을 골랐습니다.

○ soccer (0)
◉ basketball (5)
○ baseball (6)

● 숫자를 나타내는 문자 '0', '1', … '9'의 값은 1씩 증가한다. 따라서 임의의 숫자 문자 'n'에서 '0'을 빼면 정숫값 n이 나온다.

● 작은따옴표를 나타내는 확장 표기는 \\'고, 큰따옴표를 나타내는 확장 표기는 \\"다.

● 문자 코드를 통해 특정 문자를 나타낼 때는 8진 확장 표기나 16진 확장 표기를 이용한다.

정리

```c
                                                      chap08/summary2.
#include <stdio.h>

/* 경보를 울린다 */
#define alert() (putchar('\a'))

/* 문자 c를 출력하고 줄 바꿈 */
#define putchar_ln(c) (putchar(c), putchar('\n'))

int main(void)
{
    int ch;
    int sum = 0; /* 모든 숫자의 합 */

    while ((ch = getchar()) != EOF) {
        if (ch >= '0' && ch <= '9')
            sum += ch - '0';

        if (ch == '\n') {
            alert();
            putchar('\n');
        } else {
            putchar_ln(ch);
        }
    }

    printf("모든 숫자의 합은 %d입니다.\n", sum);

    return 0;
}
```

CHAPTER

9

문자열 기초

8장 후반에서는 '문자'에 관해 배웠습니다. 그런데 사실 우리 주변을 둘러보면 문자 하나로만 나타낼 수 있는 것은 그다지 많지 않습니다. 가령 이름이나 지명 등은 거의 다 여러 문자로 이루어져 있습니다. 이번 장에서는 문자의 나열인 문자열의 기초에 관해 배워 보겠습니다.

문자열이란

문자의 나열을 문자열이라고 합니다. 이번 절에서는 문자열과 문자열 리터럴에 대한 기본적인 내용을 알아보겠습니다.

1) 문자열 리터럴

▶ 문자열 리터럴 안에서 큰따옴표를 적을 때는 확장 표기 ₩"로 적어야 한다고 지난 장에서 배웠습니다. 가령 XY"Z라는 문자열을 나타내는 문자열 리터럴은 "XY₩"Z"입니다.

"ABC"와 "안녕하세요."처럼 문자의 나열을 큰따옴표 "로 감싼 것을 문자열 리터럴^{string literal}이라고 부른다고 1장에서 배웠습니다(p.29).

문자열 리터럴은 맨 끝에 널 문자^{null character}라는 문자가 더해진 상태로 메모리에 저장됩니다. **널 문자는 값이 0인 문자입니다.** 8진 확장 표기로 적는다면 '₩0'이고, 정수 상수로 표기하면 그냥 0입니다. 세 글자로 구성된 문자열 리터럴 "ABC"는, 사실 **그림 9-1ⓐ** 와 같이 메모리상에서 네 글자만큼의 공간을 차지한다는 뜻입니다. 또한 큰따옴표만 있고 안에 아무 문자도 없는 문자열 리터럴 ""은 **그림 9-1ⓑ** 와 같이 널 문자 하나만큼의 저장 공간을 차지합니다.

그림 9-1 문자열 리터럴의 내부 표현 널 문자

ⓐ "ABC" | A | B | C | ∅ |
                            └─ 널 문자

ⓑ "" | ∅ |
              └─ 널 문자

1) 문자열 리터럴의 크기

예제 9-1은 문자열 리터럴의 '크기', 다시 말해 메모리상에서 점유하는 바이트 수를 출력하는 프로그램입니다.

→ **예제 9-1**   chap09/list0901.c

```
/*
    문자열 리터럴의 크기를 출력한다
*/

#include <stdio.h>

int main(void)
{                              \와 "를 연달아 쓰면 " 하나를 출력할 수 있다.
    printf("sizeof(\"123\")        = %u\n", (unsigned)sizeof("123"));
```

실행 결과
sizeof("123")   = 4
sizeof("AB\tC")   = 5
sizeof("abc\0def") = 8

```
    printf("sizeof(\"AB\\tC\")   = %u\n", (unsigned)sizeof("AB\tC"));
    printf("sizeof(\"abc\\Ødef\") = %u\n",   (unsigned)sizeof("abc\Ødef"));
                              └───── \를 연달아 두 개 쓰면 \ 하나를 출력할 수 있다.

    return Ø;
}
```

그림 9-2는 이 프로그램에 나온 세 가지 문자열 리터럴의 크기와 내부 표현을 나타낸 것입니다.

그림 9-2 문자열 리터럴의 크기와 내부 표현

문자열 리터럴 "abcWØdef"에는 중간에 있는 널 문자 'WØ'과는 별도로 맨 끝에도 널 문자가 추가되어 있습니다. 문자열 리터럴 "ABWtC" 안에 있는 'Wt'는 두 글자처럼 보이지만, 사실 이는 탭을 나타내는 확장 표기이므로 한 글자로 간주됩니다.

문자열 리터럴의 크기는 맨 끝에 있는 널 문자까지 포함한 크기입니다.

✳

다음으로 문자열 리터럴의 성질을 두 가지 살펴보겠습니다.

· **문자열 리터럴은 정적 기억수명을 지닌다**

아래 함수는 "ABCD"를 두 번 출력합니다. 이 함수가 실행되면 문자열 리터럴 "ABCD"를 puts 함수에 넘겨야 합니다. 따라서 문자열 리터럴 "ABCD"는 프로그램이 시작되고 끝날 때까지 존재합니다.

```
void func(void)
{
```

```
    puts("ABCD");
    puts("ABCD");
}
```

즉, 문자열 리터럴은 영원한 생명이라고 할 수 있는 정적 기억수명을 지닙니다.

· 똑같은 철자로 이루어진 문자열 리터럴들은 환경에 따라 동작이 다르다

함수 func에서는 문자열 리터럴 "ABCD"가 두 번 나옵니다. **그림 9–3**은 이 경우 메모리의 상태를 나타낸 것입니다. 만약 "ABCD" 두 개를 하나의 문자열 리터럴로 간주하여 메모리상에 하나만 저장한다면 문자 다섯 개만큼의 공간만 점유하므로, 저장 공간을 아낄 수 있습니다. 한편으로 "ABCD" 두 개를 서로 다른 문자열 리터럴로 간주하여 메모리상에 따로 따로 저장한다면 문자 열 개만큼의 공간이 필요합니다. 어느 방식으로 처리하느냐는 개발 환경에 따라 다릅니다.

그림 9-3 내용이 똑같은 여러 문자열 리터럴을 메모리에 저장하는 방식 ─────

ⓐ 내용이 똑같은 여러 문자열 리터럴을 하나만 저장

하나를 여럿이 공유한다.

ⓑ 내용이 똑같은 여러 문자열 리터럴을 각각 저장

같은 것이 여러 개 존재한다.

2) 문자열

문자열 리터럴은 정수 상수 15나 부동소수점 상수 3.14와 같은 것입니다. 산술형의 값은 변수(오브젝트)에 넣어야 자유롭게 연산할 수 있습니다. 문자의 나열을 나타내는 문자열^{string}도 이와 마찬가지입니다. 오브젝트에 넣지 않으면 자유롭게 쓸 수 없습니다.

그림 9-4 배열에 저장된 문자열

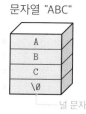

문자열 "ABC"

널 문자

문자열을 저장하는 데 안성맞춤인 것이 바로 char 배열입니다. 가령 **그림 9-4**에 나온 것처럼 문자열 "ABC"를 배열에 저장할 때는 첫 번째 요소부터 순서대로 다음 문자를 저장하면 됩니다.

'A', 'B', 'C', '\0'

물론 맨 끝에 있는 널 문자 '₩0'은 문자열의 끝을 나타내는 '표식'입니다.

▶ 문자열과는 달리, 문자열 리터럴에서는 중간에 널 문자가 있어도 상관없습니다. "ABC"는 '문자열인 문자열 리터럴'이며, "AB₩0CD"는 '문자열이 아닌 문자열 리터럴'입니다.

핵심 char 배열은 문자열을 저장하는 데 가장 적합하다. 문자열의 끝은 맨 처음 등장하는 널 문자다.

실제로 문자 배열에 문자열 "ABC"를 저장하고 출력해 보겠습니다. **예제 9-2**를 실행해 보겠습니다.

➡ **예제 9-2**

chap09/list0902.c

```
/*
    배열에 문자열을 저장하고 출력(1탄 : 대입)
*/

#include <stdio.h>

int main(void)
{
    char str[4];        /* 문자열을 저장하는 배열 */

    str[0] = 'A';        /* 대입 */
    str[1] = 'B';        /* 대입 */
    str[2] = 'C';        /* 대입 */
    str[3] = '\0';       /* 대입 */
                                        문자열을 저장하는 배열의 이름
    printf("문자열 str은 \"%s\"입니다.\n", str);   /* 출력 */
                                        문자열을 출력하기 위한 변환 지정은 %s

    return 0;
}
```

실행 결과

문자열 str은 "ABC"입니다.

▶ 변환 지정 s는 string(문자열)에서 유래했습니다.

char[4]형 배열 str의 각 요소에 문자를 대입함으로써 문자열 "ABC"를 만들었습니다. 참고로 printf 함수로 문자열을 출력하기 위한 변환 지정은 %s이며, 인자로는 배열 이름(예제에서는 *str*)을 넘깁니다.

3) 문자 배열의 초기화

문자열을 저장할 때 각 요소에 일일이 한 글자씩 대입하면 너무 번거롭습니다. 대신 다음과 같이 선언하면 배열 요소를 확실하게 초기화할 수 있고, 코드도 간결해집니다.

```
char str[4] = {'A', 'B', 'C', '\0'};
```

이는 int 배열이나 double 배열을 초기화할 때와 똑같은 기법입니다. 참고로 문자열을 초기화할 때에 한해서 다음과 같이 선언할 수도 있습니다.

```
char str[4] = "ABC";      /* char str[4] = {'A', 'B', 'C', '\0'};와 같음 */
```

이쪽이 더 간결해서 많이 쓰입니다.

핵심 문자열을 저장하는 문자 배열을 초기화할 때는 다음과 같은 형식으로 한다.
  ⓐ char str[] = {'A', 'B', 'C', '\0'};
  ⓑ char str[] = "ABC";

초기화값 개수로 배열 길이가 결정되므로, 배열 길이는 생략할 수 있습니다(p.170). 또한, ⓑ의 초기화값을 {}로 감싸서 {"ABC"}라고 적어도 됩니다.

배열의 각 요소에 문자를 대입하는 것이 아니라, 배열 자체를 초기화하도록 이전 페이지의 프로그램을 고쳐 보겠습니다. 그렇게 수정한 프로그램이 **예제 9-3**입니다.

```
/*
    배열에 문자열을 저장하고 출력(2탄 : 초기화)
*/

#include <stdio.h>

int main(void)
{
    char str[] = "ABC";        /* {'A', 'B', 'C', '\Ø'}으로 초기화 */

    printf("문자열 str은 \"%s\"입니다.\n", str);    /* 출력 */

    return Ø;
}
```

실행 결과

문자열 str은 "ABC"입니다.

참고로 초기화값을 배열에 대입할 수 없다는 점(p.171)은 문자열에서도 마찬가지입니다.

```
char s[4];
s = {'A', 'B', 'C', '\Ø'}; /* 에러 : 초기화값을 대입할 수 없다 */
s = "ABC";                 /* 에러 : 초기화값을 대입할 수 없다 */
```

연습　9-1

예제 9-3의 배열 str의 선언을 다음과 같이 수정한 프로그램을 작성하여, 그 실행 결과에 대하여 고찰하시오.

```
char str[] = "ABC\ØDEF";
```

4) 빈 문자열

그림 9-5 빈 문자열

문자가 하나도 없는 문자열을 빈 문자열(null string)이라고 합니다. 설사 문자가 없더라도 문자열의 끝을 나타내기 위한 널 문자는 필요하므로, 메모리상에는 **그림 9-5**처럼 널 문자만 저장됩니다. 다음은 빈 문자열을 저장하는 배열을 선언한 예시입니다.

▶ 배열 ns의 길이는 0이 아니라 1입니다. 물론 다음과 같이 선언할 수도 있습니다.

```
char ns[] = "";
   char ns[] = {'\0'}
```

5) 문자열 읽어 들이기

다음으로는 문자열을 키보드로부터 읽어 들이는 방법을 배워 보겠습니다. **예제 9-4**는 이름을 읽어 들여서 인사를 하는 프로그램입니다.

➡ 예제 9-4 chap09/list0904.c

```
/*
    이름을 물어 본 다음 인사하기(문자열 읽어 들이기)
*/

#include  <stdio.h>

int main(void)
{
    char name[48];

    printf("이름 : ");
    scanf("%s", name);

    printf("안녕하세요, %s 님!!\n", name);

    return 0;

}
```

주의 : scanf지만 &를 붙여서는 안 된다!!

읽어 들인 문자열에 널 문자를 더하여 저장한다.

실행 결과 사례

```
이름 : Mike↵
안녕하세요, Mike 님!!
```

그림 9-6 scanf 함수로 문자열 읽어 들이기

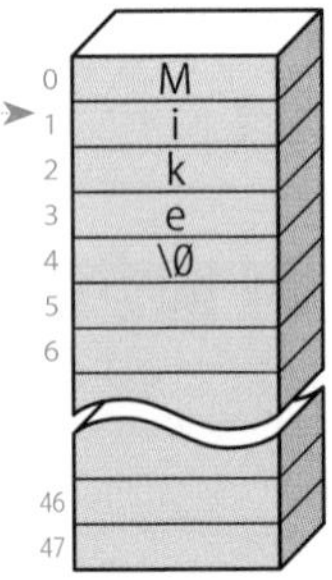
0
M
1
i
2
k
3
e
4
\0
5
6
46
47

▶ 널 문자가 들어갈 공간을 생각하면, 이번 예제에서 실제로 저장할 수 있는 최대 문자 수는 47개입니다.

이름이 몇 글자인지는(키보드로 몇 글자나 입력할지는) 사전에 알 수 없으므로, 배열의 길이를 크게 잡아 둬야 합니다. 가령 예제에서는 배열 길이를 48로 잡아 놨습니다.

문자열을 읽어 들일 때 scanf에 함수에서 쓰이는 변환 지정은 %s입니다. 배열 name을 넘길 때는 & 연산자를 붙이지 않습니다. 실수로 넣지 않도록 조심하기 바랍니다. 또한, **그림 9-6**과 같이 scanf 함수는 키보드로 읽어 들인

문자열을 배열에 저장할 때 맨 마지막에 널 문자를 넣어 줍니다.

연습　9-2

다음 문자열 s를 빈 문자열로 만들 방법을 제시하시오.

```
char s[] = "ABC";
```

6) 문자열을 형식화하여 출력하기

2장에서는 정수와 부동 소수점 수를 출력하기 위한 변환 지정에 관해 배웠습니다(p.65). 문자열도 똑같은 방식으로 출력할 수 있습니다. **예제 9-5**로 몇 가지 사례를 들어 보겠습니다.

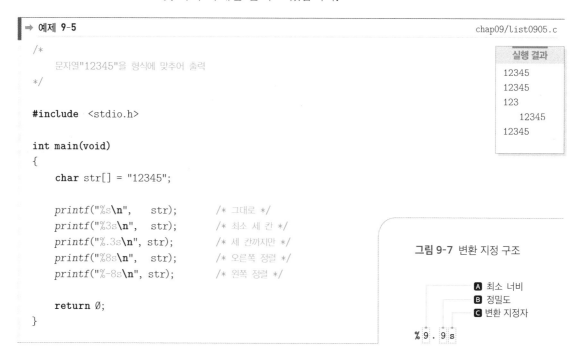

⇒ 예제 9-5   chap09/list0905.c

```
/*
    문자열"12345"을 형식에 맞추어 출력
*/

#include <stdio.h>

int main(void)
{
    char str[] = "12345";

    printf("%s\n",    str);      /* 그대로 */
    printf("%3s\n",   str);      /* 최소 세 칸 */
    printf("%.3s\n",  str);      /* 세 칸까지만 */
    printf("%8s\n",   str);      /* 오른쪽 정렬 */
    printf("%-8s\n",  str);      /* 왼쪽 정렬 */

    return 0;
}
```

실행 결과
12345
12345
123
12345
12345

그림 9-7 변환 지정 구조

Ⓐ 최소 너비
Ⓑ 정밀도
Ⓒ 변환 지정자

% 9 . 9 s

그림 9-7은 변환 지정한 구조입니다.

Ⓐ 최소 너비

최소로 지정한 수만큼의 자릿수를 문자로 출력합니다. 이 부분에 아무것도 적지 않고 생략하면, 필요한 자릿수만큼 문자를 사용해 출력합니다. 물론 실제로 출력할 문자가 지정한 문자 수보다 길 때는 필요한 수만큼 문자를 사용해서 자릿수를 채워 출력합니다. 또한, —가 적혀 있으면 왼쪽 정렬하고 적혀 있지 않으면 오른쪽 정렬합니다.

B 정밀도

출력할 문자 수의 상한을 지정합니다. 따라서 여기서 지정한 만큼만 문자가 출력됩니다.

C 변환 지정자

s는 문자열을 출력하겠다는 뜻입니다. 배열의 첫 번째 요소부터 널 문자인 요소 전까지가 출력됩니다. 정밀도가 지정되어 있지 않거나, 정밀도가 배열 길이보다 큰 상황이라면 배열은 반드시 널 문자를 포함하고 있어야 합니다.

▶ 여기서는 변환 지정의 전체 사양 중 극히 일부만을 소개했습니다. printf 함수에 관한 세부 사양은 p.489를 참고하기 바랍니다.

문자열 배열

배열로 문자열을 표현하기 때문에, 문자열의 집합은 배열의 배열로 표현합니다. 이번 절에서는 그 문자열의 배열을 알아보겠습니다.

1) 문자열 배열

똑같은 자료형으로 이루어진 데이터 집합은 배열로 묶어서 관리할 수 있다는 사실을 6장에서 배웠습니다. 여기서는 문자열의 집합인 문자열 배열에 관해 알아보겠습니다. 우선 **예제 9-6**에서 문자열 배열을 만들고 출력해 보겠습니다.

→ 예제 9-6   chap09/list0906.c

```
/*
    문자열 배열
```

```c
*/

#include <stdio.h>

int main(void)
{
    int i;
    char    cs[][6] = {"Turbo", "NA", "DOHC"};

    for (i = 0; i < 3; i++)
        printf("cs[%d]=\"%s\"\n", i, cs[i]);

    return 0;
}
```

초기화값이 세 개이므로 길이는 3이 된다.

실행 결과

```
cs[0] = "Turbo"
cs[1] = "NA"
cs[2] = "DOHC"
```

▶ 배열의 길이는 { } 안에 있는 초기화값의 개수를 통해 자동으로 3으로 지정됩니다.

이 프로그램에서는 문자열 세 개로 이루어진 배열을 만들었습니다. 배열 cs는 3×6 인 2차원 배열(길이가 3이고 요소의 자료형이 char[6]형인 배열)이며, 각 요소 cs[0], cs[1], cs[2]에 대한 초기화값은 "Turbo", "NA", "DOHC"입니다.

▶ 널 문자를 제외하면 각 요소는 0~5글자로 이루어진 문자열을 나타낼 수 있습니다.

배열 cs의 요소는 char[6]형 배열입니다. **그림 9-8**과 같이, cs[0], cs[1], cs[2]는 각각 "Turbo", "NA", "DOHC"이라는 문자열을 나타냅니다.

2차원 배열에 인덱스 연산자를 두 개 연속으로 적용함으로써 각 구성 요소에 접근할 수 있다는 사실을 6장에서 배웠습니다. 가령 cs[0][0]은 'T'고, cs[2][3]은 'C'입니다.

그림 9-8 2 차원 배열을 이용한 문자열 배열

	0	1	2	3	4	5
0	T	u	r	b	o	\0
1	N	A	\0	\0	\0	\0
2	D	O	H	C	\0	\0

초기화값이 없는 요소는 0으로 초기화된다는 규칙(p.171)이 적용되므로, 각 문자열의 뒤쪽 빈 부분은 모두 널 문자로 초기화되는 셈입니다.

2) 문자열 배열로 문자열 읽어 들이기

다음으로는 키보드에서 읽어 들인 문자열을 문자열 배열의 각 요소에 저장하고 이를 출력하는 프로그램을 만들어 보겠습니다. **예제 9-7**이 그 프로그램입니다.

```
/*
    문자열 배열을 읽어 들여 출력
*/

#include <stdio.h>

int main(void)
{
    int i;                  ──── 초기화값이 없으므로 길이를 생략할 수 없다.
    char    s[3][128];

    for (i = 0; i < 3; i++) {
        printf("s[%d] : ", i);
        scanf("%s", s[i]);
    }                           ──── 주의 : scanf지만 &를 붙여서는 안 된다!!

    for (i = 0; i < 3; i++)
        printf("s[%d] \"%s\"\n", i, s[i]);

    return 0;
}
```

실행 결과 사례
```
s[0] : Paul␣
s[1] : John␣
s[2] : George␣
s[0] = "Paul"
s[1] = "John"
s[2] = "George"
```

이 프로그램의 배열 s는 3×128인 2차원 배열, 다시 말해 길이가 3이고 요소가 char[128]형인 배열입니다. 배열의 행이 3행인 이유는 문자열 세 개를 읽어 들이기 위해서입니다.

또한, 키보드에서 몇 글자나 입력될지 사전에 할 수 없으므로 배열의 길이를 크게 잡아 둬야 합니다. 그래서 이번 예제에서는 열 수를 128로 잡았습니다. 널 문자를 제외하면 각 배열 s[0], s[1], s[2]에는 127글자까지 저장할 수 있습니다.

s의 요소인 s[0], s[1], s[2]는 각각이 문자열(문자의 배열)이므로, & 연산자를 붙이지 않은 채 scanf 함수에 인자로 넘겨야 합니다.

예제 9-7을 다음과 같이 수정한 프로그램을 작성하시오.

· 문자열 개수를 3이 아니라 더 큰 수로 잡고, 이를 오브젝트 매크로로 정의합니다.
· 첫 번째 for문에서 "$$$$$"를 읽어 들였을 때까지 문자열을 읽어 들입니다.
· 두 번째 for문에서는 첫 번째 for문에서 "$$$$$"를 읽어 들이기 전까지 읽어 들였던 모든 문자열을 출력합니다.

문자열 다루기

여태까지는 문자열을 만들고 읽어 들이고 출력하기만 했는데, 이제부터는 문자열을 자유자재로 다루는 방법에 관해 알아보겠습니다.

1) 문자열의 길이

다음과 같이 선언된 배열 str에 관해 생각해 보겠습니다.

```
char str[6] = "ABC";
```

그림 9-9 배열 내의 문자열

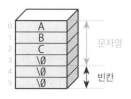

그림 9-9와 같이, 길이 6짜리 배열에 길이가 3인 문자열(단, 널 문자까지 합하면 길이가 4인 문자열)이 저장됩니다. 끝쪽에 있는 str[4]와 str[5]는 사실상 빈칸이나 다름없습니다.

이처럼 문자 배열에서는 항상 문자열이 꽉 들어차 있지는 않습니다. 문자열에는 그 끝을 나타내는 널 문자가 있습니다. 따라서 첫 번째 문자부터 '₩0' 직전까지 글자가 몇 개 있는지 세어 봄으로써 문자열의 길이를 구할 수 있습니다.

실제로 이처럼 문자열의 길이를 구해 보겠습니다. 예제 9-8이 바로 그 프로그램입니다.

```
/*
    문자열 길이 구하기
*/

#include <stdio.h>

/*--- 문자열 str의 길이를 반환한다 ---*/
int str_length(const char s[])         배열을 넘겨받는 매개변수는 길이를 생략할 수 있다.
{                                       넘겨받을 배열 속 요소의 값을 바꾸지 않겠다는 선언.
    int len = 0;

    while (s[len])
        len++;
    return len;
}

int main(void)
{
    char str[128];    /* 널 문자까지 포함하여 문자를 총 128개 저장할 수 있다 */

    printf("문자열을 입력해 주세요 : ");
    scanf("%s", str);

    printf("문자열 \"%s\"의 길이는 %d입니다.\n", str, str_length(str));
                                      인자로는 배열 이름만 넣는다.
    return 0;
}
```

┌─────────── 실행 결과 사례 ───────────┐
│ 문자열을 입력해 주세요 : GT5◻   │
│ 문자열 "GT5"의 길이는 3입니다.   │
└──────────────────────────────────┘

그림 9-10 문자열의 길이 구하기

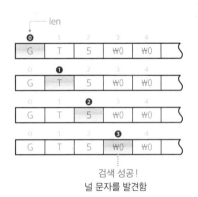

검색 성공!
널 문자를 발견함

main 함수에서 함수 str_length에 넘겨주는 인자 str에 주목하기 바랍니다. 인자로 배열을 넘겨주는 방법은 6장에서 이미 살펴봤습니다. 이때 함수 str_length가 넘겨받은 s는, main 함수 안에서 정의된 배열 str 그 자체입니다. 함수 str_length에서는 변수 len을 이용하여 배열을 앞에서부터 순서대로 순회하면서 문자열의 길이를 구합니다.

프로그램에서 파랗게 칠한 부분인 while문에 주목해 보겠습니다. while문은 제어식의 평가한 값이 0이 아닌 한 계속 루프 본체를 반복합니다. 이 반복문은 배열 s를 시작부터 끝까지 순회합니다. 이 반복문의 지속 조건은 요소 s[len]이 0이 아닐 것, 다시 말해 널 문자가 아닐 것입니다. 그림 9-10과 같이, 0으로 초기화된 len은 널 문자를 만날 때까지 1씩 증가합니다. 이번 예시에서는 len이 3이 되었을 때 s[len]의 값이 0, 다시 말해 널 문자가 되므로 while문이 끝납니다. 이때 len의 값은 문자열의 길이와 일치합니다.

사실 함수 str_length의 기능은 다음과 같이 볼 수도 있습니다.

> 배열 s의 요소 중 가장 앞쪽에 있는 널 문자의 인덱스를 반환하는 함수

즉, 6장에서 배운 선형 검색(p.224)과 똑같습니다.

연습 9-4

문자열 s를 빈 문자열로 만드는 함수를 작성하시오.

```
void null_string(char s[]) { /* … */ }
```

연습 9-5

문자열 s 안에 문자 c가 포함되어 있다면 그 인덱스(문자열 안에 c가 여러 개 있다면 가장 앞에 있는 것의 인덱스)를 반환하고, 포함되어 있지 않다면 −1을 반환하는 함수를 작성하시오.

```
int str_char(const char s[], int c) { /* … */ }
```

연습 9-6

문자열 s 안에 포함된 문자 c의 개수(포함되어 있지 않다면 0)를 반환하는 함수를 작성하시오.

```
int str_chnum(const char s[], int c) { /* … */ }
```

2) 문자열 출력

다음으로는 printf 함수와 puts 함수를 쓰지 않고, 오직 putchar 함수로만
문자열을 출력하는 방법을 생각해 보겠습니다. 이것도 문자열을 한 글자씩
순회함으로써 실현할 수 있습니다. **예제 9-9**는 문자열을 순회하면서 출력
하는 기능을 별도의 함수로 만든 프로그램입니다.

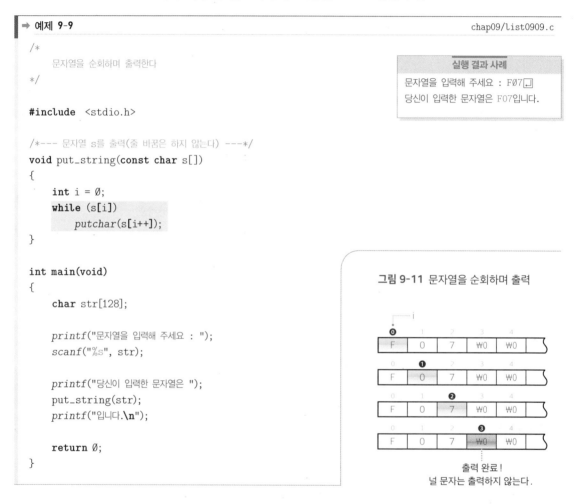

➡ 예제 9-9   chap09/list0909.c

```
/*
    문자열을 순회하며 출력한다
*/

#include <stdio.h>

/*--- 문자열 s를 출력(줄 바꿈은 하지 않는다) ---*/
void put_string(const char s[])
{
    int i = 0;
    while (s[i])
        putchar(s[i++]);
}

int main(void)
{
    char str[128];

    printf("문자열을 입력해 주세요 : ");
    scanf("%s", str);

    printf("당신이 입력한 문자열은 ");
    put_string(str);
    printf("입니다.\n");

    return 0;
}
```

실행 결과 사례

문자열을 입력해 주세요 : F07☐
당신이 입력한 문자열은 F07입니다.

그림 9-11 문자열을 순회하며 출력

출력 완료!
널 문자는 출력하지 않는다.

▶ 물론 널 문자 앞까지만 출력하므로, 널 문자 자체는 출력하지 않습니다.

문자열 안에 있는 모든 문자를 앞에서부터 순서대로 순회한다는 부분은,
이전 예제에서 작성한 함수 str_length와 똑같은 방식입니다. **그림 9-11과**
같이, 널 문자가 나올 때까지 한 글자씩 순회하며 출력합니다.

연습 9-7

문자열 s를 n번 연속으로 출력하는 함수를 작성하시오.

```
void put_stringn(const char s[], int n) { /* … */ }
```

가령 s와 n에 "ABC"와 3이 넘어왔다면, 화면에 ABCABCABC라고 출력합니다.

연습 9-8

문자열을 뒤에서부터 거꾸로 출력하는 함수를 작성하시오.

```
void put_stringr(const char s[]) { /* … */ }
```

가령 s에 "SEC"가 넘어왔다면, 화면에 CES라고 출력합니다.

3) 숫자가 나타난 횟수

다음으로는 문자열의 내용을 조사해 보겠습니다. 예제 9-10은 문자열을 한 글자씩 순회하면서 '0' ~ '9'에 해낭하는 분자 수를 세는 프로그램입니다.

→ 예제 9-10 chap09/list0910.c

```
/*
    문자열 안에 있는 숫자의 개수를 센다
*/

#include <stdio.h>

/*--- 문자열 s에 포함된 숫자의 출현 횟수를 배열 cnt에 저장 ---*/
void str_dcount(const char s[], int cnt[])
{
    int i = Ø;
    while (s[i]) {
        if (s[i] >= 'Ø'  &&  s[i] <= '9')
            cnt[s[i] - 'Ø']++;
        i++;
    }
}

int main(void)
```

실행 결과 사례
문자열을 입력해 주세요 :
3.1415926535897932846⏎
숫자가 나타난 횟수
'Ø' : 0
'1' : 2
'2' : 2
'3' : 3
'4' : 2
'5' : 3
'6' : 2
'7' : 1
'8' : 2
'9' : 3

```
{
    int  i;
    int  dcnt[10] = {0};          /* 분포 */
    char str[128];                /* 문자열 */

    printf("문자열을 입력해 주세요 : ");
    scanf("%s", str);

    str_dcount(str, dcnt);

    puts("숫자가 나타난 횟수");
    for (i = 0; i < 10; i++)
        printf("'%d' : %d\n", i, dcnt[i]);

    return 0;
}
```

문자열을 순회하는 방법은 이전 예제들과 똑같습니다. 숫자를 세는 방법은 이미 **예제 8-9**(p.329)와 **예제 8-10**(p.334)에서 다뤘는데, 이번 예제에서도 똑같은 방식으로 구현했습니다.

연습 9-9

문자열 s의 문자 순서를 거꾸로 뒤집는 함수를 작성하시오.

void rev_string(**char** s[]) { /* … */ }

가령 s로 "SEC"를 받았다면, 이를 "CES"로 바꿉니다.

4) 대문자·소문자로 변환하기

문자열 안에 있는 알파벳을 모두 대문자로 변환하는 함수와, 모두 소문자로 변환하는 함수를 만들어 보겠습니다. **예제 9-11**이 바로 그 프로그램입니다.

➡ 예제 9-11   chap09/list0911.c

```
/*
    문자열 안에 있는 알파벳을 대문자, 소문자로 변환
*/
```

```
#include <ctype.h>
#include <stdio.h>

/*--- 문자열 안에 있는 알파벳을 대문자로 변환---*/
void str_toupper(char s[])
{
    int i = 0;
    while (s[i]) {
        s[i] = toupper(s[i]);
        i++;
    }
}

/*--- 문자열 안에 있는 알파벳을 소문자로 변환 ---*/
void str_tolower(char s[])
{
    int i = 0;
    while (s[i]) {
        s[i] = tolower(s[i]);
        i++;
    }
}

int main(void)
{
    char str[128];

    printf("문자열을 입력해 주세요 : ");
    scanf("%s", str);

    str_toupper(str);
    printf("대문자 : %s\n", str);

    str_tolower(str);
    printf("소문자 : %s\n", str);

    return 0;
}
```

이 프로그램에서 정의한 두 가지 함수는 다음과 같은 기능을 합니다.

> · **함수 str_toupper** : s로 넘겨받은 문자열 안에 있는 알파벳을 대문자로 변환
> · **함수 str_tolower** : s로 넘겨받은 문자열 안에 있는 알파벳을 소문자로 변환

두 함수의 정의는 거의 비슷합니다. 문자열 s를 앞에서부터 순서대로 순회하면서, 각 문자를 변환합니다.

이 예제에서는 알파벳 문자를 대문자·소문자로 변환하기 위하여 〈ctype.h〉 헤더에서 제공하는 toupper 함수와 tolower 함수를 쓰고 있습니다. 이들 함수의 정의는 다음과 같습니다.

toupper	
헤더	#include <ctype.h>
형식	int toupper(int c);
해설	알파벳 소문자를 대문자로 변환한다.
반환값	c가 알파벳 소문자라면 이를 대문자로 변환한 값을 반환하고, 그렇지 않다면 c를 그대로 반환한다.

tolower	
헤더	#include <ctype.h>
형식	int tolower(int c);
해설	알파벳 대문자를 소문자로 변환한다.
반환값	c가 알파벳 대문자라면 이를 소문자로 변환한 값을 반환하고, 그렇지 않다면 c를 그대로 반환한다.

▶ toupper 함수와 tolower 함수는 c로 넘겨받은 문자가 알파벳이 아니라면, 문자 c의 값을 그대로 반환합니다. 따라서 함수 str_toupper와 str_tolower가 알파벳 외의 문자를 변환할 일은 없습니다.

함수 str_toupper와 함수 str_tolower에서는 문자열을 순회하면서 각 문자 s[i]에 이들 함수의 반환값을 대입하고 있습니다.

연습 9-10

문자열 s 안에 있는 모든 숫자를 삭제하는 함수를 작성하시오.

void del_digit(**char** s[]) { /* … */ }

가령 "AB1C9"를 받으면, 이를 "ABC"로 바꿉니다.

5) 문자열 배열 넘기기

앞에서 2차원 배열로 실현했던 '문자열 배열'을 다른 함수에 넘기는 프로그램을 만들어 보겠습니다. **예제 9-6**(p.351)을 수정하여, 문자열 배열을 출력하는 부분을 별도의 함수로 만든 프로그램이 **예제 9-12**입니다.

⇒ **예제 9-12**

chap09/list0912.c

```
/*
    문자열 배열을 출력(함수 버전)
*/

#include <stdio.h>

/*--- 문자열 배열을 출력 ---*/
void put_strary(const char s[][6], int n)
{
    int i;
    for (i = 0; i < n; i++)
        printf("s[%d]=\"%s\"\n", i, s[i]);
}

int main(void)
{
    char cs[][6] = {"Turbo", "NA", "DOHC"};

    put_strary(cs, 3);

    return 0;
}
```

```
실행 결과
s[0] = "Turbo"
s[1] = "NA"
s[2] = "DOHC"
```

다른 함수로 2차원 배열을 넘기는 방법에 관해서는 6장에서 이미 배웠습니다. 문자열 배열을 넘겨줄 때도 똑같습니다.

2차원 배열을 넘겨받을 매개변수를 선언할 때는 첫 번째 차원의 배열 길이만 생략할 수 있다고 앞에서 설명했습니다(참고 6-2 : p.232). 따라서 다음과 같이 선언할 수는 없습니다.

```
void put_strary(const char st[][], int n)
```

참고 9-1 **문자열이 아닌 문자 배열**

다음과 같이 선언했다고 가정해 보겠습니다.

```
char str[4] = "ABCD";
```

"ABCD"를 저장하려면 널 문자까지 포함하여 문자 5개만큼의 공간이 필요한데, 배열 str에는 문자를 넣을 공간이 4칸밖에 없습니다. 따라서 이렇게 선언해 버리면 맨 끝에 널 문자는 넣을 수 없습니다. 즉 다음과 같이 선언한 것으로 간주합니다.

```
char str[4] = { 'A', 'B', 'C', 'D' };
```

이러한 배열은 문자열이 아니라, 순수하게 문자가 4개 들어 있는 배열로 이용해야 합니다.

반대로 말하면 함수 put_strary에는 길이가 6이 아닌 문자열의 배열(요소의 자료형이 char[6]형이 아닌 배열)을 인자로 넣지 못한다는 말이 됩니다.

앞의 예제를 문자열 안에 있는 문자를 한 글자씩 순회하면서 출력하도록 고친 프로그램이 **예제 9-13**입니다.

⇒ **예제 9-13**   chap09/list0913.c

```
/*
    문자열 배열을 출력(함수 버전 : 한 글자씩 순회)
*/

#include <stdio.h>

/*--- 문자열 배열을 출력(한 글자씩 출력) ---*/
void put_strary2(const char s[][6], int n)
{
    int i;
    for (i = 0; i < n; i++) {
        int j = 0;
        printf("s[%d]=\"", i);

        while (s[i][j])
            putchar(s[i][j++]);

        puts("\"");
    }
```

실행 결과
s[0] = "Turbo"
s[1] = "NA"
s[2] = "DOHC"

```
}

int main(void)
{
    char cs[][6] = {"Turbo", "NA", "DOHC"};

    put_strary2(cs, 3);

    return 0;
}
```

그림 9-12 문자열 안에 있는 문자 순회

a List 9-9 의 순회

```
while (s[i])
    putchar(s[i++]);
```

b 이번 예제의 순회

```
while (s[i][j])
    putchar(s[i][j++]);
```

\ ... 순회대상 문자열
  ... 주목문자의 인덱스

그림 9-12에서는 **예제 9-9**(p.356)의 파랗게 칠한 부분과 이번 예제의 회색으로 칠한 부분을 비교하고 있습니다. 순회 대상이자 표시 대상인 문자열은 빨갛게 칠한 부분이며, 그 문자열 안에 있는 각 문자의 인덱스는 파랗게 칠한 부분입니다. 이렇게 비교해 보면 구조가 완전히 같다는 사실을 알 수 있습니다.

연습 9-11

예제 9-12를 다음과 같이 수정한 프로그램을 작성하시오.

· 문자열 개수를 3개가 아니라 더 큰 수로 잡고, 그 값을 오브젝트 매크로로 정의합니다.
· 각 문자열의 문자 수를 6이 아니라 128로 고치고, 그 값도 오브젝트 매크로로 정의합니다.
· 문자열 배열을 읽어 들이는 함수를 작성합니다. 연습 9-3(p.353)과 마찬가지로, "$$$$$"를 읽어 들일 때까지 계속 문자열을 읽어 들입니다.
· "$$$$$"보다 전에 입력된 모든 문자열을 출력합니다.

연습 9-12

넘겨받은 문자열 배열에 저장된 문자열 n개의 문자 순서를 거꾸로 뒤집는 함수를 작성하시오.

$$\text{void rev\_strings(char s[][128], int n) } \{ /* … */ \}$$

가령 s로 {"SEC", "ABC"}를 넘겨받았으면, 이를 {"CES", "CBA"}로 바꿉니다.

정리

- 널 문자는 값이 0인 문자다. 8진 확장 표기로 나타내면 '₩0'이고, 정수 상수로 표기하면 0이다.

- 문자열 리터럴의 끝에는 널 문자가 추가된다. 따라서 문자열 리터럴 "ABC"는 메모리상에서 4바이트를 차지하며, 문자가 하나도 없는 문자열 리터럴 ""(빈 문자열)도 1바이트를 차지한다.

- 문자열 리터럴 "…"의 크기를 계산할 때는, 맨 끝에 붙는 널 문자까지 포함된다. 이는 sizeof("…")로 구할 수 있다.

- 문자열 리터럴은 정적 기억수명을 지니므로, 프로그램이 시작되고 끝날 때까지 계속 메모리상에 존재한다.

- 똑같은 철자를 지닌 문자열 리터럴이 여러 개 있다면, 환경에 따라서 이를 모두 하나로 보거나 혹은 서로 다른 것으로 취급한다.

- 문자열을 저장하는 데 가장 적합한 것은 char 배열이다. 문자열의 끝은 맨 처음 등장하는 널 문자다.

- 문자열을 저장하는 문자 배열을 초기화하는 방법으로는 다음 두 가지가 있다.

  ```
  char str[] = {'A', 'B', 'C', '\0'};
  ```

  ```
  char str[] = "ABC";
  ```

  후자에서는 초기화값을 { }로 감싸도 된다.

문자열 "ABC"

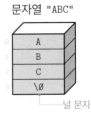

널 문자

- 문자가 하나도 없어서 널 문자로만 이루어진 문자열을 빈 문자열이라고 한다.

- 문자열 안에 있는 모든 문자를 순회할 때는, 첫 번째 문자부터 시작해서 널 문자를 만날 때까지 순서대로 요소에 접근하면 된다.

- 문자열을 순회하면서 널 문자 직전까지 존재하는 문자 수를 세면, 그것이 곧 문자열의 길이(널 문자를 제외한 문자 수)다.

- 화면에 문자열을 출력할 때 printf 함수에 넣어 줄 변환 지정은 %s다. 최소 너비와 정밀도 등을 지정하면 문자열을 오른쪽·왼쪽 정렬시키거나 출력할 문자 수를 제어할 수 있다.

- 키보드에서 문자열을 읽어 들일 때 scanf 함수에 넣어 줄 변환 지정은 %s다. 문자열을 저장할 배열을 인자로 넘겨줄 때는 & 연산자를 붙여서는 안 된다.

- 함수가 매개변수로 넘겨받은 문자열은 호출자가 인자로 넘겨준 함수 그 자체다. 문자열의 맨 끝에 널

문자가 있으므로, 따로 배열 길이를 주고받을 필요가 없다.

● 여러 문자열로 이루어진 배열은 배열의 배열, 다시 말해 2차원 배열로 나타낼 수 있다. 가령 널 문자까지 포함하여 문자를 최대 12개 저장할 수 있는 문자열(즉 char[12]형 배열)을 5개로 이루어진 배열은 다음과 같이 정의할 수 있다.

```
char ss[5][12];   /* 길이가 5고 요소의 자료형이 char[12]인 배열 */
```

ss는 2차원 배열이므로, 구성 요소로 접근할 때는 인덱스 연산자 [ ]를 두 번 연속으로 써서 ss[i][j]라는 식으로 적으면 된다.

● 알파벳을 소문자에서 대문자로 변환할 때는 toupper 함수를 쓰고, 대문자에서 소문자로 변환할 때는 tolower 함수를 쓴다. 둘 다 〈ctype.h〉 헤더에서 제공하는 라이브러리 함수다. 참고로 이들 함수는 알파벳이 아닌 문자를 받으면 그 값을 그대로 반환한다.

chap09/summary.c

```
/*
    문자열을 순회하며 출력한다.
*/

#include <stdio.h>

#define STR_LENGTH 128      /* 문자열의 최대 길이(널 문자 포함) */

/*--- 문자열 s와 구성 문자를 출력 ---*/
void put_string_rep(const char s[])
{
    int i = 0;
    while (s[i])
        putchar(s[i++]);
    printf("  { ");
    i = 0;
    while (s[i]) {
        putchar("'");
        putchar(s[i++]);
        printf("' ");
    }
    printf("'\\0' )\n");
}

int main(void)
{
    int i;
    char s[STR_LENGTH];
    char ss[5][STR_LENGTH];
```

실행 결과 사례
```
문자열 s : string↵
문자열을 다섯 개 입력해 주세요.
ss[0] : Mac↵
ss[1] : PC↵
ss[2] : Linux↵
ss[3] : UNIX↵
ss[4] : C↵
문자열 s : string   { 's' 't' 'r' 'i' 'n' 'g' '\0' }
문자열 배열 ss
ss[0] : Mac   { 'M' 'a' 'c' '\0' }
ss[1] : PC   { 'P' 'C' '\0' }
ss[2] : Linux   { 'L' 'i' 'n' 'u' 'x' '\0' }
ss[3] : UNIX   { 'U' 'N' 'I' 'X' '\0' }
ss[4] : C   { 'C' '\0' }
```

정리

```
    printf("문자열 s : ");
    scanf("%s", s);

    printf("문자열을 다섯 개 입력해 주세요.\n");
    for (i = 0; i < 5; i++) {
        printf("ss[%d] : ", i);
        scanf("%s", ss[i]);
    }

    printf("문자열 s : ");
    put_string_rep(s);

    printf("문자열 배열 ss\n");
    for (i = 0; i < 5; i++) {
        printf("ss[%d] : ", i);
        put_string_rep(ss[i]);
    }

    return 0;
}
```

CHAPTER

10

포인터

무언가를 계속 공부하다 보면, 종종 대상을 바라보는 방식이 바뀔 때가 있습니다. 가령 그동안 우리는 변수(오브젝트)를 데이터들을 저장하는 상자로 여겨 왔는데, 이제부터는 이를 메모리상의 일부 영역으로 바라볼 것입니다. 그리고 드디어 C 언어의 난관이라 불리는 포인터에 관해 알아보도록 하겠습니다.

section
10-1

포인터

이번 장의 목적은 기본적인 자료형을 모두 살펴보는 것입니다. 이를 위한 기초 지식인 '수' 자체에 관해 먼저 알아보겠습니다.

1) 함수의 인자

우선 **예제 10-1**을 살펴보겠습니다. 이는 정수 두 개의 합과 차를 구하는 프로그램입니다.

➡ **예제 10-1**   chap10/list1001.c

```
/*
      정수 두 개의 합과 차를 구한다(잘못된 예시)
*/

#include <stdio.h>

/*--- n1과 n2의 합과 차를 sum과 diff에 저장(잘못된 예시) ---*/
void sum_diff(int n1, int n2, int sum, int diff)
{
    sum = n1 + n2;                  /* 합 */
    diff = (n1 > n2) ? n1 - n2 : n2 - n1; /* 차 */
}

int main(void)
{
    int na, nb;
    int hab = 0, cha = 0;

    puts("정수 두 개를 입력해 주세요.");
    printf("정수 A : ");     scanf("%d", &na);
    printf("정수 B : ");     scanf("%d", &nb);

    sum_diff(na, nb, hab, cha);

    printf("합은 %d, 차는 %d입니다.\n", hab, cha);

    return 0;
}
```

┌─────────────────────────┐
│   **실행 결과 사례**   │
├─────────────────────────┤
│ 정수 두 개를 입력해 주세요.   │
│ 정수 A : 57⏎   │
│ 정수 B : 21⏎   │
│ 합은 0, 차는 0입니다.   │
└─────────────────────────┘

여전히 0이다!!

함수 sum_diff는 n1과 n2로 넘겨받은 값의 합과 차를 sum과 diff에 대입합니다. main 함수에서 sum_diff 함수를 부를 때는 인자로 na, nb, hab, cha를 넣어 주고, 이들의 값은 sum_diff의 매개변수인 n1, n2, sum, diff에 대입됩니다. 함수 사이에서 인자를 주고받는 방식은 값 넘기기(p.205), 즉 값만을 넘기는 형태입니다.

따라서 함수 sum_diff 안에서 매개변수 sum과 diff의 값을 어떻게 바꾸든, 호출자인 main 함수의 변수인 hab과 cha에는 아무런 영향도 미칠 수 없습니다. 즉 main 함수 안에서 0으로 초기화된 hab과 cha는 함수 sum_diff가 실행된 후에도 여전히 0인 채로 있습니다.

또한 6장에서 배운 것처럼 함수가 호출자에게 돌려줄 수 있는 반환값은 한 개뿐이며, 두 개 이상을 돌려줄 수는 없습니다. 따라서 합과 차를 반환값으로 삼을 수도 없습니다.

이 문제를 해결하려면 흔히 C 언어의 난관이라 불리는 포인터pointer에 관해 알아야 합니다. 이번 장에서는 포인터의 기초를 살펴보겠습니다.

2) 오브젝트와 주소

여태까지 우리는 변수를 **그림 10-1 a**와 같이 데이터들을 저장하는 상자라고 여겨 왔습니다. 하지만 실제로는 그런 식으로 따로따로 존재하는 것이 아니라, **b**와 같이 메모리 공간의 일부를 차지하는 형태로 존재합니다.

그림 10-1 오브젝트

a 개별적인 상자라는 이미지　　b 메모리 공간의 일부라는 이미지

▶ 물론 환경에 따라서는 sizeof (int)와 sizeof(double)의 값이 같을 수도 있지만, 7장에서 배운 것처럼 이를 구성하는 비트의 의미는 각각 다릅니다.

변수에는 다양한 성질이 있는데, 예를 들어 크기가 있습니다. 이 그림에서는 int형 n과 double형 x가 서로 다른 크기로 그려져 있습니다. 각각의 크기는 sizeof(n)과 sizeof(x)으로 구할 수 있습니다.

또한, 자료형도 변수가 지니는 성질 중 하나입니다. 그밖에도 메모리상에서 존재할 수 있는 기간인 기억수명(6장)과, n과 x 등의 식별자(이름)도 중요한 성질입니다. 2장에서 간단하게 언급하고만 넘어갔던 오브젝트^{object}는 이렇게 다양한 성질을 지닙니다.

＊

메모리는 대단히 넓은 공간이며, 그 안에는 수없이 많은 오브젝트가 존재합니다. 따라서 각 오브젝트의 '위치'를 어떤 식으로든 나타내야 하는데, 이를 주소^{address}라고 합니다. 현실에서 건물마다 주소가 있듯이, 각 오브젝트도 주소를 지닙니다. 여기서 주소는 흔히 말하는 '번지수' 같은 것으로 이해하면 됩니다.

핵심 오브젝트의 주소란, 메모리상에서 오브젝트의 위치를 가리키는 '번지수'와 같은 것이다.

그림 **b**를 보면 int형 오브젝트 n의 주소는 212이며, double형 오브젝트 x의 주소는 216입니다.

3) 주소 연산자

각 오브젝트에 주소가 있다고 하니, 실제로 주소를 출력해 보겠습니다. **예제 10-2**를 실행해 보면 됩니다.

➡ 예제 **10-2**   chap10/list1002.c

```
/*
    오브젝트의 주소를 출력한다
*/
```

```
#include <stdio.h>

int main(void)
{
    int n;
    double x;
    int a[3];

    printf("n   의 주소 : %p\n", &n);
    printf("x   의 주소 : %p\n", &x);
    printf("a[0]의 주소 : %p\n", &a[0]);
    printf("a[1]의 주소 : %p\n", &a[1]);
    printf("a[2]의 주소 : %p\n", &a[2]);

    return 0;
}
```

실행 결과 사례
n   의 주소 : 212
x   의 주소 : 216
a[0]의 주소 : 222
a[1]의 주소 : 224
a[2]의 주소 : 226

그림 10-2 주소 취득하기

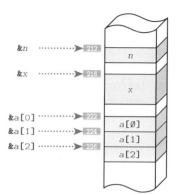

▶ 실행 결과에 따라 출력되는 주소의 기수법과 자릿수 등은 환경에 따라 다를 수 있습니다(보통은 4~8자리 정도의 16진수입니다). 또한, 이 책에서 나오는 주소는 어디까지나 예시일 뿐입니다.

예제에 나온 단항 & 연산자^unary & operator는 흔히 주소 연산자^address operator라고도 합니다. 오브젝트에 & 연산자를 적용하면, 해당 오브젝트의 주소가 나옵니다(표 10-1). 만약 오브젝트의 크기가 2라서 212번지부터 213번지까지를 차지하고 있다면, 작은 쪽 값인 212번지를 해당 오브젝트의 주소로 간주합니다.

▶ 그동안 우리는 scanf 함수에 넘기는 인자에다 주소 연산자를 적용해 왔습니다. 참고로 이항 & 연산자는 7장에서 배운 비트 단위 논리 AND 연산자입니다.

표 10-1 단항 & 연산자 (주소 연산자)

단항 & 연산자	&a	a의 주소(a를 가리키는 포인터를 생성한다)

핵심 주소 연산자 &는 오브젝트의 주소를 구하는 연산자다.

▶ 변환 지정 %p의 p는 pointer에서 유래했습니다.

그 주소를 출력할 때 쓰는 변환 지정은 %p입니다.

4) 포인터

오브젝트의 주소를 출력한다고 그리 유용하지는 않습니다. **예제 10-3**은 그보다는 조금 더 쓸만한 프로그램입니다.

```
/*
    포인터를 이용하여 키를 간접적으로 조작한다
*/

#include <stdio.h>

int main(void)
{
    int james   = 178;          /* 제임스의 키 */
    int robert  = 175;          /* 로버트의 키 */
    int mike    = 179;          /* 마이크의 키 */

    int *mary, *susan;

    mary = &james;              /* mary는 james를 가리킨다(제임스를 좋아한다) */
    susan = &mike;              /* susan은 mike을 가리킨다(마이크를 좋아한다) */

    printf("매리가 좋아하는 사람의 키 : %d\n", *mary);
    printf("수잔이 좋아하는 사람의 키 : %d\n", *susan);

    mary = &robert;             /* mary는 robert를 가리킨다(마음이 바뀌었다) */
    *susan = 180;               /* susan이 가리키는 오브젝트에 180을 대입 */
                                /* 수잔이 좋아하는 사람의 키를 고친다 */

    putchar('\n');
    printf("제임스의 키 : %d\n", james);
    printf("로버트의 키 : %d\n", robert);
    printf("마이크의 키 : %d\n", mike);
    printf("매리가 좋아하는 사람의 키 : %d\n", *mary);
    printf("수잔이 좋아하는 사람의 키 : %d\n", *susan);

    return 0;
}
```

실행 결과
매리가 좋아하는 사람의 키 : 178
수잔이 좋아하는 사람의 키 : 179
제임스의 키 : 178
로버트의 키 : 175
마이크의 키 : 180
매리가 좋아하는 사람의 키 : 175
수잔이 좋아하는 사람의 키 : 180

파랗게 칠한 부분의 변수 mary와 susan을 선언한 부분에 주목하기 바랍니다. 변수명 앞에 *가 붙어 있습니다. 이렇게 선언함으로써 이들 변수의 자료형은 int형 오브젝트를 가리키는 포인터가 되었습니다. mary와 susan의 자료형은 다음과 같이 불립니다.

· int형 오브젝트를 가리키는 포인터형

· int를 가리키는 포인터형

· int *형

참고로 다음과 같이 선언하면 susan은 포인터가 아니라 그냥 정수가 되어버리니 조심하기 바랍니다.

```
int *mary, susan;      /* mary는 int *형 포인터고, susan은 int형 정수 */
```

우선 'int형'과 'int를 가리키는 포인터형'의 차이를 명확하게 이해해 보겠습니다.

· 'int형' 오브젝트

'정숫값'을 저장하는 상자

· 'int를 가리키는 포인터형' 오브젝트

'정수를 저장하는 오브젝트의 주소'를 저장하는 상자

그림 10-3 int 형과 int 를 가리키는 포인터형

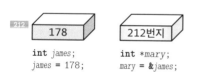

```
int james;
james = 178;
```

```
int *mary;
mary = &james;
```

그림 10-3의 예를 보겠습니다. int형 james의 주소는 212번지입니다. 따라서 "mary = &james"라는 대입식을 실행하면, mary에 212번지가 저장됩니다(예제 프로그램의 대부분을 그림 10-6에 다시 실었습니다).

이때 james와 이를 가리키는 포인터 mary의 관계를 아래와 같이 표현할 수 있습니다.

mary는 james를 가리킨다.

이를 일반적으로 표현하면 다음과 같습니다.

핵심 포인터 p의 값이 x의 주소일 때, "p는 x를 '가리킨다'"라고 표현한다.

'가리킨다'로는 이미지를 떠올리기가 어려우므로, 한번 다음과 같이 생각해 보겠습니다.

mary는 james를 좋아한다♥

이어서 "susan = &mike"라는 대입식이 실행되면 다음과 같이 됩니다.

susan은 mike를 좋아한다♥

그림 10-4는 포인터가 오브젝트를 가리키는 모습을 나타낸 그림입니다. 물론, 화살표의 끝은 포인터가 좋아하는 상대(의 키가 저장된 변수)입니다.

여기서 mary의 자료형은 'int를 가리키는 포인터형'입니다.

```
mary = &james;
```

그림 10-4 포인터는 오브젝트를 가리킨다

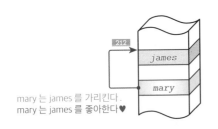

mary 는 james 를 가리킨다.
mary 는 james 를 좋아한다♥

위 대입식을 보면 알 수 있듯이, mary에 대입되는 &james도 'int를 가리키는 포인터형'입니다. 따라서 주소 연산자의 기능은 '주소를 구한다'라기보다는, '포인터를 생성한다'에 가깝다고 할 수 있습니다. 식 &james는 james를 가리키는 포인터이며, 이를 평가한 결과 나오는 값은 james의 주소입니다.

핵심 Type형 오브젝트 x에 주소 연산자 &를 적용한 식 &x는 Type *형 포인터이며, 그 값은 x의 주소다.

---

5) 간접 참조 연산자

앞의 예제 프로그램을 보면 출력하는 부분에서 *라는 연산자가 쓰였는데, 이는 흔히 간접 참조 연산자^{indirection operator}라고도 불리는 단항 * 연산자^{unary * operator}입니다. **표 10-2**와 같이, 포인터에 간접 참조 연산자 *를 적용하면 해당 포인터가 가리키는 오브젝트 자체가 됩니다. 즉 *mary는 mary가 가리키는 오브젝트(좋아하는 상대의 키) 그 자체입니다. *mary란 곧 james를 뜻하며, *mary는 james의 별명^alias^입니다.

그림 10-5 간접 참조 연산자와 별명

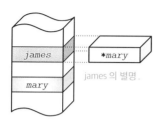

james 의 별명.

그림 10-5는 위와 같은 관계를 나타낸 그림입니다. 오브젝트와 점선으로 연결된 상자에 쓰여 있는 이름이 해당 오브젝트의 별명입니다.

핵심 포인터 p가 x를 가리킬 때, *p는 x의 별명(alias)이 된다.

예제에서는 *mary의 값을 한 번 출력하고 난 후, "mary = &robert"라는 대입식으로 인해 mary의 마음이 바뀌어서 다음과 같은 상태가 됩니다.

susan은 robert를 좋아한다 ♥

이처럼 다른 오브젝트의 포인터가 대입되면, 포인터는 해당 오브젝트를 가리키게 됩니다(**그림 10-6**에서는 robert가 216번지에 있다고 가정합니다).

이어서 "*susan = 180"이라는 대입식이 실행됩니다. susan이 mike를 가리키므로, *susan은 mike의 별명입니다. 따라서 *susan에 180을 대입하는 것은 곧 mike에 180을 대입하는 일과 같습니다.

표 10-2 단항 * 연산자 (간접 참조 연산자)

단항 * 연산자	*a	a가 가리키는 오브젝트

그림 10-6 예제 10-3 프로그램의 주요 부분과 실행 결과

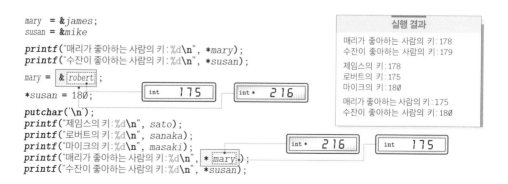

포인터와 함수

C 언어 프로그램에서 포인터를 반드시 사용할 수밖에 없는 이유는, 바로 함수에 넘기는 인지 때문입니다. 이번 절에서는 함수 인자로 쓰이는 포인터에 관해 알아보겠습니다.

1) 함수 인자로 쓰이는 포인터

susan은 사실 초능력자라서, 자기가 좋아하는 사람의 키가 180cm보다 작다면 그 사람의 키를 180cm로 만들 수 있습니다. susan의 이 능력을 별도의 함수로 구현해 보겠습니다.

물론 오른쪽과 같은 함수로는 안 됩니다. 왜냐하면 이번 장의 초반에도 설명했듯이, 매개변수는 인자와 똑같은 값을 지닐 뿐 인자 자체는 아니므로, 매개

```
void susan(int height)
{
    if (height < 180)
        height = 180;
}
```

변수의 값을 아무리 바꿔 봤자 인자에는 아무런 영향도 끼치지 못하기 때문입니다.

값을 직접 변경할 수 없다면, 포인터를 이용하여 간접적으로 바꾸면 어떨까요? 예제 10-4는 이를 실현한 프로그램입니다.

➡ 예제 10-4   chap10/list1004.c

```
/*
    포인터로 키를 간접적으로 조작한다
*/

#include <stdio.h>

/*--- 수잔(키가 180cm 미만이면 늘려 준다) ---*/
void susan(int *height)
{
    if (*height < 180)
        *height = 180;
}
int main(void)
```

실행 결과
제임스의 키 : 178
로버트의 키 : 175
마이크의 키 : 180

```
{
    int james    = 178;        /* 제임스의 키 */
    int robert   = 175;        /* 로버트의 키 */
    int mike     = 179;        /* 마이크의 키 */

    susan(&mike);

    printf("제임스의 키 : %d\n", james);
    printf("로버트의 키 : %d\n", robert);
    printf("마이크의 키 : %d\n", mike);

    return 0;
}
```

그림 10-7은 함수 호출식 susan(&mike)으로 susan 함수가 실행되었을 때의
상황입니다. 함수 susan의 매개변수 height의 자료형은 'int를 가리키는 포인
터형'입니다. 함수가 불렸을 때 인자 &mike의 값인 '216번지'가 매개변수
height로 복사되어, 포인터 height는 mike를 가리키게 됩니다. 즉 다음과 같
은 상황인 셈입니다.

그림 10-7 함수 인자로 포인터 넘기기

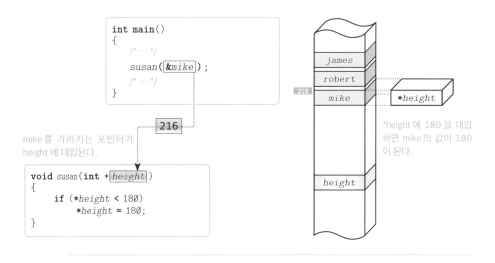

▶ 그림에서는 mike의 주소가 216번지라고 가정했습니다. 이후로 나오는 주소도 이런 식으로 적당히 가정한 값입니다.

height는 mike를 좋아한다 ♥

포인터에 간접 참조 연산자 *를 적용하면, 그 포인터가 가리키는 오브젝트 그 자체가 됩니다. 즉 *height는 mike의 별명^{alias}입니다.

함수 본체에서는 *height의 값이 180보다 작다면 *height에 180을 대입합니다. *height에 값을 대입하는 일은 곧 mike에 값을 대입하는 것과 같습니다. 따라서 함수 susan에서 main 함수로 돌아간 뒤에 확인해 봐도 mike에는 제대로 180이 저장되어 있습니다.

*

이처럼 함수에 변수의 값을 바꿔 달라고 요청하고 싶다면, 그 변수를 가리키는 포인터를 넘겨주면서 다음과 같이 부탁하면 됩니다.

포인터를 줄 테니, 그 포인터가 가리키는 오브젝트에 여러 가지 처리를 해서 값을 바꿔 주세요!!

이런 식으로 호출된 함수에서는 넘겨받은 포인터에 간접 참조 연산자 *를 적용함으로써, 그 포인터가 가리키는 오브젝트를 간접적으로 다룰 수 있습니다. 이제 단항 * 연산자가 왜 간접 참조 연산자라고 불리는지 이해가 되었을 것입니다. 참고로 포인터에 간접 참조 연산자 *를 적용해서 포인터가 가리키는 오브젝트에 접근하는 일을 역참조^{dereference}라고 합니다.

2) 합과 차를 구하는 함수

이번 장의 첫 부분에서는 정수 두 개의 합과 차를 구하는 프로그램을 만들려 했지만, 결국 실패했습니다. 그때의 문제를 해결하기 위해서는 포인터를 이용하면 됩니다. 예제 10-5가 이를 구현한 프로그램입니다.

➡ **예제 10-5**   chap10/list1005.c

```
/*
    정수 두 개의 합과 차를 구한다
*/
```

```
#include <stdio.h>

/*--- n1과 n2의 합과 차를 *sum과 *diff에 저장 ---*/
void sum_diff(int n1, int n2, int *sum, int *diff)
{
    *sum  = n1 + n2;
    *diff = (n1 > n2) ? n1 - n2 : n2 - n1;
}

int main(void)
{
    int na, nb;
    int hab = Ø, cha = Ø;

    puts("정수 두 개를 입력해 주세요.");
    printf("정수 A : ");     scanf("%d", &na);
    printf("정수 B : ");     scanf("%d", &nb);

    sum_diff(na, nb, &hab, &cha);

    printf("합은 %d, 차는 %d입니다.\n", hab, cha);

    return Ø;
}
```

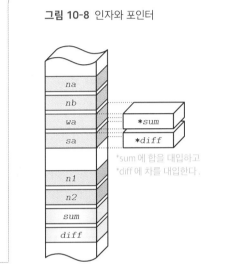

그림 10-8 인자와 포인터

*sum에 합을 대입하고
*diff에 차를 대입한다.

함수 sum_diff가 호출될 때, 매개변수 sum과 diff에는 hab과 cha의 주소가 복사되어 들어옵니다. 따라서 **그림 10-8**과 같이, *sum은 hab의 별명이며 *diff는 cha의 별명입니다.

함수 본체에서는 합과 차를 구하여 이를 각각 *sum과 *diff에 대입하는데, 이는 hab과 cha에 대입한 것과 똑같습니다. 따라서 함수 sum_diff에서 다시 main 함수로 돌아온 후에 확인해 봐도 hab과 cha에는 제대로 합과 차가 저장되어 있습니다.

> **핵심** 매개변수로 오브젝트를 가리키는 포인터를 넘겨받으면, 그 포인터에 간접 참조 연산자 *를 적용함으로써 해당 오브젝트 자체에 접근할 수 있다. 이를 이용하면 호출자가 준비한 오브젝트의 값을 호출받은 함수에서 변경할 수 있다.

3) 두 오브젝트의 값을 교환하기

서로 다른 두 개의 오브젝트를 가리키는 포인터를 넘겨받으면, 오브젝트들
의 값을 교환해 줄 수 있습니다. 예제 10-6이 이를 구현한 프로그램입니다.

예제 10-6   chap10/list1006.c

```
/*
    두 정숫값을 교환한다
*/

#include <stdio.h>

/*--- px와 py가 가리키는 오브젝트의 값을 교환 ---*/
void swap(int *px, int *py)
{
    int temp = *px;
    *px = *py;
    *py = temp;
}

int main(void)
{
    int na, nb;
    puts("정수 두 개를 입력해 주세요.");
    printf("정수 A : ");    scanf("%d", &na);
    printf("정수 B : ");    scanf("%d", &nb);

    swap(&na, &nb);

    puts("이들의 값을 교환했습니다.");
    printf("정수 A는 %d입니다.\n", na);
    printf("정수 B는 %d입니다.\n", nb);

    return ;
}
```

실행 결과 사례

정수 두 개를 입력해 주세요.
정수 A : 57 ⏎
정수 B : 21 ⏎
이들의 값을 교환했습니다.
정수 A는 21입니다.
정수 B는 57입니다.

그림 10-9 인자와 포인터

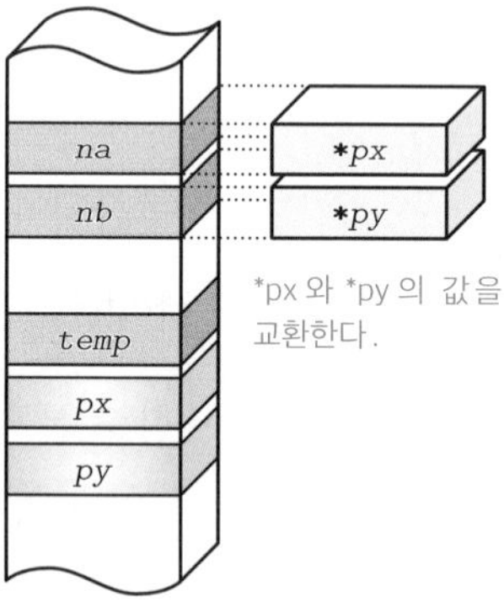

*px 와 *py 의 값을
교환한다.

▶ 변수 두 개의 값을 교환하
는 방법은 5장에서 배웠습니다
(p.175).

함수 swap이 불리면 포인터인 매개변수 px는 na를 가리키며, 매개변수 py
는 nb를 가리킵니다. 함수 swap 안에서 *px와 *py의 값을 교환하면, 결국
main 함수쪽의 변수 na와 nb의 값이 서로 뒤바뀝니다.

n이 가리키는 값이 0보다 작다면 0을 넣어 주고, 100보다 크다면 100을 넣어 주는(값이 0~100이라면 바꾸지 않는다) 함수 adjust_point를 작성하시오.

```
void adjust_point(int *n) { /* … */ }
```

서기 *y년 *m월 *d일이라는 날짜를 '전 날'로 바꿔 주는 함수와 '다음 날'로 바꿔 주는 함수를 각각 작성하시오.

```
void decrement_date(int *y, int *m, int *d) { /* … */ }
void increment_date(int *y, int *m, int *d) { /* … */ }
```

이때, 윤년을 고려합니다.

4) 두 값을 정렬하기

이전 페이지에서 작성한 swap 함수를 응용하면, 두 오브젝트의 값을 정렬하는 프로그램을 만들 수 있습니다. **예제 10-7**이 그 프로그램입니다.

➡ **예제 10-7**   chap10/list1007.c

```
/*
    두 정숫값을 오름차순으로 정렬한다
*/

#include  <stdio.h>

/*--- px·py가 가리키는 오브젝트의 값을 교환 ---*/
void swap(int *px, int *py)
{
    int temp = *px;
    *px = *py;
    *py = temp;
}

/*--- *n1≦*n2가 되도록 정렬한다 ---*/
void sort2(int *n1, int *n2)
{
```

실행 결과 사례
정수 두 개를 입력해 주세요. 정수 A : 57◻ 정수 B : 21◻ 오름차순으로 정렬했습니다. 정수 A는 21입니다. 정수 B는 57입니다.

```
    if (*n1 > *n2)
        swap(n1, n2);                         &는 필요 없다.
}

int main(void)
{
    int na, nb;

    puts("정수 두 개를 입력해 주세요.");
    printf("정수 A : ");     scanf("%d", &na);
    printf("정수 B : ");     scanf("%d", &nb);

    sort2(&na, &nb);

    puts("오름차순으로 정렬했습니다.");
    printf("정수 A는 %d입니다.\n", na);
    printf("정수 B는 %d입니다.\n", nb);

    return 0;
}
```

▼ 그림 10-10처럼 na와 nb가 212번지와 216번지에 저장되어 있다면, 함수 sort2가 n1과 n2로 넘겨받는 값은 212번지와 216번지입니다. 그 값을 그대로 함수 swap의 px와 py에 넘겨줍니다. 따라서 n1과 px는 na를 가리키는 포인터가 되며, n2와 py는 nb를 가리키는 포인터가 됩니다.

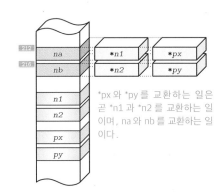

그림 10-10 포인터 돌려쓰기

*px 와 *py 를 교환하는 일은 곧 *n1 과 *n2 를 교환하는 일이며, na 와 nb 를 교환하는 일이다.

함수 sort2는 n1이 가리키는 변수의 값이 n2가 가리키는 변수의 값보다 작거나 같아지도록 만들기 위해, 함수 swap을 부르고 있습니다. n1과 n2는 포인터이므로, 이를 그대로 swap 함수에 넘겨주면 됩니다.

이때, 파랗게 칠한 부분을 다음과 같이 적어서는 안 됩니다.

▶ 이 책은 입문서이므로 자세히 설명하지는 않겠습니다만, &n1과 &n2의 자료형은 'int를 가리키는 포인터를 가리키는 포인터형'입니다.

```
    swap(&n1, &n2);                /* 이러면 안 된다! : 자료형이 안 맞는다 */
```

5) scanf 함수와 포인터

1장에서 scanf 함수를 처음 써봤을 때 다음과 같이 설명했습니다(p.37).

> printf 함수와는 달리, scanf 함수로 값을 읽어 들일 때는 인자로 넘길 변수 이름 앞에 &를 붙여야 한다.

scanf 함수는 호출자가 준비해서 넘겨준 오브젝트에 값을 넣어야 하므로, 변수의 '값'을 넘겨받아도 아무 소용이 없습니다. 그래서 주소라는 값을 지닌 포인터를 넘겨받아, 그 포인터가 가리키는 오브젝트에 키보드에서 읽어 들인 값을 저장합니다. 따라서 scanf 함수를 부르는 일은 곧 다음과 같이 부탁한다는 뜻입니다.

이 주소가 가리키는 오브젝트에 읽어 들인 값을 넣어 주십시오!!

그림 10-11은 printf 함수와 scanf 함수를 비교한 그림입니다.

그림 **10-11** printf 함수 호출과 scanf 함수 호출

a printf 함수에 인자 넘기기   **b** scanf 함수에 인자 넘기기

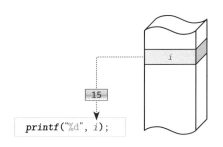

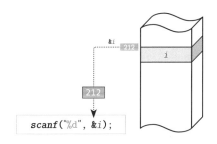

변수 i 의 값은 15 이니
그 값을 출력해 주세요 !!

212 번지에 저장된 변수 i 에
읽어 들인 정숫값을 넣어 주세요 !!

연습 **10-3**

포인터 n1, n2, n3가 가리키는 각 int형 정수를 오름차순으로 정렬하는 함수를 작성하시오.

```
void sort3(int *n1, int *n2, int *n3) { /* … */ }
```

6) 포인터의 자료형

예제 10-8은 원래 int형 정수 두 개의 값을 교환하기 위한 함수인 swap에

int형이 아니라 double형을 가리키는 포인터를 넘겨 버린 프로그램입니다.

→ 예제 10-8   chap10/list1008.c

```
/*
    실숫값 두 개를 교환한다(잘못된 예시)
*/

#include <stdio.h>

/*--- px·py가 가리키는 오브젝트의 값을 교환 ---*/
void swap(int *px, int *py)
{
    int temp = *px;
    *px = *py;
    *py = temp;
}

int main(void)
{
    double da, db;

    puts("실수 두 개를 입력해 주세요.");
    printf("실수 A : ");     scanf("%lf", &da);
    printf("실수 B : ");     scanf("%lf", &db);

    swap(&da, &db);

    puts("이들의 값을 교환했습니다.");
    printf("실수 A는 %f입니다.\n", da);
    printf("실수 B는 %f입니다.\n", db);
    return 0;
}
```

실행 결과 사례

실수 두 개를 입력해 주세요.
실수 A : 53.5☐
실수 B : 21.68☐
이들의 값을 교환했습니다.
실수 A는 9980.450456입니다.
실수 B는 50.568782입니다.

그림 10-12 포인터의 자료형과 간접 참조 연산자

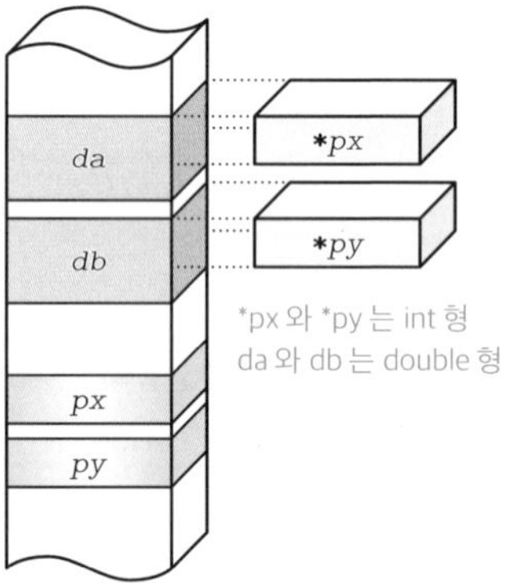

*px 와 *py 는 int 형
da 와 db 는 double 형

그림 10-12를 보겠습니다. 포인터 px는 double형 변수 da를 가리키고 있지만, *px는 int형이므로 double형 변수 da의 별명이 될 수 없다는 사실을 알 수 있습니다. 따라서 (대부분의 환경에서는) 프로그램을 컴파일할 때 경고 메시지를 출력할 것입니다. 또한, 실행하면 결과가 이상하게 나오거나 경우에 따라 프로그램이 죽는 일이 발생할 수 도 있습니다. 따라서 컴파일러의 경고를 무시하지 말고 올바로 수정해야 하겠습니다.

▶ sizeof(int)와 sizeof(double)이 똑같은 환경이라면 우연히 잘 동작할 가능성도 없지는 않습니다.

보통 Type을 가리키는 포인터, 다시 말해 Type *형 포인터는 단순히 주소를 가리키는 것이 아닙니다. 즉 아래 내용은 엄밀하게 말하면 틀렸습니다.

× '○○번지'를 가리킨다.

정확하게는 다음과 같습니다.

○ '저장된 장소의 주소가 ○○번지부터 시작하는 Type형 오브젝트'를 가리킨다.

따라서 특별한 이유가 없는 한, Type *형 포인터가 Type 외의 오브젝트를 가리키도록 해서는 안 됩니다.

7) 널 포인터

오브젝트를 가리키는 포인터와 명확하게 구별 가능한, '아무것도 가리키지 않는다'는 사실이 보장된 특수한 포인터가 있습니다. 이를 널 포인터null pointer라고 합니다. 널 포인터를 가리키는 오브젝트 매크로는 NULL인데, 이를 널 포인터 상수null pointer constant라고 합니다.

핵심 널 포인터는 아무것도 가리키지 않는 특별한 포인터이며, 이를 나타내는 오브젝트 매크로 NULL은 널 포인터 상수다.

널 포인터 상수 NULL은 〈stddef.h〉 헤더에 정의되어 있지만, 〈stdio.h〉, 〈stdlib.h〉, 〈string.h〉, 〈time.h〉 헤더 중 하나를 인클루드해도 사용할 수 있습니다.

▶ 널 포인터를 실제로 사용하는 예제는 다음 장부터 나옵니다.

다음은 NULL을 정의한 예시입니다.

```
NULL
#define NULL 0          /* 예시 : 값은 환경에 따라 다르다 */
```

8) 스칼라형

▶ 스칼라(scalar)란 '수', 혹은 '수와 동등한 성질을 지니는 양'이라는 뜻입니다. 스칼라는 크기를 지니지만 방향은 없습니다(방향을 지니는 것은 벡터(vector)입니다).

포인터는 주소를 나타내는데, 이는 수량의 일종이라 볼 수 있습니다. 7장에서 배운 산술형과 이번 장에서 배운 포인터형을 합쳐서 스칼라형^{scalar type}이라고 합니다.

참고 10-1 | **주소를 취득할 수 없는 오브젝트**

기억수명 지정자 register(p.239)와 함께 선언한 오브젝트에는 주소 연산자 &를 적용할 수 없습니다. 따라서 다음과 같은 프로그램은 컴파일할 때 에러가 일어납니다.

chap10/register.c

```
#include <stdio.h>
int main(void)
{
    register int x;
    printf("%p\n", &x);   /* 에러 */
    return 0;
}
```

포인터와 배열

배열과 포인터는 엄연히 다른 것이지만, 서로 떼려야 뗄 수 없는 관계입니다. 이번 절에서는 배열과 포인터의 공통점과 차이점을 살펴보겠습니다.

1) 포인터와 배열

배열에는 수많은 규칙이 있는데, 이를 반드시 이해해야 합니다. 우선 다음 규칙을 숙지하기 바랍니다.

핵심 기본적으로 배열의 이름은 그 배열의 첫 번째 요소를 가리키는 포인터로 해석된다.

▶ 배열 이름 a가 첫 번째 요소를 가리키는 포인터라고 간주되지 않을 때도 있습니다(참고 10-2).

가령 a가 배열이라고 하겠습니다. 그럼 식 a의 값은 a[0]의 주소, 다시 말해 &a[0]과 똑같습니다. 배열 a의 요소가 Type형이라면, 배열의 길이와 상관없이 식 a의 자료형은 항상 Type *형입니다.

이렇게 배열 이름이 포인터로 간주됨으로써, 배열과 포인터 사이에는 밀접한 관계가 생겼습니다. **그림 10-13 a**를 보면서 살펴보겠습니다.

▶ 포인터 p는 '배열의 첫 번째 요소를 가리키지, '배열 전체'를 가리키지는 않는다'는 사실을 명심하기 바랍니다.

여기서는 배열 a와 포인터 p가 선언되어 있습니다. 포인터 p에 주어진 초기화값은 a입니다. 배열 이름 a는 &a[0]이라고 간주되므로, p에 들어가는 것은 &a[0]의 값입니다. 즉 포인터 p는 배열 a의 첫 번째 요소 a[0]을 가리키도록 초기화됩니다.

그런데 배열 요소를 가리키는 포인터에는 다음 규칙을 적용할 수 있습니다.

핵심 포인터 p가 배열 요소 e를 가리킬 때
p + i는 요소 e보다 i개만큼 뒤에 있는 요소를 가리키는 포인터이며,
p - i는 요소 e보다 i개만큼 앞에 있는 요소를 가리키는 포인터다.

이를 **그림 10-13 a**를 보면서 이해해 보겠습니다. 가령 p + 2는 a[0]보다 두 개만큼 뒤에 있는 요소 a[2]를 가리키며, p + 3은 a[0]보다 세 개만큼 뒤에 있는 요소 a[3]을 가리킵니다.

참고 10-2 **배열 이름이 첫 번째 요소를 가리키는 포인터로 간주되지 않는 상황**

다음 두 가지 상황에서는 배열 이름을 '첫 번째 요소를 가리키는 포인터'로 해석하지 않습니다.

1 sizeof 연산자의 피연산자로 쓰일 때
sizeof(배열 이름)은 첫 번째 요소를 가리키는 포인터의 크기가 아니라, 배열 전체의 크기를 생성합니다.

2 주소 연산자 &의 피연산자로 쓰일 때
&배열 이름은 첫 번째 요소를 가리키는 포인터의 포인터가 아니라, 배열 전체를 가리키는 포인터가 됩니다.

그림 10-13 배열의 각 요소를 가리키는 포인터

 p 가 a[0] 을 가리킨다

```
int a[5];
int *p = a;
```
 &a[0]와 같다.

 p 가 a[2] 를 가리킨다

```
int a[5];
int *p = &a[2];
```

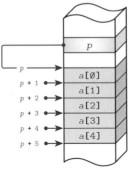

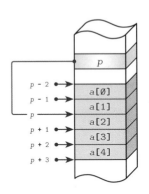

즉, p + i와 &a[i]는 둘 다 각 요소를 가리키는 포인터입니다. 물론 식 &a[i]
는 요소 a[i]를 가리키는 0포인터이며, 그 값은 a[i]의 주소입니다.

지금까지 배운 내용을 **예제 10-9**를 통해 확인해 보겠습니다. 이는 식 &a[i]
의 값과 식 p + i의 값을 출력하는 프로그램입니다.

→ 예제 10-9   chap10/list1009.c

```
/*
    배열 요소의 주소(요소를 가리키는 포인터)를 출력
*/

#include <stdio.h>

int main(void)
{
    int i;
    int a[5] = {1, 2, 3, 4, 5};
    int *p = a;                /* p는 a[0]을 가리킨다 */

    for (i = 0; i < 5; i++)
        printf("&a[%d] = %p   p+%d = %p\n", i, &a[i], i, p + i);
```

실행 결과 사례	
&a[0] = 310	p+0 = 310
&a[1] = 312	p+1 = 312
&a[2] = 314	p+2 = 314
&a[3] = 316	p+3 = 316
&a[4] = 318	p+4 = 318

```
        return 0;
}
```

실행 결과를 보면, 각 요소를 가리키는 포인터인 &a[i]와 p + i의 값이 일치함을 알 수 있습니다. 단, 'p + i가 a[i]를 가리키는' 것은 어디까지나 p가 a[0]를 가리킬 때 성립하는 일입니다. 가령 **그림 10-13 b** 처럼 포인터 p가 a[2]를 가리키는 상황이라면, 포인터 p − 1은 a[1]을 가리키고 포인터 p + 1은 a[3]을 가리킵니다.

2) 간접 참조 연산자와 인덱스 연산자

배열 요소를 가리키는 포인터 p + i에 간접 참조 연산자 *를 적용하면 어떻게 될지 생각해 보겠습니다. p + i는 p가 가리키는 요소보다 i개 뒤에 있는 요소를 가리키는 포인터입니다. 따라서 이에 간접 참조 연산자를 적용한 식 *(p + i)는 그 요소의 별명입니다. 따라서 p가 a[0]을 가리킨다면, 식 *(p + i)는 a[i] 그 자체라고 할 수 있습니다. 따라서 다음 규칙도 반드시 이해하고 넘어가기 바랍니다.

> **핵심** 포인터 p가 배열 요소 e를 가리킬 때
> 요소 e보다 i개만큼 뒤에 있는 요소를 나타내는 *(p + i)를 p[i]라고 표기할 수 있고,
> 요소 e보다 i개만큼 앞에 있는 요소를 나타내는 *(p - i)를 p[-i]라고 표기할 수 있다.

이 규칙을 반영하여 이전 페이지의 **그림 10-13 a** 를 더 상세하게 나타낸 것이 **그림 10-14**입니다. 여기서는 세 번째 요소 a[2]를 예로 들며 살펴보겠습니다.

· p + 2가 a[2]를 가리키므로, *(p + 2)는 a[2]의 별명입니다(그림 **c**).
· 그 *(p + 2)는 p[2]라고 표기할 수 있으므로, p[2]도 a[2]의 별명입니다(그림 **B**).
· 배열 이름 a는 첫 번째 요소 a[0]를 가리키는 포인터입니다. 따라서 그 포인터에 2를 더한 a + 2는 세 번째 요소 a[2]를 가리키는 포인터입니다(그림 왼쪽의 화살표).

· 포인터 a + 2가 요소 a[2]를 가리키므로, 그 포인터 a + 2에 간접 참조 연산자를 적용한 *(a + 2) 는 a[2]의 별명입니다(그림 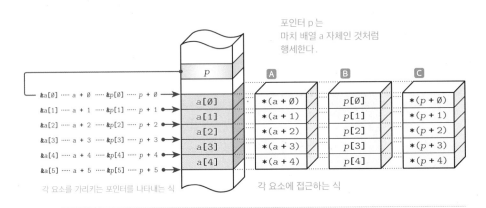**A**).

그림 **A**~**C**에 나오는 식 *(a + 2), p[2], *(p + 2)는 모두 배열 요소 a[2]의 별명이라는 사실을 알 수 있습니다.

그림 10-14 배열 요소를 가리키는 포인터와 요소의 별명 ⎯⎯⎯⎯⎯⎯⎯⎯⎯⎯⎯⎯

여기서는 a[2]를 예로 들며 생각해 봤는데, 이를 일반적인 표현으로 정리해 보겠습니다.

다음 네 가지는 모두 각 요소에 접근하기 위한 식입니다.

1 a[i]   *(a + i)   p[i]   *(p + i) 첫 번째 요소부터 i개만큼 뒤에 있는 요소

또한, 다음 네 가지는 모두 각 요소를 가리키는 포인터입니다.

2 &a[i]   a + i   &p[i]   p + i 첫 번째 요소부터 i개만큼 뒤에 있는 요소를 가리키는 포인터

▶ 참고로 첫 번째 요소를 가리키는 포인터 a + 0과 p + 0은 그냥 a와 p라고도 나타낼 수 있습니다. 따라서 *(a + 0)과 *(p + 0)이라고 하는 대신 각각 *a와 *p라고 나타낼 수 있습니다.

그동안 배운 내용을 **예제 10-10**으로 확인해 보겠습니다.

⇒ 예제 **10-10**   chap10/list1010.c

```
/*
    배열 요소의 값과 주소를 출력
```

```
*/

#include <stdio.h>

int main(void)
{
    int i;
    int a[5] = {1, 2, 3, 4, 5};
    int *p = a;                      /* p는 a[0]을 가리킨다 */

    for (i = 0; i < 5; i++)
        printf("a[%d] = %d  *(a+%d) = %d  p[%d] = %d  *(p+%d) = %d\n",
                   i, a[i], i, *(a + i), i, p[i], i, *(p + i));

    for (i = 0; i < 5; i++)
        printf("&a[%d] = %p  a+%d = %p  &p[%d] = %p  p+%d = %p\n",
                   i, &a[i], i, (a + i), i, &p[i], i, (p + i));

    return 0;
}
```

실행 결과 사례			
a[0] = 1	*(a+0) = 1	p[0] = 1	*(p+0) = 1
a[1] = 2	*(a+1) = 2	p[1] = 2	*(p+1) = 2
a[2] = 3	*(a+2) = 3	p[2] = 3	*(p+2) = 3
a[3] = 4	*(a+3) = 4	p[3] = 4	*(p+3) = 4
a[4] = 5	*(a+4) = 5	p[4] = 5	*(p+4) = 5
&a[0] = 310	a+0 = 310	&p[0] = 310	p+0 = 310
&a[1] = 312	a+1 = 312	&p[1] = 312	p+1 = 312
&a[2] = 314	a+2 = 314	&p[2] = 314	p+2 = 314
&a[3] = 316	a+3 = 316	&p[3] = 316	p+3 = 316
&a[4] = 318	a+4 = 318	&p[4] = 318	p+4 = 318

이 프로그램은 int[5]형 배열 a의 각 요소의 값과, 각 요소를 가리키는 포인터를 출력하고 있습니다. **1**의 네 가지 식과 **2**의 네 가지 식은 모두 똑같은 값으로 출력된다는 사실을 확인할 수 있습니다.

배열 a의 길이가 n이라면, 배열 a를 구성하는 요소는 a[0]부터 a[n − 1]까지 총 'n개'입니다. 그런데 요소를 가리키는 포인터로서는 &a[0]부터 &a[n]까지 총 'n + 1개'가 유효하다는 규칙이 있습니다. 가령 배열 a가 a[0]부터 a[4]까지 총 5개 요소로 구성되어 있다고 하면, 각 요소를 가리키는 포인터 &a[0], &a[1], …, &a[4]에 더하여 &a[5]까지가 올바른 포인터로서 유효합니다(총 6개입니다).

▶ 참고로 &a[6], &a[7] 등이 a[4]보다 2개, 3개 뒤에 있는 요소에 해당하는 영역을 올바르게 가리킬 수 있다는 보장은 없습니다.

이런 규칙이 있는 이유는 배열 요소를 순회하면서 종료 조건(배열 끝에 도달했는가)을 판정할 때, 배열의 맨 마지막 요소보다 한 개만큼 뒤에 있는 요소를 가리키는 포인터가 있으면 편리하기 때문입니다.

여태까지 배운 내용을 정리하면 다음과 같습니다.

핵심 Type 배열 a의 첫 번째 요소 a[0]을 Type *형 포인터 p가 가리킬 때, 포인터 p는 마치 배열 a 그 자체인 것처럼 행세한다.

식 a[i]와 p + i에 나오는 i는, 포인터 a와 p가 가리키는 요소보다 '몇 개만큼이나 뒤에 있는가'를 뜻하는 값입니다. 따라서 배열의 첫 번째 요소의 인덱스는 필연적으로 0이 될 수밖에 없습니다. 다른 프로그래밍 언어처럼 인덱스가 1부터 시작한다거나, 혹은 상한값과 하한값을 자유롭게 지정하는 등의 일은 원리상 불가능합니다.

핵심 배열의 인덱스는 첫 번째 요소부터 몇 개만큼이나 뒤에 위치하느냐를 뜻하는 값이며, 반드시 0부터 시작한다.

참고로 포인터에 정수를 더할 수는 있지만, **포인터끼리는 더할 수 없다는 사실을 꼭 기억**하기 바랍니다. 단, 포인터끼리 뺄셈은 할 수 있습니다.

3) 배열과 포인터의 차이

지금까지는 배열과 포인터의 공통점을 살펴봤으니, 이제 차이점을 찾아보겠습니다.

우선 오른쪽 **1**을 보면, int를 가리키는 포인터형인 p에 &y[0]을 뜻하는 y를 대입하고 있습니다. 그 결과 포인터 p는 y[0]을 가리키게 되었습니다.

```
1   int *p;
    int y[5];
    p = y;        /* OK! */
```

이번에는 **2**를 보겠습니다. a = b라는 대입식은 컴파일 에러를 일으킵니다. 이는 5장에서도 배운 내용입니다. a가 배

```
2   int a[5];
    int b[5];
    a = b;        /* 에러 */
```

열의 첫 번째 요소라고 간주되기는 하지만, 그 값을 바꿀 수는 없습니다.

만약 이런 대입 연산을 허용하면, 배열 주소가 변경되어 다른 주소로 이동할 수 있게 되어 버립니다. 따라서 **배열 이름은 대입식의 왼쪽 피연산자가 될 수 없습니다.**

핵심 배열 이름은 대입식의 왼쪽 피연산자가 될 수 없다.

5장에서는 대입 연산자로 배열의 모든 요소를 복사할 수는 없다는 식으로 배웠습니다(p.172). 하지만 실은 "대입 연산자로 배열의 첫 번째 요소를 가리키는 포인터를 변경할 수는 없다"가 더 정확한 설명이었습니다.

참고 10-3 **인덱스 연산자의 피연산자**

포인터 p와 정수 i를 더한 것에 간접 참조 연산자 *를 적용한 식 *(p + i)를 검토해 보겠습니다.

( ) 안에 있는 식 p + i는 p와 i의 합입니다. 산술형 값 두 개를 더하는 연산 a + b가 b + a와 같은 것처럼, p + i는 i + p와 같습니다. 즉 *(p + i)와 *(i + p)는 같다는 뜻이 됩니다.

이러면 배열 요소에 접근하는 식 p[i]도 i[p]라고 쓸 수 있지 않느냐는 생각이 들 텐데, 실은 그래도 됩니다. 인덱스 연산자 [ ]는 피연산자가 두 개인 이항 연산자입니다. 이때 한쪽 피연산자의 자료형은 Type형 **오브젝트를 가리키는 포인터**이어야 하고, 다른 한쪽은 **통합 정수형**이어야만 합니다.

그런데 인덱스 연산자 [ ]의 피연산자 순서는 자유입니다. a + b와 b + a가 같듯이, a[3]과 3[a]는 같습니다. 인덱스 연산자 [ ]가 생성하는 값의 자료형은 다음과 같습니다.

· Type형

포인터 p가 배열 a의 첫 번째 요소 a[0]을 가리킬 때, 다음 네 가지 식이 모두 똑같은 요소를 나타낸다는 사실은 앞에서 이미 배웠습니다.

   a[i]   *(a + i)   p[i]   *(p + i)

그런데 실은 다음 여덟 가지도 모두 똑같은 요소를 나타내는 식입니다.

   a[i]   i[a]   *(a + i)   *(i + a)   p[i]   i[p]   *(p + i)   *(i + p)

예제 10C-1을 보면 아마 대부분의 사람은 놀랄 것입니다.

→ 예제 10C-1   chap10/listC1001.c

```
/*
    인덱스 연산자와 간접 참조 연산자
*/

#include <stdio.h>

int main(void)
{
    int i, a[4];
    Ø[a] = a[1] = *(a + 2) = *(3 + a) = 7;
    for (i = Ø; i < 4; i++)
        printf("a[%d] = %d \n", i, a[i]);

    return Ø;
}
```

실행 결과
a[Ø] = 7
a[1] = 7
a[2] = 7
a[3] = 7

물론 i[a]와 같은 헷갈리는 표기는 되도록 쓰지 말아야 합니다.

4) 배열 넘기기

함수의 인자로 배열을 넘길 때, 포인터와 배열이 비슷하다는 점은 활용할 수 있습니다. 이를 예제 10-11을 보면서 생각해 보겠습니다.

→ 예제 10-11   chap10/list1011.c

```
/*
    배열 넘기기
*/

#include <stdio.h>

/*--- 배열 v의 요소 중 앞에서 n개에 val을 대입 ---*/
void ary_set(int v[], int n, int val)
{
    int i;
    for (i = Ø; i < n; i++)
        v[i] = val;
```

실행 결과
a[Ø] = 99
a[1] = 99
a[2] = 99
a[3] = 99
a[4] = 99

```
    }

int main(void)
{
    int i;
    int a[] = {1, 2, 3, 4, 5};

    ary_set(a, 5, 99);

    for (i = 0; i < 5; i++)
        printf("a[%d] = %d\n", i, a[i]);

    return 0;
}
```

그림 10-15 배열을 넘겨받는 매개변수 선언

a
```
void ary_set(int v[], … )
{
    /* … */
}
```

b
```
void ary_set(int v[5], … )
{
    /* … */
}
```

c
```
void ary_set(int *v, … )
{
    /* … */
}
```

▶ 그림 b처럼 배열 길이를 지정하며 선언한 함수에 차이나는 길이를 지닌 배열을 넘겨줘도 됩니다. 가령 길이 10짜리 배열 d가 있을 때, ary_set(d, 10, 99)라는 식으로 그림 b의 함수에 넘겨줘도 컴파일 에러는 일어나지 않습니다.

함수 ary_set은 **그림 10-15 a**와 같은 형식으로 선언되어 있습니다. 그런데 사실 그림 **a**와 그림 **b**의 선언은 둘 다 그림 c로 해석됩니다. 즉, 매개변수 v의 자료형은 배열이 아니라 포인터였던 셈입니다. 그림 **b**와 같이 길이를 지정해도, 그 값은 무시됩니다.

그러므로 **함수에 배열을 넘겨줄 때는 배열의 길이도 따로 인자로서 넘겨줘야 합니다** (이번 예제에서는 n이라는 매개변수로 배열 길이를 받았습니다).

▶ 그림에서는 배열 a와 포인터 v 이외의 변수와 인자 등을 생략했습니다.

함수 ary_set을 부르는 파랗게 칠한 부분에 주목하기 바랍니다. 배열 이름을 단독으로 쓰면 첫 번째 요소를 가리키는 포인터로 해석되므로, 첫 번째 인자로 넘겨준 a는 &a[0]이라는 뜻입니다. **그림 10-16**과 같이 함수 ary_set이 불리면 int *형 매개변수 v는 인자 a, 다시 말해 &a[0](그림에서는 216번지라는 값)으로 초기화됩니다.

그림 10-16 함수에 포인터 넘기기

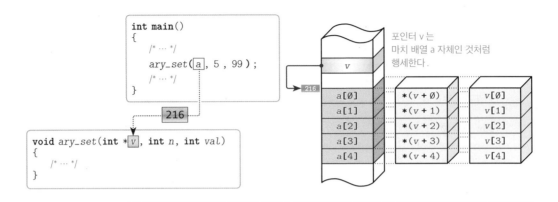

포인터 v는 배열 a의 첫 번째 요소 a[0]을 가리키므로, **함수 ary_set 안에서 포인터 v는 '마치 배열 a 그 자체인 것처럼' 행세합니다.** 물론 넘겨받은 배열 요소의 값을 바꾸면 호출자 쪽의 배열에 그대로 반영됩니다. 이는 다음과 같이 정리할 수 있습니다.

핵심 배열을 다른 함수에 넘겨줄 때는 배열의 첫 번째 요소를 가리키는 포인터를 넘긴다. 이는 실질적으로 배열 그 자체를 넘기는 일이나 마찬가지다.

▶ 이번 절에서 자세히 다뤘던 '포인터와 배열의 밀접한 관계를 활용한 셈입니다.

이제 6장에서 간단하게 설명하고만 넘어갔던, 함수 사이에서 배열을 주고받는(p.220) 원리를 이해할 수 있을 것입니다.

연습 10-4

길이가 n이고 요소의 자료형이 int형인 배열을 넘겨받아서, 모든 요소에 인덱스와 똑같은 값을 대입하는 함수 set_idx를 작성하시오.

```
void set_idx(int *v, int n) { /* … */ }
```

연습 10-5

예제 10-11에서 함수 ary_set을 부를 때, ary_set(&a[2], 2, 99)라고 부르면 어떻게 될지 직접 확인해 보고 그 결과를 검토하시오.

정리

● 주소란 메모리상에서 오브젝트의 위치를 나타내는 번지수 같은 것이다.

● Type형 오브젝트 x에 주소 연산자 &를 적용한 식 &x는 오브젝트 x를 가리키는 포인터를 생성한다. 생성된 포인터의 값은 Type *형이며, 값은 x의 주소다.

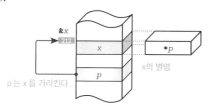

p는 x를 가리킨다.

● Type *형 포인터 p의 값이 Type형 오브젝트 x의 주소일 때, "p는 x를 가리킨다"라고 한다.

● Type *형 포인터 p에 간접 참조 연산자 *를 적용한 식 *p는, 포인터 p가 가리키는 Type형 오브젝트 그 자체를 나타낸다. 즉 p가 x를 가리킬 때, *p는 x의 별명alias이다.

● 포인터에 간접 참조 연산자를 적용하여 오브젝트에 간접적으로 접근하는 일을 '역참조'라고 한다.

● 함수를 부를 때 인자로 포인터를 넣어 주면, 해당 함수 안에서 그 포인터에 간접 참조 연산자를 적용함으로써 호출자 측의 오브젝트에 간접적으로 접근할 수 있다.

● 일부 예외적인 상황을 제외하면, 배열 이름은 그 배열의 첫 번째 요소를 가리키는 포인터로 해석된다. 즉 a가 배열이라면 배열 이름 a는 &a[0]과 같다.

● 배열 안에 있는 요소를 가리키는 포인터 p에 정수 i를 더하거나 뺀 식 p + i와 p − i는, p가 가리키는 요소보다 i개만큼 뒤/앞에 있는 요소를 가리키는 포인터다.

● 배열 안에 있는 요소를 가리키는 포인터 p에 정수 i를 더하거나 뺀 식에 간접 참조 연산자를 적용한 식 *(p + i)와 *(p − i)는, p[i] 및 p[−i]와 똑같다.

● 요소의 자료형이 Type인 배열 a의 첫 번째 요소 a[0]을 Type *형 포인터 p가 가리킬 때, p는 마치 배열 a 그 자체인 것처럼 행세한다.

● 대입 연산자의 왼쪽 피연산자로 배열 이름을 쓸 수는 없다.

● 함수 사이에서 배열을 주고받을 때는 첫 번째 요소를 가리키는 포인터를 넘겨준다. 이를 넘겨받은 배열은 실질적으로 배열 자체를 받은 것이나 마찬가지다.

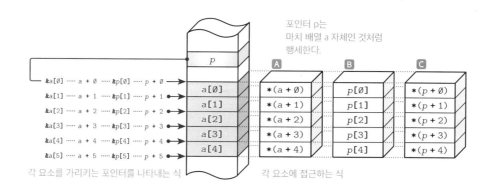

포인터 p는 마치 배열 a 자체인 것처럼 행세한다.

각 요소를 가리키는 포인터를 나타내는 식

각 요소에 접근하는 식

● 널 포인터란 아무것도 가리키지 않는 포인터다. 널 포인터를 나타내는 널 포인터 상수 NULL은 ⟨stddef.h⟩ 헤더에 오브젝트 매크로로 정의되어 있다.

● 산술형과 포인터형을 통틀어서 스칼라형이라고 한다.

chap10/summary.c

```c
#include <stdio.h>

#define NUMBER 5        /* 학생 수 */

/*--- px와 py가 가리키는 오브젝트의 값을 교환 ---*/
void swap(int *px, int *py)
{
    int temp = *px;
    *px = *py;
}

/*--- 버블 정렬 ---*/
void bsort(int a[], int n)
{
    int i, j;

    for (i = 0; i < n - 1; i++)
        for(j = n - 1; j > i; j--)
            if (a[j - 1] > a[j])
                swap(&a[j], &a[j - 1]);
}

int main(void)
{
    int i;
    int score[NUMBER];          /* 학생 NUMBER명의 점수 */

    printf("학생 %d명의 점수를 입력해 주세요.\n", NUMBER);
    for (i = 0; i < NUMBER; i++) {
        printf("%2d번 : ", i + 1);
        scanf("%d ", &score[i]);
    }

    bsort(score, NUMBER);        /* 정렬 */

    puts("오름차순으로 정렬했습니다.");
    for (i = 0; i < NUMBER; i++)
        printf("%2d번 : %d\n", i + 1, score[i]);

    return 0;
}
```

실행 결과 사례
```
학생 5명의 점수를 입력해 주세요.
1번 : 79␣
2번 : 63␣
3번 : 75␣
4번 : 91␣
5번 : 54␣
오름차순으로 정렬했습니다.
1번 : 54
2번 : 63
3번 : 75
4번 : 79
5번 : 91
```

Chapter 10 **포인터**

CHAPTER

11

문자열과 포인터

9장에서는 문자열을, 10장에서는 포인터를 배
웠습니다. 사실 둘 사이에는 아주 밀접한 관계
가 있는데, 이를 잘 이해하고 있어야 문자열을
자유롭게 다룰 수 있습니다. 이번 장에서는 문
자열과 포인터가 어떤 식으로 연관되어 있는지
배우도록 하겠습니다.

문자열과 포인터

문자열과 포인터 사이에는 아주 밀접한 관계가 있습니다. 이번 절에서는 문자열과 포인터의 공통점과 차이점에 관해 알아보겠습니다.

1) 배열에 의한 문자열과 포인터에 의한 문자열

예제 11-1을 살펴보겠습니다. str과 ptr이라는 두 가지 문자열이 선언되어 있습니다. str은 9장에서 배운 것과 똑같은 형식이지만, ptr은 처음 보는 형식입니다. 이 책에서는 str과 같은 문자열을 배열에 의한 문자열, ptr과 같은 문자열을 포인터에 의한 문자열이라고 부르도록 하겠습니다(어디까지나 편의상 분류한 것입니다). 두 가지 문자열의 공통점과 차이점을 **그림 11-1**을 보면서 이해해 보겠습니다.

· 배열에 의한 문자열 str(그림 11-1 **a**)

str은 char[4]형 배열(길이가 4고 요소의 자료형이 char인 배열)입니다. 각 요소는 앞에서부터 순서대로 'A', 'B', 'C', '\0'으로 초기화됩니다. 메모리상에서 char 배열이 점유하는 공간의 크기는 배열 길이와 똑같습니다. 이번 예제에서는 4바이트에 해당하며, sizeof(str)로 확인할 수 있습니다.

· 포인터에 의한 문자열 ptr(그림 11-1 **b**)

ptr은 char를 가리키는 포인터이며, "123"으로 초기화됩니다. 이때 "123"은 문자열 리터럴인데, **문자열 리터럴을 평가하면 첫 번째 문자를 가리키는 포인터를 얻을 수 있습니다.** 따라서 ptr의 값은 문자열 리터럴 "123"의 첫 번째 문자 '1'의 주소(그림에서는 216번지)로 초기화됩니다. 그 결과 포인터 ptr은 문자열 리터럴 "123"의 첫 번째 문자 '1'을 가리키게 되었습니다.

그림 11-1 배열에 의한 문자열과 포인터에 의한 문자열

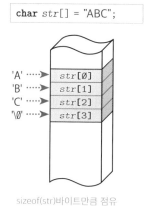

a 배열에 의한 문자열

```
char str[] = "ABC";
```

b 포인터에 의한 문자열

```
char *ptr = "123";
```

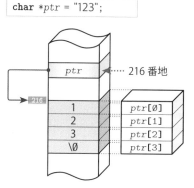

sizeof(str)바이트만큼 점유

sizeof(ptr) + sizeof("123")바이트만큼 점유

➡ **예제 11-1**

chap11/list1101.c

```
/*
    배열에 의한 문자열과 포인터에 의한 문자열
*/

#include <stdio.h>

int main(void)
{
    char str[] = "ABC";      /* 배열에 의한 문자열 */
    char *ptr  = "123";      /* 포인터에 의한 문자열 */

    printf("str = \"%s\"\n", str);    /* str은 첫 번째 문자를 가리키는 포인터 */
    printf("ptr = \"%s\"\n", ptr);    /* ptr은 첫 번째 문자를 가리키는 포인터 */

    return 0;
}
```

실행 결과
```
str = "ABC"
ptr = "123"
```

▶ 포인터가 실제로 가리키는 대 상은 문자열 리터럴이 아니라 어 디까지나 문자열 리터럴의 첫 번 째 문자이므로, 이 표현은 정확 하다고 할 수 없습니다. 다만 흔 히 쓰이는 표현이므로 알아두어 야 합니다.

포인터 p가 문자열 리터럴 "string"의 첫 번째 문자 's'를 가리킬 때, 이를 보통 '포인터 p가 "string"을 가리킨다'라고 표현합니다. 가령 **예제 11-1**에서는 포인터 ptr이 "123"을 가리킵니다.

참고로 포인터 ptr을 다음과 같이 선언할 수는 없습니다.

```
char *ptr = {'1', '2', '3', '\0'}; /* 에러 */
```

배열을 초기화할 때 사용하는 { } 형식의 초기화값은 단일 변수에는 적용할 수 없습니다.

다시 그림으로 돌아가면, 포인터 ptr과 문자열 리터럴 "123"은 둘 다 메모리 상에 존재합니다. 포인터 ptr은 sizeof(ptr)만큼의 공간을 점유합니다. 이는 sizeof(char *)와 같은데, 해당 값은 환경에 따라 다릅니다. 또한 문자열 리터럴 "123"은 sizeof("123")만큼을 점유하며, 이는 널 문자까지 포함한 글자수인 4와 일치합니다.

포인터에 의한 문자열은 배열에 의한 문자열보다 메모리상에서 차지하는 공간이 크다는 사실을 기억하기 바랍니다.

핵심 포인터에 의한 문자열은 다음과 같은 형식으로 선언 · 초기화한다.

    char *p* = "xyz";

이때 포인터 *p*와 문자열 리터럴 "xyz"는 각각 메모리를 점유한다.

이때 포인터 p와 문자열 리터럴 "xyz"는 각각 메모리를 점유한다.

포인터 ptr은 문자열의 첫 번째 문자를 가리키는 포인터입니다. 또한, 배열 str도 첫 번째 문자를 가리키는 포인터입니다(배열 이름이 첫 번째 요소를 가리키는 포인터로 해석되기 때문입니다 : p.387). 따라서 ptr과 str은 둘 다 인덱스 연산자 [ ]로 문자열 안에 있는 각 문자로 접근할 수 있다는 점이 공통점입니다.

▶ 가령 str[0]은 'A'고 ptr[1]은 '2'입니다.

2) 배열에 의한 문자열과 포인터에 의한 문자열의 차이
배열에 의한 문자열과 포인터에 의한 문자열이 어떤 것인지 대략적인 내용을 살펴봤으니, 이제 둘의 차이점을 알아보겠습니다. 다음 두 가지 프로그램을 비교해 보겠습니다.

⇒ 예제 11-2

chap11/list1102.c

```
/*
    배열에 의한 문자열 바꾸기
*/

#include <stdio.h>

int main(void)
{
    char s[] = "ABC";

    printf("s = \"%s\"\n", s);

    s = "DEF";    /* 에러 */

    printf("s = \"%s\"\n", s);

    return Ø;
}
```

실행 결과

에러 때문에 실행 불가

⇒ 예제 11-3

chap11/list1103.c

```
/*
    포인터에 의한 문자열 바꾸기
*/

#include <stdio.h>

int main(void)
{
    char *p = "123";

    printf("p = \"%s\"\n", p);

    p = "456";        /* OK! */

    printf("p = \"%s\"\n", p);

    return Ø;
}
```

실행 결과

p = "123"
p = "456"

▶ 만약 대입 연산이 가능하다면,
배열의 주소가 변경되고 맙니다
(배열이 메모리상에서 이동하고
맙니다).

우선 **예제 11-2**부터 살펴보겠습니다. 이 프로그램은 "ABC"로 초기화된 배열에 "DEF"를 대입하고, 대입 전후의 문자열을 출력하겠다는 의도로 작성된 프로그램입니다. 그런데 **파랗게 칠한 부분** 때문에 컴파일 에러가 발생하므로, 프로그램을 실행할 수 없습니다. 우리는 이미 5장과 10장에서, 배열에는 대입 연산자를 적용할 수 없다는 사실을 배웠습니다. 비록 배열 이름이 배열의 첫 번째 요소를 가리키는 포인터라고 해석되기는 하지만, 그 값을 바꿀 수는 없습니다.

예제 11-3은 위와 같은 처리를 '포인터에 의한 문자열'에 수행한 프로그램입니다. 이쪽은 컴파일 에러가 발생하지 않고 제대로 실행됩니다. **그림 11-2**를 보면서 이해해 보겠습니다.

그림 11-2 포인터에 문자열 리터럴 대입하기

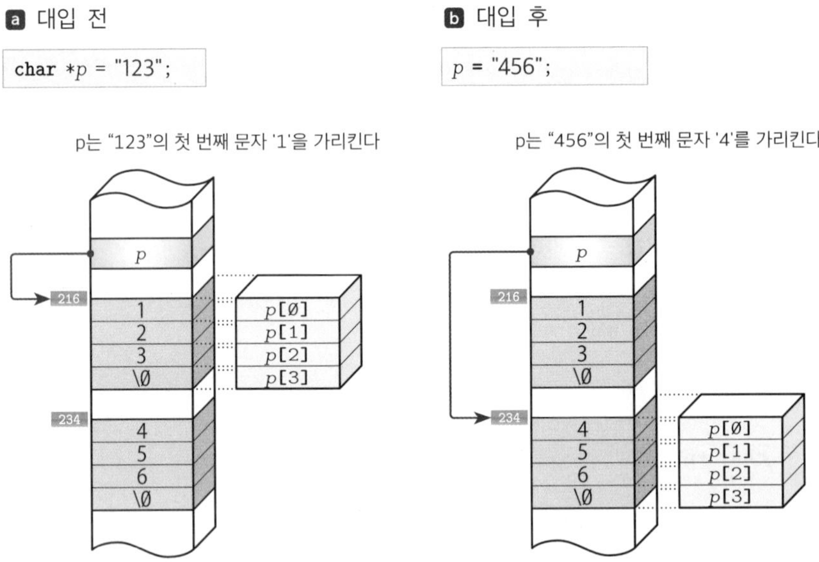

ⓐ 대입 전

```
char *p = "123";
```

ⓑ 대입 후

```
p = "456";
```

p는 "123"의 첫 번째 문자 '1'을 가리킨다

p는 "456"의 첫 번째 문자 '4'를 가리킨다

그림 11-2ⓐ : 포인터 p가 문자열 리터럴 "123"으로 초기화됩니다. 그 결과 포인터 p는 문자열 리터럴 "123"의 첫 번째 글자 '1'을 가리킵니다.

그림 11-2 b : 프로그램의 빨간 부분에서는 p에 "456"이 대입됩니다. 그 결과 원래 문자열 리터럴 "123"의 첫 번째 글자 '1'을 가리키던 포인터 p는, 다른 문자열 리터럴인 "456"의 첫 번째 글자 '4'을 가리키도록 바뀝니다.

핵심 문자열 리터럴(안에 있는 문자)을 가리키는 포인터에, 다른 문자열 리터럴(안에 있는 문자)을 가리키는 포인터를 대입할 수 있다. 대입 후에는 새로 대입된 문자열 리터럴(안의 문자)을 가리키게 된다.

▶ 그림 11-2 **a** 와 그림 11-2 **b** 양쪽에 문자열 리터럴 "123"과 "456"이 그려져 있는(메모리를 점유하고 있는) 이유는, 문자열 리터럴이 정적 기억 수명을 지니기 때문입니다(p.343). 따라서 필요 없어졌다고 자동으로 메모리에서 사라지거나 하지는 않습니다.

문자열을 통째로 복사한 것으로 오해하지 않아야 합니다. 어디까지나 포인터가 가리키는 대상이 바뀌었을 뿐입니다.

p는 "123"을 좋아한다♥   대입 전

즉 위와 같은 상태였는데, 마음이 바뀌어서 아래와 같이 된 것입니다.

p는 "456"을 좋아한다♥   대입 후

그러면 이제 문자열 리터럴 "123"을 가리키는 포인터가 없으므로, 프로그램에서 접근할 수 없게 됩니다. 즉 **청소할 수 없는 쓰레기**가 되고 맙니다.

연습 11-1

예제 11-3에서 p에 대입하는 부분을 다음과 같이 바꾸시오.

```
p = "456" + 1;
```

프로그램을 실행하여 결과를 확인하고 이에 대해 고찰합니다.

3) 문자열 배열

문자열을 나타내는 방법으로는 배열에 의한 방법과 포인터에 의한 방법이 있으니, 각 방법으로 만든 문자열들을 배열로 묶으면 그것이 문자열 배열입니다. 이를 **예제 11-4**로 확인해 보겠습니다.

```
/*
    문자열 배열
*/

#include <stdio.h>

int main(void)
{
    int i;                    ─── 초기화값이 세 개 있으므로 길이는 3이 된다.
    char a[][5] = {"LISP", "C", "Ada"};
    char *p[]   = {"PAUL", "X", "MAC"};

    for (i = 0; i < 3; i++)
        printf("a[%d] = \"%s\"\n", i, a[i]);

    for (i = 0; i < 3; i++)
        printf("p[%d] = \"%s\"\n", i, p[i]);

    return 0;
}
```

실행 결과

```
a[0] = "LISP"
a[1] = "C"
a[2] = "Ada"
a[0] = "PAUL"
a[1] = "X"
a[2] = "MAC"
```

배열 a, p의 구조와 특징을 정리한 **그림 11-3**을 살펴보면서 두 배열을 비교해 보겠습니다.

▶ 극단적으로 긴 문자열과 짧은 문자열이 섞여 있을 때는 위와 같이 사용하지 않는 부분도 커지므로, 공간 낭비가 심해집니다. 사실 이 방법으로 만드는 문자열 배열은 9장에서 이미 배웠습니다.

ⓐ '배열에 의한 문자열'의 배열 … 2차원 배열

배열 a는 3×5인 2차원 배열입니다. 메모리상에서 차지하는 공간의 크기는 3 × 5 = 15바이트입니다. 모든 문자열의 길이가 똑같지는 않으므로, 배열 안에는 사용하지 않는 부분도 있습니다. 가령 두 번째 문자열 "C"를 저장하는 a[1]은 a[1][2] ~ a[1][4]의 세 글자만큼의 영역을 사용하지 않고 있습니다.

▶ 포인터 ptr이 배열의 첫 번째 요소를 가리킨다면, 각 요소에는 앞에서부터 순서대로 ptr[0], ptr[1], …이라는 식으로 접근할 수 있다고 배웠습니다. 이번 예제에서는 그 ptr에 해당하는 것이 p[0]입니다.

ⓑ '포인터에 의한 문자열'의 배열 … 포인터 배열

포인터 p는 길이가 3이고 요소의 자료형이 char *형인 배열입니다. 배열 요소 p[0], p[1], p[2]는 각 문자열 리터럴의 첫 번째 글자인 'P', 'X', 'M'을 가리키는 포인터로 초기화됩니다. 그러므로 배열 p가 차지하는 sizeof(char *)

세 개만큼의 공간에 더하여, 각 문자열 리터럴만큼의 공간을 차지합니다.

문자열 리터럴 "PAUL" 안에 있는 문자에는 앞에서부터 순서대로 p[0][0], p[0][1], ...이라는 식으로 접근할 수 있습니다. 이렇게 인덱스 연산자 [ ]를 연속으로 적용함으로써, 포인터 배열인 p를 2차원 배열처럼 다룰 수 있습니다.

그림 11-3 문자열 배열을 만드는 두 가지 방법

ⓐ 2차원 배열

'배열에 의한 문자열' 배열

`char a[][5] = {"LISP", "C", "Ada"};`

모든 요소는 연속되어 배치된다.

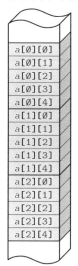

ⓑ 포인터 배열

'포인터에 의한 문자열' 배열

`char *p[] = {"PAUL", "X", "MAC"};`

문자열 배열의 순서와 연속성은 보장되지 않는다.

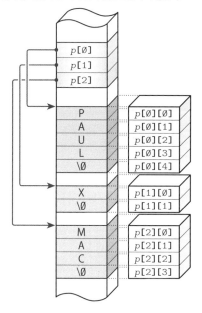

각 구성 요소는 초기화자로 주어진 문자열 리터럴 안에 있는 문자와 널 문자로 초기화된다.

sizeof(a)바이트만큼 점유한다.

각 요소는 초기화자로 주어진 문자열 리터럴의 첫 번째 문자를 가리키도록 초기화된다.

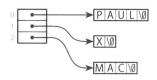

sizeof(p) + sizeof("PAUL") + sizeof("X") + sizeof("MAC")바이트만큼 점유한다.

여기서는 p[0]을 예로 들며 설명했지만, p[1]과 p[2]도 마찬가지입니다.

초기화값의 문자열 리터럴이 연속되어 배치될 것이란 보장이 없으므로, **그림 11-3 b에서는 각 문자열 리터럴 사이를 띄워 놓았습니다.** 메모리상에서 "PAUL"의 바로 뒤에 "X"가 배치될 것이라거나, "X" 바로 다음에 "MAC"이 배치될 것이라고 가정하며 프로그램을 만들어서는 안 됩니다.

연습 11-2

예제 11-4에서는 각 배열의 문자열 개수 3이 상수로서 프로그램 안에 (for문 제어식에) 직접 쓰이고 있습니다. 이를 계산으로 구하도록 고친 프로그램을 작성하시오.

포인터에 의한 문자열 조작

이번 절에서는 포인터를 활용하여 문자열을 조작하는 방법에 관해 알아보겠습니다.

1) 문자열 길이 구하기

예제 9-8(p.354)에서는 문자열 길이를 구하는 함수 str_length를 만들었습니다. 예제 11-5는 그 함수를 또 다른 방식으로 구현한 프로그램입니다.

→ **예제 11-5**   chap11/list1105.c

```
/*
    문자열 길이 구하기(포인터를 이용한 순회)
*/

#include <stdio.h>

/*--- 문자열 s의 길이를 반환한다 ---*/
int str_length(const char *s)
{
    int len = 0;

    while (*s++)
```

> **실행 결과 사례**
> 문자열을 입력해 주세요 : five⏎
> 문자열 "five"의 길이는 4입니다.

```
            len++;
        return len;
}


int main(void)
{
        char str[128];

        printf("문자열을 입력해 주세요 : ");
        scanf("%s", str);

        printf("문자열 \"%s\"의 길이는 %d입니다.\n", str, str_length(str));

        return 0;
}
```
&str[0]라는 뜻이다.

▶ 포인터 s는 제어식을 평가할 때 1 증가하며, 변수 len은 루프 본체에서 1 증가합니다. 이때 포인터 값의 증가와 감소에 관한 다음 사항을 반드시 숙지해야 합니다.

우선 함수의 매개변수 선언 부분이 [ ] 형식에서 * 형식으로 바뀌었습니다. 이들이 결국 똑같은 것이라는 사실은 지난 장에서 배웠습니다(p.395). 이 변경 사항은 표기상의 문제일 뿐, 본질적인 차이는 아닙니다. 본질적인 변경 사항은 함수 본체에 있습니다. **그림 11-4**를 보면서 이 부분을 이해해 보겠습니다.

그림 11-4 a와 같이 함수가 시작될 때는 s가 넘겨받은 문자열 str의 첫 번째 문자인 str[0], 다시 말해 "five"의 첫 번째 문자 'f'를 가리키고 있습니다. while문의 반복 종료 조건은 문자 *s가 0, 다시 말해 널 문자가 되는 일입니다. 따라서 순회 중에는 현재 보고 있는 문자가 널 문자가 아닌 한 포인터 s와 변수 len이 둘 다 1씩 증가합니다.

핵심 배열 요소를 가리키는 포인터에 1을 더하면, 지금 가리키는 것보다 한 개 더 뒤에 있는 요소를 가리키게 바뀐다. 반대로 1을 빼면, 지금 가리키는 것보다 한 개 더 앞에 있는 요소를 가리키게 바뀐다.

이는 증가 연산자 ++와 감소 연산자 --가 포인터에게만 특별한 작용을 하는 것이 아닙니다. 애초에 p가 포인터든 아니든 다음 사항은 반드시 성립합니다.

핵심 p++는 p = p + 1이라는 뜻이며, p--는 p = p - 1이라는 뜻이다.

그림 11-4 문자열의 길이 구하기

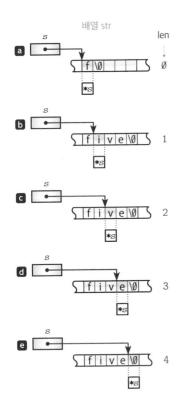

포인터 p가 배열 안에 있는 요소를 가리킬 때, 이에 1을 더한 포인터 p + 1은 원래보다 한 개 더 뒤에 위치한 요소를 가리킨다고 앞에서 배웠습니다(p.389). 따라서 p++를 실행하면, 한 개 뒤의 요소를 가리키도록 p가 갱신됩니다. 반대로 포인터에서 1을 뺀 포인터 p - 1은 원래보다 한 개 앞에 있는 요소를 가리킵니다. 따라서 p--를 실행하면 한 개 앞에 있는 요소를 가리키도록 p가 갱신됩니다.

처음에 s는 str[0], 즉 'f'를 가리켰습니다. 하지만 p의 값을 1 증가시키면 **그림 11-4b**와 같이 str[1], 즉 'i'를 가리킵니다. 그림과 같이 s가 가리키는 문자는 순회할 때마다 하나씩 뒤로 옮겨갑니다. **그림 11-4e**처럼 문자 *s가 널 문자가 되면 while문은 끝납니다. while문이 끝났을 때 변수 len의 값은 루프 본체를 반복한 횟수와 같으며, 이는 곧 문자열의 길이입니다.

*

이번 함수 str_length에서는 포인터에 인덱스 연산자 [ ]를 적용하는 대신에 간접 참조 연산자 *와 증가 연산자 ++를 적용했습니다. 이는 C 언어 프로그램에서 대단히 많이 쓰이는 기법이므로, 반드시 이해하고 넘어가야 합니다.

2) 문자열 복사하기

예제 11-6은 문자열을 복사하는 프로그램입니다.

→ 예제 11-6   chap11/list1106.c

```
/*
    문자열을 복사한다
*/
```

```
#include <stdio.h>

/*--- 문자열 s를 d에 복사한다 ---*/
char *str_copy(char *d, const char *s)
{
    char *t = d;

    while (*d++ = *s++)
        ;
    return t;
}

int main(void)
{
    char str[128] = "ABC";
    char tmp[128];

    printf("str = \"%s\"\n", str);

    printf("복사할 문자열 : ");
    scanf("%s", tmp);

    str_copy(str, tmp);

    puts("복사했습니다.");
    printf("str = \"%s\"\n", str);

    return 0;
}
```

실행 결과 사례

str = "ABC"
복사할 문자열 : WXYZ⏎
복사했습니다.
str = "WXYZ"

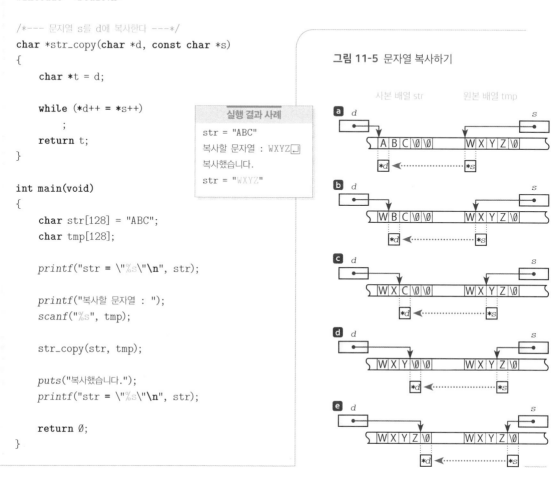

그림 11-5 문자열 복사하기

문자열을 복사하는 함수 str_copy 안에 있는 while문의 제어식 *d++ = *s++는 다소 복잡한 식입니다. 후치 증가 연산자 ++는 피연산자가 평가된 다음에 값을 1 증가시키므로, 이 제어식의 평가 및 실행은 다음과 같이 두 단계로 이루어집니다.

① *d = *s 대입

우선 대입식 *d = *s가 실행됩니다. 포인터 s가 가리키는 문자가 포인터 d가 가리키는 문자로 대입됩니다.

② 포인터 d와 s의 값을 1 증가시키기

대입이 완료된 직후에 d와 s의 값에 1이 더해져서, 포인터 d와 s는 각각 기존보다 한 개 뒤에 있는 요소를 가리키게 됩니다.

함수가 시작되었을 때에는 **그림 11-5ⓐ**처럼 포인터 s가 원본 문자열 tmp의 첫 번째 문자를 가리키며, 포인터 d는 사본 문자열 str의 첫 번째 문자를 가리키고 있었습니다. while문의 반복 조건에 관한 판정은 ①의 대입식 *d = *s를 평가한 값에 따릅니다. 대입식을 평가하면 대입 후의 왼쪽 피연산자의 값이 나옵니다. 따라서 *d에 대입된 문자의 값이 0이 아닌 한, 즉 널 문자가 아닌 한 위의 ①과 ②의 처리가 반복됩니다.

복사는 다음과 같이 이루어집니다.

s가 가리키는 문자가 널 문자가 아닌 한, s가 가리키는 문자를 d가 가리키는 문자에 대입하고 d와 s의 값을 1 증가시켜서 다음 문자를 가리키도록 만든다.

while문의 반복은 **그림 11-5ⓔ**와 같이 대입된 문자가 널 문자일 때입니다. **그림 11-5ⓔ**에서는 대입식 *d = *s를 평가하면 대입 후의 *d, 다시 말해 널 문자가 나옵니다. 이 값은 0이므로 while문이 끝납니다.

참고로 포인터 d와 s에 인덱스 연산자를 적용하여 구현하면, 함수 str_copy의 while문은 다음과 같을 것입니다(여기서 i는 int형의 변수입니다).

```
chap11/list1106a.c
/*--- 다른 풀이 ---*/
while (d[i] = s[i])
    i++;
```

이 프로그램은 다른 풀이와 비교했을 때 다음과 같은 장점이 있습니다.

Ⓐ 인덱스용 변수 i가 필요 없으므로, 아주 미세하게나마 메모리 사용량을 줄일 수 있다.

Ⓑ 프로그램을 실행했을 때 성능이 더 좋을 것이라고 기대할 수 있다.

Ⓑ에 관해 생각해 보겠습니다.

· '다른 풀이'의 코드

d[i]와 s[i]는 각각 *(d + i)와 *(s + i)라는 뜻이며, 포인터 d와 s가 가리키는 문자보다 i개 뒤에 있는 문자에 접근하는 식입니다. 포인터가 가리키는 요소보다 i개 뒤에 있는 문자에 접근하기 위하여, 연산자 +에 의한 덧셈과 연산자 *에 의한 역참조(p.378)라는 두 가지 연산이 포인터 d와 s에 각각 이루어집니다.

· 이번 예제의 코드

반복할 때마다 포인터 d와 s에 1을 더하는 연산이 이루어집니다. 그런데 식 *d와 *s를 평가할 때 연산자 *d에 의한 역참조 연산은 이루어지지만, '다른 풀이'처럼 연산자 +에 의한 덧셈 연산은 이루어지지 않습니다. 따라서 실행 프로그램이 작아지고, 실행 속도가 약간 빨라질 것이라고 기대할 수 있습니다.

*

함수 str_copy의 인자 d와 s는 각각 destination(목적지)과 source(출처)의 머리글자입니다. C 언어 프로그램에서는 이렇게 극단적으로 짧은 이름이 쓰일 때가 많으므로, 코드를 읽으려면 어느 정도 영어 실력이 있어야 합니다. 이번 함수의 반환값에 관해서는 다음 프로그램과 함께 살펴보겠습니다.

3) 문자열을 잘못 복사한 사례

예제 11-7을 살펴보겠습니다. 이것은 이전 프로그램과 거의 같지만, main 함수 부분이 조금 다릅니다.

→ 예제 11-7   `chap11/list1107.c`

```
/*
    문자열을 복사한다(잘못된 예)
```

```
*/

#include <stdio.h>

/*--- 문자열 s를 d에 복사한다 ---*/
char *str_copy(char *d, const char *s)
{
    char *t = d;

    while (*d++ = *s++)
        ;
    return t;
}

int main(void)
{
    char *ptr = "1234";
    char tmp[128];

    printf("ptr = \"%s\"\n", ptr);

    printf("복사할 문자열 : ");
    scanf("%s", tmp);

    str_copy(ptr, tmp);              /* tmp를 ptr에 복사 */

    puts("복사했습니다.");
    printf("ptr = \"%s\"\n", ptr);   /* 복사 후의 ptr을 출력 */

    return 0;
}
```

▶ 이 프로그램을 실행했을 때는 어떤 동작을 할지 보장할 수 없습니다.

이 프로그램에서는 다음 두 가지 실수를 범했습니다.

· 문자열 리터럴을 수정했다

이 프로그램에서는 포인터 ptr이 문자열 리터럴을 가리킵니다. 그런데 **문자열 리터럴에 포함된 문자를 수정해도 되는가(문자열 리터럴이 수정 가능한 메모리 영역에 저장되어 있는가)는 환경에 따라 다릅니다.** 만약 문자열 리터럴의 내용을 수정할 수 없는 환경이라면, 이 프로그램은 제대로 동작하지 못할 것입니다.

· 비어 있지 않은 메모리 영역을 덮어쓸 가능성이 있다

포인터 ptr은 널 문자를 포함하여 5바이트만큼의 크기를 지닌 문자열 리터
럴 "1234"의 첫 번째 문자 '1'을 가리키고 있습니다. **그림 11-6**은 이 영역에
다 "ABCDEFGH"를 복사하려 한 모습을 나타낸 그림입니다.

그림 11-6 문자열 복사를 잘못 구현한 사례

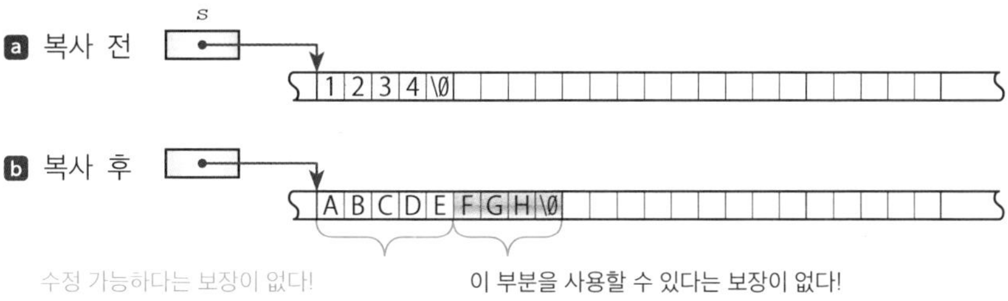

설사 문자열 리터럴 "1234"가 수정 가능한 영역에 있다 해도, 이를 벗어난
영역까지 비어 있다는 보장은 없습니다. 어쩌면 그곳에는 다른 변수가 저장
되어 있을 수도 있고, 시스템상 중요한 정보가 저장된 자리일 수도 있습니
다. 따라서 **이런 식으로 정보를 복사하면, 다른 정수의 값이 파괴되거나 프로그램
동작이 불안정해질 가능성이 있습니다.**

> **핵심** 문자열 리터럴을 수정하거나, 그 영역 밖까지 수정하려 해서는 안 된다.

4) 포인터를 반환하는 함수

함수 str_copy의 반환형은 char를 가리키는 포인터형이므로, 해당 자료형이 필
요한 곳이라면 어디든 넣을 수 있습니다. 함수의 반환값은 매개변수 d로 넘겨
받은 값, 다시 말해 '사본 문자열의 첫 번째 문자를 가리키는 포인터'입니다.

```
str_copy(str, tmp);                /* tmp를 str에 복사 */
printf("str = \"%s\"\n", str);   /* 복사 후에 str 값을 출력 */
```

str_copy의 반환값을 잘 이용하면, 예제 11-6(p.410)에 나왔던 앞의 프로그램을 아래와 같이 조금 더 짧게 쓸 수 있습니다.

▶ 여기서 printf 함수에 넘긴 인자의 값은 str과 같습니다. 즉 tmp의 사본이 저장된 문자열의 첫 번째 문자를 가리키는 포인터입니다.

```
printf("str = \"%s\"\n", str_copy(str, tmp)); /* 복사 + 출력 */
```

우선 문자열 tmp가 문자열 str에 복사되고, 그 복사된 str이 출력됩니다.

연습 11-3

예제 11-6(p.410)를 수정하여, 본문에서 한 것처럼 str_copy 함수의 호출식을 printf 함수의 인자로 삼는 프로그램을 작성하시오.

section 11-3

포인터

<string.h> 헤더에서는 수많은 문자열용 라이브러리 함수를 제공합니다. 이번 절에서는 대표적인 함수의 사양과 용례를 소개하겠습니다.

1) strlen 함수 : 문자열의 길이를 구한다

strlen 함수는 문자열의 길이를 구하는 함수입니다. 널 문자를 제외한 길이를 반환합니다.

strlen	
헤더	#include <string.h>
형식	size_t strlen(const char *s);
해설	s가 가리키는 문자열의(널 문자를 제외한) 길이를 구한다.
반환값	s가 가리키는 문자열의 길이를 반환한다.

▼ 이번 절에서는 코드를 자세히 해설하지 않겠습니다. 스스로 읽고 이해하기 바랍니다.

➡ **예제 11-8**   chap11/list1108.c

```
/*--- 문자열 s의 길이를 반환한다 ---*/
size_t strlen(const char *s)
{
    size_t len = 0;

    while (*s++)
```

```
        len++;

    return len;
}
```

연습　11-4

문자열 s를 출력하는 함수를 작성하시오. 단, 인덱스 연산자를 쓰지 않고 구현합니다.

```
void put_string(const char *s) { /* … */ }
```

연습　11-5

문자열 s 안에 있는 문자 c의 개수(없다면 0)를 반환하는 함수를 작성하시오. 단, 인덱스 연산자를 쓰지 않고 구현합니다.

```
int str_chnum(const char *s, int c) { /* … */ }
```

연습　11-6

문자열 s 안에 문자 c가 포함되어 있다면 그 문자(여러 개 있을 때는 가장 앞쪽에 있는 문자)를 가리키는 포인터를 반환하고, 포함되어 있지 않다면 널 포인터(p.385)를 반환하는 함수를 작성하시오. 단, 인덱스 연산자를 쓰지 않고 구현합니다.

```
char *str_chr(const char *s, int c) { /* … */ }
```

2) strcpy 함수, strncpy 함수 : 문자열을 복사한다

strcpy 함수와 strncpy 함수는 문자열을 복사하는 함수입니다. 후자는 복사할 문자 수에 제한을 걸 수 있습니다.

	strcpy
헤더	#include <string.h>
형식	char *strcpy(char *s1, const char *s2);
해설	s2가 가리키는 문자열을 s1이 가리키는 배열에 복사한다. 원본과 사본의 영역이 겹쳐 있을 때의 동작은 정의되어 있지 않다.
반환값	s1의 값을 반환한다.

	strncpy
헤더	#include <string.h>
형식	char *strncpy(char *s1, const char *s2, size_t n);
해설	s2가 가리키는 문자열을 s1이 가리키는 배열에 복사한다. s2의 길이가 n 이상일 때는 n 글자만 복사하고, n 미만일 때는 나머지를 널 문자로 채운다. 원본과 사본의 영역이 겹쳐 있을 때의 동작은 정의되어 있지 않다.
반환값	s1의 값을 반환한다.

➡ 예제 11-9   chap11/list1109.c

```c
/*--- strcpy 구현 사례 ---*/
char *strcpy(char *s1, const char *s2)
{
    char *tmp = s1;
    while (*s1++ = *s2++)
        ;

    return tmp;
}

/*--- strncpy 구현 사례 ---*/
char *strncpy(char *s1, const char *s2, size_t n)
{
    char *tmp = s1;

    while (n) {
        if (!(*s1++ = *s2++)) break;          /* '\0'을 찾으면 끝낸다 */
        n--;
    }
    while (n--)
        *s1++ = '\0';                          /* 나머지를 '\0'로 채운다 */

    return tmp;
}
```

3) strcat 함수, strncat 함수 : 문자열을 연결한다

strcat 함수와 strncat 함수는 문자열 뒤에 다른 문자열을 연결하는 함수입니다. 후자는 연결할 문자 수에 제한을 걸 수 있습니다.

	strcat
헤더	#include \<string.h>
형식	char *strcat(char *s1, const char *s2);
해설	s2가 가리키는 문자열을 s1이 가리키는 문자열 끝에 연결한다. 원본과 사본의 영역이 겹쳐 있을 때의 동작은 정의되어 있지 않다.
반환값	s1의 값을 반환한다.

	strncat
헤더	#include \<string.h>
형식	char *strncat(char *s1, const char *s2, size_t n);
해설	s2가 가리키는 문자열을 s1이 가리키는 문자열 끝에 연결한다. s2의 길이가 n 초과일 때는 n 글자만 연결하고 나머지는 버린다. 원본과 사본의 영역이 겹쳐 있을 때의 동작은 정의되어 있지 않다.
반환값	s1의 값을 반환한다.

▼ 함수 이름 중에 있는 cat은 고
잇어라는 뜻이 아닙니다. '연결하
다', '잇다'라는 뜻을 지닌 영어 단
어 concatenate를 줄인 것입
니다.

→ **예제 11-10** chap11/list1110.c

```c
/*--- strcat 구현 사례 ---*/
char *strcat(char *s1, const char *s2)
{
    char *tmp = s1;

    while (*s1)                      /* s1의 맨 끝까지 간다 */
        s1++;
    while (*s1++ = *s2++)            /* s2에서 '\0'을 만날 때까지 복사한다 */
        ;

    return tmp;
}


/*--- strncat 구현 사례 ---*/
char *strncat(char *s1, const char *s2, size_t n)
{
    char *tmp = s1;

    while (*s1)                      /* s1의 맨 끝까지 간다 */
        s1++;
    while (n--)
        if (!(*s1++ = *s2++)) break;  /* 도중에 '\0'이 있으면 끝낸다 */
    *s1 = '\0';                       /* s1의 끝에 '\0'를 넣는다 */

    return tmp;
}
```

---

4) strcmp 함수, strncmp 함수 : 문자열의 대소 관계를 구한다

strcmp 함수와 strncmp 함수는 문자열(문자 배열) 두 개 사이의 '대소 관계'를 판정하는 함수입니다(참고 11-1 : p.423).

strcmp	
헤더	#include <string.h>
형식	int *strcmp(const char *s1, const char *s2);
해설	s1이 가리키는 문자열과 s2가 가리키는 문자열의 대소 관계(첫 번째 문자부터 순서대로 한 글자씩 unsigned char형 값으로서 비교해 나가다가, 서로 다른 값을 지닌 문자가 나타났을 때 이들 사이에 성립하는 대소 관계)를 비교한다.
반환값	만약 같다면 0을, s1이 s2보다 크다면 양의 정숫값을, s1이 s2보다 작다면 음의 정숫값을 반환한다.

strncmp	
헤더	#include <string.h>
형식	int *strncmp(const char *s1, const char *s2, size_t n);
해설	s1이 가리키는 문자 배열과 s2가 가리키는 문자 배열 중 앞에서부터 n 글자만큼의 대소 관계를 비교한다. 널 문자 이후의 문자는 비교하지 않는다.
반환값	만약 같다면 0을, s1이 s2보다 크다면 양의 정숫값을, s1이 s2보다 작다면 음의 정숫값을 반환한다.

➡ 예제 11-11   chap11/list1111.c

```
/*--- strcmp 구현 사례 ---*/
int strcmp(const char *s1, const char *s2)
{
    while (*s1 == *s2) {
        if (*s1 == '\0')
            return 0;                                    /* 똑같다 */
        s1++;
        s2++;
    }

    return (unsigned char)*s1 - (unsigned char)*s2;
}

/*--- strncmp 구현 사례 ---*/
int strncmp(const char *s1, const char *s2, size_t n)
{
    while (n && *s1 && *s2) {
        if (*s1 != *s2)                                  /* 같지 않다 */
            return (unsigned char)*s1 - (unsigned char)*s2;
```

```
            s1++;
            s2++;
            n--;
        }
        if (!n)  return 0;                                        /* 똑같다 */
        if (*s1) return 1;                                       /* s1 > s2 */

        return -1;                                               /* s1 < s2 */
    }
```

5) atoi 함수, atol 함수, atof 함수 : 문자열을 숫자로 변환한다

"123"이나 "51.7"처럼 숫자값처럼 보이는 문자열을 정수 123과 부동 소수
점 수 51.7로 변환하는 라이브러리 함수가 있습니다. 바로 〈stdlib.h〉 헤더
에 선언된 atoi 함수, atol 함수, atof 함수입니다.

atoi	
헤더	#include <stdlib.h>
형식	int atoi(const char *nptr);
해설	nptr이 가리키는 문자열을 int형 표현으로 변환한다.
반환값	변환된 값을 반환한다. 결괏값을 int형으로 표현할 수 없을 때의 동작은 정의되어 있지 않다.

atol	
헤더	#include <stdlib.h>
형식	long atol(const char *nptr);
해설	nptr이 가리키는 문자열을 long형 표현으로 변환한다.
반환값	변환된 값을 반환한다. 결괏값을 long형으로 표현할 수 없을 때의 동작은 정의되어 있지 않다.

atof	
헤더	#include <stdlib.h>
형식	double atof(const char *nptr);
해설	nptr이 가리키는 문자열을 double형 표현으로 변환한다.
반환값	변환된 값을 반환한다. 결괏값을 double형으로 표현할 수 없을 때의 동작은 정의되어 있지 않다.

예제 11-12는 atoi 함수의 동작을 확인하는 프로그램입니다.

```
/*
    atoi 함수를 이용한 사례
*/

#include <stdio.h>
#include <stdlib.h>

int main(void)
{
    char str[128];

    printf("문자열을 입력해 주세요 : ")
    scanf("%s", str);

    printf("정수로 변환하면 %d입니다.\n", atoi(str));

    return 0;
}
```

실행 결과 사례
문자열을 입력해 주세요 : 123⏎
정수로 변환하면 123입니다.

헤더 〈stdlib.h〉의 이름은 standard library에서 유래했습니다. 문자열 관련 함수가 모여 있는 〈string.h〉 헤더나 입출력 관련 함수가 모여 있는 〈stdio.h〉 헤더와는 달리, 〈stdlib.h〉 헤더는 특징이 느껴지지 않는 이름입니다. 사실 다양한 함수와 매크로를 각 헤더에 분류한 다음에 남게 된 '나머지'들이 모여 있는 헤더기 때문입니다.

연습 11-7

예제 9-11(p.359)의 함수 str_toupper 및 str_tolower를 인덱스 연산자 없이 구현하시오.

연습 11-8

문자열 str 안에 있는 모든 숫자를 삭제하는 함수를 작성하시오.

```
void del_digit(char *str) { /* … */ }
```

가령 "AB1C9"라는 문자열을 넘겨받았으면, "ABC"로 바꿔 줍니다. 인덱스 연산자 없이 구현합니다.

이번 절에서 살펴본 라이브러리 함수(strlen, strcpy, strncpy, strcat, strncat, strcmp, strncmp)를 이용하는 프로그램을 작성하시오.

라이브러리 함수 atoi, atol, atof와 똑같은 동작을 하는 프로그램을 작성하시오.

```
void strtoi(const char *nptr) { /* … */ }
long strtol(const char *nptr) { /* … */ }
double strtof(const char *nptr) { /* … */ }
```

참고 11-1　　**배열 이름이 첫 번째 요소를 가리키는 포인터로 간주되지 않는 상황**

　문자열이 크다, 작다는 기준은 대체 무엇일까요? 상식적으로 생각하면 "AAA"는 "ABC"나 "XYZ"보다 작을 것입니다. 이처럼 보통은 사전 순으로 나열했을 때 앞에 있는 문자열일수록 '작다'고 하고, 뒤에 있는 문자열일수록 '크다'고 합니다.

　판정 대상인 문자열이 알파벳 대문자로만, 소문자로만, 혹은 숫자로만 이루어져 있으면 편합니다. 하지만 서로 다른 종류의 문자가 섞여 있을 때는 이야기가 복잡해집니다. 가령 "abc"와 "123" 중에서는 어느 쪽이 더 크다고 해야 할까요?

　그래서 strcmp 함수와 strncmp 함수에서는 문자 코드를 기준으로 대소 관계를 판정합니다. 문자의 값을 나타내는 문자 코드는 해당 환경에서 사용하는 문자 코드 체계에 의존합니다. 따라서 "abc"가 "ABC"나 "123"보다 큰지 작은지는 환경에 따라 다릅니다. 바꿔 말하면, strcmp 함수와 strncmp 함수로는 이식성 있게(실행 환경에 의존하지 않게) 문자열을 비교하지는 못한다는 뜻입니다.

*

　strncmp 함수의 해설을 보면 '문자열'이 아니라 '문자 배열'이라는 용어가 쓰였습니다. 이는 앞에서부터 n 문자 이내에 널 문자가 없어도 되기 때문(문자열이 아니어도 괜찮기 때문)입니다.

정리

● 문자열을 나타내는 방법 중 하나가 '배열에 의한 문자열'이다.

```
char a[] = "CIA";                    /* 배열에 의한 문자열 */
```

● 문자열을 나타내는 또 다른 방법으로는 '포인터에 의한 문자열'이 있다.

```
char *p = "FBI";                     /* 포인터에 의한 문자열 */
```

문자열 리터럴의 값은 첫 번째 문자를 가리키는 포인터로 해석되기 때문에, 포인터 p는 문자열 리터럴 "FBI"의 첫 번째 문자 'F'를 가리키도록 초기화된다. 문자열 리터럴과 이를 가리키는 포인터는 둘 다 메모리 공간을 점유한다.

● 포인터 p에 다른 문자열 리터럴(의 첫 번째 문자를 가리키는 포인터)을 대입하면, 해당 문자열 리터럴(의 첫 번째 문자)을 가리키도록 바뀐다.

● 문자열 배열을 나타내는 방법 중 하나가 '배열에 의한 문자열의 배열'이다.

```
char a2[][5] = {"LISP", "C", "Ada"};       /* 배열에 의한 문자열의 배열 */
```

모든 문자(2차원 배열의 구성 요소)는 연속된 영역에 저장된다. 배열 a2가 메모리상에서 차지하는 바이트 수는 sizeof(a2)로 구할 수 있다. 이는 2차원 배열의 구성 요소의 수와 일치한다.

● 문자열 배열을 나타내는 또 다른 방법으로는 '포인터에 의한 문자열의 배열'이 있다.

```
char *p2[] = {"PAUL", "X", "MAC"};       /* 포인터에 의한 문자열의 배열 */
```

각 문자열이 연속된 영역에 저장될 것이라는 보장은 없다. 배열 p2의 크기인 sizeof(p2)는 (sizeof(char *) × 배열 길이)다. p2 배열과는 별도로 각 문자열 리터럴도 메모리상에서 공간을 차지한다.

● 배열 요소를 가리키는 포인터에 1을 더하면 원래보다 한 개 더 뒤에 있는 요소를 가리키게 된다. 반대로 1을 빼면 원래보다 한 개 더 앞에 있는 요소를 가리키게 된다.

● 문자열 리터럴에 포함된 문자를 바꿀 수 있다는 보장은 없다. 따라서 문자열 리터럴과 그 주변 영역의 값을 바꾸려 해서는 안 된다.

● 문자열을 가리키는 포인터를 반환하는 함수는 여로모로 쓰기 편하다.

● 문자열용 라이브러리 함수는 〈string.h〉 헤더에 많이 선언되어 있다.

- strlen 함수는 널 문자를 제외한 문자열 길이를 반환한다.

- strcpy 함수는 문자열을 통째로 복사한다. strncpy 함수는 복사할 문자 수에 제한을 걸면서 문자열을 복사할 수 있다.

- strcat 함수는 문자열 뒤에 다른 문자열을 연결한다. strncat 함수는 연결할 문자 수에 제한을 걸면서 문자열을 연결할 수 있다.

- strcmp 함수는 두 문자열의 대소 관계를 판정한다. strncmp 함수는 비교할 문자 수에 제한을 걸면서 두 문자 배열의 대소 관계를 판정한다. 이 대소 관계는 해당 환경에서 사용하는 문자 코드 체계에 좌우된다.

- 〈stdlib.h〉 헤더에서 제공하는 atoi, atof, atol 함수는 문자열을 숫자값으로 변환하는 함수다.

```
                                                      chap11/summary.c
/*
    문자열과 문자열 배열
*/

#include  <ctype.h>
#include  <stdio.h>

/*--- 문자열 s를 ""로 감싸서 출력하고 줄 바꿈 ---*/
#define  put_str_ln(s)  (put_str(s), putchar('\n'))

/*--- 문자열 s를 ""로 감싸서 출력 ---*/
void put_str(const char *s)
{
    putchar('\"');
    while (*s)
        putchar(*s++);
    putchar('\"');
}
```

```c
/*--- 문자열을 대문자로 변환하여 복사한다 ---*/
char *str_cpy_toupper(char *d, const char *s)
{
    char *tmp = d;

    while (*d++ = toupper(*s++))
        ;

    return tmp;
}

int main(void)
{
    int i;
    char s[128], t[128];   /* 배열에 의한 문자열 */
    char a[] = "CIA";      /* 배열에 의한 문자열 */
    char *p  = "FBI";      /* 포인터에 의한 문자열 */
    char a2[][5]  = {"LISP", "C", "Ada"};   /* 배열에 의한 문자열의 배열 */
    char *p2[]    = {"PAUL", "X", "MAC"};   /* 포인터에 의한 문자열의 배열 */

    printf("문자열 s = "); scanf("%s", s);
    printf("대문자로 변환하여 배열 t에 복사했습니다.\n");
    printf("문자열 t = %s\n", str_cpy_toupper(t, s));

    printf("a = ");        put_str_ln(a);
    printf("p = ");        put_str_ln(p);

    for (i = 0; i < sizeof(a2) / sizeof(a2[0]); i++) {
        printf("a2[%d] = ", i);        put_str_ln(a2[i]);
    }

    for (i = 0; i < sizeof(p2) / sizeof(p2[0]); i++) {
        printf("p2[%d] = ", i);        put_str_ln(p2[i]);
    }

    return 0;
}
```

실행 결과 사례

```
문자열 s = Five␣
대문자로 변환하여 배열 t에 복사했습니다.
문자열 t = FIVE
a = "CIA"
p = "FBI"
a2[0] = "LISP"
a2[1] = "C"
a2[2] = "Ada"
p2[0] = "PAUL"
p2[1] = "X"
p2[2] = "MAC"
```

CHAPTER

12

구조체

여태까지 세 개의 장에 걸쳐 포인터와 문자열에
관해 살펴봤습니다. 이번 장에서는 포인터와 쌍
벽을 이루는 C 언어의 난관인 구조체에 관해 알
아보겠습니다. 무엇보다도 구조체가 왜 필요한
지, 그 본질이 무엇인지 꼭 이해해야 합니다.

구조체

똑같은 자료형을 지닌 데이터의 집합인 배열과는 달리, 다양한 자료형의 데이터를 모아 놓은 것이 바로 구조체입니다. 이번 절에서는 구조체에 관한 기초적인 내용을 살펴보겠습니다.

1) 데이터의 관련성

예제 12-1의 프로그램을 살펴보겠습니다. 이는 학생의 '이름' 배열과 '키' 배열을 둘 다 키가 작은 순으로 정렬하는 프로그램입니다. 두 배열은 main 함수 안에서 정의되어 있습니다. int형 배열 height가 키 배열이고, char[NAME _LEN] 배열 name이 이름 배열입니다.

함수 sort는 매개변수 num으로 키 배열을 넘겨받고, 매개변수 str로 이름 배열을 넘겨받습니다. 따라서 배열 num을 기준으로 버블 정렬(p.311)을 적용하여, 키의 오름차순 정렬을 실현하고 있습니다. 정렬 과정에서는 두 요소의 값을 교환해야 하는데, num 배열의 요소를 교환할 때 str 배열의 요소도 함께 교환합니다(프로그램에서 파랗게 칠한 부분).

이렇게 함으로써 **그림 12-1**처럼 정렬 전에 각 배열에서 똑같은 자리에 있던 요소(가령 두 번째 요소인 175와 "Robert")들이 정렬 후에도 똑같은 자리에 있을 수 있습니다.

▶ 함수 swap_int는 정숫값을 교환하며, 함수 swap_str은 문자열을 교환합니다. 키 배열의 요소만 교환하고 이름 배열의 요소를 교환하지 않으면, 키만 정렬되고 이름은 그대로라서 정합성이 깨지고 맙니다.

그림 12-1 정렬 전후의 각 배열 상태

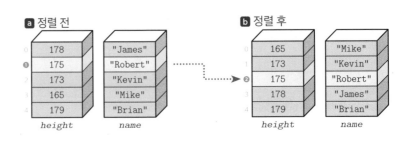

자, 이제 이름과 키에 더해서 float형인 몸무게와 long형인 장학금 정보도 추가한다고 해 보겠습니다. 각 항목을 길이 5짜리 배열로 준비하면 될 것입니다. 물론 float형과 int형 값을 **교환하는 함수가 새로 필요해집니다**. 또한 정렬할 때는 키 배열과 이름 배열뿐만 아니라, 새로 추가된 몸무게 배열과 장학금 배열도 **함께 정렬해야 합니다. 그렇지 않으면 정합성이 깨지고 맙니다**.

또한 학생뿐만 아니라 회사원의 정보도 추가되고, 이들도 키순으로 정렬해야 한다고 생각해 보겠습니다. 학생 배열만 다룰 때는 'height[1]과 name[1]은 어떤 한 학생의 정보다'라는 관련성을 이용했습니다. 하지만 여기에 회사원이라는 다른 정보가 추가되는 등, 키와 관련된 정보가 많아질수록 각각에 대한 관련성을 관리하기가 점점 힘들어집니다.

→ 예제 12-1   chap12/list1201.c

```
/*
    학생 다섯 명의 《이름과 키》를 키가 작은 순으로 정렬
*/

#include <stdio.h>
#include <string.h>

#define NUMBER     5          /* 학생 수 */
#define NAME_LEN   64         /* 이름 글자 수 */

/*--- x와 y가 가리키는 정숫값을 교환 ---*/
void swap_int(int *x, int *y)
{
    int temp = *x;
    *x = *y;
    *y = temp;
}

/*--- sx와 sy가 가리키는 문자열을 교환 ---*/
void swap_str(char *sx, char *sy)
{
    char temp[NAME_LEN];
    strcpy(temp, sx);
    strcpy(sx, sy);
    strcpy(sy, temp);
```

실행 결과
1 : James   178
2 : Robert   175
3 : Kevin   173
4 : Mike   165
5 : Brian   179
키순으로 정렬했습니다.
1 : Mike   165
2 : Kevin   173
3 : Robert   175
4 : James   178
5 : Brian   179

```
}

/*--- 배열 num과 str의 요소 중 앞부분 n개를 num을 기준으로 오름차순 정렬 ---*/
void sort(int num[], char str[][NAME_LEN], int n)
{
    int i, j;
    for (i = 0; i < n - 1; i++) {
        for (j = n - 1; j > i; j--) {
            if (num[j - 1] > num[j]) {                          num을 기준으로 비교한다.
                swap_int(&num[j - 1], &num[j]);
                swap_str( str[j - 1],  str[j]);                 num뿐만 아니라 str도 교환.
            }
        }
    }
}

int main(void)
{
    int i;
    int height[] = {178, 175, 173, 165, 179};
    char name[][NAME_LEN]  = {"James", "Robert", "Kevin", "Mike", "Brian"};

    for (i = 0; i < NUMBER; i++)
        printf("%2d : %-8s%4d\n", i + 1, name[i], height[i]);

    sort(height, name, NUMBER);

    puts("\n키순으로 정렬했습니다.");
    for (i = 0; i < NUMBER; i++)
        printf("%2d : %-8s%4d\n", i + 1, name[i], height[i]);

    return 0;
}
```

데이터 사이의 관련성을 무시한 채 배열 수만 늘려가는 방식에는 명백히 한계가 있습니다. 데이터 간의 관련성을 프로그램에서 명확히 표현할 수 있어야 합니다.

2) 구조체

현실 세계에서 이름과 키 등의 정보를 어떻게 관리하는지 떠올려 보겠습니다. 가령 학교에서 신체검사를 할 때는 어떻게 할까요? 학생들의 이름을 적는 표, 키를 적는 표, 몸무게를 적는 표를 모두 다른 종이에 준비할까요? 아마 아닐 것입니다. **그림 12-2**처럼 보통은 개인별로 각각 카드 한 장씩을 준비해서, 그곳에 이름과 키와 몸무게를 적는 방식일 것입니다. 만약 학생이 50명 있다면 이러한 카드가 50장 생길 것입니다.

그림 12-2 카드 뭉치

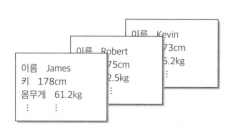

이런 식으로 데이터 구조를 나타낼 때는 구조체^{structure}가 유용합니다.

그림 12-3은 다음 네 가지 데이터로 이루어진 구조체를 선언한 사례입니다.

그림 12-3 구조체 선언

· char[64]형 이름
· int형 키
· float형 몸무게
· long형 장학금

```
/*=== 학생을 나타내는 구조체 === */
            구조체 태그
struct student {
    char    name[64];    /* 이름 */
    int     height;      /* 키 */
    float   weight;      /* 몸무게 */
    long    schols;      /* 장학금 */
};
            └── 멤버
```

▶ 태그라는 용어는 8장에서 배운 열거체에서도 나왔습니다. 또한, 열거체와 마찬가지로 구조체도 선언 끝에 세미콜론 ;을 붙여야 합니다.

여기서 구조체에 주어진 이름인 student를 구조체 태그^{structure tag}라고 합니다. 또한, { }안에서 선언된 name과 height 등을 멤버^{member}라고 합니다.

그림 12-3에 나온 선언은 대략 다음과 같은 뜻입니다.

여기 제시한 네 가지 데이터로 이루어진 struct stundent라는 자료형을 만들겠다.

이는 자료형을 선언한 것이지, 오브젝트(변수)의 실체를 정의한 것은 아닙니다. 현재는 **그림 12-4**처럼 카드의 양식만 짜놓은 상태라고 할 수 있습니다. 이 양식을 실제로 종이에 인쇄해야 비로소 학생의 정보를 써넣을 수 있는 카드를 만들 수 있습니다.

그림 12-4 구조체 양식

이름	
키	
몸무게	
장학금	

그 인쇄한 카드에 해당하는, 실제로 데이터를 저장할 수 있는 오브젝트를 만들 때는 다음과 같이 선언하면 됩니다.

```
struct student robert;            /* struct student형 변수 robert를 선언 */
```

▶ 'student'는 자료형이 아니라 태그 이름일 뿐입니다. 앞에 struct를 붙여서 'struct student'라고 써야 자료형 이름이 됩니다. 열거체에서 'enum 태그이름'이라고 적어야 자료형 이름이 되는 것과 같은 이치입니다.

조금 더 단순한 구조체를 생각해 보겠습니다. **그림 12-5**는 구조체 선언과 구조체 오브젝트의 정의를 나타낸 그림입니다. **그림 12-5 a**의 구조체 선언을 통해 'struct xyz'가 자료형 이름이 됩니다.

그림 12-5 구조체 선언과 오브젝트 정의

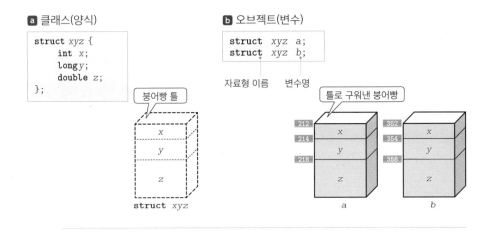

이는 붕어빵으로 치면 형틀에 해당합니다. 형틀로 구워낸 실제로 먹을 수 있는 붕어빵이 변수(오브젝트)에 해당합니다. 이는 **그림 12-5 b**에서 선언, 정의하고 있습니다.

메모리상에는 각 멤버가 선언된 순으로 나열되어 있습니다. 이 예시에서는 x, y, z라는 순서입니다. 즉 위에 선언된 멤버일수록 주솟값이 작아지고, 나중에 선언된 멤버일수록 주솟값이 커집니다.

참고로 구조체를 선언할 때 해당 구조체의 오브젝트도 함께 정의할 수 있

```
struct xyz {
int x;
long    y;
double  z;
} a, b;
```

습니다. **그림 12-5**의 **a**와 **b**를 한 번에 선언한 것이 왼쪽 코드입니다.

열거체와 마찬가지로 구조체도 태그를 생략하며 선언할 수 있습니다. 다음이 그 예시입니다.

```
struct {
    /* 중략 */
} a, b;
```

구조체를 선언함과 동시에 해당 구조체의 오브젝트 a, b도 정의했습니다. 단 구조체 자체의 이름에 해당하는 구조체 태그를 생략했으므로, 해당 구조체의 오브젝트를 다른 곳에서 더 정의할 수는 없습니다.

3) 구조체 멤버와 . 연산자

구조체를 이용하는 프로그램을 만들어 보겠습니다. **예제 12-2**가 그 프로그램입니다.

➡ **예제 12-2**   chap12/list1202.c

```
/*
    학생을 표현하는 구조체로 로버트 나타내기
*/

#include <stdio.h>
#include <string.h>

#define NAME_LEN   64              /* 이름 글자 수 */
/*=== 학생을 나타내는 구조체 === */
struct student {
    char  name[NAME_LEN];         /* 이름 */
    int   height;                 /* 키 */        ──── 그림 12-3과 같음.
    float weight;                 /* 몸무게 */
    long  schols;                 /* 장학금 */
};

int main(void)
{
    struct student robert;
```

실행 결과
이 름 = Robert
키   = 175
몸무게 = 62.5
장학금 = 73000

```
        strcpy(robert.name, "Robert");      /* 이름 */
        robert.height = 175;                 /* 키 */
        robert.weight = 62.5;                /* 몸무게 */
        robert.schols = 73000;               /* 장학금 */

        printf("이  름 = %s\n", robert.name);
        printf("키      = %d\n", robert.height);
        printf("몸무게 = %f\n", robert.weight);
        printf("장학금 = %ld\n", robert.schols);

        return 0;
}
```

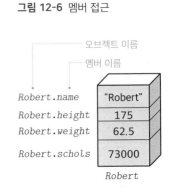

그림 12-6 멤버 접근

그림 12-6은 struct student형 오브젝트 robert를 나타낸 그림입니다. 구조체 오브젝트에서 각 멤버로 접근할 때는 . 연산자(. operator)를 이용합니다. 이 연산자는 흔히 점 연산자라고도 불립니다(**표 12-1**).

표 12-1 . 연산자 (점 연산자)

. 연산자	a . b	구조체 a의 멤버 b를 나타냄

가령 오브젝트 robert의 멤버 height에 접근하는 식은 다음과 같습니다.

```
    robert.height                        /* 오브젝트이름.멤버이름 */
```

robert.height는 int형 오브젝트이므로, 일반적인 int형 변수처럼 값을 대입하거나 꺼낼 수 있습니다. 이 프로그램에서는 robert 안에 있는 네 가지 멤버에 값을 대입하고, 이를 화면에 출력합니다.

4) 멤버 초기화

변수는 생성될 때 초기화하는 편이 좋습니다. 따라서 이번에는 구조체 멤버에 값을 대입하는 것이 아니라 초기화해 보겠습니다. **예제 12-3**이 그 예시입니다.

▶ 이번 예제 프로그램에 나오는 학생은 앞의 예제와는 다른 학생입니다.

```
/*
    학생을 표현하는 구조체로 케빈 나타내기
*/

#include <stdio.h>

#define  NAME_LEN   64              /* 이름 글자 수 */

/*=== 학생을 나타내는 구조체 === */
struct student {
    char  name[NAME_LEN];          /* 이름 */
    int   height;                  /* 키 */
    float weight;                  /* 몸무게 */
    long  schols;                  /* 장학금 */
};

int main(void)
{
    struct student kevin = {"Kevin", 173, 86.2};

    printf("이   름 = %s\n",  kevin.name);
    printf("키      = %d\n",  kevin.height);
    printf("몸무게 = %f\n",  kevin.weight);
    printf("장학금 = %ld\n", kevin.schols);

    return 0;
}
```

실행 결과

```
이   름 = Kevin
키      = 173
몸무게 = 86.2
장학금 = 0
```

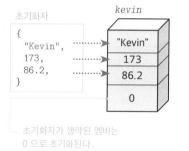

그림 12-7 멤버 초기화

초기화지가 생략된 멤버는
0 으로 초기화된다.

▶ 각 멤버에 대한 초기화값은 멤버가 선언된 순서대로(이번 예제에서는 name, height, weight, schols라는 순서로) 나열해야 합니다.

구조체를 초기화할 때 쓰는 초기화값의 형식은 배열과 똑같습니다. **그림 12-7**처럼, 각 멤버에 대한 초기화값을 콤마로 구분하여 순서대로 나열한 것을 { }로 감싸면 됩니다.

또한, { } 안에 초기화값이 없는 멤버는 0으로 초기화된다는 점도 배열과 똑같습니다. 이 프로그램에서는 장학금에 대한 초기화값이 없으므로, kevin.schols의 값은 0으로 초기화됩니다.

> **핵심** 구조체 오브젝트 o 안에 있는 멤버 m에는 o.m이라는 형식으로 접근한다.
> 구조체 오브젝트의 초기화값은 각 멤버에 대한 초기화값을 콤마로 구분하며 나
> 열한 것을 { }로 감싼 형태다. { } 안에 초기화값이 없는 멤버는 0으로 초기화
> 된다.

구조체 오브젝트의 초기화값은 각 멤버에 대한 초기화값을 콤마로 구분하며 나열한 것을 { }로 감싼 형태다. { } 안에 초기화값이 없는 멤버는 0으로 초기화된다.

연습 12-1

> **예제 12-3**을 바탕으로 오브젝트 kevin의 각 멤버의 주소를 출력하는 프로그램을 작성하시오.

5) 구조체 멤버와 -> 연산자

10장에서 포인터를 배울 때 예제 프로그램에 나온 함수 susan을 기억하시나요? susan은 좋아하는 사람의 키가 180cm보다 낮다면, 그 사람의 키를 180cm로 만드는 초능력을 지니고 있었습니다. 여기서 susan에게는 초능력이 하나 더 있다고 하겠습니다. 좋아하는 사람의 몸무게가 80kg보다 무겁다면, 그 사람의 몸무게를 80kg으로 만드는 능력입니다. 그럼 함수 susan을 struct student용으로 고쳐 보겠습니다. **예제 12-4**가 그 프로그램입니다.

➡ 예제 12-4   chap12/list1204.c

```
/*
    초능력자 수잔
*/

#include <stdio.h>

#define NAME_LEN   64          /* 이름 글자 수 */

/*=== 학생을 나타내는 구조체 === */
struct student {
    char name[NAME_LEN];       /* 이름 */
```

```c
    int    height;                /* 키 */
    float  weight;                /* 몸무게 */
    long   schols;                /* 장학금 */
};

/*--- std가 가리키는 학생의 키를 180cm까지 늘리고 몸무게를 80kg까지 줄인다 ---*/
void susan(struct student *std)
{
    if ((*std).height < 180) (*std).height = 180;
    if ((*std).weight > 80) (*std).weight =  80;
}
int main(void)
{
    struct student robert = {"Robert", 175, 62.5, 73000};

    susan(&robert);

    printf("이 름 = %s\n",  robert.name);
    printf("키    = %d\n",  robert.height);
    printf("몸무게 = %f\n",  robert.weight);
    printf("장학금 = %Ld\n", robert.schols);

    return 0;
}
```

chap12/list1204a.c

다른 풀이
```c
    if (std->height < 180) std->height = 180;
    if (std->weight >  80) std->weight =  80;
```

함수 susan은 학생의 키와 몸무게 정보를 갱신해야 하므로, 인자로 포인터를 받습니다. 따라서 매개변수 std는 student 구조체를 가리키는 포인터형입니다. 이 함수 안에서는 키와 몸무게를 각각 다음과 같은 식을 통해 접근합니다.

```
(*std).height        /* std가 가리키는 학생의 키 */
(*std).weight        /* std가 가리키는 학생의 몸무게 */
```

그림 12-8을 보면서 이해해 보겠습니다.

그림 12-8 포인터가 가리키는 구조체 오브젝트의 멤버에 접근하기

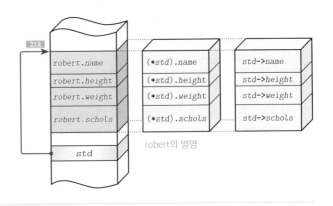

함수 susan은 매개변수 std로, 로버트의 데이터가 들어 있는 구조체 오브젝트 robert를 가리키는 포인터(그림에서는 214번지)를 넘겨받습니다. 포인터에 간접 참조 연산자 *를 적용하면, 그 포인터가 가리키는 오브젝트의 실체에 접근할 수 있습니다. 따라서 *std는 robert의 별명이므로, (*std).height나 (*std).weight라는 식을 통해 robert의 멤버에 접근할 수 있습니다.

포인터가 가리키는 멤버에 접근할 때 매번 (*std).height나 (*std).weight라고 표기하면 번거로울뿐만 아니라 실수로 ( )를 빠트릴 위험도 있습니다. 그래서 이를 단축시킬 연산자가 준비되어 있습니다. 바로 표 12-2에 있는 -> 연산자(-> operator)입니다. 이 연산자를 이용하면, 포인터가 가리키는 오브젝트의 멤버에 바로 접근할 수 있습니다.

표 12-2 -> 연산자 (화살표 연산자)

-> 연산자	a -> b	a가 가리키는 구조체의 멤버 b를 나타냄

이 연산자는 화살표처럼 생겼으므로, 흔히 화살표 연산자라고도 불립니다. 이를 이용하면 std가 가리키는 구조체 오브젝트의 멤버에는, 다른 풀이에서도 나왔듯이 다음과 같이 접근할 수 있습니다.

```
std->height          /* std가 가리키는 학생의 키 : (*std).height와 같다 */
std->weight          /* std가 가리키는 학생의 몸무게 : (*std).weight와 같다 */
```

이렇게 쓰는 편이 훨씬 더 간결합니다.

> **핵심** 포인터 p가 가리키는 구조체의 멤버 m은, (*p).m 대신 p->m이라고 나타낼 수
> 도 있다.

참고로 . 연산자와 -> 연산자를 통틀어서 멤버 접근 연산자(member-access operator)라고 합니다.

6) 구조체와 typedef

7장에서는 기존 자료형에 또 다른 이름을 만들어주는 typedef 선언에 관해 배웠습니다(p.261). typedef 선언을 잘 이용하면 'struct student'라는 자료형 이름을 더 간결하게 나타낼 수 있습니다. 이에 관한 예제인 **예제 12-5**를 살펴보겠습니다.

➡ **예제 12-5**   chap12/list1205.c

```
/*
    초능력자 수산(구조체에 typedef를 적용)
*/

#include <stdio.h>

#define NAME_LEN  64  /* 이름 글자 수 */
/*=== 학생을 나타내는 구조체 === */
typedef struct student {
    char  name[NAME_LEN];       /* 이름 */
    int   height;               /* 키 */
    float weight;               /* 몸무게 */
    long  schols;               /* 장학금 */
} Student;

/*--- std가 가리키는 학생의 키를 180cm까지 늘리고 몸무게를 80kg까지 줄인다 ---*/
void susan(Student *std)
{
```

실행 결과
이 름 = Robert
키   = 180
몸무게 = 62.5
장학금 = 73000

```
        if (std->height < 18Ø) std->height = 18Ø;
        if (std->weight >  8Ø) std->weight =  8Ø;
}

int main(void)
{
    Student robert  = {"Robert", 175, 62.5, 73ØØØ};

    susan(&robert);

    printf("이 름 = %s\n",  robert.name);
    printf("키   = %d\n",  robert.height);
    printf("몸무게 = %.1f\n",  robert.weight);
    printf("장학금 = %ld\n", robert.schols);
        return Ø;
}
```

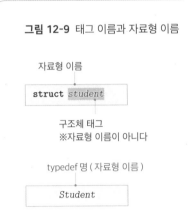

그림 12-9 태그 이름과 자료형 이름

자료형 이름

struct *student*

구조체 태그
※자료형 이름이 아니다

typedef 명 (자료형 이름)

Student

여태까지와 마찬가지로 구조체 태그 이름이 student이며, 'struct student'가 자료형 이름입니다(**그림 12-9**).

이번 예제에서는 typedef를 이용하여, 그 자료형 이름 'struct student'에 또 다른 이름 'Student'를 만들어 줬습니다. 따라서 typedef명인 'Student'는 이 제 자료형 이름으로 쓰일 수 있습니다. 만약 Student만 자료형 이름으로 쓰 겠다면, 회색으로 칠한 부분에 있는 태그 이름인 'student'는 생략할 수 있 습니다(이번 예제에서도 'struct student'는 쓰이지 않으므로, 태그 이름을 생략할 수 있습니다).

▶ 이번 예제 프로그램에 나온 태 그 이름과 typedef명은 첫 글자 가 소문자냐 대문자냐의 차이밖 에 없습니다. 사실 이렇게 헷갈 리게 이름을 지어서는 안 됩니다. 이번 예제는 나쁜 예시라고 할 수 있습니다.

핵심 구조체에는 typedef 선언으로 간결한 이름을 지어 주자.

7) 구조체와 프로그램

프로그램상에서 인간의 키를 나타낼 때는 int형이나 double형 등의 오브젝 트를 사용합니다. **그림 12-10**과 같이 '인간의 키'라는 현실 세계의 오브젝트 (사물)를 프로그램 세계의 오브젝트(변수)로 투영하여 height라는 이름을 붙 이는 식입니다.

그림 12-10 정수형 오브젝트

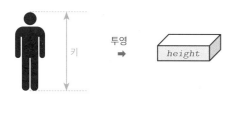

프로그램에서 '몸무게'를 다뤄야 한다면, 키와 마찬가지로 현실의 몸무게를 프로그램 세계에 투영하여 weight 등의 이름을 지닌 오브젝트를 만들면 됩니다. 당연한 일이지만, 현실 세계와 프로그램의 세계는 전혀 다릅니다. 인간의 '키'나 '몸무게'라는 한 가지 속성만을 뽑아내서 프로그램 안에서 재현한 것이 바로 height와 weight 등의 변수입니다.

그림 12-11 구조체형 오브젝트

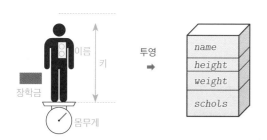

그런데 인간의 여러 속성을 따로따로 다루는 것이 아니라, 한데 모아서 다룰 수 있도록 하는 것이 바로 구조체입니다. 즉 **구조체를 통해 사물의 여러 속성을 함께 다룰 수 있습니다.** 그림 12-11과 같이 구조체를 통해 인간의 여러 속성을 하나의 오브젝트로 표현할 수 있습니다.

현실 세계에서 프로그램 세계로 무언가를 투영할 때, 현실에서 한 묶음이었던 것은 프로그램에서도 한 묶음으로 만드는 편이 보통은 더 자연스럽고 알기 쉬운 프로그램이 됩니다. 이처럼 구조체는 프로그램을 더 간결하고 단순하게 만들 수 있습니다.

8) 집합체형

여러 오브젝트의 묶음을 다룬다는 면에서, 배열과 구조체에는 공통점이 많습니다. 이들을 통틀어서 집합체형^{aggregate type}이라고 합니다. 물론 다음과 같은 차이도 있습니다.

· 요소형

배열은 '똑같은 자료형'을 지닌 데이터 집합을 효율적으로 나타내는 데이터 구조입니다. 한편으로 구조체는 보통 '서로 다른 자료형'을 지닌 데이터 집합을 효율적으로 나타내는 데이터 구조입니다. 물론 모든 멤버가 우연히 같은 자료형일 수도 있습니다.

· 대입할 수 있는가

배열은 설사 길이가 똑같은 것끼리라도 직접 대입 연산을 적용할 수 없다는 사실을 5장과 10장에서 배웠습니다.

하지만 똑같은 자료형을 지닌 구조체끼리라면 서로 대입할 수 있습니다. 가령 오른쪽 코드에서는 y의 각 멤버의 값이 x의 각 멤버 값에 대입됩니다.

```
int a[6], b[6];
a = b;    /* 에러 */

struct student x, y;
x = y;    /* OK! */
```

9) 구조체의 값을 반환하는 함수

구조체는 대입할 수 있으므로, 함수의 반환형으로도 이용할 수 있습니다. 예제 12-6의 프로그램으로 확인해 보겠습니다.

함수 xyz_of는 매개변수 x, y, z로 받은 값을 struct xyz형 오브젝트인 temp의 각 멤버에 대입하여, 그 구조체 자체를 반환하는 함수입니다. 파랗게 칠한 부분에서는 그림 12-12처럼, 함수 xyz_of가 반환한 구조체 값이 그대로 변수 s에 대입됩니다.

▶ 배열은 대입할 수 없으므로 함수의 반환형으로 쓰일 수 없습니다.

▶ 함수 호출식을 평가하면 함수의 반환값이 나옵니다. 따라서 함수 호출식 xyz_of(12, 7654321, 35,689)를 평가하면 자료형이 struct xyz고, 값은 세 가지 멤버 {12, 7654321, 35,689}가 한 묶음이 된 것이 나옵니다.

연습 12-2

예제 12-5(p.439)에서는 구조체 오브젝트 robert의 각 멤버 값을 초기화했습니다. 이를 초기화하지 않도록 고치고, 대신 키보드에서 읽어 들인 값을 대입하도록 수정하시오.

연습 12-3

int형, long형, double형 값을 키보드에서 읽어 들인 다음, 이들 값을 멤버로 지니는 xyz 구조체를 반환하는 함수를 작성하시오.

```
struct xyz scan_xyz() { /* … */ }
```

Chapter 12 **구조체**

```
/*
    구조체를 반환하는 함수
*/

#include <stdio.h>

/*=== xyz 구조체 ===*/
struct xyz {
    int    x;
    long   y;
    double z;
};

/*--- {x, y, z}값을 지니는 xyz 구조체를 반환한다 ---*/
struct xyz xyz_of(int x, long y, double z)
{
    struct xyz  temp;

    temp.x = x;
    temp.y = y;
    temp.z = z;
    return temp;          구조체를 통째로 반환.
}

int main(void)
{
    struct xyz s = {0, 0, 0};

    s = xyz_of(12, 7654321, 35.689);

    printf("xyz.x = %d\n",  s.x);
    printf("xyz.y = %ld\n", s.y);
    printf("xyz.z = %f\n",  s.z);

    return 0;
}
```

실행 결과

```
xyz.x = 12
xyz.y = 7654321
xyz.z = 35.689000
```

그림 12-12 구조체 대입

함수 xyz_of 가 반환하는 temp 의 모든 멤버가 s 의 모든 멤버에 대입된다.

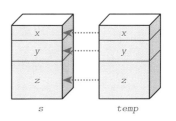

10) 이름공간

8장에서 이름공간^name space이 다르면 철자가 똑같은 식별자(이름)를 쓸 수 있 다는 사실을 배웠습니다(p.320). 이름공간은 다음 네 가지로 분류할 수 있습니다.

① 레이블 이름
② 태그 이름
③ 멤버 이름
④ 일반적인 식별자

```
int main(void)
{
    struct x {                  /* 태그 이름 */
            int x;              /* 멤버 이름 */
            iny y;
    } x;                        /* 변수 이름 */

x:                              /* 레이블 이름 */
    x.x = 1;                    /* 변수이름.멤버이름 */
    x.y = 5;                    /* 변수이름.멤버이름 */

    return 0;
}
```

앞선 프로그램에서는 x라는 이름을 태그 이름, 멤버 이름, 오브젝트(변수)
이름, 레이블 이름으로 썼습니다. 이처럼 서로 다른 이름공간에 속한다면,
같은 유효범위 안에서도 똑같은 이름을 쓸 수 있습니다.

11) 구조체 배열

이번 장에서 맨 처음 논했던 문제로 돌아갑시다. 이제 이름과 키뿐만 아니
라 몸무게와 장학금까지 표현할 수 있는 구조체로 각 학생을 나타낼 수 있
습니다. 학생 다섯 명을 나타내고 싶다면, 요소의 자료형이 구조체인 배열
을 준비하면 됩니다. 그리고 그 배열을 키순으로 정렬합니다. **예제 12-7**이
이를 구현한 프로그램입니다.

▶ 이번 예제 프로그램에서는 구
조체의 태그 이름은 생략하고
typedef명만 만들었습니다.

함수 swap_Student는 포인터 x와 y가 가리키는 Student형 구조체 오브젝트
의 값을 교환하는 함수입니다. 구조체의 모든 멤버가 통째로 바뀝니다. 즉
이제는 키를 교환하는 함수, 이름을 교환하는 함수 등을 개별적으로 만들
필요가 없습니다. 또한, 배열과 인덱스 사이의 관련성이 불명확해질 일도
없습니다.

12) 파생형

'구조체'는 다양한 자료형의 오브젝트를 조합해서 만드는 것입니다. 또한, 그 구조체로 이루어진 '배열'도 만들어낼 수 있습니다. 이처럼 C 언어에서는 여러 자료형을 조합하여 무한히 많은 자료형을 '파생'시킬 수 있습니다. 이렇게 만들어진 자료형을 파생형^{derived type}, 혹은 유도형이라고 합니다. 파생형으로는 다음과 같은 자료형이 있습니다.

· 배열형(array type)

요소형 오브젝트로 이루어진 집합을 연속적인 메모리 공간에 저장합니다(5장).

· 구조체형(structure type)

멤버로 선언된 순서대로 메모리상에 배치합니다. 각 멤버의 자료형이 달라도 상관없습니다.

· 공용체형(union type)

여러 멤버가 같은 메모리 공간에 배치됩니다.

· 함수형(function type)

반환형 한 개와 0개 이상의 매개변수(의 개수와 자료형)로 이루어집니다(6장).

▶ 공용체와 함수를 가리키는 포인터는 이 책에서 다루지 않습니다.

· 포인터형(pointer type)

오브젝트 혹은 함수를 가리키는 자료형입니다(10장).

연습 12-4

예제 12-7을 다음과 같이 고치시오.
· 이름과 키 등의 정보를 초기화하지 말고 키보드에서 읽어 들입니다.
· 키순으로 정렬할지 이름순으로 정렬할지 선택할 수 있도록 만듭니다.

```
/*
     학생 다섯 명을 키가 작은 순으로 정렬
*/

#include <stdio.h>
#include <string.h>

#define  NUMBER    5    /* 학생 수 */
#define  NAME_LEN  64   /* 이름 글자 수 */

/*=== 학생을 나타내는 구조체 === */
typedef struct {
    char  name[NAME_LEN];    /* 이름 */
    int   height;            /* 키 */
    float weight;            /* 몸무게 */
    long  schols;            /* 장학금 */
} Student;

/*--- x와 y가 가리키는 학생을 교환 ---*/
void swap_Student(Student *x, Student *y)
{
    Student temp = *x;
    *x = *y;
    *y = temp;
}

/*--- 학생 배열 a의 요소 중 앞에서부터 n개를 키가 작은 순으로 정렬 ---*/
void sort_by_height(Student a[], int n)
{
    int i, j;

    for (i = 0; i < n - 1; i++) {
        for (j = n - 1; j > i; j--)
            if (a[j - 1].height > a[j].height)
                swap_Student(&a[j - 1], &a[j]);
    }
}

int main(void)
{
    int i;
    Student std[] = {
        { "James",  178, 61.2, 80000},    /* 제임스 */
```

실행 결과			
James	178	61.2	80000
Robert	175	62.5	73000
Kevin	173	86.2	0
Mike	165	72.3	70000
Brian	179	77.5	70000
키순으로 정렬했습니다.			
Mike	165	72.3	70000
Kevin	173	86.2	0
Robert	175	62.5	73000
James	178	61.2	80000
Brian	179	77.5	70000

이름·키·몸무게·장학금이라는
모든 멤버가 한 번에 바뀐다.

temp의 모든 멤버가 *x의
멤버들 값으로 초기화된다.

height를 기준으로 비교한다.
모든 멤버를 한 번에 바꾼다.

```
        { "Robert", 175, 62.5, 73000},      /* 로버트 */
        { "Kevin",  173, 86.2, 0},           /* 케빈 */
        { "Mike",   165, 72.3, 70000},        /* 마이크 */
        { "Brian",  179, 77.5, 70000},       /* 브라이언 */
    };

    for (i = 0; i < NUMBER; i++)
        printf("%-8s %6d%6.1f%7ld\n",
            std[i].name, std[i].height, std[i].weight, std[i].schols);

    sort_by_height(std, NUMBER);       /* 키를 오름차순으로 정렬 */

    puts("\n키순으로 정렬했습니다.");
    for (i = 0; i < NUMBER; i++)
        printf("%-8s %6d%6.1f%7ld\n",
            std[i].name, std[i].height, std[i].weight, std[i].schols);

    return 0;
}
```

구조체를 멤버로 지니는 구조체

int형과 double형 등의 기본형뿐만 아니라 배열과 구조체 등도 구조체의 멤버가 될 수 있습니다. 이번 절에서는 멤버 중에 구조체가 있는 구조체에 관해 알아보겠습니다.

1) 좌표를 나타내는 구조체

좌표를 구조체로 나타내 보겠습니다. 예제 12-8은 X와 Y라는 두 가지 좌표를 나타내는 구조체를 정의하고 두 점 사이의 거리를 구하는 프로그램입니다.

➡ 예제 12-8   chap12/list1208.c

```
/*
    두 점 사이의 거리를 구한다
*/

#include <math.h>
```

```
#include <stdio.h>

#define sqr(n)   ((n) * (n)) /* 제곱을 구한다 */

/*=== 점의 좌표를 나타내는 구조체 ===*/
typedef struct {
    double x;    /* X 좌표 */
    double y;    /* Y 좌표 */
} Point;

/*--- 점 pa와 점 pb의 거리를 반환한다---*/
double distance_of(Point pa, Point pb)
{
    return sqrt(sqr(pa.x - pb.x) + sqr(pa.y - pb.y));
}

int main(void)
{
    Point crnt, dest;

    printf("현위치의 X좌표 : "); scanf("%lf", &crnt.x);
    printf("       Y좌표 : "); scanf("%lf", &crnt.y);
    printf("목적지의 X좌표 : "); scanf("%lf", &dest.x);
    printf("       Y좌표 : "); scanf("%lf", &dest.y);

    printf("목적지까지의 거리는 %.2f입니다.\n", distance_of(crnt, dest));

    return 0;
}
```

실행 결과 사례

현위치의 X좌표 : 0.0⏎
       Y좌표 : 0.0⏎
목적지의 X좌표 : 12.0⏎
       Y좌표 : 6.0⏎
목적지까지의 거리는 13.42입니다.

▶ 두 점 사이의 거리를 구하는 방법에 관해서는 예제 7-10 (p.288)에서 배웠습니다.

점의 좌표를 나타내는 구조체에는 태그 이름이 없고 typedef명 Point만 있습니다. **그림 12-13ⓐ**와 같이, 이 구조체는 double형 멤버 x와 y로 이루어집니다. 함수 distance_of는 두 점 pa와 pb 사이의 거리를 구하는 함수입니다. main 함수에서는 현재 위치 crnt와 목적지 dest의 값을 읽어 들여서 그 거리를 출력합니다.

2) 구조체 멤버를 지니는 구조체

▶ 이 구조체에서도 태그 이름은 생략하고 typedef명만 만들었습니다.

다음으로는 자동차를 구조체로 표현해 보겠습니다. 멤버로는 현재 위치와 남은 연료를 두기로 하겠습니다. 좌표는 Point를 그대로 이용하면 됩니다. 그러면 자동차는 **그림 12-13ⓑ**와 같이 선언할 수 있습니다.

그림 12-13 포인터가 가리키는 구조체 오브젝트의 멤버에 접근하기

ⓐ 점의 좌표를 나타내는 구조체

멤버는 2개
구성 멤버도 2개

ⓑ 자동차를 나타내는 구조체

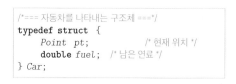

멤버는 2개

구성 멤버는 3개

Car의 멤버는 2개지만, 좌표를 나타내는 멤버 pt 자체가 멤버 두 개를 지니는 Point형 구조체입니다. 따라서 멤버는 모두 세 개라고 할 수 있습니다. 더는 분해할 수 없는 멤버를, 이 책에서는 구성 멤버라고 부르기로 하겠습니다. 가령 다음과 같이 됩니다.

· 멤버 : pt, fuel

· 구성 멤버 : pt.x, pt.y, fuel

이제 아래와 같이 Car형 오브젝트를 선언했다고 가정해 보겠습니다.

```
Car c;              /* Car형 오브젝트 c */
```

오브젝트 c의 멤버는 c.pt와 c.fuel로 접근할 수 있습니다. 또한 c.pt 안에 있

는 구성 멤버에 접근할 때는, 점 연산자를 두 번 적용하여 c.pt.x와 c.pt.y라
고 쓰면 됩니다.

＊

예제 12-9는 자동차 Car를 이용하는 프로그램입니다. 이 프로그램은 사용
자의 입력에 따라 자동차를 이동시킵니다. 이때 거리 1만큼 이동할 때마다
연료를 1L 소비합니다.

➡ 예제 12-9   chap12/list1209.c

```
/*
      자동차로 이동하기
*/

#include  <math.h>
#include  <stdio.h>

#define  sqr(n)    ((n) * (n))

/*=== 점의 좌표를 나타내는 구조체 ===*/
typedef struct {
    double x;    /* X 좌표 */
    double y;    /* Y 좌표 */
} Point;

/*=== 자동차를 나타내는 구조체 ===*/
typedef struct {
    Point   pt;      /* 현재 위치 */
    double fuel;     /* 남은 연료 */
} Car;

/*--- 점 pa와 점 pb의 거리를 반환한다---*/
double distance_of(Point pa, Point pb)
{
    return sqrt(sqr(pa.x - pb.x) + sqr(pa.y - pb.y));
}

/*--- 자동차의 현재 위치와 남은 연료를 출력 ---*/
void put_info(Car c)
{
    printf("현재 위치 : (%.2f,%.2f)\n", c.pt.x, c.pt.y);
    printf("남은 연료 : %.2fL\n", c.fuel);
}
```

실행 결과 사례
현재 위치 : (0.00, 0.00)
남은 연료 : 90.00L
이동할까요?【Yes…1／No…0】 : 1⏎
목적지의 X좌표 : 15.0⏎
Y좌표 : 20.0⏎
현재 위치 : (15.00, 20.00)
남은 연료 : 65.00L
이동할까요?【Yes…1／No…0】 : 1⏎
목적지의 X좌표 : 55.5⏎
Y좌표 : 33.3⏎
현재 위치 : (55.50, 33.30)
남은 연료 : 22.37L
이동할까요?【Yes…1／No…0】 : 1⏎
목적지의 X좌표 : 100⏎
Y좌표 : 100⏎
♪연료가 부족해서 이동할 수 없습니다.
현재 위치 : (55.50, 33.30)
남은 연료 : 22.37L
이동할까요?【Yes…1／No…0】 : 0⏎

```
/*--- c가 가리키는 차를 목적지 좌표 dest로 이동 ---*/
int move(car *c, Point dest)
{
    double  d = distance_of(c->pt, dest);        /* 이동 거리 */                    ●①
    if (d > c->fuel)                              /* 이동 거리가 연료를 초과 */     ●②
        return 0;                                 /* 이동 불가 */
    c->pt = dest;                                 /* 현재 위치를 갱신(dest로 이동) */   ●③
    c->fuel -= d;                                 /* 남은 연료를 갱신(이동 거리 d만큼 뺀다) */   ●④
    return 1;                                     /* 이동 성공 */
}

int main(void)                    ┌─── double형 멤버 fuel에 대한 초기화값
{
    Car  mycar = {{0.0, 0.0}, 90.0};

    while (1) {                    └─── Point형 멤버 pt에 대한 초기화값
        int select;
        Point dest;                    /* 목적지 좌표 */

        put_info(mycar);               /* 현재 위치와 남은 연료를 출력 */

        printf("이동할까요?【Yes…1／No…0】 : ");
        scanf("%d", &select);
        if (select != 1) break;

        printf("목적지의 X좌표 : ");  scanf("%lf", &dest.x);
        printf("        Y좌표 : ");  scanf("%lf", &dest.y);

        if (!move(&mycar, dest))
            puts("\a연료가 부족해서 이동할 수 없습니다.");
    }
    return 0;
}
```

▶ 함수 매크로 sqr과 구조체
Point와 함수 distance_of는
이전 프로그램과 똑같습니다.

자동차를 이동시키는 함수 move는 인자를 두 개 받습니다. 매개변수 c는
Car형 오브젝트(이번 예제에서는 main 함수에서 정의된 mycar)를 가리키는 포
인터고, dest는 목적지의 좌표입니다

이동 처리는 다음 순서로 이루어집니다.

▶ 그림 12-14에 나와 있듯이, c->pt는 main 함수에서 정의한 mycar.pt의 별명입니다.

1 후의 거리를 구한다

함수 distance_of를 불러서, 현재 위치 c->pt와 목적지 dest 사이의 거리를 구합니다. 변수 d는 그 거리로 초기화합니다.

2 료를 확인한다

만약 이동 거리 d가 남은 연료보다 크다면 이동할 수 없다고 판단하여, 처리를 중단하고 0을 반환합니다.

3 치를 갱신한다

자동차의 현재 위치를 갱신합니다. 구체적으로 말하면 c->pt의 값을 dest와 똑같이 만듭니다.

4 료를 갱신한다

자동차가 이동한 거리만큼 연료가 줄어듭니다. c->fuel에서 d를 뺍니다.

그림 12-14 함수 move로 자동차의 멤버 값 갱신하기

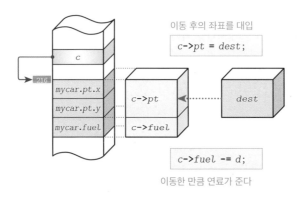

main 함수에서는 현재 위치와 남은 연료를 출력한 다음, 목적지 좌표를 읽어 들여서 자동차를 이동시키는 방식으로 처리를 반복합니다.

예제 **12-9**를 수정하여, 목적지 좌표를 입력하는 방법과 X, Y 방향의 이동 거리를 입력하는 방법 중 원하는 것을 고를 수 있도록 만드시오. 예를 들어, 현재 위치가 {5.0, 3.0}이고 {7.5, 8.9}로 이동하고 싶다고 하면, 이는 목적지 좌표로 7.5와 8.9를 입력하거나, 혹은 이동 거리로 2.5와 5.9를 입력함으로써 실현할 수 있어야 합니다.

정리

- 기본형을 조합하여 만드는 자료형인 파생형에는 아래의 다섯 가지가 있다.

  - 배열형   Type a1[n];
  - 구조체형   struct { Type m1; Type m2; /* … */ } a2;
  - 공용체형   union { Type m1; Type m2; /* … */ } a3;
  - 함수형   Type a4(Type p1, Type p2, /* … */) { /* … */ }
  - 포인터형   Type *a5;

- 현실 세계의 정보를 프로그램으로 나타낼 때는, 되도록 있는 그대로의 형태로 투영하는 편이 좋다. 즉, 원래부터 한 묶음인 정보는 프로그램에서도 한 묶음으로 표현해야 알기 쉽다. 그럴 때는 다양한 자료형의 오브젝트를 한데 묶어서 표현할 수 있는 구조체가 유용하다.

- 구조체를 구성하는 요소를 멤버라고 한다. 멤버 자체가 구조체일 수도 있다. 더는 분해할 수 없는 멤버를 구성 멤버라고 부른다.

- 구조체의 멤버들은 선언된 순서대로 메모리상에 배치된다.

- 구조체에 태그 이름을 붙이면 'struct 태그이름'이 자료형 이름이 된다. 태그 이름을 생략하면, 구조체를 선언한 부분 말고는 해당 구조체의 오브젝트를 선언할 수 없게 된다.

- 구조체에 typedef명을 만들어 주면, 해당 typedef명을 자료형 이름으로 쓸 수 있다.

- 구조체 오브젝트에 대한 초기화값은 각 멤버에 대한 초기화값을 콤마로 구분하여 나열한 것을 { }로 감싼 형태다. { }안에 초기화값이 없는 멤버는 0으로 초기화된다.

- 구조체 오브젝트 o 안에 있는 멤버 m에 접근하는 방식은 o.m이다. 멤버 접근 연산자 .는 흔히 점 연산자라고 한다.

- 포인터 p가 가리키는 구조체 멤버 m에 접근하는 방식은 (*p).m이나, 혹은 p->m이다. 멤버 접근 연산자 ->는 흔히 화살표 연산자라고 한다.

- 여러 오브젝트의 집합이라는 면에서, 배열과 구조체에는 공통점이 많다. 이들을 통틀어 집합체형이라고 한다.

- 배열은 설사 길이가 같은 배열끼리라도 대입할 수 없는 데 비해, 구조체는 같은 자료형이라면 대입할 수 있다. 구조체에 구조체를 대입하면, 오른쪽 피연산자에 해당하는 구조체의 각 멤버 값이 왼쪽 피연산자에 해당하는 구조체의 각 멤버에 대입된다.

- 함수는 배열을 반환할 수 없으나, 구조체는 반환할 수 있다.

● 이름 공간에는 다음 네 가지가 있다.

· 레이블 이름
· 태그 이름
· 멤버 이름
· 일반적인 식별자

```
chap12/summary.c
/*
    날짜를 나타내는 구조체와 사람을 나타내는 구조체
*/

#include <stdio.h>

#define NAME_LEN    128 /* 이름 글자 수 */

/*=== 날짜를 나타내는 구조체 ===*/
struct Date {
    int y;        /* 년 */
    int m;        /* 월 */
    int d;        /* 일 */
}

/*=== 사람을 나타내는 구조체 ===*/
typedef struct {
    char name[NAME_LEN];      /* 이름 */
    struct Date birthday;     /* 생일 */
} Human
```

```
/*--- 포인터 h가 가리키는 사람의 이름과 생일을 출력 ---*/
void print_Human(const Human *h)
{
    printf("%s (%04d년 %02d월 %02d일생)\n",
        h->name, h->birthday.y, h->birthday.m, h->birthdat.d);
}

int main(void)
{
    int i;
    struct Date today;   /* 오늘 날짜 */

    Human member[] = {
        {"James Brown",     {1904, 11, 18}},
        {"Robert Smith",    {1963, 11, 18}},
        {"Kevin Anderson", {1980, 11, 18}},
    };

    printf("오늘 날짜를 입력해 주세요.\n");
    printf("년 : ");        scanf("%d", &today.y);
    printf("월 : ");        scanf("%d", &today.m);
    printf("일 : ");        scanf("%d", &today.d);

    printf("오늘은 %d년 %d월 %d일입니다.\n", today.y, today.m, today.d);

    printf("--- 회원 목록 ---\n");
    for (i = 0;i < sizeof(member) / sizeof(member[0]); i++)
        print_Human(&member[i]);

    return 0;
}
```

CHAPTER

13

파일 처리

기껏 프로그램으로 계산과 문자열 처리를 했는 데도, 실행이 끝나자마자 그 결과가 사라져 버리 면 무척 당황스러울 것입니다. 이번 장에서는 데 이터를 장기적으로 저장하는 데 필요한 기초적 인 파일 처리에 관하여 알아보겠습니다.

구조체

화면·키보드·파일 등에 대한 입출력 처리는, 문자가 흐르는 강과 같은 존재인 스트림을 통해 이루어집니다. 이번 절에서는 파일과 스트림에 대해 알아보겠습니다.

1) 파일과 스트림

프로그램상에서 계산한 결과는 실행이 끝나면 사라져 버립니다. 만약 프로그램이 끝난 후에도 저장해 두고 싶은 값이나 문자열 등이 있다면, 이는 파일file에 저장해야 합니다. 파일뿐만 아니라 키보드, 디스플레이, 프린터 등에도 데이터를 읽고 쓸 수 있는데, 이때 이용하는 것이 스트림stream입니다. **스트림이란 문자가 흐르는 강과 같은 것으로 생각하면 됩니다.**

그동안 사용해 왔던 printf 함수와 scanf 함수는 모두 스트림에 대해 입출력을 하는 함수입니다. **그림 13-1**이 이를 나타낸 그림입니다. printf 함수는 'A', 'B', 'C'라는 문자를 디스플레이에 연결된 스트림에 흘려보냅니다. 또한, 키보드에서 입력된 문자도 스트림을 따라 흘러옵니다. scanf 함수는 이를 스트림에서 꺼내서 변수 x에 저장하는 기능을 합니다.

그림 13-1 스트림과 입출력

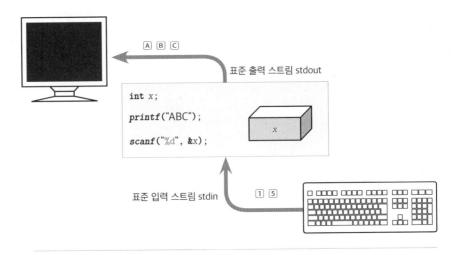

2) 표준 스트림

이처럼 스트림을 이용해 입출력을 할 수 있는 이유는, **C 언어 프로그램이 시작될 때 표준 스트림**standard stream**이 주어지기 때문입니다.** 표준 스트림에는 다음 세 가지가 있습니다.

· stdin … 표준 입력 스트림(standard input stream)

일반적인 입력을 받기 위한 스트림입니다. 대부분의 환경에서는 **키보드**에 할당되어 있습니다. scanf 함수, getchar 함수 등은 이 스트림에서 문자를 읽어 들입니다.

· stdout … 표준 출력 스트림(standard output stream)

일반적인 출력을 하기 위한 스트림입니다. 대부분의 환경에서는 **디스플레이 화면**에 할당되어 있습니다. printf 함수, puts 함수, putchar 함수 등은 이 스트림에 문자를 써넣습니다.

· stderr … 표준 에러 스트림(standard error stream)

에러를 출력하기 위한 스트림입니다. 표준 입력 스트림과 마찬가지로, 대부분의 환경에서는 **디스플레이 화면**에 할당되어 있습니다.

3) FIILE형

표준 스트림을 나타내는 stdin, stdout, stderr의 자료형은 FILE형을 가리키는 포인터입니다. 〈stdio.h〉 헤더에 정의되어 있는 FILE형은, 스트림 제어에 필요한 다음과 같은 정보를 저장하는 자료형입니다.

· 파일 위치 지시자(file position indicator)

현재 접속한 주소를 기록합니다.

· 에러 지시자(error indicator)

읽기 에러 혹은 쓰기 에러가 일어났는지를 기록합니다.

· 파일 끝 지시자(end-of-file indicator)

파일 끝에 이르렀는지를 기록합니다.

스트림을 통한 입출력에서는 위와 같은 정보를 바탕으로 처리를 수행합니다. 그리고 처리 결과에 따라 정보가 갱신됩니다. FILE형을 구현하는 방법은 환경에 따라 다르지만, 보통은 구조체로 구현합니다.

4) 파일 열기

우리가 공책을 쓸 때는 우선 열게 됩니다. 그런 다음 페이지를 넘기며 읽거나, 원하는 곳에 쓰기도 합니다. 프로그램에서 파일을 다룰 때도 이와 똑같습니다. 우선 처음에 파일을 열어야 합니다. 그리고 읽거나 쓰고 싶은 장소를 찾아서, 그곳에서 처리를 수행합니다. 할 일이 다 끝났으면 마지막으로 파일을 닫습니다. 이처럼 파일을 다루려면 우선 파일을 열어야^{open} 합니다. 파일을 열 때는 다음 페이지에서 사양을 소개한 fopen 함수를 부릅니다.

핵심 파일을 이용할 때는 미리 fopen 함수로 파일을 열어 놓아야 한다.

▶ 처음부터 준비되어 있는 표준 스트림과는 달리, 파일을 열 때는 프로그램에서 FILE *형 포인터 변수를 준비해야 합니다. fopen 함수가 반환한 포인터를 변수에 대입하면, 그 변수를 통해 파일을 제어할 수 있습니다.

이 함수를 부를 때는 첫째 인자로 열고 싶은 파일의 이름을, 둘째 인자로 파일의 종류와 모드를 넣어 줍니다. 가령 **그림 13-2** 에서는 파일 "abc.txt"를 읽기 모드 "r"로 열었습니다.

그림 13-2 파일 열기

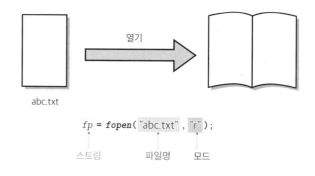

abc.txt

$fp = fopen(\text{"abc.txt"}, \text{"r"});$

스트림   파일명   모드

FILE *형 포인터의 변수명은 뭐든 상관없지만, 여기서는 fp라고 지었습니다. fp는 스트림의 실체가 아니라 이를 가리키는 포인터이므로, 엄밀하게 표현한다면 '포인터 fp가 가리키는 스트림'이라고 해야 합니다. 하지만 여기서는 편의상 '스트림 fp'라고 부르기로 하겠습니다.

	fopen
헤더	#include <stdio.h>
형식	FILE *fopen(const char *filename, const char *mode);
해설	filename이 가리키는 문자열과 이름이 같은 파일을 열어서, 그 파일에 스트림을 연결한다. 인자 mode가 가리키는 문자열은 다음 문자열 중 하나로 시작한다. r 텍스트 파일을 읽기 모드로 연다. w 텍스트 파일을 쓰기 모드로 생성하거나, 혹은 파일을 잘라서 길이를 0으로 만든다. a 텍스트 파일을 추가(파일의 마지막 위치에서 쓰기) 모드로 열거나, 혹은 생성한다. rb 바이너리 파일을 읽기 모드로 연다. wb 바이너리 파일을 쓰기 모드로 생성하거나, 혹은 파일을 잘라서 길이를 0으로 만든다. ab 바이너리 파일을 추가(파일의 마지막 위치에서 쓰기) 모드로 열거나, 혹은 생성한다. r+ 텍스트 파일을 갱신(읽기와 쓰기) 모드로 연다. w+ 텍스트 파일을 갱신 모드로 생성하거나, 혹은 파일을 잘라서 길이를 0으로 만든다. a+ 텍스트 파일을 추가(파일의 마지막 위치에서 쓰기) 모드로 열거나, 혹은 생성한다. r+b 혹은 rb+ 바이너리 파일을 갱신(읽기와 쓰기) 모드로 연다. w+b 혹은 wb+ 바이너리 파일을 갱신 모드로 생성하거나, 혹은 파일을 잘라서 길이를 0으로 만든다. a+b 혹은 ab+ 바이너리 파일을 추가(파일의 마지막 위치에서 쓰기) 모드로 열거나, 혹은 생성한다. 존재하지 않는 파일이나 읽을 수 없는 파일을 읽기 모드(mode의 첫 번째 문자가 'r')로 열려고 하면 실패한다.

해설	추가 모드(mode의 첫 번째 문자가 'a')로 파일을 열면 모든 쓰기 처리는 파일 끝에서 수행된다. 그 사이에 fseek 함수를 불러도 무시된다. 바이너리 파일에 널 문자를 채워 넣는 환경에서는 파일을 바이너리 추가 모드(mode의 첫 번째 문자가 'a'고, 두 번째나 세 번째 문자가 'b')로 열면, 그 스트림에 대한 파일 위치 지시자를 파일에 쓰여 있는 데이터의 끝을 넘어선 위치에 설정할 때도 있다.

갱신 모드(mode의 두 번째나 세 번째 문자가 '+')로 연 파일에 연결된 스트림에는 입력 처리와 출력 처리를 할 수 있다. 단, 출력 처리 후에 입력 처리를 할 때는 중간에 파일 위치를 제어하는 함수(fseek, fsetpos, rewind)를 불러 줘야 한다. 또한 입력 처리가 파일의 끝을 검출한 상황이 아니라면, 입력 처리 후에 출력 처리를 할 때는 그 두 가지 처리를 하기 전에 파일 위치를 제어하는 함수를 불러 줘야 한다. 환경에 따라서는 갱신 모드로 텍스트 파일을 열거나 생성하는 처리를 똑같은 모드의 바이너리 스트림을 열거나 생성하는 처리로 바꿔도 괜찮다.

열린 스트림이 대화 장치와 연결되어 있지 않다고 인식했을 때만 해당 스트림을 완전 버퍼링한다. 스트림을 열 때는 스트림에 대한 에러 지시자와 파일 끝 지시자를 초기화한다. |
| 반환값 | 열린 스트림을 제어하는 오브젝트를 가리키는 포인터를 반환한다. 처리가 실패했다면 널 포인터를 반환한다. |

파일을 열 때 지정할 수 있는 네 가지 모드의 개요는 다음과 같습니다.

> · **읽기 모드** … 파일에서 입력만 받는다.
> · **쓰기 모드** … 파일에 출력만 한다.
> · **갱신 모드** … 파일에 입출력을 한다.
> · **추가 모드** … 파일 끝에 출력을 한다.

5) 파일 닫기

공책을 다 쓰고 나면 닫는 것처럼, 파일을 다 썼으면 파일과 스트림의 연결을 끊고 스트림을 폐기합니다. 이를 파일을 닫는다[close]고 표현합니다. 파일을 닫는 함수인 fclose 함수의 사양은 다음과 같습니다.

fclose	
헤더	#include <stdio.h>
형식	int fclose(FILE *stream)
해설	stream이 가리키는 스트림의 버퍼를 비우고, 그 스트림과 연결된 파일을 닫는다. 스트림에 대해 버퍼링되기만 하고 아직 쓰이지 않은 데이터는 호스트 환경에 넘기고, 호스트 환경이 그 데이터를 파일에 써넣는다. 버퍼링되기만 하고 아직 읽어 들이지 않은 데이터는 버린다. 그리고 스트림을 파일과 분리한다. 스트림에 연결된 버퍼가 자동으로 할당된 것이라면, 그 버퍼를 해제한다.
반환값	스트림을 닫는 데 성공했다면 0을 반환하고, 무언가 에러가 검출되었다면 EOF를 반환한다.

그림 13-3은 파일을 닫는 모습을 나타낸 그림입니다. 파일을 열었을 때 fopen 함수가 반환한 포인터를 fclose 함수에 넘겨주기만 하면 됩니다.

그림 13-3 파일 닫기

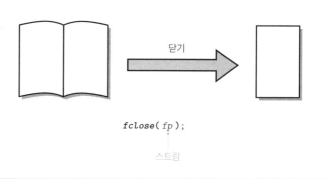

```
fclose( fp );
        스트림
```

6) 파일을 열고 닫는 예시

fopen 함수와 fclose 함수를 불러서 파일을 열고 닫는 프로그램을 작성해 보겠습니다. 예제 13-1이 이를 구현한 프로그램입니다.

→ 예제 13-1   chap13/list1301.c

```
/*
    파일 열고 닫기
*/

#include <stdio.h>

int main(void)
{
    FILE *fp;

    fp = fopen("abc", "r");                      /* 파일 열기 */

    if (fp == NULL)
        printf("\a\"abc\" 파일을 열 수 없습니다.\n");
    else {
        printf("\a\"abc\" 파일을 열었습니다.\n");
```

실행 결과 사례
♪ "abc" 파일을 열 수 없습니다.

```
        fclose(fp);                        /* 파일 닫기 */
    }

    return 0;
}
```

▶ 이 프로그램은 파일 "abc"가
존재하는지 확인하는 프로그램
이기도 합니다.

이는 "abc"라는 이름의 파일을 읽기 모드 "r"로 열고 닫기만 하는 프로그램
입니다. 파일을 여는 데 실패했을 때, 다시 말해 fopen 함수가 NULL을 반
환했을 때는 '"abc" 파일을 열 수 없습니다.'라고 출력합니다. 만약 그렇지
않다면 파일을 제대로 열었다는 뜻이므로 '"abc" 파일을 열었습니다.'라고
출력하고, 파일을 닫습니다.

연습 13-1

예제 13-1에서는 열 수 있는 파일이 "abc"로 한정되어 있습니다. 키보드
에서 파일명을 읽어 들여서 그 파일이 존재하면 "그 파일이 존재합니
다."라고 출력하고, 그렇지 않다면 "그 파일은 존재하지 않습니다."라고
출력하는 프로그램을 작성하시오.

연습 13-2

키보드에서 파일명을 읽어 들여서, 그 이름으로 된 파일의 내용을 모
두 지우는 프로그램을 작성하시오. 파일을 쓰기 모드로 열면 됩니다.
파일을 쓰기 모드 "w"로 열면, 파일 내용이 모두 삭제됩니다.

7) 파일 데이터 집계

▶ 문서 편집기를 이용하여 그림
13-4와 똑같은 내용을 적은 파일
"hw.dat"를 프로그램 실행 파일과
똑같은 폴더에 준비해 두어야 합
니다.

예제 13-2는 파일에 저장된 여러 사람의 '개인 정보'를 한 건씩 읽어 들여서
화면에 출력하는 프로그램입니다. 개인 정보는 이름, 키, 몸무게로 구성되
어 있습니다. 모든 사람의 정보를 다 출력하고 나면, 마지막으로 키와 몸무
게의 평균값을 출력하고 마칩니다. 개인 정보는 **그림 13-4**과 같은 내용이
적혀 있는 텍스트 파일 "hw.dat"에 저장되어 있다고 가정합니다.

그림 13-4 파일 'hw.dat'

```
Anthony    16Ø 59.3
Brandon    162 51.6
David      182 76.5
James      17Ø 6Ø.7
Kevin      175 83.9
Winston    175 72.5
```

변수 num은 사람 수, 다시 말해 몇 명의 정보를 읽어 들였는지 저장하는 변수입니다. 변수 hsum과 wsum에는 키와 몸무게의 총합을 저장합니다. 세 개 다 0이나 0.0으로 초기화되어 있습니다. FILE *형 포인터 fp를 선언하고 파일을 열고 닫는 부분은 **예제 13-1**과 거의 같습니다. 예제에 나오는 fscanf 함수는 파일에서 정보를 읽어 들이는 함수입니다. 이는 scanf 함수와 똑같은 작업을 임의의 스트림에 대해 수행하는 함수입니다. 해당 함수의 사양은 다음과 같은데, scanf 함수보다 인자가 하나 더 많습니다.

fscanf	
헤더	#include <stdio.h>
형식	int fscanf(FILE *stream, const char *format, ...);
해설	표준 입력 스트림이 아니라 stream이 가리키는 스트림에서 읽어 들인다는 점만 빼면, scanf 함수와 똑같다.
반환값	단 하나의 변환도 이루어지지 않은 채 입력 에러가 발생하면 매크로 EOF의 값을 반환한다. 그렇지 않다면 대입된 입력 항목의 개수를 반환한다. 이 개수는 만약 입력 중에 대응 에러가 발생하면, 지정자에 대응하는 인자 수보다 적을 수도 있고 0이 될 수도 있다.

이 함수를 쓰는 법은 간단합니다. 가령 스트림 fp에서 10진수 정숫값을 읽어 들여서 변수 x에 저장하고 싶다면, 다음과 같이 부르면 됩니다.

```
fscanf(fp, "%d", &x);          /* scanf 함수에 인자가 하나 더 생겼을 뿐이다 */
```

이처럼 scanf 함수와 똑같이 쓰되, 첫 번째 인자로 대상 스트림을 넣어 주기만 하면 됩니다.

이 프로그램에서 파랗게 칠한 부분을 보면, 개인 정보를 다음과 같이 읽어 들입니다.

```
fscanf(fp, "%s%lf%lf", name, &height, &weight);
```

이는 스트림 fp에서 문자열 한 개와 double형 실수 두 개를 읽어 들여서, 이들을 각각 name, height, weight에 저장하라는 뜻입니다.

➡ 예제 **13-2**   chap13/list1302.c

```c
/*
    키와 몸무게를 읽어 들여서 평균값을 구하여 출력한다
*/

#include <stdio.h>

int main(void)
{
    FILE    *fp;
    int num = 0;                    /* 사람 수 */
    char    name[100];              /* 이름 */
    double height, weight;          /* 키·몸무게 */
    double hsum = 0.0;              /* 키의 총합 */
    double wsum = 0.0;              /* 몸무게의 총합 */

    if ((fp = fopen("hw.dat", "r")) == NULL)            /* 열기 */
        printf("\a파일을 열 수 없습니다.\n");
    else {
        while (fscanf(fp, "%s%lf%lf", name, &height, &weight) == 3) {
            printf("%-10s %5.1f %5.1f\n", name, height, weight);
            num++;
            hsum += height;
            wsum += weight;
        }
        printf("--------------------\n");
        printf("평균      %5.1f %5.1f\n", hsum / num, wsum / num);
        fclose(fp);                                      /* 닫기 */
    }

    return 0;
}
```

실행 결과

Anthony	160.0	59.3
Brandon	162.0	51.6
David	182.0	76.5
James	170.0	60.7
Kevin	175.0	83.9
Winston	175.0	72.5

평균	170.7	67.4

여기서 다음 내용을 반드시 기억하기 바랍니다.

핵심 scanf 함수와 fscanf 함수는 읽어 들이는 데 성공한 항목의 개수를 반환한다.

이 프로그램의 while문은 이름, 키, 몸무게라는 세 가지 항목을 정상적으로 읽어 들여서 3을 반환하는 한 반복됩니다. 따라서 더는 개인 정보를 읽어 들이지 못하게 되면(모든 데이터를 다 읽었거나, 혹은 뭔가 에러가 일어나서 세 가지 항목을 다 읽어 들이지 못하면) 반복을 끝냅니다. 이 while문의 루프 본체에서는 읽어 들인 개인 정보를 출력하고, 변수 num의 값을 1 증가시키며, 읽어 들인 키와 몸무게 값을 hsum과 wsum에 더합니다. 파일에서 세 가지 항목을 읽어 들이지 못하게 되면 while문의 반복이 끝나므로, 키와 몸무게의 평균값을 출력하고 파일을 닫습니다.

연습 13-3

예제 13-2를 수정하여, 파일에서 읽어 들인 개인 정보를 키순으로 정렬하여 출력하는 프로그램을 작성하시오.

8) 날짜와 시각 쓰기

파일에서 값을 읽어 들이는 법을 배웠으니, 이번에는 파일에 값을 써보겠습니다. 표준 출력 스트림에 출력하는 함수로는 printf가 있는데, 이와 똑같은 처리를 임의의 스트림에 하는 함수가 바로 fprintf 함수입니다.

	fprintf
헤더	#include <stdio.h>
형식	int fprintf(FILE *stream, const char *format, ...);
해설	표준 출력 스트림이 아니라 stream이 가리키는 스트림에 써넣는다는 점만 빼면, printf 함수와 똑같다.
반환값	전송된 문자 수를 반환한다. 출력 에러가 발생했다면 음수를 반환한다.

fprintf 함수도 사용 방법은 간단합니다. 가령 스트림 fp에 정숫값 x를 10진수로 출력하고 싶다면 다음과 같이 부르면 됩니다.

```
fprintf(fp, "%d", x);          /* printf 함수에 인자가 하나 더 생겼을 뿐이다 */
```

이처럼 printf 함수와 똑같이 쓰되, 첫 번째 인자로 대상 스트림을 넣어 주기만 하면 됩니다.

＊

▶ 현재 날짜와 시각은 표준 라이브러리 함수로 취득할 수 있습니다. 구체적인 방법은 참고 13-1(p.463)에 정리했습니다.

이제 현재(프로그램 실행 시점)의 날짜와 시각 파일에 써넣는 프로그램을 만들어 보겠습니다. 예제 13-3이 이를 구현한 프로그램입니다.

FILE ＊형 포인터 fp를 선언하고, 파일을 열고 닫는 부분은 기존 예제와 똑같습니다. 단, 파일을 쓰기 모드 "w"로 열었다는 점만 다릅니다.

▶ 쓰기 모드로 기존에 존재하는 파일을 열면, 그 순간 해당 파일의 내용이 모두 삭제되므로 조심해야 합니다.

파랗게 칠한 부분에서 날짜와 시각을 파일에 써넣고 있습니다. 공백으로 구분하면서 연, 월, 일, 시, 분을 10진수로 출력하므로, 프로그램 실행 후에 파일 "dt_dat"의 내용은 그림 13-5와 같이 됩니다.

▶ 여기 쓰인 날짜와 시간은 어디까지나 예시입니다.

그림 13-5 파일 'dt-dat'

연·월·일·시·분·초를 공백으로 구분한 형식

2017 12 13 13 21 7

➡ 예제 13-3　　　　　　　　　　　　　　　　　　　　　　　chap13/list1303.c

```
/*
    프로그램을 실행한 날짜·시각을 파일에 쓴다
*/

#include <time.h>
#include <stdio.h>

int main(void)
```

실행 결과
현재 날짜·시각을 써넣었습니다.

```
{
    FILE *fp;
    time_t current = time(NULL);                    /* 달력 시각 */
    struct tm  *timer = localtime(&current);        /* 요소별 시각(지방시) */

    if ((fp = fopen("dt_dat", "w")) == NULL)         /* 열기 */
        printf("\a파일을 열 수 없습니다.\n");
    else {
        printf("현재 날짜·시각을 써넣었습니다.\n");
        fprintf(fp, "%d %d %d %d %d %d\n",
            timer->tm_year + 1900, timer->tm_mon + 1, timer->tm_mday,
            timer->tm_hour,        timer->tm_min,    timer->tm_sec  );
        fclose(fp);                                  /* 닫기 */
    }

    return 0;
}
```

p.459에서는 표준 입력 스트림 stdin과 표준 출력 스트림 stdout이 FILE을
가리키는 포인터형 변수임을 배웠습니다. 따라서, 이들 변수도 fscanf 함수
나 fprintf 함수의 첫 번째 인자로 넣어 줄 수 있습니다.

즉 다음 두 줄은 똑같은 뜻입니다. 둘 다 표준 입력 스트림에서 정숫값을
읽어 들여서 변수 x에 저장합니다.

```
scanf("%d", &x);
fscanf(stdin, "%d", &x);    /* scanf("%d", &x);와 같다 */
```

다음 두 줄도 의미가 같습니다. 둘 다 표준 출력 스트림에 정숫값 x의 값을
10진수로 출력합니다.

```
printf("%d", x);
fprintf(stdout, "%d", x);    /* printf("%d", x);와 같다 */
```

▶ 즉 fscanf 함수의 기능을
제한한 것이 scanf 함수고,
fprintf 함수의 기능을 제한한
것이 printf 함수라는 뜻입니다.

이렇게 생각하면 scanf 함수는 표준 입력 스트림만 사용하는 fscanf 함수라
고 할 수 있고, printf 함수는 표준 출력 스트림만 사용하는 fprintf 함수라

고 할 수 있습니다.

연습 13-4

키보드에서 여러 사람의 이름, 키, 체중을 읽어 들여서, 이를 파일에 쓰는 프로그램을 작성하시오. **예제 13-2**와 똑같은 형식으로 파일에 써 넣습니다.

참고 13-1 **현재 날짜와 시각 취득하기**

현재(프로그램 실행 시)의 날짜와 시각은 표준 라이브러리 함수를 통해 얻을 수 있습니다. 그 방법을 예제 13C-1을 보며 알아보겠습니다.

→ 예제 **13C-1**   chap13/listC1301.c

```
/*
    현재 날짜·시각을 출력
*/

#include <time.h>
#include <stdio.h>

int main()
{
    time_t current = time(NULL);                  /* 달력 시각 */          ①
    struct tm *timer = localtime(&current);       /* 요소별 시각(지방시) */  ②
    char *wday_name[] = {"일", "월", "화", "수", "목", "금", "토"};
    printf("현재 날짜·시각은 %d년 %d월 %d일 (%s) %d시 %d분 %d초입니다.\n",
        timer->tm_year + 1900,              /* 연(1900을 더하여 구한다) */
        timer->tm_mon + 1,                  /* 월(1을 더하여 구한다) */
        timer->tm_mday,                     /* 일 */
        wday_name[timer->tm_wday],          /* 요일(0~6) */          ③
        timer->tm_hour,                     /* 시 */
        timer->tm_min,                      /* 분 */
        timer->tm_sec,                      /* 초 */
        );

    return 0;
}
```

실행 결과 사례
현재 날짜·시각은 2018년 11월 18일 (일) 21시 17분 32초입니다.

· time_t형 : 달력 시각

달력 시각calendar time이라 불리는 time_t형의 실체는, long형과 double형 등과 사칙연산을 할 수 있는 산술형입니다. time_t형이 어떤 자료형이냐는 환경에 따라 다르며, <time.h> 헤더에 정의되어 있습니다. 다음은 time_t를 정의한 예시입니다.

```
typedef unsigned long time_t;    /* 예시 : 환경에 따라 다르다 */
```

달력 시각은 자료형뿐만 아니라 그 구체적인 값도 환경에 따라 다릅니다.

대체로 time_t형을 unsigned int형이나 unsigned long형의 typedef명으로 지정하고, 1970년 1월 1일 0시 0분 0초부터 현재까지 경과한 시간(초 단위)을 값으로 삼는 편입니다.

· time 함수 : 현재 시각을 달력 시각으로 취득

time 함수는 현재 시각을 달력 시각으로 취득하는 함수입니다. 달력 시각을 반환할 뿐만 아니라, 인자가 가리키는 오브젝트에도 넣어 줍니다. 그래서 오른쪽에 있는 어떤 호출 방식을 택하든 변수 current에 현재 시각이 저장됩니다. 이번 프로그램에서는 ⓑ 방식을 택했습니다.

ⓐ `time(&current);`
ⓑ `current = time(NULL);`
ⓒ `current = time(&current);`

· tm 구조체 : 요소별 시각

달력 시각 time_t형은 컴퓨터가 계산하기 쉬운 산술형 값이며, 사람이 보기에는 상당히 불친절한 형식입니다. 그래서 이를 사람이 보기 편하도록, 요소별 시각broken-down time이라 불리는 tm 구조체형으로 변환해줄 수 있습니다.

다음 페이지에는 tm 구조체를 정의한 예시가 있는데, 연, 월, 일, 요일 등 날짜와 시각에 관한 멤버가 있습니다. 각 멤버가 나타내는 값은 주석에 쓰여 있습니다.

물론 이 정의는 어디까지나 예시입니다. 멤버의 선언 순서 등 세세한 부분은 환경에 따라 다릅니다.

· 멤버 tm_sec의 값의 범위를 잘 보면, 0~59가 아니라 0~61이라고 쓰여 있습니다. 이는 윤초를 고려하여 범위를 2초만큼 더 넓게 잡은 것입니다.

· 멤버 tm_isdst는 서머 타임이 적용되어 있으면 참이고, 그렇지 않으면 0, 정보 자체를 얻지 못했다면 음수입니다(서머 타임이란 여름철에 시각을 원래보다 한 시간 앞당기는 제도로, 현재 우리나라에서는 시행하지 않습니다).

```
struct tm { /* 예시 : 환경에 따라 다르다 */
    int tm_sec;      /* 초(0~61) */
    int tm_min;      /* 분(0~59) */
    int tm_hour;     /* 시(0~23) */
    int tm_mday;     /* 일(1-31) */
    int tm_mon;      /* 1월에서 몇 달이나 떨어져 있는가 (0~11) */
    int tm_year;     /* 1900년에서 몇 년이나 떨어져 있는가 */
    int tm_wday;     /* 요일 : 일요일~토요일(0~6) */
    int tm_yday;     /* 1월 1일부터 며칠이나 떨어져 있는가(0~365) */
    int tm_isdst;    /* 서머 타임 플래그 */
};
```

· localtime 함수 : 달력 시각에서 지방시 요소별 시각으로 변환

localtime 함수는 달력 시각의 값을 지방시 요소별 시각으로 변환하는 함수입니다. 그림 13C-1은 이 함수가 동작하는 모양을 나타낸 그림입니다. 단일 산술형 값을 바탕으로 구조체의 각 멤버 값을 계산해 줍니다. localtime이라는 이름과 같이, 함수가 반환하는 결괏값은 지방시(가령 지역을 한국으로 설정한 환경에서는 한국 시각)입니다.

그림 13C-1 localtime 함수로 달력 시각을 요소별 시각으로 변환하기

그러면 이제 프로그램 전체를 이해해 보겠습니다.

1️⃣ time 함수를 통해 time_t형 달력 시각의 형태로 현재 시각을 취득합니다.

2️⃣ 그 값을 요소별 시각인 tm 구조체로 변환합니다.

3️⃣ 요소별 시각을 출력합니다. 이때 tm_year에는 1900을, tm_mon에는 1을 더합니다. 요일을 나타내는 tm_wday는 0에서 6이 일요일부터 토요일에 해당하므로, 배열 wday_name을 이용하여 문자열 "일", "월" 등으로 변환합니다.

9) 이전에 실행한 정보 취득하기

예제 13-4는 프로그램을 실행한 날짜와 시각을 파일에 쓰는 프로그램을 개량하여, 더 실용적으로 만든 것입니다. 이를 실행하면 **그림 13-6**과 같은 결과가 나옵니다. 프로그램을 처음 실행했다면 이를 문구로 알려주고, 처음이 아니라면 이전에 실행한 날짜와 시각을 출력합니다.

그림 13-6 예제 13-4 의 실행 결과 사례

ⓐ 프로그램을 처음 실행했을 때의 결과

실행 결과
이 프로그램은 처음 실행했습니다 .

ⓑ 두 번째 이후부터 실행 결과

실행 결과 사례
지난번에는 2018 년 12 월 24 일 13 시 25 분 37 초에 실행했습니다 .

이 프로그램에서 정의한 함수 get_data와 put_data의 동작은 다음과 같습니다.

· 함수 get_data

프로그램에서 처음으로 불립니다. 파일 "datetime.dat"를 여는 데 성공했느냐에 따라 다음과 같이 분기합니다.

· 파일을 여는 데 실패했을 때

프로그램이 처음 실행되었다고 판단하여, "이 프로그램은 처음 실행했습니다."라고 출력합니다.

· 파일을 여는 데 성공했을 때

이전에 프로그램을 실행했을 때 파일에 써 놓은 날짜와 시각을 읽어들여서 출력합니다.

· 함수 put_data

프로그램에서 마지막으로 불립니다. 이전 예제 프로그램과 마찬가지로, 현재 날짜와 시각을 파일 "datetime.dat"에 써넣습니다.

⇒ 예제 13-4   chap13/list1304.c

```c
/*
    이전에 프로그램을 실행했던 날짜와 시각을 출력한다
*/

#include <time.h>
#include <stdio.h>

char data_file[] = "datetime.dat";              /* 파일명 */

/*--- 예전 날짜·시각을 취득하여 출력 ---*/
void get_data(void)
{
    FILE *fp;

    if ((fp = fopen(data_file, "r")) == NULL)       /* 열기 */
        printf("이 프로그램은 처음 실행했습니다.\n");
    else {
        int year, month, day, h, m, s;

        fscanf(fp, "%d%d%d%d%d%d", &year, &month, &day, &h, &m, &s);
        printf("지난번에는 %d년 %d월 %d일 %d시 %d분 %d초에 실행했습니다.\n",
                        year, month, day, h, m, s);
        fclose(fp);                                 /* 닫기 */
    }
}

/*--- 이번 날짜·시각을 파일에 쓴다 ---*/
void put_data(void)
{
    FILE *fp;
    time_t current = time(NULL);                    /* 달력 시각 */
    struct tm *timer = localtime(&current);         /* 요소별 시각(지방시) */

    if ((fp = fopen(data_file, "w")) == NULL)       /* 열기 */
        printf("\a파일을 열 수 없습니다.\n");
    else {
        fprintf(fp, "%d %d %d %d %d %d\n",
            timer->tm_year + 1900,  timer->tm_mon + 1,  timer->tm_mday,
```

```
                timer->tm_hour,        timer->tm_min,        timer->tm_sec);
        fclose(fp);                                   /* 닫기 */
    }
}

int main(void)
{
    get_data();                                       /* 지난번 날짜·시각을 취득하여 출력 */

    put_data();                                       /* 이번 날짜·시각을 파일에 쓴다 */

    return 0;
}
```

연습 13-5

예제 13-4에 현재의 '기분'을 나타내는 문자열을 추가한 프로그램을 작성하시오. 즉 이전에 실행했을 때의 시각(과 그때의 기분)을 출력한 다음에 "현재 기분 : "이라는 문자열을 출력하며 키보드로 입력을 받고, 이 내용도 파일에 써넣는다. 가령 "좋아"라고 입력했다면, 다음번에 실행했을 때는 "지난번에는 9999년 99월 99일 99시 99분 99초에 실행했고, 그때 기분은 '좋아>였습니다."라는 식으로 출력합니다.

10) 파일 내용 출력하기

8장에서는 키보드로 입력한 문자를 그대로 화면에 출력하는 프로그램을 만들었습니다(예제 8-8 : p.327). 그때의 프로그램을 다시 한번 예제 13-5로 싣겠습니다.

➡ 예제 **13-5**   chap13/list1305.c

```
/*
    표준 입력으로 들어온 입력을 표준 출력으로 복사한다
*/

#include <stdio.h>

int main(void)
{
    int ch;
```

Ctrl 키를 누르면서 Z 키를 누른다. 일부 환경에서는 ⏎도 눌러 줘야 한다. 참고로 UNIX, Linux, OS X에서는 Ctrl 키를 누르면서 D 키를 누른다.

실행 결과 사례
```
Hello!⏎
Hello!
This is a pen.⏎
This is a pen.
Ctrl + Z ⏎
```

```
while ((ch = getchar()) != EOF)
    putchar(ch);

return 0;
}
```

이때 표준 입력 스트림이 아니라 임의의 파일에서 문자를 읽도록 바꾸면, 파일 내용을 읽어서 화면에 출력해 주는 실용적인 프로그램이 됩니다. 이를 구현한 프로그램이 **예제 13-6**입니다.

우선 파일명을 입력받아서 문자열 fname로 읽어 들입니다. 파일을 여는 데 실패했다면 "파일을 열 수 없습니다."라고 표시하는 점은 여태까지 봤던 예제와 똑같습니다. **예제 13-5**에 나오는 while문과 **예제 13-6**에 나오는 while 문은 매우 비슷합니다. 단지 getchar 함수를 대신에 fgetc 함수를 부르도록 바꿨을 뿐입니다. fgetc 함수의 사양은 다음과 같습니다.

fgetc	
헤더	#include <stdio.h>
형식	int fgetc(FILE *stream);
해설	stream이 가리키는 입력 스트림에서(만약 존재한다면) 다음 문자를 unsigned char 형 값으로 읽어 들여서, int형으로 변환한다. 그리고 (만약 정의되어 있다면)그 스트림과 연결된 파일 위치 지시자를 다음 위치로 옮긴다.
반환값	stream이 가리키는 입력 스트림의 다음 문자를 반환한다. 스트림이 파일의 끝을 검출했다면, 그 스트림에 대한 파일 끝 지시자를 설정하고 EOF를 반환한다. 읽기 에러가 발생하면 그 스트림에 대한 에러 지시자를 설정하고 EOF를 반환한다.

즉 getchar 함수의 기능을 임의의 스트림에 적용할 수 있다는 뜻입니다.

이 프로그램에서는 fgetc 함수가 파일에서 정상적으로 문자를 읽어 들이는 한 while문이 계속 반복됩니다. 루프 본체에서는 읽어 들인 문자 ch를 putchar 함수로 화면에 출력합니다.

```
/*
    파일 내용을 출력한다
*/

#include <stdio.h>

int main(void)
{
    int ch;
    FILE *fp;
    char fname[FILENAME_MAX];                    /* 파일명 */

    printf("파일명 : ");
    scanf("%s", fname);

    if ((fp = fopen(fname, "r")) == NULL)         /* 열기 */
        printf("\a파일을 열 수 없습니다.\n");
    else {
        while ((ch = fgetc(fp)) != EOF)
            putchar(ch);
        fclose(fp);                               /* 닫기 */
    }

    return 0;
}
```

실행 결과 사례

파일명 : list1306.c␍
/*
    파일 내용을 출력한다
*/
#include <stdio.h>
… 이하 생략 …

파일 끝에 도달하여 더 읽을 문자가 없어지거나, 혹은 무언가 에러가 발생하면 while문이 끝납니다. 그러면 파일을 닫고 프로그램이 끝납니다.

*

이 프로그램에서 파일명을 저장하는 배열 fname의 길이는 FILENAME_MAX로 지정되어 있습니다. 이 오브젝트 매크로는 〈stdio.h〉 헤더에 정의되어 있으며, 다음과 같은 의미를 지닙니다(표준 C의 정의입니다).

> 그 환경에서 열 수 있다고 보장된, 파일 이름의 최대 길이만큼의 문자열 저장하는 데 필요한 배열 길이

다음은 이를 정의한 예시입니다.

```
FILENAME_MAX
#define FILENAME_MAX 1024      /* 예시 : 값은 환경에 따라 다르다 */
```

키보드로 파일명을 읽어 들여서, 그 파일이 몇 행으로 이루어져 있는지 (파일 안에 줄 바꿈 문자가 몇 개 있는지) 세서 화면에 출력하는 프로그램을 작성하시오.

키보드로 파일명을 읽어 들여서, 그 파일 안에 있는 각 숫자 개수를 세서 화면에 출력하는 프로그램을 작성하시오.

11) 파일 복사하기

▶ 실행 결과는 생략합니다.

파일에서 읽어 들인 문자를 표준 출력 스트림이 아니라 임의의 파일에 출력하면, 이는 곧 파일을 복사하는 실용적인 프로그램이 됩니다. **예제 13-7**이 이를 구현한 프로그램입니다.

➡ 예제 13-7   chap13/list1307.c

```c
/*
    파일을 복사한다
*/

#include <stdio.h>

int main(void)
{
    int ch;
    FILE *sfp;                  /* 원본 파일 */
    FILE *dfp;                  /* 사본 파일 */
    char sname[FILENAME_MAX];   /* 원본 파일명 */
    char dname[FILENAME_MAX];   /* 사본 파일명 */

    printf("원본 파일명 : ");     scanf("%s", sname);
    printf("사본 파일명 : ");     scanf("%s", dname);

    if ((sfp = fopen(sname, "r")) == NULL)              /* 원본 열기 */
        printf("\a원본 파일을 열 수 없습니다.\n");
```

```
    else {
        if ((dfp = fopen(dname, "w")) == NULL)              /* 사본 열기 */
            printf("\a사본 파일을 열 수 없습니다.\n");
        else {
            while ((ch = fgetc(sfp)) != EOF)
                fputc(ch, dfp);
            fclose(dfp);                                     /* 원본 닫기 */
        }
        fclose(sfp);                                         /* 사본 닫기 */
    }

    return 0;
}
```

▶ 이 배열들도 길이는 FILENAME_ MAX입니다(이전 페이지에서 배웠습니다). 파일명을 저장할 문자 배열을 선언할 때는 원칙적으로 이 매크로를 이용해야 합니다.

이 프로그램은 두 가지 파일을 다루므로 약간 복잡합니다. 먼저 '원본 파일'과 '사본 파일'의 파일명을 입력받아서, 이를 각각 배열 sname과 dname에 저장합니다.

다음으로 원본 파일을 읽기 모드로 열고, 그 파일과 연결된 스트림을 가리키는 포인터를 sfp에 대입합니다. 원본 파일을 여는 데 성공했다면, 이어서 사본 파일을 쓰기 모드로 열어서 그 파일과 연결된 스트림을 가리키는 포인터를 dfp에 대입합니다. 두 파일을 여는 데 성공했다면, 파랗게 칠한 부분의 while문을 실행합니다.

앞의 예제와 비슷하지만, putchar 함수 대신 fputc 함수를 부르는 점이 다릅니다. fputc 함수의 사양은 다음과 같습니다.

fputc	
헤더	#include <stdio.h>
형식	int fputc(int c, FILE *stream);
해설	stream이 가리키는 출력 스트림에 지정된 문자 c를 unsigned char형으로 변환하여 써넣는다. 이때 스트림과 연결된 파일 위치 지시자가 정의되어 있다면, 그것이 지시하는 위치에 문자를 써넣고 파일 위치 지시자를 적절하게 다음 위치로 옮긴다. 파일이 위치에 관한 요구를 지원하지 않을 때, 혹은 스트림이 추가 모드로 열려 있을 때는 항상 출력 스트림의 마지막 위치에 문자를 출력한다.
반환값	써넣은 문자를 반환한다. 쓰기 에러가 발생하면 해당 스트림에 대하여 에러 지시자를 설정하고 EOF를 반환한다.

즉 putchar 함수의 기능을 임의의 스트림에 적용할 수 있다는 뜻입니다. 파일에서 정상적으로 문자를 읽어 들이는 한 while문이 계속 반복됩니다. 루프 본체에서는 읽어 들인 문자 ch를 fputc 함수로 스트림 dfp에 출력합니다. 파일 끝에 도달하여 더 읽을 문자가 없어지거나, 혹은 무언가 에러가 발생하면 while문이 끝납니다. 그러면 파일을 닫고 프로그램이 끝납니다. 이것으로 파일 복사가 완료되었습니다.

연습 13-8

예제 13-7을 바탕으로, 파일 내용을 화면에 출력하면서 다른 파일로 복사하는(즉 사본 파일과 화면 양쪽에 출력하는) 프로그램을 작성하시오.

연습 13-9

예제 13-7을 바탕으로, 모든 알파벳 소문자를 대문자로 변환해서 복사하는 프로그램을 작성하시오.

연습 13-10

예제 13-7을 바탕으로, 모든 알파벳 대문자를 소문자로 변환해서 복사하는 프로그램을 작성하시오.

section 13-2

텍스트와 바이너리

지금껏 '텍스트 파일'을 다루는 방법을 살펴봤습니다. 이번 절에서는 '바이너리 파일'을 다루는 방법에 관해 알아보겠습니다.

1) 텍스트 파일에 실숫값 저장하기

예제 13-8은 원주율 3.14159265358979323846으로 초기화된 변수 pi의 값을 "PI.txt"라는 파일에 쓴 다음, 이를 다시 읽어 들여서 출력하는 프로그램입니다.

예제 13-8 chap13/list1308.c

```
/*
    원주율 값을 텍스트 파일에 쓰고 읽는다
*/

#include <stdio.h>

int main(void)
{
    FILE *fp;
    double pi = 3.14159265358979323846;

    printf("변수 pi에서 꺼낸 원주율 값은 %23.21f입니다.\n", pi);

    /* 쓰기 */
    if ((fp = fopen("PI.txt", "w")) == NULL)        /* 열기 */
        printf("\a파일을 열 수 없습니다.\n");
    else {
        fprintf(fp, "%f", pi);                      /* pi를 써넣는다 */
        fclose(fp);                                 /* 닫기 */
    }

    /* 읽기 */
    if ((fp = fopen("PI.txt", "r")) == NULL)        /* 열기 */
        printf("\a파일을 열 수 없습니다.\n");
    else {
        fscanf(fp, "%lf", &pi);                     /* pi로 읽어 들인다 */
        printf("파일에서 읽어 들인 원주율은 %23.21f입니다.\n", pi);
        fclose(fp);                                 /* 닫기 */
    }

    return 0;
}
```

실행 결과 사례

```
변수 pi에서 꺼낸 원주율 값은 3.141592653589793100000입니다.
변수 pi에서 꺼낸 원주율 값은 3.141592999999999900000입니다.
```

소수 부분은 사실상 6자리

부동 소수점 수의 정밀도는 유한하므로, 변수 pi의 값이 초기화 값대로 되지는 않습니다. 게다가 파일에 쓴 다음 다시 읽어 들이니, 값이 또 바뀌어 있습니다.

그림 13-7 PI.txt' 의 내용

```
3.141593
```

이 프로그램이 작성한 파일 "PI.txt"에는 **그림 13-7**과 같이 3.141593이 쓰여 있습니다. fprintf 함수를 부를 때 따로 정밀도를 지정하지 않았으므로 자동으로 소수 부분을 6자리만 출력했습니다(물론 printf 함수에서도 마찬가지입니다).

이 데이터에서 원래 pi 값을 복원할 수는 없습니다.

만약 완전히 똑같은 값을 저장하고자 한다면, 모든 자리 숫자를 다 파일에 적어야 합니다. 따라서 파일에 값을 쓸 때는 항상 정밀도(자릿수)를 고려해야 하고, 저장할 값에 따라서는 파일에 써야 할 문자 수가 매우 많아질 수도 있습니다.

2) 텍스트 파일과 바이너리 파일

이 문제는 바이너리 파일을 사용함으로써 해결할 수 있습니다. 우선 텍스트 파일과 바이너리 파일의 차이부터 명확히 알아보겠습니다.

· 텍스트 파일

텍스트 파일에서는 문자의 나열로 데이터를 표현합니다. 가령 정숫값 357은 '3', '5', '7'이라는 문자 세 개의 나열로 나타내는 식입니다. 만약 printf 함수나 fprintf 함수 등을 이용하여 이 값을 출력하면 정보량은 총 3바이트입니다. 만약 값이 2057이라면, 이는 '2', '0', '5', '7'로 나타냅니다.

만약 아스키코드를 사용하는 환경이라면, 이들의 값 데이터는 **그림 13-8 [a]**와 같은 비트 구성을 지닙니다. 즉, 문자 수가 값의 자릿수에 의존한다는 뜻입니다.

· 바이너리 파일

바이너리 파일에서는 데이터를 문자가 아니라 비트의 나열로 나타냅니다. 구체적인 비트 수는 환경에 따라 다르지만, int형 정숫값의 크기는 반드시 sizeof(int)가 됩니다.

만약 int형 정수를 2바이트(16비트)로 표현하는 환경이라면, 정숫값 357과

▶ fscanf 함수는 파일에서 3.141593을 읽어 들여서 변수 pi에 저장합니다. 오차 없이 실숫값의 모든 자리 숫자를 double 형으로 표현할 수는 없으므로, printf 함수로 소수 부분을 21자리로 지정해서 출력해도 딱 3.14159300000000000000이 되리라는 보장은 없습니다.

2057은 그림 **b**와 같은 비트 구성을 지닙니다. 즉, 문자 수(바이트 수)가 값의 자릿수에 의존하지 않는다는 사실을 알 수 있습니다.

그림 13-8 텍스트와 바이너리

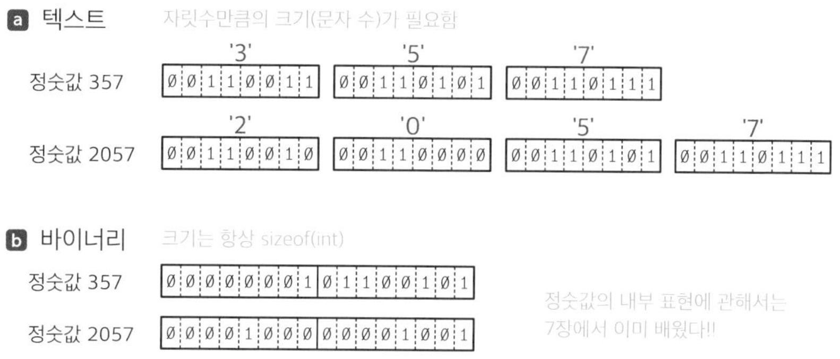

3) 바이너리 파일에 실숫값 저장하기

예제 13-9는 원주율 값을 텍스트 파일이 아니라 바이너리 파일에 쓰고 읽도록 수정한 프로그램입니다. 데이터를 쓸 때는 fwrite 함수를, 읽을 때는 fread 함수를 이용했습니다. 이들 함수의 사양은 다음과 같습니다.

	fwrite
헤더	#include <stdio.h>
형식	size_t fwrite(const void *ptr, size_t size, size_t nmemb, FILE *stream);
해설	ptr이 가리키는 배열에서 크기가 size인 요소를 최대 nmemb개만큼 stream이 가리키는 스트림에 써넣는다. (정의되어 있다면) 해당 스트림에 대응하는 파일 위치 지시자는 쓰기 처리에 성공한 문자 수만큼 진행된다. 에러가 발생하면 해당 스트림에 대응하는 파일 위치 지시자의 값이 어떻게 되는가는 정의되어 있지 않다.
반환값	쓰는 데 성공한 요소의 개수를 반환한다. 해당 개수는 쓰기 에러가 발생했을 때에 한하여 nmemb보다 작아진다.

	fread
헤더	#include <stdio.h>
형식	size_t fread(const void *ptr, size_t size, size_t nmemb, FILE *stream);
해설	stream이 가리키는 스트림에서 크기가 size인 요소를 최대 nmemb개만큼 ptr이 가리키는 배열로 읽어들인다. (정의되어 있다면) 해당 스트림에 대응하는 파일 위치 지시자는 읽기 처리에 성공한 문자 수만큼 진행된다. 에러가 발생하면 해당 스트림에 대응하는 파일 위치 지시자의 값이 어떻게 될지는 정의되어 있지 않다. 한 요소의 일부를 읽어 들였다면, 해당 값이 어떻게 되는가도 정의되어 있지 않다.
반환값	읽는 데 성공한 요소의 개수를 반환한다. 읽기 에러가 발생했거나 파일 끝에 도달했다면, 해당 개수는 nmemb보다 작을 수 있다. size나 nmemb가 0일 때는 0을 반환한다. 이때, 배열 내용과 스트림 상태는 변하지 않는다.

두 함수 모두 첫 번째 인자는 읽거나 쓸 데이터의 선두 주소를 가리키는 포인터, 두 번째 인자는 데이터의 크기, 세 번째 인자로는 데이터의 개수, 네 번째 인자는 읽고 쓸 대상 스트림을 가리키는 포인터입니다.

이번 예제 프로그램에서 파일에 쓰는 부분은 다음과 같습니다.

```
fwrite(&pi, sizeof(double), 1, fp);        /* pi를 써넣는다 */
```

또한, 파일에서 읽는 부분은 다음과 같습니다.

```
fread(&pi, sizeof(double), 1, fp);        /* pi로 읽어 들인다 */
```

▶ sizeof(자료형이름)는 해당 자료형의 크기를 생성하는 연산자입니다(표 7-4 : p.259).

두 번째 인자인 sizeof(double)은 double형의 크기를, 세 번째 인자인 1은 읽고 쓸 변수가 한 개임을 나타냅니다.

➡ 예제 13-9   chap13/list1309.c

```
/*
    원주율 값을 비이너리 파일에 쓰고 읽는다
*/

#include <stdio.h>

int main(void)
{
    FILE *fp;
    double pi = 3.14159265358979323846;

    printf("변수 pi에서 꺼낸 원주율 값은 %23.21f입니다.\n", pi);

    /* 쓰기 */
    if ((fp = fopen("PI.bin", "wb")) == NULL)        /* 열기 */
        printf("\a파일을 열 수 없습니다.\n");
    else {
        fwrite(&pi, sizeof(double), 1, fp);        /* pi를 써넣는다 */
        fclose(fp);                                /* 닫기 */
    }

    /* 읽기 */
    if ((fp = fopen("PI.txt", "rb")) == NULL)        /* 열기 */
```

> **실행 결과 사례**
> 변수 pi에서 꺼낸 원주율 값은 3.141592653589793100000입니다.
> 파일에서 읽어 들인 원주율은 3.141592653589793100000입니다.

```
            printf("\a파일을 열 수 없습니다.\n");
    else {
        fread(&pi, sizeof(double), 1, fp);          /* pi로 읽어 들인다 */
        printf("파일에서 읽어 들인 원주율은 %23.21f입니다.\n", pi);
        fclose(fp);                                  /* 닫기 */
    }

    return 0;
}
```

사실 두 함수의 사양을 잘 보면, 배열 하나를 통째로 읽고 쓸 수도 있게끔 설계되어 있습니다. **표 13-1**은 이들 함수로 변수 하나를 읽고 쓰는 예시와, 배열 하나를 통째로 읽고 쓰는 예시를 정리한 것입니다.

표 13-1 fwrite 함수와 fread 함수의 전형적인 용례

	int형 x를 읽고 쓰기	int[n]형 배열 a를 읽고 쓰기
쓰기	fwrite(&x, sizeof(int), 1, fp);	fwrite(a, sizeof(int), n, fp);
읽기	fread(&x, sizeof(int), 1, fp);	fread(a, sizeof(int), n, fp);

이번 예제 프로그램에서는 메모리상에 저장되어 있던 double형 변수의 모든 비트를 그대로 파일에 쓰고 읽었습니다. 따라서 텍스트 파일 때처럼 정밀도가 6자리로 제한되거나 하지는 않습니다.

연습 13-11

길이가 10이고 요소가 double형인 배열 속 모든 요소의 값을 파일에 읽고 쓰는 프로그램을 작성하시오.

연습 13-12

예제 13-4(p.474)을 바탕으로, 날짜와 시각을 struct tm형 값으로 직접 바이너리 파일에 읽고 쓰도록 수정한 프로그램을 작성하시오.

4) 파일 덤프

예제 13-6(p.477)에서는 파일에 들어 있는 내용을 화면에 출력했는데, 사실

이는 은연중에 파일이 텍스트 파일일 것이라고 가정한 것입니다. 바이너리 파일 안에 문자로 인식할 수 없는 데이터가 포함되어 있을 수 있으므로, 만약 바이너리 파일의 내용을 출력하면 이상한 결과가 나올 수 있습니다.

예제 13-10은 임의의 파일을 바이너리 파일로서 연 다음, 그 내용을 '문자'와 '16진수로 나타낸 문자 코드'라는 두 가지 형식으로 출력하는 프로그램입니다.

▶ 가령 글자가 깨져 보이거나, 검보·줄 비꿈·탭 문자 등이 출력될 수도 있습니다.

➡ **예제 13-10**   chap13/list1310.c

```
/*
    파일 덤프(파일 내용을 문자와 코드로 출력한다)
*/

#include <ctype.h>
#include <stdio.h>

int main(void)
{
    int n;
    unsigned long count = 0;
    unsigned char buf[16];
    FILE *fp;
    char fname[FILENAME_MAX];                    /* 파일명 */

    printf("파일명 : ");
    scanf("%s", fname);

    if ((fp = fopen(fname, "rb")) == NULL)       /* 열기 */
        printf("\a파일을 열 수 없습니다.\n");
    else {
        while ((n = fread(buf, 1, 16, fp)) > 0) {
            int i;

            printf("%08lX ", count);             /* 주소 */

            for (i = 0; i < n; i++)              /* 16진수 */
                printf("%02X ", (unsigned)buf[i]);

            if (n < 16)
                for (i = n; i < 16; i++)
                    printf("   ");
```

```
        for (i = 0; i < n; i++)                              /* 문자 */
            putchar(isprint(buf[i]) ? buf[i] : '.');

        putchar('\n');

        count += 16;
    }
    fclose(fp);                                              /* 닫기 */
    }

    return 0;
}
```

참고로 문자를 출력하는 부분에서는 출력 가능하다고 판단된 문자만 출력하고, 그렇지 않을 때는 문자 대신 '.'을 출력합니다(파랗게 칠한 부분). 이때 특정 문자가 출력 가능한지 판단하기 위해 isprint 함수를 이용했습니다. 그 사양은 다음과 같습니다.

	isprint
헤더	`#include <ctype.h>`
형식	`int isprint(int c);`
해설	문자 c가 공백 ' '을 포함한 출력 가능한 문자인지 판정한다.
반환값	판정이 성립하면 0이 아닌 값(참)을 반환하고, 성립하지 않으면 0을 반환한다.

▶ 덤프는 덤프트럭에서 유래한 용어로, 덤프트럭이 한꺼번에 짐을 내리는 모습에 빗댄 것입니다.

이번 예제처럼 파일이나 메모리의 내용을 한 번에 출력하는 프로그램을 흔히 덤프dump 프로그램이라고 부릅니다.

▶ 이는 어디까지나 예시입니다. 실제 결과는 각 환경에서 사용하는 문자 코드 체계에 따라 다를 수 있습니다.

그림 13-9는 이번 예제 프로그램을 실행하여 **예제 13-10**의 소스 파일을 덤프한 결과입니다.

그림 13-9 예제 13-10 의 실행 결과 사례

```
파일명 list1310.c↵
00000000 2F 2A 0D 0A 09 83 74 83 40 83 43 83 8B 82 CC 83 /*....t.@.C.....
00000010 5F 83 93 83 76 81 69 83 74 83 40 83 43 83 8B 82 _...v.i.t.@.C...
00000020 CC 92 86 90 67 82 F0 95 B6 8E 9A 82 C6 83 52 81 ....g........R.
00000030 5B 83 68 82 C5 95 5C 8E A6 82 B7 82 E9 81 6A 0D [.h...\......j.
00000040 0A 2A 2F 0D 0A 0D 0A 23 69 6E 63 6C 75 64 65 20 .*/....#include
00000050 3C 63 74 79 70 65 2E 68 3E 0D 0A 23 69 6E 63 6C <ctype.h>..#incl
00000060 75 64 65 20 3C 73 74 64 69 6F 2E 68 3E 0D 0A 0D ude <stdio.h>...
00000070 0A 69 6E 74 20 6D 61 69 6E 28 76 6F 69 64 29 0D .int main(void).
00000080 0A 7B 0D 0A 09 69 6E 74 20 6E 3B 0D 0A 09 75 6E .{...int n;...un
00000090 73 69 67 6E 65 64 20 6C 6F 6E 67 20 63 6F 75 6E signed long coun
000000A0 74 20 3D 20 30 3B 0D 0A 09 75 6E 73 69 67 6E 65 t = 0;...unsigne
000000B0 64 20 63 68 61 72 20 62 75 66 5B 31 36 5D 3B 0D d char buf[16];.
000000C0 0A 09 46 49 4C 45 20 2A 66 70 3B 0D 0A 09 63 68 ..FILE *fp;...ch
000000D0 61 72 20 66 6E 61 6D 65 5B 46 49 4C 45 4E 41 4D ar fname[FILENAM
000000E0 45 5F 4D 41 58 5D 3B 09 09 09 2F 2A 20 83 74 83 E_MAX];.../* .t.

... 이하 생략 ...
```

연습 13-13

예제 13-7(p.478)의 프로그램을 수정하여, 바이너리 파일을 복사하는 프로그램을 작성하시오. 읽고 쓸 때는 fread 함수와 fwrite 함수를 이용합니다.

section 13-3

printf 함수와 scanf 함수

이번 절에서는 printf 함수와 scanf 함수의 사양을 소개하겠습니다.

1) printf 함수 : 형식화하여 출력하기

printf 함수의 사양은 다음과 같습니다.

	printf		
헤더	`#include <stdio.h>`		
형식	`int printf(const char *format, ...);`		
기능	format 다음에 있는 인자들을 문자열인 출력 형식으로 변환하여, 표준 출력 스트림에 출력한다. 이때 format이 가리키는 형식 문자열 안에 있는 지시대로 변환이 이루어진다. 형식 문자열 안에는 지시가 포함되어 있지 않아도 되고, 여러 개 포함되어 있어도 된다. 형식 개수보다 인자 개수가 더 적을 때의 동작은 정의되어 있지 않다. 반대로 인자 개수보다 형식 개수가 더 적다면, 남은 인자는 평가하기만 하고 무시한다. 지시는 다음 두 가지 중 하나다. · 변환되지 않은 채 그대로 출력 스트림에 복사되는 % 이외의 문자 · format 뒤에 있는 인자를 0개 이상 꺼내는 변환 지정 % 뒤에는 다음 (a) ~ (e)가 이 순서대로 나타난다.		
	(a) 플래그(flag)		생략 가능
	-, +, 공백, #, 0으로 변환 지정의 의미를 수식한다. 0개 이상 지정할 수 있으며, 순서는 자유다.		
	-	변환 결과를 왼쪽 정렬로 출력한다. 만약 지정하지 않으면 오른쪽 정렬이 된다.	
	+	부호가 있는 값 앞에 플러스 부호나 마이너스 부호를 붙인다. 지정하지 않으면 음수에만 마이너스 부호가 붙는다.	
	공백	값에 부호가 붙지 않을 때, 값 앞에 공백을 붙인다.	
	#	값 표기 형식(기수법 등)을 알 수 있도록 변환한다. o 변환 첫 번째 숫자가 0이 된다(정밀도도 늘어난다). x, X 변환 값 앞에 0x(혹은 0X)를 붙인다(0일 때는 붙이지 않는다). e, E, f, g, G 변환 소수점 문자 뒤에 숫자가 없더라도, 항상 소수점 문자를 붙인다(보통은 소수점 문자는 소수 부분이 있을 때만 출력된다). g, G 변환 뒤에 이어지는 0을 제거하지 않는다. 기타 변환 동작은 정의되어 있지 않다.	
	0	d, i, o, u, x, X, e, E, f, g, G 변환 왼쪽 남는 부분을 공백이 아닌 0으로 채운다(단, 부호와 기수는 0 앞에 놓인다). 기타 변환 동작은 정의되어 있지 않다.	
	(b) 최소 너비(field width)		생략 가능
	최소 너비의 형식은 애스터리스크 *나 10진수다. 변환 결과 생성된 문자의 수가 이 값보다 작다면, 그 차이만큼 왼쪽에(- 플래그를 지정했다면 오른쪽에) 공백을(0 플래그를 지정했다면 0을) 채운다.		
	(c) 정밀도(precision)		생략 가능

▶ 공백 플래그와 + 플래그를 둘 다 지정하면, 공백 플래그는 무시된다.

▶ 0 플래그와 - 플래그가 둘 다 지정되면 0 플래그는 무시된다.
▶ d, i, o, u, x, X 변환에서 정밀도가 지정되어 있다면 0 플래그는 무시된다.

▶ 최소 너비와 정밀도를 애스터리스크로 지정했을 때는, 이에 대응하는 int형 인자가 필요하다(이는 변환 대상인 인자 앞에 있어야 한다). 최소 너비를 지정하는 인자가 음수이면 - 플래그와 양의 최소 너비를 지정한 것으로 간주된다. 정밀도를 지정하는 인자가 음수이면 정밀도를 생략한 것으로 간주된다.

▶ 변환 수식자를 위 조합 이외의 방식으로 지정했을 때의 동작은 정의되어 있지 않다.

점(.) 다음에 애스터리스크 *나 10진수 정수 형식으로 적는다. 10진수 정수를 생략하면 0을 지정한 것으로 간주한다. 각 변환에 대하여 아래와 같이 지정된다.

d, i, o, u, x 및 X 변환
출력할 최소 자릿수다.
e, E, f 변환
소수점 뒤에 출력할 자릿수다.
g, G 변환
최대 유효숫자다.
s 변환
출력할 수 있는 최대 문자 수다.

(d) 변환 수식자(precision)	생략 가능

h, l, L 중 하나를 지정할 수 있다.	
h	d, i, o, u, x, X 변환 대응하는 인자의 자료형을 short나 unsigned short형으로 지정한다(인자는 통합 정수 확장에 의해 확장되어 있다. 그 값을 출력하기 전에 short형이나 unsigned short형으로 다시 변환하는 작업을 수행한다). n 변환 대응하는 인자의 자료형을 short int형을 가리키는 포인터로 지정한다.
l	d, i, o, u, x, X 변환 대응하는 인자의 자료형을 long int나 unsinged long int형으로 지정한다. n 변환 대응하는 인자의 자료형을 long int형을 가리키는 포인터로 지정한다.
L	e, E, f, g, G 변환 대응하는 인자의 자료형을 long double형으로 지정한다.

(e) 변환 지정자	생략 가능

변환을 지정하는 문자로, d, i, o, u, x, X, f, e, E, g, G, c, s, p, n, % 중 하나다.	
d, i	int형 인자를 [-]dddd 형식의 부호 있는 10진 표기로 변환한다. 정밀도는 출력할 숫자의 최소 개수를 뜻한다. 값을 변환한 결과 숫자의 개수(자릿수)가 지정된 정밀도보다 작다면, 남는 자릿수만큼 앞에 0을 붙인다. 만약 생략하면 정밀도는 1이라고 간주된다. 값 0을 정밀도 0으로 변환한 결괏값의 자릿수는 0이 된다.
o, u, x, X	unsigned형의 인자를 dddd 형식의 부호 없는 8진 표기(o), 부호 없는 10진 표기(u), 부호 없는 16진 표기(x 혹은 X)로 변환한다. x 변환에서는 문자 abcdef를 사용하고, X 변환에서는 문자 ABCDEF를 사용한다. 정밀도는 출력할 최소 자릿수를 뜻한다. 값을 변환한 결과 자릿수가 지정된 정밀도보다 작다면, 남는 자릿수만큼 앞에 0을 붙인다. 만약 생략하면 정밀도는 1이라고 간주된다. 값 0을 정밀도 0으로 변환한 결괏값의 자릿수는 0이 된다.
f	double형 인자를 [-]ddd.ddd 형식의 10진 표기로 변환한다. 소수점 이하에는 정밀도와 똑같은 자릿수만큼 숫자를 출력한다. 만약 생략하면 정밀도는 6이라고 간주된다. 정밀도에 0을 지정하고 # 플래그를 지정하지 않으면, 소수점 문자를 출력하지 않는다. 소수점 문자를 출력할 때는 그 앞에 반드시 한 개 이상의 숫자를 출력한다. 이 변환에서는 자릿수를 맞추기 위해 값을 적절히 바꿀 때도 있다.

	e, E	double형 인자를 [-]d.ddde±dd 형식의 10진 표기로 변환한다. 이때 소수점 문자 앞에 한 자리 숫자(인자가 0일 때를 제외하면, 0이 아닌 숫자)를 출력하며, 소수점 이하에는 정밀도와 똑같은 자릿수만큼 숫자를 출력한다. 만약 생략하면 정밀도는 6이라고 간주된다. 정밀도에 0을 지정하고 # 플래그를 지정하지 않으면, 소수점 문자를 출력하지 않는다. 이 변환에서는 자릿수를 맞추기 위해 값을 적절히 바꿀 때도 있다. E 변환에서는 지수 앞에 e가 아니라 E가 출력된다. 지수는 항상 두 자리 이상이다. 값이 0이라면 지수의 값은 0이 된다.
	g, G	double형 인자를 정밀도, 다시 말해 최대 유효숫자만큼 f 형식이나 e 형식(G 변환 지정자일 때는 E 형식)으로 변환한다. 정밀도에 0을 지정하면 1로 간주된다. 사용되는 형식은 변환되는 값에 의존한다. 변환 결과 지수가 -4보다 작거나 정밀도보다 크다면 e 형식(혹은 E 형식)으로 변환한다. 어느 형식이든 소수 부분의 끝에 있는 0은 제거된다. 소수 부분이 있을 때만 소수점 문자를 출력한다.
	c	int형 인자를 unsigned char형으로 형 변환하여 그 결과를 문자로 출력한다.
	s	반드시 문자 배열을 가리키는 포인터이어야 한다. 배열 안에 있는 문자를 첫 번째로 만나는 널 문자 직전까지 출력한다. 정밀도가 지정되어 있다면, 그만큼만 문자를 출력한다. 정밀도가 지정되어 있지 않거나 정밀도가 배열의 크기보다 크다면, 배열에는 반듯이 널 문자가 포함되어 있어야 한다.
	p	반드시 void 포인터여야만 한다. 그 포인터의 값을 환경에서 정의하는 방식으로 출력한다.
	n	반드시 정수를 가리키는 포인터여야만 한다. 이 함수 호출로 인해 그동안 출력 스트림에 출력된 문자 수를 그 정수에 저장한다. 인자는 변환하지 않는다.
	%	%를 출력한다. 인자는 없다. 변환 지정 전체는 %%여야만 한다.
		무효한 변환 지정자에 관한 동작은 정의하지 않는다. 인자가 공용체, 집합체일 때나 혹은 이를 가리키는 포인터일 때(%s 변환에서 문자 배열을 넘길 때와 %p 변환에서 포인터를 넘길 때는 제외)의 동작은 정의되지 않는다. 너비가 존재하지 않거나 작더라도 변환 결과를 자르지는 않는다. 즉 변환 결과의 문자 수가 너비보다 클 때, 해당 변환 결과의 문자 수만큼 너비를 확장한다.
반환값		출력된 문자 수를 반환한다. 출력 에러가 발생했을 때는 음수를 반환한다.

printf 함수의 첫 번째 인자는 형식을 지정하기 위한 문자열입니다. 그래서 첫 번째 매개변수 format의 자료형은 const char *로 선언되어 있습니다.

또한, 두 번째 이후의 인자 개수와 자료형은 가변입니다. 함수 선언 부분에 나오는 , ...은 임의의 개수만큼 인자를 받겠다는 뜻인 생략 기호(ellipsis)입니다. 따라서 임의의 자료형을 지닌 인자를 원하는 만큼 넘겨줄 수 있습니다.

0 플래그는 실제 프로그램에서 자주 쓰입니다. 가령 연과 월을 출력할 때

▶ 생략 기호를 적을 때는 , 와 ... 사이에 공백을 넣어도 되지만, ...은 반드시 인식해서 적어야 합니다.

한 자릿수 숫자에는 왼쪽에 0을 붙이고 싶다면 다음과 같이 부르면 됩니다.

```
printf("%02d월 %02d일", month, day);
```

이러면 "05월 12일", "11월 08일"이라는 형식으로 출력됩니다.

printf 함수는 출력에 성공했을 때는 출력한 문자 수를 반환하며, 실패했을 때는 음수를 반환합니다.

```
w = printf("%3d",x);
```

가령 위와 같이 호출하면 출력에 실패하지 않는 한 3을 반환합니다. 이를 응용하면 다음과 같이 출력 결과를 판정할 수도 있습니다.

```
w = printf("%3d",x);
if (w < 0)
    /* 출력에 실패했다 */
else if (w == 3)
    /* 딱 세 자릿수로 출력했다 */
else
    /* 네 자릿수 이상으로 출력했다(x의 자릿수는 4 이상이다) */
```

2) scanf 함수 : 형식에 맞춰 입력받기

이번에는 printf 함수와 쌍을 이루는 입력용 함수 scanf에 대해 알아보겠습니다. 이 함수의 사양은 다음과 같습니다.

scanf	
헤더	`#include <stdio.h>`
형식	`int scanf(const char *format, ...);`

<table>
<tr>
<td rowspan="17">기능</td>
<td colspan="2">표준 입력 스트림에서 받은 입력을 변환하여, format 다음에 있는 인자들이 가리키는 오브젝트에 저장한다. 이때 format이 가리키는 형식 문자열 안에 있는 지시대로 변환이 이루어진다. 형식 문자열 안에는 지시가 포함되어 있지 않아도 되고, 여러 개 포함되어 있어도 된다.</td>
</tr>
<tr>
<td colspan="2">형식 개수보다 인자 개수가 더 적을 때의 동작은 정의되어 있지 않다. 반대로 인자 개수보다 형식 개수가 더 적다면, 남은 인자는 평가하기만 하고 무시한다. 지시는 다음 세 가지 중 하나다.
· 1개 이상의 공백류 문자
· (%도 아니고 공백류 문자도 아닌) 문자
· 변환 지정
% 뒤에는 다음 (a) ~ (d)가 이 순서대로 나타난다.</td>
</tr>
<tr>
<td>(a) 대입 억제 문자 *</td>
<td>생략 가능</td>
</tr>
<tr>
<td colspan="2">대입 억제를 뜻하는 애스터리스크 *다.</td>
</tr>
<tr>
<td>(b) 최대 너비</td>
<td>생략 가능</td>
</tr>
<tr>
<td colspan="2">최대 너비를 지정하는 0 이상의 10진수 정수다.</td>
</tr>
<tr>
<td>(c) 변환 수식자(precision)</td>
<td>생략 가능</td>
</tr>
<tr>
<td colspan="2">변환 결과를 저장할 오브젝트의 크기를 나타내며, h, l, L 중 하나를 지정할 수 있다.</td>
</tr>
<tr>
<td>h</td>
<td>d, i, n 변환
인자를 int형 포인터가 아니라 short형 포인터로 지정한다.
o, u, x 변환
인자를 unsigned형 포인터가 아니라 unsigned short형 포인터로 지정한다.</td>
</tr>
<tr>
<td>l</td>
<td>d, i, n 변환
인자를 int형 포인터가 아니라 long형 포인터로 지정한다.
o, u, x 변환
인자를 unsigned형 포인터가 아니라 unsigned long형 포인터로 지정한다.
e, f, g 변환
인자를 float형 포인터가 아니라 double형 포인터로 지정한다.</td>
</tr>
<tr>
<td>L</td>
<td>e, f, g 변환
인자를 float형 포인터가 아니라 long double형 포인터로 지정한다.</td>
</tr>
<tr>
<td colspan="2">이 함수는 형식 문자열 안에 있는 각 지시 사항을 순서대로 실행한다. 지시 사항을 실행하는 데 실패하면 호출자 함수로 돌아간다. 실패하는 이유로는 다음 두 가지가 있다.
(a) 입력 에러 … 입력 처리 자체에 문제가 생겼을 때 발생한다.
(b) 대응 에러 … 부적절한 문자가 입력되었을 때 발생한다.</td>
</tr>
<tr>
<td colspan="2">공백류 문자로 구성된 지시 사항은 첫 번째 비공백류 문자 직전까지(이 문자는 읽지 않고 남긴다), 혹은 더는 읽어 들일 수 없을 때까지 입력 처리를 실행한다. 일반적인 지시 사항은 스트림에서 다음 문자를 읽어 들인다. 입력된 문자가 지시 사항을 구성하는 문자와 다를 때는 해당 지시가 실패하며, 해당 입력 문자와 그 이후의 문자는 읽히지 않은 채로 스트림에 남는다.</td>
</tr>
</table>

▶ 변환 수식자를 위 조합 이외의 방식으로 지정했을 때의 동작은 정의되어 있지 않다.

변환 지정으로 이루어진 지시 사항은 다음 순서에 따라 실행된다.

변환 지정이 [, c, n 지정자를 포함하지 않을 때는 공백류 문자열을 읽지 않고 넘긴다. 변환 지정이 n 지정자를 포함하지 않으면 스트림에서 입력 항목을 읽어 들인다. 입력 항목이란 입력된 문자열 중 변환 지정에 대응하는 가장 긴 문자열이다. 단, 그 길이가 지정된 너비를 초과할 때는 지정된 너비만큼만이 입력 항목이 된다. 입력 항목에 이어서 문자가 존재할 때는, 해당 선두 문자는 읽히지 않고 남는다. 입력 항목의 길이가 0일 때는 지시 사항을 실행하지 못하고 실패한다. 이때 대응 에러가 발생한다. 단, 무언가 문제가 발생하여 스트림에서 입력 자체를 받지 못했을 때는 입력 에러가 된다.

% 지정자를 제외하면 변환 지정은 입력 항목을(혹은 %n 지정일 때는 입력 문자 수를) 변환 지정자에 대응하는 적절한 자료형으로 변환한다. 대입 억제 문자 *가 지정되어 있지 않다면, 인자 format 뒤에 있는 인자 중 아직 변환 결과를 받지 못한 첫 번째 오브젝트에 변환 결과를 대입한다. 이 오브젝트가 적절한 자료형이 아닐 때, 혹은 변환 결과를 주어진 메모리 공간상에서 표현하지 못할 때의 동작은 정의되지 않는다.

(d) 변환 지정자	생략 가능
d, i, o, u, x, X, e, E, f, g, G, s, [, c, p, n, % 중 하나다.	

d	부호를 생략할 수 있는 10진수 정수다. 인자는 정수를 가리키는 포인터여야만 한다.
i	부호를 생략할 수 있는 정수다. 인자는 정수를 가리키는 포인터여야만 한다.
o	부호를 생략할 수 있는 8진수 정수다. 인자는 부호 없는 정수를 가리키는 포인터여야만 한다.
u	부호를 생략할 수 있는 10진수 정수다. 인자는 부호 없는 정수를 가리키는 포인터여야만 한다.
x, X	부호를 생략할 수 있는 16진수 정수다. 인자는 부호 없는 정수를 가리키는 포인터여야만 한다.
e, E, f, g, G	부호를 생략할 수 있는 부동 소수점 수다. 인자는 부호 없는 부동 소수점 수를 가리키는 포인터여야만 한다.
s	비공백류 문자의 나열이다. 인자는 문자열 전체에 더하여 널 문자 하나를 저장할 수 있는 크기를 지닌 배열의 첫 번째 요소를 가리키는 포인터이어야만 한다. 이 변환은 문자열의 끝을 나타내는 널 문자를 자동으로 추가한다.
	기대되는 순회 문자 집합(scanset)을 구성하는 한 개 이상의 문자다. 인자는 문자열 전체에 더하여 널 문자 하나를 저장할 수 있는 크기를 지닌 배열의 첫 번째 요소를 가리키는 포인터이어야만 한다. 이 변환은 문자열의 끝을 나타내는 널 문자를 자동으로 추가한다. 이 왼쪽 대괄호와 쌍이 되는 오른쪽 대괄호]와, 그 사이에 있는 모든 문자까지가 변환 지정자다. 왼쪽 대괄호 직후에 캐럿 ^이 없다면, 대괄호 사이에 있는 순회 문자 목록(scanlist)이 순회 문자 집합을 구성한다. 왼쪽 대괄호 직후에

[	캐럿 ^이 있다면, 그 ^와 오른쪽 대괄호 사이에 있는 순회 문자 목록에 포함되지 않는 모든 문자가 순회 문자 집합이 된다. 변환 지정자가 [ ] 혹은 [^]로 시작할 때는 오른쪽 대괄호를 순회 문자 목록에 포함하고, 그다음에 나타나는 오른쪽 대괄호를 변환 지정의 끝부분으로 간주한다. 변환 지정자가 [ ] 혹은 [^]로 시작하지 않을 때는 첫 번째로 나타나는 오른쪽 대괄호가 변환 지정의 끝부분이다. 하이픈 -이 순회 문자 목록에 포함되어 있으면서 순회 문자의 첫 번째 문자(맨 앞에 ^가 있을 때는 두 번째 문자)도 마지막 문자도 아닐 때는 환경에서 정의한 대로 동작한다.
c	최대 너비로 지정된 길이(지정되지 않았다면 1로 간주한다)의 문자열이다. 이 지정자에 대응하는 인자는 문자열 전체에 더하여 널 문자 하나를 저장할 수 있는 크기를 지닌 배열의 첫 번째 요소를 가리키는 포인터이어야만 한다. 이 변환은 널 문자를 자동으로 추가하지 않는다.
p	환경에서 정의하는 문자열 집합이다. 이 집합은 printf 함수에서 %p 변환이 생성하는 문자열 집합과 같다. 이 지정자에 대응하는 인자는 void 포인터의 포인터이어야만 한다. 입력 항목을 해석하는 방식은 환경에 따라 다르다. 입력 항목이 같은 프로그램 안에서 이전에 변환했던 값이라면, 이전과 똑같은 포인터값이 저장된다. 그 이외의 상황에 관한 %p 변환의 동작은 정의되어 있지 않다.
n	입력을 읽어 들이지 않는다. 이 지정자에 대응하는 인자는 정수를 가리키는 포인터이어야만 한다. 이 함수 호출로 인해 그동안 입력 스트림에서 읽어 들인 문자 수를 그 정수에 저장한다. %n 지시 사항을 실행해도 이 함수가 끝날 때 반환할 입력 항목의 개수는 증가하지 않는다.
%	% 하나에 대응한다. 변환도 대입도 일어나지 않는다. 변환 지정 전체는 %%여야만 한다.

무효한 변환 지정자에 관한 동작은 정의하지 않는다.

입력 중에 파일의 끝을 검출하면 변환은 끝난다. 현재 지시 사항에 해당하는 문자를 한 글자도(읽지 않고 넘겨 버린 공백류 문자는 제외) 읽지 않고 파일의 끝을 검출하면, 해당 지시 사항은 실행하지 못하고 입력 에러로 끝난다. 현재 지시 사항에 해당하는 문자를 한 글자라도 읽어 들인 후에 파일의 끝을 검출했을 때는 해당 지시 사항이 대응 에러가 되지 않는 한, (만약 존재한다면) 그다음 지시 사항은 실행하지 못하고 입력 에러로 끝난다.

지시 사항과 모순되는 입력 문자로 인해 변환이 끝났을 때는, 해당하는 모순된 입력 문자는 읽히지 않은 채 입력 스트림상에 남는다. 입력 끝에 나타나는 (줄 바꿈 문자를 포함한)공백류 문자는 지시 사항에 해당하지 않는 한 읽히지 않고 남는다. 일반적인 문자 지시 사항 및 대입 억제를 포함한 변환 지정이 성공했는가는 %n 지시 사항이 아닌 다른 방법으로 직접 판정할 수는 없다.

반환값	변환이 하나도 이루어지지 않은 채로 입력 에러가 일어나면 매크로 EOF의 값을 반환한다. 그렇지 않다면 대입된 입력 항목의 개수를 반환한다. 입력 중에 대응 에러가 발생한 상황이라면 반환되는 개수는 변환 지정자와 대응하는 인자 개수보다 적을 수 있고, 0이 될 수도 있다.

double형과 float형을 읽고 쓸 때 각각 사용하는 형식 문자열의 종류를 숙지하고 있어야 합니다. printf 함수로 출력할 때는 둘 다 "%f"를 지정하지만,

scanf 함수로 입력받을 때는 서로 다르게 지정한다는 점을 조심하기 바랍니다(표 13-2).

표 13-2 double형과 float형 읽고 쓰기

	double형	float형
printf 함수	*printf*("%f", x)	*printf*("%f", x)
scanf 함수	*scanf*("%lf", &x)	*scanf*("%f", &x)

scanf 함수는 읽어 들인 항목 수를 반환합니다. 따라서 반환값을 이용하여 다음과 같이 결과 판정을 할 수 있습니다.

```
if (scanf("%d%d", &x, &y) == 2)
    /* x와 y를 둘 다 제대로 읽어 들였다 */
else
    /* 읽는 데 실패했다 */
```

▶ 매크로 EOF는 8장(p.327)에서 배웠습니다.

만약 항목을 단 하나도 읽어 들이지 못했을 때는 EOF를 반환합니다.

정리

- 프로그램이 끝난 후에도 저장해야 할 정보는 파일에 적어 두면 된다.

- 파일, 키보드, 디스플레이, 프린터 등에 데이터를 입출력할 때는 문자가 흐르는 강인 스트림을 이용한다.

- C 언어 프로그램을 실행하면 다음 세 가지 표준 스트림이 제공된다.

  · 표준 입력 스트림 stdin
  · 표준 출력 스트림 stdout
  · 표준 에러 스트림 stderr

- 〈stdio.h〉 헤더에 정의된 FILE형은 스트림을 제어할 때 필요한 정보를 저장하는 자료형이다.

- 파일을 사용하려면 먼저 파일을 '여는' 처리를 해야 한다. fopen 함수로 파일을 열 수 있다.

- 파일을 여는 데 성공하면 fopen 함수는 해당 파일과 연결된 스트림을 제어하기 위한 정보를 지닌 FILE형 오브젝트를 가리키는 포인터를 반환하며, 실패하면 널 포인터를 반환한다.

- 파일을 열 때는 다음과 같이 모드를 지정할 수 있다.

  · 읽기 모드 ... 파일에서 입력만 받는다.
  · 쓰기 모드 ... 파일에 출력만 한다.
  · 갱신 모드 ... 파일에 입출력을 한다.
  · 추가 모드 ... 파일 끝에 출력을 한다.

- 오브젝트 매크로 FILENAME_MAX는 해당 환경에서 열 수 있다고 보장된, 파일 이름의 최대 길이만큼의 문자열을 저장하는 데 필요한 배열 길이다.

- 파일을 다 이용한 다음에는 파일과 스트림의 연결을 끊고 스트림을 폐기해야 하는데, 이를 파일을 닫는다고 표현한다. fclose 함수로 파일을 닫을 수 있다.

- fscanf 함수는 scanf 함수와 똑같은 처리를 임의의 스트림에 대해 수행하는 함수다.

- fgetc 함수는 임의의 스트림에서 문자를 읽어 들이는 함수다.

- fputc 함수는 임의의 스트림에 문자를 출력하는 함수다.

- 텍스트 파일에 데이터를 읽고 쓸 때는, 읽고 써야 할 문자 수(바이트 수)가 데이터의 자릿수에 좌우된다.

- 텍스트 파일에는 메모리상의 비트를 그대로 읽고 쓸 수 있다. Type형 값을 읽고 쓸 때는 sizeof(Type)만큼 읽고 쓰므로, 문자 수(바이트 수)가 데이터의 자릿수에 좌우되지 않는다.

● 바이너리 파일에서는 정밀도 변화 없이 부동 소수점 수를 읽고 쓸 수 없다.

● 바이너리 파일에 데이터를 써넣을 때는 fwrite 함수를 이용하고, 바이너리 파일에서 데이터를 읽어 들일 때는 fread 함수를 이용한다.

	입력	출력
한 글자	c = *fgetc*(stream)	*fputc*(c, stream)
정수	*fscanf*(stream, "형식 문자열", …)	*fprintf*(stream, "형식 문자열", …)
바이너리	*fread*(ptr, size, nmemb, stream)	*fwrite*(ptr, size, nmemb, stream)

● 〈ctype.h〉 헤더에 선언되어 있는 isprint 함수를 통해 어떤 문자가 출력 가능한지 판별할 수 있다.

● 날짜와 시각을 취득하기 위한 각종 자료형과 함수는 〈time.h〉 헤더에 선언되어 있다.

chap13/summary.c

```
/*
    표준 입력으로 들어온 입력을 파일에 쓴다
*/

#include <stdio.h>

int main(void)
{
    int ch;
    FILE *fp;                          /* 파일 */
    char fname[FILENAME_MAX];   /* 파일명 */

    printf("파일명 : ");
    scanf("%s\n", fname);
                     ────── 줄 바꿈 문자를 제외한다.
    if ((fp = fopen(fname, "w")) == NULL)    /* 열기 */
        printf("\a파일을 열 수 없습니다.\n");
    else {
        while ((ch = fgetc(stdin)) != EOF)
            fputc(ch, fp);
        floce(fp);                          /* 닫기 */
    }

    return 0;
}
```

실행 결과 사례

파일명 : abc.txt⏎
Hello!⏎
This is a pen.⏎
Ctrl + Z ⏎

APPENDIX

부록

C 언어 소개

여기서는 C 언어의 역사를 간략하게 소개하겠습니다.

C 언어의 탄생

C 언어의 원형은 마틴 리차드Martin Richards가 개발한 BCPL 언어로 알려져 있습니다. 이 언어를 참고하여 켄 톰프슨Ken Thompson이 1970년에 B 언어를 만들었습니다. 그리고 **B 언어**의 후속 언어로 **데니스 리치**Dennis M. Ritchie**가 1972년에** C 언어를 개발했습니다.

당시에 리치는 톰프슨 등과 함께 미니컴퓨터의 운영체제인 UNIX 개발에 참여했습니다. 초기에는 어셈블리 언어로 UNIX를 개발했지만, 추후에 C 언어로 고쳐 썼습니다. 이처럼 C 언어는 UNIX를 이식하기 위해 개발된 언어이므로, 어떻게 보면 C 언어는 UNIX의 부산물이라고도 할 수 있습니다.

또한 UNIX뿐만 아니라, UNIX상에서 동작하는 수많은 응용프로그램도 잇달아 C 언어로 개발되기 시작했습니다. C 언어는 우선 UNIX의 세계에서 퍼져 나갔는데, 이에 그치지 않고 대형 컴퓨터와 개인용 컴퓨터의 세계에도 엄청난 기세로 보급되어 갔습니다.

▶ 또한 C++과 Java 등 훗날 태어난 다양한 프로그래밍 언어에 직간접적으로 큰 영향을 미쳤습니다.

K&R … C 언어의 바이블

리치는 브라이언 커니핸(Brian W. Kernighan)과 함께 C 언어 해설서인 《The C Programming Language》(Prentice–Hall, 1978)를 저술했습니다. C 언어를 설계한 본인이 직접 쓴 이 책은 C 언어의 '바이블'이라고 불리며, 저자의 이니셜에서 유래한 'K&R'이라는 애칭으로 불리기도 합니다. K&R의 끝에는 C 언어의 언어 사양을 규정한 'Reference Manual(참조 매뉴얼)'이 부록으로 수록되어 있는데, 이는 C 언어의 표준 사양이 되었습니다.

표준 규격

그런데 K&R의 '참조 매뉴얼'에 규정된 언어 사양에는 의미가 모호한 부분, 표현이 엄밀하지 않은 부분, 불완전한 부분이 적잖게 있었습니다. 그래서 C 언어가 보급되면서 수많은 '사투리'가 생겨나, 독자적인 확장 기능을 지닌 C 언어가 범람하게 되었습니다.

원래 C 언어는 이식성, 다시 말해 한 컴퓨터용으로 만든 C 언어 프로그램을 다른 컴퓨터에도 쉽게 이식할 수 있다는 점이 가장 큰 특징이었습니다. 그런데 다양한 방언이 생겨난 결과, C 언어의 이식성은 심하게 떨어지고 말았습니다.

이러한 문제를 해결하기 위해, C 언어의 세계적인 '표준 규격'을 정하자는 의견이 나오기 시작했습니다. 언어의 사양을 전 세계에서 통일하는 일이었기에, 그 작업은 매우 신중하게 이루어졌습니다.

이는 **국제 표준화 기구**International Organization for Standardization, ISO와 **미국 국가표준 협회**American National Standards Institute, ANSI의 협력으로 진행되었습니다.

그리하여 우선 1989년 12월에 미국 내의 규격인 'ANSI X3.159-1989 : Programming Language-C'가 제정되었고, 1990년 12월에 세계 규격인 'ISO/IEC 9889 : 1990(E) Programming Language-C'가 제정되었습니다. 둘은 내용 면에서는 똑같은 것입니다.

＊

ANSI 규격이 ISO보다 먼저 제정되어서 그런지, 표준 규격에 준거하는 C 언어를 흔히 'ANSI C'라고 부릅니다. 물론 ANSI는 단지 미국의 규격일 뿐이고, 이와 똑같은 규격이 세계 표준인 ISO에도 지정되어 있습니다. 따라서 정확히는 ANSI C가 아니라 '표준 C'라고 불러야 할 것입니다.

＊

사실 표준 C의 규격은 계속 수정됐는데, 가령 가변 길이 배열, long long int형, 복소수를 포함한 수많은 수학 라이브러리 등이 새로 추가되었습니다. 그리하여 1999년과 2011년에 개정된 규격이 제정되었는데, 이를 각각 <C99>, 'C11'이라고 부릅니다.

하지만 그러한 새로운 사양을 완전히 지원하는 개발 환경은 아직 없는 상태입니다. 또한, 실제 프로그램 개발 현장에서는 새로운 규격의 C 언어가 아직 많이 쓰이지 않습니다(앞으로 점차 보급될 것으로 보입니다). 그래서 이 책에서는 표준 C의 첫 번째 규격에 맞춰 설명했습니다.

Visual Studio Community

프로그램을 작성하는 방법으로 윈도우에 있는 메모장을 이용하거나 인터넷에서 쉽게 구하는 다양한 컴파일러를 이용할 수 있습니다. 여기서는 최소한의 개발 환경만을 만들어보도록 하겠습니다. 네이버나 다음, 구글과 같은 검색 사이트에서 다양한 컴파일러를 찾아볼 수 있으니 자신에게 맞는 개발 환경을 직접 찾고 익혀서 자신의 것으로 만들 수 있길 바라겠습니다.

Visual Studio Community 2017 설치

여기서는 무료로 사용할 수 있는 Visual Studio Community 2017을 내려 받아 설치해보도록 하겠습니다. 웹 브라우저에서 다음 주소로 이동하고 **그림 A-1**과 같이 'Visual Studio Community 다운로드'를 누르면 설치 파일을 자동으로 내려 받을 수 있습니다.

그림 A-1 Visual Studio 설치 세부 정보

Visual Studio 내려 받기

https://visualstudio.microsoft.com/ko/free-developer-offers/

내려 받은 파일을 실행하면 인스톨러가 실행되고 설치를 시작하면 다음과 같은 설치 세부 정보와 여러 구성 요소들이 나타납니다. [Windows(3)] ⇒ [C++를 사용한 데스크톱 개발]을 선택하고 오른쪽 아래에 위치한 [설치] 버튼을 클릭합니다.

다음과 같이 설치가 진행됩니다. 지금 당장은 실습하는 데 다른 기능들이 필요하지 않습니다. 언제든 필요한 기능들을 추가할 수 있으니 설치가 완료되면 컴퓨터를 다시 시작하고 Visual Studio 2017을 실행합니다(시작 ⇒ 모든 프로그램 ⇒ Visual Studio 2017).

그림 A-2 Visual Studio 2017 환경 설정

간단하게 모든 설치가 완료되었습니다. Visual Studio 2017을 처음 실행하면 로그인 화면이 표시됩니다. 마이크로소프트 계정이 있다면 로그인을 해도 되고 없다면 나중에 로그인을 선택해도 상관없습니다.

처음 실행하면 **그림 A-2**와 같은 환경 설정이 표시됩니다. C 언어 실습이므로 [Visual C++]를 선택하고 마음에 드는 테마를 선택하도록 합니다. 완료되었다면 [Visual Studio 시작(s)]을 눌러 시작합니다.

간단하게 Visual Studio 2017설치되었습니다.

Visual Studio Community 2017 실습

간단한 설치를 마무리하고 본격적인 프로그램 실습 위한 새 프로젝트를 만들어보도록 하겠습니다. **그림 A-3**과 같이 [파일(F)] ⇒ [새로 만들기(N)] ⇒ [프로젝트(P)]를 차례로 선택합니다.

그림 A-3 Visual Studio 2017 새 프로젝트 선택

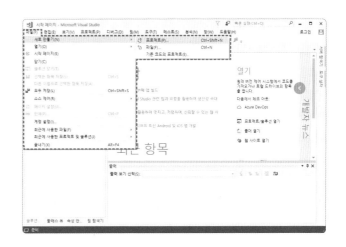

다음 그림과 같이 프로젝트 생성창이 나타납니다. [Visual C++] ⇒ [Windows 데스크톱] ⇒ [Windows 데스크톱 마법사]를 선택하고 아래 프로젝트 [이름]과 [위치]를 설정합니다.

그림 A-4 Visual Studio 2017 새 프로젝트 생성

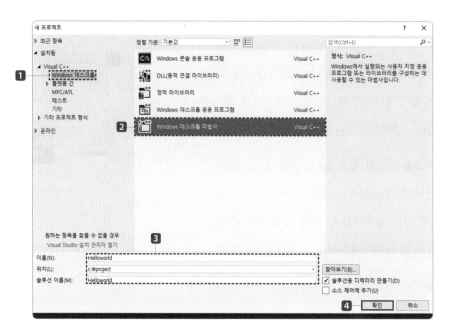

설정이 완료되고 [확인] 버튼을 누르면 다음과 같은 마법사 팝업이 표시됩니다. 이때 추가 옵션에 [빈 프로젝트]를 선택하고 [확인]을 누르면 지정한 이름의 프로젝트가 생성됩니다.

지금까지 소스 파일 저장 공간인 프로젝트를 준비했습니다. 빈 프로젝트이므로 C 언어 소스 파일을 추가하도록 하겠습니다. 다음 그림처럼 솔루션 탐색기에서 [소스 파일]을 선택하고 마우스 오른쪽 버튼을 눌러서 나오는 바로가기 메뉴에서 [추가] ⇒ [새 항목]을 선택합니다.

그림 A-5 응용 프로그램 설정

그림 A-6 프로젝트에 소스 파일 추가

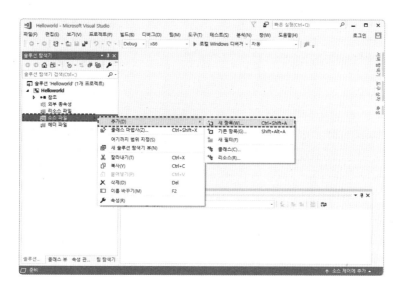

선택이 완료되면 다음과 같은 화면을 볼 수 있습니다. 화면에서 C++ 파일(.cpp)을 선택합니다. 이때 이름을 입력하고 파일 확장자를 반드시 .C로 지정해야 C 언어 소스 파일을 추가할 수 있습니다. 아래 추가 버튼을 누르면 소스 파일이 추가되고 실습할 수 있는 환경이 완성됩니다.

그림 A-7 소스 파일 추가

소스 파일이 추가되었습니다. 편집 창에 다음과 같은 코드를 입력합니다. 입력한 후에 입력 내용에 잘 못은 없는지 꼼꼼히 확인해보시기 바랍니다.

```c
#include <stdio.h>

int main()

{

    printf("Hello world!\n");

    return 0;

}
```

그림 A-13 소스 파일 추가와 프로그램

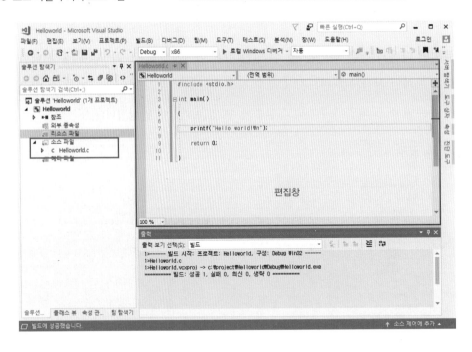

이제 C 파일을 컴파일 해보도록 하겠습니다. 메뉴의 [디버그(D)] ⇒ [디버그하지 않고 시작(H)]을 클릭 합니다(Ctrl+F5). 이제 Helloworld.exe가 실행되면서 명령 프롬프트 창에 Hello world!가 출력됩니다.

그림 A-14 Helloworld.exe 실행

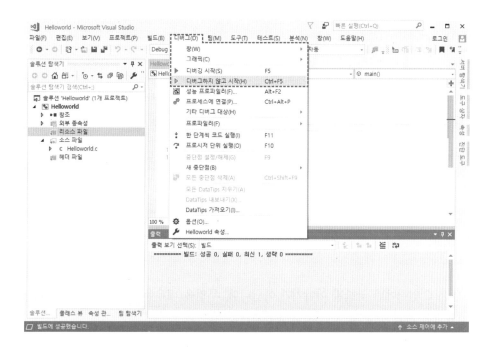

다음은 여러분이 작성한 프로그램 코드가 실행된 화면입니다. 실행 결과는 문자열 Hello world!를 모니터에 출력하는 것으로 작성한 프로그램의 결과입니다. 또한, "계속하려면 아무 키나 누르십시오"라는 문장은 자동으로 출력되는 문장이므로 신경쓰지 않아도 됩니다.

그림 A-15 Helloworld.exe 실행화면

여기까지 Visual Studio Community의 간단한 설치와 실습 환경 구성을 배워보았습니다.

간단한 계산과 입출력만 해보는 1장의 프로그램으로 시작하여 포인터, 구조체와, 파일 처리까지 살펴 봤습니다. 한 가지 한 가지 배워 나가는 과정에서, 아래와 같이 나중에 가서야 의미를 이해한 내용이 많았을 것입니다.

"매번 프로그램 앞부분에 무조건 써야 했던 main 함수는 이런 뜻이었구나."

"그렇구나, 이런 기능도 있었네."

"이 기능을 쓰면 예전보다 더 나은 프로그램을 만들 수 있겠다."

물론 이런 일은 C 언어에만 국한된 이야기가 아닙니다. 무엇을 배우든 언제나 있는 일입니다. 어떤 길을 가든, 처음부터 모든 것을 알 수는 없기 때문입니다.

그래서 조금씩 여러 내용을 공부하면서도 되도록 C 언어의 '큰 그림'을 놓치지 않게끔 설명하려 노력 했습니다. 이를 위해 초반에는 어려운 내용과 세세한 부분을 일부러 숨겨 두고, 나중에 그 의미를 설명해야 할 때도 있었습니다.

＊

여태까지 수없이 많은 학생과 프로그래머를 대상으로 프로그래밍과 프로그래밍 언어를 지도해 왔습니다. 사실 배우는 목적, 진도, 이해 방식 등은 모두 개인별로 달라서, 수강생이 100명이면 100가지 교재가 필요하다는 생각이 들 정도였습니다.

가령 사람마다 공부하는 목적은 모두 다릅니다. "컴퓨터를 전공하는 학생이라서 배워야 한다", "취미로 공부하고 싶다", "전공 분야는 아니지만, 교양 과목에서 다루므로 알아야 한다", "프로그래머로 일하고 싶다" 등 천차만별이지요. 이 책은 폭넓은 독자층을 고려하여 너무 쉽지도 어렵지도 않게끔 배려했습니다. 물론, 그래도 이 책이 너무 쉽다는 독자와 어렵다는 독자가 있을 것입니다.

단, C 언어의 '쉬운' 부분만을 설명하고 나머지를 무시하지는 않았습니다. 왜냐면 쉬운 부분만을 공부하고 '나는 다 이해했어'라고 착각한 학생은, 나중에 실제로 어려운 프로그램을 만들거나 읽어야 할 때 아무것도 못 할 때가 많기 때문입니다.

이 책을 읽을 때 참고했으면 하는 부분을 설명하겠습니다.

이 책을 읽고 다음과 같은 생각이 든 독자도 있을 것입니다.

"이런 지식(예 : 구문 도표, 전문용어의 영어 표기)은 나한텐 필요 없어."

"비슷한 예제 프로그램이 너무 많잖아."

"왜 이런 세세한 내용까지 설명한 거야?"

"장 구성이 이상해"

"실제 소프트웨어를 개발할 때는 이런 프로그램은 안 만드는데?"

이 책은 폭넓은 독자층을 고려하여 필자가 고민 끝에 집필하였습니다. 아래 내용은 여태까지 필자가 받은 질문과 의견에 대한 답변이기도 합니다.

프로그램의 컴파일 방식에 관하여

여태까지 수많은 독자에게 "C 언어 공부를 시작할 때 가장 중요한 부분인, 프로그램을 컴파일하는 방법에 관해 해설해 달라"라는 의견을 받았습니다. 세상에는 대단히 다양한 운영체제와 개발 환경이 존재합니다. 가령 MS-Windows의 Visual Studio, Mac OS의 Xcode, 다양한 운영체제에서 쓸 수 있는 Eclipse 등입니다(MS-Windows상에서 동작하는 무료 컴파일러를 이용해 가르치는 분도 있고, 대형 컴퓨터를 이용하여 가르치는 분도 있습니다).

특정 운영체제와 개발 환경에서 프로그램을 컴파일하는 방법에 관해 이 책에서 설명해도, 이와 다른 환경을 이용하는 사람에게는 쓸모없는 정보일 뿐입니다. 또한, 시간이 지나면 금세 바뀌고 마는 부분이기도 합니다.

그래서 이 책에서는 컴파일을 하는 방법에 관해서는 설명하지 않았습니다. 스스로 자신이 사용하는 개발 환경의 매뉴얼 등을 참고하기를 부탁드립니다.

전문용어에 관하여

이 책에서 사용한 전문용어는 원칙적으로 표준 C에 준거한 것입니다. 또한, 전문용어를 소개할 때는 '키워드^{keyword}'라는 식 영어를 함께 적었습니다. 컴퓨터를 전공하는 대학생이라면 영어 전문서적을 읽어야 할 것입니다. 이 책에 나온 전문용어는 기본적인 것이므로 전부 알아 두기 바랍니다.

구문 도표에 관하여

컴퓨터를 전공하는 학생이라면 프로그래밍 언어를 습득한 다음에는 구문 도표를 반드시 읽어야 하는 '컴파일러' 등의 심화 과목을 배울 것입니다. 이 책에 나온 정도의 구문 도표는 금방 읽고 쓸 수 있어야 합니다.

실수(부동 소수점 수) 연산과 형 변환에 관하여

이 책은 비교적 빠른 단계(2장)에서 부동소수점형인 double형과 형 변환에 관해 설명합니다. 또한, 그 후에도 부동 소수점 수의 정밀도나 함수에 배열을 넘기는 방법 등을 다룹니다.

사실 C 언어를 공부하는 대학생 중에는 컴퓨터 전공자보다 전공자가 아닌 사람(가령 기계공학, 물리학, 경제학 등)이 훨씬 더 많습니다. 그리고 전공자가 아닌 사람들의 요구사항을 조금 극단적으로 표현하면, "구문 도표나 문법 같은 세세한 부분은 몰라도 되니, 한시라도 빨리 수치 계산(기술 계산)을 할 수 있게 해달라"라는 것입니다.

▶ 단, 이 책에서는 본격적인 기술 계산을 할 수 있는 수준까지 설명하지는 않았습니다.

이것이 부동 소수점 수, 형 변환, 함수에 배열 넘기기 등에 관한 자세한 내용을 다소 일찍 설명한 이유입니다.

장 구성에 관하여

이 책에서는 전반에 있는 장이 상당히 많은 분량을 차지합니다. 따라서 빨리 배우는 독자에게는 전반 부분이 너무 지루하고, 후반 부분이 너무 짧게 느껴졌을 것입니다. 그런데도 굳이 이렇게 구성한 이유는, 필자의 오랜 교육 경험에 따르면 조건문(3장)과 반복문(4장) 단계에서 좌절하는 사람이 매우 많기 때문입니다. 전반 부분에 나온 수준의 프로그램을 아주 약간(몇 글자에서 몇 줄 정도)만 고쳐서 새로운 프로그램을 작성하는 과제를 해내지 못하는 학생은 정말 수도 없이 많았습니다.

이것이 비슷한 예제 프로그램을 많이 제시한 이유입니다.

1) 《The C Programming Language Second Edition》(Brian W. Kernighan and Dennis M. Ritchie, Prentice Hall, 1988)

2) 《ANSI / ISO 9899-1990 American National Standard for Programming Languages - C》(American National Standards Institute, 1992)

3) 《JIS X3010-1993 프로그래밍 언어 C(JIS X3010-1993 プログラミング言語C)》(일본 공업 규격, 1993)

4) 《ANSI C/C++ 사전(ANSI C/C++辞典)》(히라바야시 마사히데(平林雅英), 교리쓰숫판, 1996)

5) 《비전 C 언어 문답 포인터편(秘伝C言語問答ポインタ編)》(시바타 보요, 소프트뱅크, 1991)

6) 《Dr.보요의 프로그래밍 도장(Dr.望洋のプログラミング道場)》(시바타 보요, 소프트뱅크, 1993)

7) 《신판 명확 C++ 입문편(新版 明解C++ 入門編)》(시바타 보요, 소프트뱅크크리에이티브, 2009)

ㅎ